*Peter Meyer Reiseführer* **LITAUEN**

ÜBER DIE AUTORIN:

Neugier auf eine fremde Welt, Reiselust und Wissensdrang ließen die Autorin an die baltische Meeresküste ziehen, wo sie zwei Jahre in Klaipėda lebte und die baltischen Staaten bereiste. Sie wurde Zeugin eines dramatischen Umbruchs – die großen Veränderungen im wirtschaftlichen, kulturellen und politischen Leben erlebte sie hautnah. Sie bereiste Gebiete Litauens, in denen vorher kaum Touristen waren, und entdeckte dort für Sie Landschaften von ungewöhnlichem Reiz und unverfälschte, traditionelle Lebensweisen.

Für ihre Mitarbeit und Unterstützung bedankt sich die Autorin
bei der Historikerin *Laima Kaubrienė* (Geschichte), der Geographin/Botanikerin
*Rita Raugvičienė* (Natur), der Lituanistin *Jovita Saulėnienė* (Kultur).
Für das Überlassen von Bild- und Fotomaterial danken Autorin und Verlag:
dem *Heimatmuseum von Rokiškis*; *Heimatmuseum Utena*; *Schulmuseum Švenčionys*;
dem *Archäologischen Museum von Kernavė* sowie *G. Grigonis*; der Reprofirma *Emil Skobej*,
Vilnius; *V. Barakuno*; *M. Rebi*, Vilnius; *Apelinaras Juodpusis*; *Viktorija Jovarienė*, Užpaliai;
*Albertas Stankevičius*, Palanga und Kaunas; Familie *Nausėda*, Klaipėda; *R. Urbonas*, Klaipėda;
*Horst Henze*; *Kazimieras Mizgiris*, Neringa; *Diana Rennys*, Druskininkai; *Jürgen Möbius*;
*Jonas Junevičius*, Anykščiai.

PETER MEYER REISEFÜHRER
werden während monatelanger Aufenthalte der Autorinnen und Autoren vor Ort recherchiert – wenn sie nicht sowieso dort leben. So ist es nicht verwunderlich, daß sich diese Reihe den Ruf erwerben konnte, zuverlässig und informativ zu sein. Sowohl was den Hintergrund wie Natur, Geschichte, Wirtschaft und Kultur angeht, als auch die unverzichtbaren reisepraktischen Informationen: Unterkünfte, Verkehr, Essen und Trinken, Ausgehen, Aktivitäten, Besichtigungen und Ausflüge – immer mit konkreten Preisen und hilfreichen Tips. *Für tolerantes Reisen in einer Welt.*

EVELIN STRIEGLER

# LITAUEN

*Praktischer Reisebegleiter für
Natur- und Kulturfreunde*

**PETER MEYER REISEFÜHRER**
*Frankfurt am Main 1998*

**Impressum**

© 1998 Peter Meyer Reiseführer
Schopenhauerstraße 11,
60316 Frankfurt am Main
http://www.meyer-reisefuehrer.de
Umschlag- und Reihenkonzept, insbesondere
die Kombination von Griffmarken und Schlagwort-
System auf dem Umschlag, sowie Text, Gliederung
und Layout, Karten, Tabellen und Illustrationen
sind urheberrechtlich geschützt.
Druck & Bindung: Tiskarna Optima, Ljubljana
Umschlaggestaltung: Fuhr & Partner, Mainz
Karten: Silvio Imkemeyer, Peter Meyer
Zeichnungen: Silke Schmidt
Fotos: die Autorin, Bildarchiv des Verlags
Lektorat: Martin Warny; Annette Sievers
Gestaltung: Annette Sievers

Vertrieb für den Buchhandel
D: GeoCenter ILH, ✆ 0711/71 94 610,
Postfach 80 08 30, D-70508 Stuttgart
CH: AVA/buch 2000, Postfach 89, CH-8910 Affoltern a.A.
A: freytag & berndt, Postfach 1231, A-1231 Wien
NL: Nilsson & Lamm, Postbus 195, NL-1380 AD Weesp
ISBN 3-922 057-81-0

PETER MEYER REISEFÜHRER
sind nach ökologischen Grundsätzen hergestellte Reisebegleiter, gedruckt auf
umweltfreundlichem, chlorfrei gebleichtem Recyclingpapier und ohne Farbfotos:
*Für umweltbewußten Urlaub von Anfang an.*

# INHALT

Vorwort: Ein Kontrastprogramm

## GESCHICHTE & GEGENWART

### Das Auf und Ab eines Großfürstentums   10
Der erste litauische Staat   11
Vom König Mindaugas zum Großfürsten Gediminas   11
Die Union mit Polen   14
Der weitere Verlust der litauischen Identität   18
Der Einfluß des russischen Reiches   19
- Die Unabhängigkeit Litauens   22
  *Streitpunkt Memelland*   24
  Das Ende der Unabhängigkeit   25
- Sowjetzeit   26
  Grausiges Zwischenspiel: Deutsche Nazis in Litauen   27
  Die nationale Oppositionsbewegung   28
  *Die Rolle der Kirche in Litauens Geschichte*   30

### Das neue Litauen   33
Das Jahr 1989   34
Endlich unabhängig!   36
- Wirtschaft   37
  ... und Soziales   39
  *Litauen und seine Juden*   42

## NATUR & KULTUR

### Die Natur in Litauen   48
Das Klima   48
Geographie des Landes   52

- Flora & Fauna   56
  Fauna Litauens   56
  Fauna & Flota im Baltischen Meer   62
  Naturschutzgebiete in Litauen   63

### Das Land und seine Menschen   65
- Kulturelle Regionen Litauens   65
  *Mažoji Lietuva – Die bewegte Vergangenheit Klein-Litauens*   74
- Wer aber sind die Balten?   77
  Die Menschen und ihre Kultur   77
  Religion & Mythologie   78
  Volkslieder   80
  Sitten, Traditionen, Feste   83
  Wußten Sie schon, daß ...   86
  Sprache & Verständigung   89

## REISEPRAXIS

### Rund um die Reiseplanung   92
Reisedauer, Reiserouten   92
Reisezeit, Reisekosten   93
Einreiseformalitäten & Papiere   94
Zahlungsmittel & Wechselkurs   95
- Was mitnehmen?   96
  Rund um die Gesundheit   97
  Literatur und Karten   98
- Anreise ...   101
  Mit dem Auto   101
  Mit der Fähre nach Klaipėda   101
  Mit dem Flugzeug   102
  Mit dem Zug oder Bus   105
- Reisen für Aktive – organisiert & individuell   106

Fahrradtourismus *107*
Wassersport und Angeln *108*
Sportreiseveranstalter *110*
Studienreisen *111*
Weitere Reiseveranstalter *112*
**Reisepraxis im Land** *113*
Uhr- & Öffnungszeiten, Feiertage *113*
Post & Telefon *113*
Sicherheit *115*
Medizinische Hilfe *116*
Einkaufen *116*
Fotografieren *118*
- Mit dem Auto durch Litauen *118*
Öffentliche Verkehrsmittel *123*
Taxis *123*
*Ökologisches* *124*
- Unterkunft *125*
Hotels *125*
Privatzimmer *126*
Camping *126*
- Essen und Trinken *127*
Restaurants *127*
Spezialitäten *130*

## KLAIPĖDA
**Klaipėda, das Tor zu Litauen** *134*
Zwischen Glanz und Zerfall *135*
Ein Rundgang durch die Altstadt am linken Danė-Ufer *139*
*Wie Gerda zum Ännchen wurde* *142*
Ein Rundgang durch die Neustadt am rechten Danė-Ufer *149*
*Jüdisches Leben in Klaipėda* *150*
Museen *157*
- Praktische Informationen:
Verkehr *160*
Unterkunft *161*
Cafés und Restaurants *164*
Ausgehen *168*
Einkaufen *168*
Nützliches *169*

- Ausflüge nach Norden *171*
Das Seebad Melnragė *171*
Sand & Wald in Giruliai *172*
Leben und Sterben in Karklė *174*

## PALANGA & ŽEMAITIJA
**Die litauische Bernsteinküste** *178*
- Der alte Kurort Palanga *178*
Bummel durch die Stadt *182*
Verkehr *186*
Unterkunft *188*
Restaurants und Cafés *190*
Einkaufen & Aktivitäten *191*
Nützliches *192*
- Ausflüge & Orte *192*
Wanderung zum Birutė-Hügel *192*
Radtour *192*
*Eglė – die Natternkönigin* *193*
Šventoji *195*
*Bernstein – die Tränen der Sonne* *198*
Von den weißen Stränden Šventojis in den rätselhaften litauischen Wald: Būtingė *195*
**Die Provinz Žemaitija** *205*
- Kretinga *207*
Exotik in Kretinga *208*
- Quer durch die Žemaitija *209*
Kunst in Plungė *211*
Rund um den Plateliai-See *213*
Wallfahrtsort Kalvarija *213*
Telšiai *215*
Busverbindungen *216*
Unterkunft & Verpflegung *216*
Weitere Informationen *217*
- Kirchentour durch die Žemaitija *217*
- Ausflug zum Steinmuseum *219*
Die Fahrt nach Mosėdis *219*
- Entlang der Venta ins Kamanos-Reservat *222*
An und auf den Flüssen: Radeln, Baden und Kanufahren *224*

## KURISCHE NEHRUNG & NEMUNAS
**Zwischen Wasser und Sand** 228
Drei Welten 230
Flora & Fauna der Nehrung 232
Die Menschen auf der Nehrung 234
- Die Orte auf der Nehrung 237
  Smiltynė (Sandkrug) 237
  Juodkrantė (Schwarzort) 237
  Perwalka (Perwelk) 239
  Preila (Preil) 239
  Nida (Nidden) 239
  Museen auf der Nehrung 243
- Praktische Informationen 245
  Unterkunft 245
  Essen und Trinken 247
  Einkaufen 249
  Anfahrt & Nützliches 249
  **Touren am Haff und Nemunas** 251
  Rückblick 251
  Das Memelland heute 252
- Tourempfehlungen:
  Von Klaipėda nach Tauragė 253
  Von Klaipėda über Priekulė nach Šilutė und Juknaičiai 255
  Von Klaipėda am Nemunas entlang 262
  Von Klaipėda oder Šilutė nach Rusnė 270
  *Die Bobrowski-Route aus den »Litauischen Clavieren«* 272

## KAUNAS & DER SÜDEN
**Kaunas, Metropole zwischen zwei Strömen** 278
Die Altstadt 283
Die Neustadt 287
Grünes 288
Jüdische Geschichte 289
Das Freilichtmuseum Rumšiškės am Kaunasser Meer 290
Verkehr 291
Unterkunft 292

Essen und Trinken 293
Einkaufen, Am Abend 294
Sport 295
Nützliches 296
- Per Auto zum Berg der Kreuze bei Šiauliai 296
- Tour entlang der Dubysa 298
  **An den Nemunas in Südlitauen** 300
- Von Kaunas nach Druskininkai 300
  Druskininkai, die Waldstadt 302
  Tour durch den Dzūkija-Nationalpark 304
  Von Druskininkai durch das Žuvintos-Reservat 306

## VILNIUS & DIE AUKŠTAITIJA
**Die Hauptstadt Vilnius** 310
Rundgang durch die Altstadt 315
Die Neustadtviertel 322
Museen und Ausstellungen 323
*Das Jerusalem Osteuropas* 326
Unterkunft 327
Essen und Trinken 331
Einkaufen 334
Nützliches 335
- Ausflüge 336
  Schlösser und Grüne Seen 337
  **Aukštaitija – ein Reich aus Seen und Wäldern** 341
  Route I: Von Vilnius über Anykščiai nach Panevėžys 342
  Route II: Über Molėtai nach Ignalina und durch den Aukštaitija-Nationalpark 345
  Abstecher nach Utena 349
  Abstecher nach Zarasai 350

## ANHANG
Register der Orte und Sehenswürdigkeiten 352

## Litauen – Ein Kontrastprogramm

»Für zwei Jahre gehe ich nach Litauen« – meine Freunde starrten mich ungläubig an, als ich ihnen dies mitteilte. Verständlich, mich selbst plagten Zweifel, ob ich dem »Abenteuer Litauen« gewachsen wäre. Aber die Neugier war größer und vor allem das Interesse an einem Land, in dem sich tiefgreifende historische Veränderungen vollziehen. Die einmalige Gelegenheit, solche Entwicklungen hautnah miterleben zu können, mußte ich nutzen. Ich habe es nie bereut – Litauen bietet überraschend viel in jeder Hinsicht.

Es ist ein Land der Kontraste: das großstädtische Vilnius, die einsame Dorflandschaft der Žemaitija, der mächtige, geschichtsträchtige Nemunas, romantische Flüßchen, endlos erscheinende Wälder im Süden und breite Sandstrände am Baltischen Meer, sanfte Hügellandschaften und idyllische Seen, Elche und viele Störche – aber eben auch die abschreckenden Betonklötze der Satellitenstädte aus der Sowjetzeit, Umweltverschmutzung, Uran und ein Atomreaktor mitten im Nationalpark.

Gegensätze bestimmen auch den Lebensstil der Menschen. Zwischen dem modernen aufgeschlossenen jungen Hauptstädter und dem traditionsbewußten Bauern und Fischer liegen Welten. Nur wenige Kilometer trennen die Noblesse der wenigen Luxushotels und die Villen der Neureichen von den einfachen Verhältnissen auf dem Land, wo die Leute am Brunnen Wasser holen und mit Pflug und Pferd die Felder pflügen. Hier ist das Klima rauh, die Lebensverhältnisse oftmals kümmerlich. Auf dem Land fühlt man sich um ein Jahrhundert zurückversetzt und fernab der Zivilisation. Wenn dann auf der Autobahn ein Pferdefuhrwerk dahinzockelt, vermischen sich die Welten und man ist mittendrin – zwischen Vergangenheit und Gegenwart. Wer sich auf Reisen den Blick für die Schönheit der einfachen Dinge und der unverfälschten Landschaften bewahrt hat, ist in Litauen goldrichtig.

In diesem Sinne ist auch das vorliegende Buch geschrieben: es soll interessierten Reisenden helfen, in Litauen einen erlebnisreichen und erholsamen Urlaub zu genießen, und möchte mit viel Hintergrundinformation über Land und Leute Verständnis und Respekt wecken.

EVELIN STRIEGLER
November 1997

PS: Wenn Ihnen dieser Peter Meyer Reiseführer gefallen hat, dann empfehlen Sie ihn doch Ihren Freunden und Bekannten weiter. Über Korrekturen, Lob wie Kritik freuen sich die Autorin und der Verlag. Schreiben Sie uns Ihre Meinung! Verwertbare, fundierte Informationen und Berichtigungen – auch der Karten – honoriert der Verlag mit einem Produkt aus seinem Verlagsprogramm, das er Ihnen auf Nachfrage gern zusendet.

Peter Meyer Reiseführer
– Litauen 1998 –
Schopenhauerstraße 11
D-60316 Frankfurt a.M.

# GESCHICHTE & GEGENWART

GESCHICHTE & GEGENWART

NATUR & KULTUR

REISEPRAXIS

KLAIPĖDA

PALANGA & ŽEMAITIJA

KURISCHE NEHRUNG & NEMUNAS

KAUNAS & DER SÜDEN

VILNIUS & DIE AUKŠTAITIJA

# DAS AUF UND AB EINES GROSSFÜRSTENTUMS

*Den Litauern war es selten vergönnt, sie selbst zu sein. Das gegenwärtige Litauen und das Nationalbewußtsein der Litauer können wir heute nur verstehen, wenn wir seine Geschichte kennen. Eine außerordentlich reiche, vielschichtige Geschichte, in der Kreuzritter, Polen, Deutsche und Russen eine Rolle spielten. Beharrlich wehrten sich die Litauer gegen jede Fremdherrschaft und konnten über Jahrhunderte hinweg ihre Nation, Sprache und Kultur sowie ihr nationales Selbstbewußtsein bewahren.*

### Die indoeuropäische Zeit

Bereits im Mesolithikum (10. – 9. Jahrtausend v.Chr.) lebten Menschen auf dem heutigen litauischen Gebiet. Dies beweisen vor allem archäologische Funde in Šventoji an der Küste. Es handelte sich um die Vorfahren der heutigen Balten, die als nomadische Jäger den Rentieren folgten, die auf ihrer Futtersuche hinter der zurückweichenden Schneedecke der Eiszeit herzogen. Über dieses Sammler- und Jägervolk weiß man nicht sehr viel, außer daß sie aus dem Stand heraus gejagt sowie ihre Waffen und Werkzeuge aus Steinen, Knochen und Horn angefertigt haben und auch im Herstellen von Schmuck aus Tierknochen und -zähnen geübt waren. Es gibt von diesem mittelsteinzeitlichen Volk einige wenige Siedlungsspuren im baltischen Raum, doch konnte man zu den nachfolgenden Völkern keine direkte Verbindung nachweisen. In der Jungsteinzeit wandern

*Vorratsgefäß der Steinzeit*

finno-ugrische Völker aus der Gegend der oberen Wolga und der Oka ein und lassen sich an Seen und Küste nieder. Sie leben von Jagd und Fischfang, halten sich auch bereits Haustiere, doch bis zur Einführung des Ackerbaus sollten noch einige Jahrhunderte vergehen. Im 3. – 2. Jahrtausend v.Chr. kommen aus dem Osten indoeuropäische Völker heran und verdrängen oder assimilieren alle anderen. Die Finno-Ugrier wandern zum Teil weiter nach Norden, wo sie sich im heutigen Finnland niederlassen, andere können das Gebiet des heutigen Estlands erfolgreich für sich behaupten. Die neueingewanderten indoeuropäischen Völker gelten als die Vorfahren der heutigen Litauer und werden als Aisten zusammengefaßt. Zu ihnen zählt man die Stämme der Litauer, Letten, Žemaiten, Kuren, Selen (litauisch: *Sėlai*), Zemgallen (litauisch: *Žemgaliai*), Jatwinger und vor allen weiteren die Pruzzen (Altpreußen), die im Südwesten zwischen dem Unterlauf der Weichsel und dem Kurischen Haff lebten. Der römische Historiker Cornelius Tacitus erwähnt in seinen Schriften am Anfang unserer Zeitrechnung die Aestii und schil-

*Vorratsgefäß der Eisenzeit*

dert sie als fleißige Ackerbauer und Bernsteinsammler. Mit dem Bernstein wurde bereits weitreichender Handel getrieben. Aus den verschiedenen Stämmen der Aisten entwickeln sich im Laufe der Zeit drei durch ihre Sprache, Sitten und Gebräuche verwandte Völker: die Litauer, die Letten und die Prußen (auch Pruzzen).

## Der erste litauische Staat

Das Land Litauen und das Volk der Litauer werden erstmals 1009 in den altdeutschen »Quedlinburger Annalen« erwähnt. Im 12. Jahrhundert erwähnen auch andere Quellen nicht mehr einzelne Stämme, sondern »Litauen«. Anfang des 13. Jahrhunderts müssen sich die Litauer einerseits gegen den 1202 von Bischof Albert I. von Riga gegründeten deutschen *Ritterorden der Schwertbrüder* behaupten, dessen Einflußbereich zwischen Estland und Litauen liegt und der daher auch Livländischer Orden genannt wird. Andererseits versucht der erstarkte *Deutsche Orden*, ebenfalls ein Kreuzritterorden, von Südosten her vorzudringen, um im Kampf die heidnischen Litauer zu bekehren. Zwei Jahrhunderte vergehen, bis diese Gefahr gebannt werden kann. Um sich vor den Feinden zu schützen, bauen die Litauer auf Hügeln Burgen. Diese sind über das ganze litauische Gebiet, insbesondere seinen westlichen Teil, verteilt. Anfangs sind es Holzburgen, später, im 14. Jahrhundert, auch Steinburgen, von denen Reste heute noch zu sehen sind.

Allmählich erlangen die litauischen Fürsten, die große Gefolge haben, wachsenden Einfluß. Einem dieser Fürsten, *Mindaugas,* gelingt es, die anderen zu besiegen oder sie zu seinen Vasallen zu machen. 1236 ist er Großfürst und herrscht über die litauischen Länder. So entsteht der litauische Staat. Alle Großfürsten Litauens hatten übrigens nur einen Namen, viele davon sind bis heute beliebte Vornamen; Familiennamen traten erst viel später auf.

## Vom König Mindaugas zum Großfürsten Gediminas

Der Erste, der die Macht das neuen Staates spürt, ist der Schwertbrüderorden, der im Jahre 1236 bei *Saulė* (Šiauliai) eine große Niederlage erleidet. Was von ihm übrigblieb, wird 1237 in den Deutschen Orden integriert, wodurch dieser in Livland an Einfluß gewinnt. Davon angespornt, verstärken die deutschen Ritter ihre Bemühungen, auch die litauischen Provinzen sowie die Žemaiten im Westen endlich zu unterwerfen, die einem zusammenhängenden Herrschaftsgebiet noch im Wege stehen. Im Jahre 1252 erobert der Orden Klaipėda und rüstet anschließend zu einem Kreuzzug, an dem sogar Ritter aus Frankreich und England teilnehmen. Sie verheeren die Žemaitija, können sich aber nicht behaupten. Zum Schutz Litauens gegen die Begehrlichkeiten des Deutschen Ordens

*König Mindaugas: Sein Portrait ist wohl Phantasiewerk, seine Taten sind jedoch dokumentiert*

will Mindaugas sogar das Christentum einführen, wofür Papst Innozenz IV. – oberster Befehlshaber der Ordensritter – ihm die Königskrone verspricht. 1253 läßt Mindaugas sich und seinen Adel tatsächlich taufen, wird gekrönt und nimmt dem katholischen Orden damit jeden Vorwand, mit dem Schwert zu missionieren.

So wird Litauen zum Königreich und Mindaugas zum ersten und zugleich letzten König Litauens. Nur bei den Žemaiten hat auch er keinen Erfolg, sie wollen sich nicht taufen lassen.

1260 kommt es bei *Durbė* zu einer blutigen Schlacht. Wie die Livländische Chronik berichtet, schlägt »das Heer der Heiden bald alle Christen nieder«. Ein Sieg von großer historischer Bedeutung: Die Fürsten der Žemaiten organisieren den Widerstand gegen König Mindaugas, ermorden ihn 1263 und stürzen das frisch geeinte Reich in neue Wirren. Erst Fürst *Witen* (gest. 1316) kann wieder eine zentrale Macht installieren, und nach langen Kämpfen gelingt es seinem jüngeren Bruder *Gediminas* (1316 – 1341) ein litauisches Großreich auszurufen. Unter ihm wird Litauen zum mächtigsten Staat in Osteuropa. Er herrscht mit weiser Diplomatie, festigt die Macht in Litauen und macht sie vererbbar. Ab 1323 gilt Vilnius als Residenz von Gediminas und Hauptstadt Litauens. Gediminas weitete den Handel mit den deutschen Ostseehäfen aus, ließ deutsche Kaufleute, Handwerker und Geistliche in seinem Reich frei wirken. Tolerant gegenüber den lateinischen und orthodoxen Religionen, lehnte er die Annahme des christlichen Glaubens für sich selbst ab. Mit seinem polnischen Nachbarreich gelang ihm durch die Vermählung seiner Tochter *Aldona* (Anna) mit dem Thronfolger Kasimir ein politischer Zusammenschluß. Nach Osten hingegen führte er Krieg gegen die Tataren, unterwarf Weiß- und Schwarzrußland und konnte so sein Reich in ostslawisches Gebiet ausweiten. Zur gleichen Zeit mußte sich Gediminas wiederholt gegen die bekehrungswütigen Ordensritter zur Wehr setzen, die ihrem päpstlichen Auftrag gegen die religionstoleranten, aber eben heidnischen Litauer (erfolglos) nachkommen. In einem solchen Kampf, bei Veliuona 1341, fällt Gediminas.

### Die Ausdehnung nach Osten

Nach seinem Tod führen die Söhne, *Algirdas* und *Kęstutis,* die Kämpfe weiter. 1363 bringen sie an der Spitze des litauischen Heeres in der Schlacht bei den Blauen Wassern der Goldenen Horde eine vernichtende Niederlage bei. Besonders Algirdas (1345 – 1377) bezieht auch die russischen Länder in seinen Herrschaftsbereich ein und schließt viele davon an Litauen an. Er gilt als ausgezeichneter Politiker, unterhält gute Beziehungen zur orthodoxen Kirche und kann trotz der kriegerischen Unterwerfung von Podolien, der Ukraine mit Kiew, Smolensk und anderen Kleinstaaten in seinem Großreich inneren Frieden sichern.

*Schwert, Haudegen und Kettenhemd der Krieger wurden durch einen Helm mit Kettengesichtsschutz ergänzt*

Kęstutis (1345 – 1382) gilt als ehrlicher und tüchtiger Fürst. Ihm gehören Trakai und der litauische Westen. Er ist Anführer in vielen Kämpfen, verteidigt die Burg Kaunas und genießt ein hohes Ansehen: sogar die Ordensritter, gegen die die Brüder ihr Land noch immer beständig verteidigen müssen, erkennen Kęstutis und den litauischen Staat an. Algirdas und Kęstutis herrschen mit gleichen Rechten in Litauen, selbständig in ihren Gebieten.

Nach dem Tod von Algirdas 1377 beginnt eine lange Zeit der inneren Wirren. Sein Sohn *Jogaila* wird Großfürst (1377 – 1392), wird aber zwischenzeitlich von seinem Oheim Kęstutis verdrängt, dem es binnen eines Jahres noch einmal gelingt, Litauen zu einigen, bevor er 1382 von Jogaila gemeuchelt wird. *Vytautas*, der Sohn des Ermordeten, wiederum flüchtet zweimal zu den Ordensrittern und versucht, sich mit ihrer Hilfe in Litauen zu behaupten.

1392 einigen sich Vytautas und Jogaila endlich, und Vytautas wird Großfürst (1392 – 1430) von Litauen. Er versucht nun, die Grenzen des Staates nach Osten und Süden noch weiter auszudehnen. Er nutzt die Zersplitterung der russischen Länder und ihre Schwächung durch die Expansion der Tataren aus

*Verschiedene Uniformen der Soldaten in der 2. Hälfte des 14. Jahrhunderts*

und gliedert noch einige russische Länder seinem Herrschaftsgebiet ein. Russische Heere nehmen jetzt am Kampf der Litauer gegen die Deutschordensritter teil. Die Litauer helfen ihrerseits den Russen im Kampf gegen die Tataren.

## Die Union mit Polen

Das Verhältnis zwischen Litauen und Polen gestaltet sich trotz Gediminas' Heiratspolitik durch die anhaltende Rivalität kompliziert. In der zweiten Hälfte des 14. Jahrhunderts fällt es Litauen immer schwerer, den ständigen Angriffen der Kreuzritter Widerstand zu leisten. Auch Polen will sich des übermächtigen Ordens entledigen. Zwar hatte einst der polnische Herzog Konrad von Masowien die Deutschordensritter im Krieg gegen die Prußen ins Land gerufen, doch nun war ein selbständiger, aggressiver Staat herangewachsen, dem man, ob katholisch oder nicht, einen Dämpfer verpassen wollte. Somit erscheint eine Verbindung mit Litauen für Polen vorteilhaft. Jogaila wird die Heirat mit der minderjährigen Erbin des polnischen Thrones, Jadvyga, angeboten. Im Jahre 1385 wird in Krėva die polnisch-litauische Personal-Union geschlossen: Jogaila verpflichtet sich, den Polen ihre verlorenen Gebiete zurückzuerobern, das gesamte Großfürstentum an Polen anzuschließen und in dem immer noch

ständigkeit Litauens erhalten, aber Polen bestimmt das gesellschaftliche Leben. Kazimieras ist der letzte Fürst, der die litauische Sprache beherrscht.

## Die Rzeczpospolita

In dieser Zeit wird auch Rußland ein riesiger Staat. Die Moskauer Fürsten, die sich von den Tataren befreit haben, eröffnen den Kampf gegen Litauen mit Blick auf das ganze Baltikum. Doch auch Schweden hat ein Auge auf diese Region geworfen. Und im Westen wird anstelle der Deutschorden-Provinz das neue Preußische Herzogtum unter polnischem Einfluß gegründet. Aufgrund der dauernd aufgezwungenen Kriege bedarf Litauen weiterhin der Hilfe Polens. So wird Litauen vom Deutschen Orden in einen Krieg gegen Rußland verwickelt, das seine Hand auf Livland legen wollte (1566). Außerdem will der litauische Adel dieselben Rechte und Freiheiten besitzen wie der polnische. Unter anderem beanspruchen Familien mit Namen wie Radziwill, Czartoryski, Pac oder Sapicha in Polen Grundbesitz erwerben zu können. Deshalb wird 1569 in der polnischen Stadt Lublin die Personalunion zur Realunion erweitert, die das Großfürstentum Litauen und das Königreich Polen zu einem Staat, der Rzeczpospolita (Republik), mit einem gemeinsamen König, gemeinsamen Senat, gemeinsamer Währung verbindet. Die litauischen Adligen verzichten dafür auf ihr Recht, König oder Großfürst durch Wahl selbst bestimmen zu können. Außerdem liegt jede außenpolitische Handlungsvollmacht in Polens Hand – ein bedeutsames Faktum gegenüber dem erstarkenden Rußland unter Peter dem Großen und Katharina II. Die Lubliner Union löscht somit die Souveränität Litauens aus und schafft die rechtlichen Vorbedingungen zum weiteren Verfall des litauischen Staates. Doch selbst nach dieser Union bleibt Litauen zunächst ein separates staatliches Territorium mit eigenen administrativen und wirtschaftlichen Organisationsstrukturen, einem eigenen Heer und eigenem Recht, dem litauischen Statut. Noch weitere 200 Jahre werden vergehen, bis die Reste der Souveränität Litauens vollständig verschwinden.

Auf Betreibung der litauischen Adligen wird 1579 in Vilnius eine Universität gegründet. Bald ist sie in ganz Europa bekannt, und es immatrikulieren sich nicht nur litauische, sondern auch Studenten aus anderen Ländern. Die Universität festigt zugleich den Einfluß der katholischen Kirche – vorangetrieben von den Jesuiten –, obwohl auch Reformatoren ihre Positionen ausbauen und eine neue litauische Schule begründen. 1547 kommt in Ostpreußen das erste litauische Buch, der »Katechismus« von Martynas Mažvydas, heraus. Doch Litauen wird, nicht zuletzt durch den polnischen Einfluß, eine Festung des Katholizismus, der im Gegensatz zu den Reformatoren und Calvinisten die Leibeigenschaft, in der sich nun auch die meisten litauischen Bauern befinden, nicht anzweifelt. Im 16. – 17. Jahrhundert befinden sich große litauische Ländereien in kirchlichem Besitz, es werden viele neue Kirchen und Paläste gebaut. Aus dieser Zeit stammen auch die besonders schöne Barockkirche *Peter und Paul* in Vilnius und das Kloster *Pažaislis* in der Nähe von Kaunas.

## Der weitere Verlust der litauischen Identität

1665 bricht ein zwei Jahre währender Krieg gegen das von Moskau aus regierte Rußland um ehemals litauische Gebiete an Düna, Dnjepr und Desuna aus, die Litauen zurückgewinnen kann, ebenso muß Rußland auf Livland verzichten. Nur wenige Zeit später ist der polnisch-litauische Staat in einen Krieg Rußlands gegen Schweden verwickelt, dieser »Große Nordische Krieg« beginnt 1700 und wird fast zehn Jahre lang teilweise auf litauischem und livländischem Boden ausgetragen. Das orthodox-gläubige Rußland will nebenbei mehr als nur die orthodox ausgerichteten litauischen Gebiete erobern. Alle diese Kriege, oft nicht als große Schlachten zwischen Armeen, sondern als Kleinkriege geführt, ruinieren das Land. Erst 1709 werden die Reste des schwedischen Heeres aus Litauen vertrieben. Fremde wie einheimische Soldaten, die aus den leeren Staatskassen keinen Sold mehr erhalten, verwüsten die Städte und plündern die Dörfer. Der einst so blühende Handel kommt zum Stillstand, das Handwerk verfällt. Es herrschen Armut, Pest und Hungersnot.

Auch die innere politische Staatsgewalt gerät in Verfall. Im 17. Jahrhundert sind die »Sejme« das Hauptorgan der Staatsmacht, doch können sie nur selten zu einem einmütigen Beschluß kommen. Im Sejm besteht das Vetorecht, deshalb ist es schwer, irgendein Gesetz durchzubringen. Die lokalen Gebietssejme verwandeln sich häufig in Schauplätze der Auseinandersetzung zwischen den Adligen, wobei Schwerter als Argumente dienen. Hohe staatliche Würdenträger, die einander nicht untertan sind, bilden Konföderationen und führen Krieg gegeneinander, wobei jedoch niemand einen Sieg erringt. Aufgrund der Schwächung des litauischen Staates wollen viele russische Länder, die an Litauen angeschlossen sind, jetzt wieder zu Moskau gehören. Durch die Vergrößerung des Territoriums sind die Litauer nunmehr eine Minderheit im eigenen Land. Aus dem Großfürstentum Litauen ist ein multinationaler Staat geworden. Dazu kommt, daß der litauische Adel neben den polnischen Privilegien und Sitten auch die polnische Sprache angenommen hat, während das Bauern, das einfache Volk und der niedere Adel weiter Litauisch sprechen. Das Land ist innerlich zerrissen.

### Litauen wird aufgeteilt

Das Resultat all dieser Fehden ist, daß Rußland, Preußen und Österreich 1772 einen großen Teil der Rzeczpospolita unter sich aufteilen (»Erste Polnische Teilung«). Diese Aufteilung bleibt knapp zwanzig Jahre erhalten. Als dann Polen 1791 die litauische Souveränität abschaffen will, bittet der litauische Adel Rußland um Unterstützung – es kommt zur »Zweiten Polnischen Teilung«. 1794 bricht ein heidnischen Litauen das Christentum einzuführen. Nach seiner eigenen katholischen Taufe und der Krönung zum polnischen König Wladyslaw II. kommt Jogaila 1387 mit vielen polnischen Adligen und Geistlichen nach Litauen, um dieses Versprechen einzulösen. Zuerst lassen sich – von den weitreichenden Privilegien ihrer polnischen Kollegen bekehrt – die Adligen taufen. Sie zwingen ihrerseits die leibeigenen Bauern, sich zum Christentum zu bekennen. Noch im gleichen Jahr wird Vilnius zum Bistum erhoben. Der Übergang Litauens zum Christentum hat außerordentlich große Bedeutung für Staat und Kultur. Die Dynastie der Jagiellonen ist stark, weitreichend (bis Böhmen und Ungarn) und langandauernd. 1401 übergibt der Stammvater dieser Dynastie die Herrschaft über Litauen seinem Vetter Vytautas.

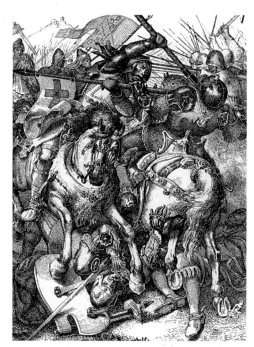

Noch heute ein wichtiges Datum für die (polnische) Geschichtsschreibung: Bei der Schlacht von Tannenberg im Jahre 1410 unterlagen die Deutschordensritter den Truppen der litauisch-polnischen Union (Stich von 1863)

### Die Žemaitija und der Deutsche Orden

Die Christianisierung Litauens und seine Union mit Polen ist für den Orden ein schwerer politischer Schlag. Die Kreuzritter verlieren das Motiv, das ihren Eroberungszügen den Schein der Rechtmäßigkeit verliehen hatte: kämpften sie doch bisher gegen Litauen, um es zum Christentum zu bekehren. Noch hält der Orden die Žemaitija und die Länder jenseits des Nemunas *(Užnemunė)* besetzt. Die Žemaiten unterwerfen sich aber nicht. 1409 bricht ein Aufstand der Žemaiten gegen den Orden aus, den Vytautas mit seinem Heer unterstützt. Die Ordensritter werden aus der Žemaitija vertrieben, geben sich

Die Gewänder eines Deutschordenritters und eines -priesters waren sich sehr ähnlich, wichtiger Bestandteil war vor allem das schwarze Kreuz auf …

Orden und Litauen-Polen bleibt Klaipėda zunächst in der Hand des Ordens.

Die Union zwischen Litauen und Polen hilft zwar, die Macht des Ordens zu brechen. Andererseits stärkt sie aber auch den Einfluß der Polen. Das litauische Volk will sich dem widersetzen. Auch Vytautas träumt von einem mächtigen litauischen Staat – mit ihm als König an der Spitze. Doch diese Krone ist ihm nicht beschieden: er stirbt 1430, ohne einen Erben zu hinterlassen. Jogailas Sohn *Kazimieras* (Kasimir) – gerade 13jährig – wird König von Polen und zugleich Großfürst von Litauen (1440 – 1492). Litauen hat damit keinen eigenen Herrscher mehr. Formal bleibt die Selb-

aber nicht geschlagen. Es droht ein Krieg, beide Parteien sammeln all ihre Kräfte – der Deutschorden mit 15.000 Mann auf der einen, Litauen-Polen mit 20.000 auf der anderen Seite. Am 15. Juli 1410 kommt es bei Tannenberg in Ostpreußen zu der entscheidenden Schlacht gegen den Deutschen Orden: Durch die Niederlage in der Schlacht von Grunwald verliert der Orden einen Großteil seines Territoriums, zieht sich mit seiner Residenz nach Königsberg im Norden zurück und büßt seine alte Macht ein für allemal ein. Das Land der Žemaiten fällt wieder an Litauen, doch auf Grund einiger nachfolgender Scharmützel und dem Friedensvertrag von Meln aus dem Jahre 1422 zwischen dem

… weißem Grund. Rein äußerlich wurde so die Hierarchie zwischen adligen Rittern und einfachen Ordensmitgliedern überbrückt

*Litauen existiert auf den Karten des 18. Jahrhunderts nicht: das Herzogtum Curland und die Provinz Samogitien liegen zwischen Lievland und Polen*

Aufstand unter Führung von Tadeusz Koscisnzko aus. Es ist der letzte Versuch, die Rzeczpospolita zu retten. Der Aufstand erfaßt auch Litauen, wo Oberst Jokubas Jasinskis an der Spitze der Aufständischen steht. Die Aufständischen bilden in Vilnius eine Regierung: den Obersten Nationalen Rat Litauens. Diesem Aufstand schließt sich anfangs auch die Bauernschaft in Hoffnung auf Befreiung von der Leibeigenschaft an. Doch die Anführer wollen keine Änderung des Systems, was der Hauptgrund für das Mißlingen der Rebellion wird. Nach dem Aufstand, im Jahre 1795, teilen Rußland, Preußen und Österreich die Rzeczpospolita endgültig unter sich auf. Sie hört auf, als Staat zu existieren. Das Territorium Litauens bis zum Nemunas geht an Rußland, die litauischen Länder am linken Nemunasufer werden zeitweilig von Preußen besetzt. 120 Jahre lang bleibt Litauen Bestandteil des russischen Reiches.

## Der Einfluß des russischen Reiches

Litauens wirtschaftliches und politisches Leben gestaltet sich nunmehr nach den Verhältnissen im damaligen Rußland. Die Zarenregierung ändert die Lage der Bauern nicht, die leibeigene Abhängigkeit von den Gutsbesitzern, deren Interessen der Zarismus unterstützt, bleibt bestehen. Der litauische Boden wird in zwei Gouvernements aufgeteilt: das Vilnius- und das Gardinas-Gouvernement. Neu

*Barocke Schloßanlagen, hier Gut Rokiškis, zeugen vom Reichtum der Großgrundbesitzer*

gegründet wird das Kaunasser Gouvernement. Als Napoleon 1812 seinen großen Feldzug gegen Rußland beginnt, wird Litauen als erstes Gebiet von den französischen Truppen besetzt. Während der Zeit der napoleonischen Besetzung, die ein halbes Jahr dauert, kommen viele Menschen ums Leben, das Land wird verwüstet. Die Hoffnung auf Befreiung von der Leibeigenschaft und der russischen Unterdrückung erfüllt sich nicht. Nach Napoleons Niederlage in der Völkerschlacht bei Leipzig wird aufgrund der Bestimmungen des Wiener Kongresses von 1815 der größte Teil Polens und damit auch die litauischen Länder jenseits des Nemunas Rußland angegliedert.

### Widerstand gegen den Zarismus

Zar Nikolaus I. beharrt auf den Prinzipien von Autokratie, Orthodoxie und russischer Nationalgesinnung. Er verschärft die nationale Unterdrückung in Polen und Litauen, verfolgt unbarmherzig jede Äußerung progressiver Ideen sowie die Orientierung am westlichen Liberalismus. 1830 lebt die antizaristische Bewegung in Litauen und Polen auf. 1831 kommt es zum Aufstand. Die Adligen streben nach Wiederherstellung eines selbständigen Staates, die Bauern wollen in erster Linie das Joch der Leibeigenschaft abschütteln. Diese gegensätzlichen Vorstellungen machen den Erfolg zunichte. Der Aufstand wird im Herbst 1831 niedergeschlagen, die nationale und politische Unterdrückung im Land nimmt zu. Eine der Vergeltungsmaßnahmen ist die Schließung der Universität Vilnius 1832. Danach muß Litauen 87 Jahre lang ohne eine eigene Universität auskommen. Das geistige Leben jedoch entwickelt sich weiter. So schreibt in dieser Zeit Simonas Daukantas die erste litauische Geschichte. In Westlitauen befaßt sich der Bischof und

Schriftsteller Motiejus Valančius mit der Bildung des einfachen Volkes. In seinem Buch »Palangos juzé« erzählt er viele interessante Geschichten von den Einwohnern Litauens. Er ist auch Gründer der ersten »Abstinenzgesellschaft« Litauens und organisiert Verlage in Ostpreußen. Es gab in Litauen auch noch eine Theologische Akademie, diese jedoch wird 1844 nach St. Petersburg verlegt. Auch die Medizinische Akademie wird 1840 geschlossen und nach Rußland verlegt.

Unter der Bauernschaft aber hören die Unruhen nicht auf, nicht nur in Litauen, auch in Rußland. Die Zarenregierung ist gezwungen, nach Mitteln zu suchen, diese sozialen Spannungen zu mildern. Die Leibeigenschaft wird als Haupthindernis für die Entwicklung der Wirtschaft erkannt. Ein Manifest Alexanders II. hebt 1861 die Leibeigenschaft auf. Aber die Reform von oben bringt den Bauern keine wirkliche Freiheit. Im Jahre 1863 beginnt eine neue Rebellion. Die Aufständischen kämpfen an vielen Orten gegen die Truppen des Zaren, doch ihre Kräfte schwinden schnell, und 1864 wird der Aufstand endgültig niedergeschlagen. Seine Führer Sierakauskas, Kalinauskas und Mackevičius werden hingerichtet, Tausende von Aufständischen des Landes verwiesen, viele gehen freiwillig in die Emigration.

### Freiheitsdrang contra Russifizierung

Die Weiterentwicklung des litauischen geistigen Lebens wird nach dem Aufstand gestoppt. 1864 wird der Schulunterricht in litauischer Sprache verboten, auch der Druck litauischer Bücher in lateinischen Lettern, der bereits Ende des 16. Jahrhunderts eingeführt worden war. Die litauischen Bauern (in den Städten gibt es durch gezielte Umsiedlungen nur sehr wenig Litauer) unterrichten ihre Kinder

*Die Bauern leben dagegen in sehr bescheidenen Verhältnissen*

heimlich. Hier setzt Doktor Jonas Basanavičius an. Er tut so viel für Litauen und die Litauer, daß er später oft »litauischer Patriarch« genannt wird. Basanavičius studiert an der Moskauer Universität und arbeitet zunächst als Arzt in Bulgarien – interessiert sich jedoch früh für die Vergangenheit und Gegenwart Litauens, für seine Kultur, Lieder und Märchen. Er wird Initiator der ersten litauischen Zeitung »Aušra« (Morgenröte), die 1883 zum ersten Mal in Ostpreußen erscheint. Die Zeitung unterstreicht die Bedeutung der Muttersprache und pflegt das nationale Selbstbewußtsein. Ungeachtet der Repressionen gelangen Bücher und Zeitungen nach Litauen: Illegale wandernde »Bücherträger« bringen sie über die Grenze. Dafür werden sie von der Zarenregierung verfolgt, eingekerkert, nach Sibirien verbannt. Es entstehen geheime Kulturgesellschaften, die sich mit der Verbreitung der litauischen Sprache als Ausdruck ihrer Identität befassen. Federführend ist hierbei der Schriftsteller und Dichter *Vincas Kudirka*. Geboren 1858 in Naumiestis in Südwestlitauen, studiert er an der Warschauer Universität Philologie und Medizin. 1889 organisiert er die erste Auflage einer eigenen Zeitung: »Varpas« (Die Glocke) – die im wahrsten Sinne des Titels zur Freiheitsglocke wird.

So nimmt die Russifizierungspolitik zwar an Härte zu, doch der Drang nach Freiheit ist unaufhaltsam, äußert sich schließlich in dem von Kudirka verfaßten Gedicht »Litauen, Du unser Vaterland«, Text der heutigen Nationalhymne.

### Loslösung vom Zarenreich

1904 sieht sich der Zar gezwungen, das Druckverbot für litauische Bücher aufzuheben. Damit entstehen günstigere Bedingungen für das litauische Kulturleben. Volksschulen werden eingerichtet, Bildungsvereine gegründet, man beginnt litauische Bücher zu drucken, eine litauische Theatergesellschaft entsteht, ebenso Gesellschaften für Kunst und Wissenschaft sowie ländliche Genossenschaften. In Vilnius erscheint die erste litauische Tageszeitung: »Vilniaus žinios« (1904), die erste Oper kommt zur Aufführung (1906), man beginnt, Ausstellungen litauischer Kunst zu veranstalten (1907). Die Zugeständnisse, die das Zarenreich machen muß, sind weitreichend. So wird 1905 ein litauischer Landtag gestattet – den Vorsitz führt der »Patriarch« Basanavičius – und litauische Vertreter ziehen in die Reichsduma (russischer Rat) ein. Die ersten Schritte zur Selbständigkeit sind gemacht.

### Die Unabhängigkeit Litauens

1914 bricht der Erste Weltkrieg aus, und Litauen wird sogleich zum Kriegsschauplatz. 1915 besetzt die deutsche kaiserliche Armee Litauen und führt ein Okkupationsregime ein. Je länger der Krieg dauert, desto schwächer werden die deutschen Positionen.

Im September 1917 wird der litauische Landesrat (Taryba) gebildet, zu dessen Vorsitzenden *Antanas Smetona* (1874 – 1944) ernannt wird. Am 16. Februar 1918 veröffentlicht der Rat die »Akte über die Unabhängigkeit Litauens«. Er bildet die erste Regierung, formiert Polizei und Armee. Am 2.11. wird offiziell die Republik ausgerufen. In den litauischen Städten und Dörfern werden erste Selbstverwaltungen organisiert. Der 16. Februar wird als Volksfest gefeiert. Auch heute (seit der Wiedergeburt Litauens 1989) gilt dieser Tag als Nationalfeiertag.

### Neue Gefahren

1918 verläßt die deutsche Armee nach dem Friedensvertrag von Brest das Land, aber eine neue Gefahr zieht in Gestalt der Roten Armee heran. Doch der bolschewistische Überfall kann mit Hilfe deutscher und polnischer Truppen zurückgeworfen werden. Polen träumt indes wieder von einem mächtigen litauisch-polnischen Reich – unter polnischer Regie, versteht sich. Da der litauische Adel auf diplomatischem Wege nicht zu überzeugen ist, greift man zu stärksten Waffen: Im Frühling 1919 dringen polnische Truppen unter Pisudski in Vilnius ein, die Demarkationslinie zwischen Polen und Litauen wird gezogen. Die Provinzen Vilnius, Švenčionys und Varėna werden Polen zugeschlagen. Noch heute können Sie an der A 1 Klaipėda-Vilnius etwa 30 Kilometer vor Vilnius auf der linken Straßenseite ein gelbes Holzhäuschen sehen – ein ehemaliges Zollhaus an der litauisch-polnischen Grenze. In Südlitauen findet man auch heute noch viele Kirchen mit Gottesdiensten in polnischer Sprache und Friedhöfe mit polnischen Namen auf den Grabsteinen.

Mit Rußland wird 1920 ein Vertrag unterzeichnet: Litauen wird offiziell von Sowjetrußland anerkannt, zwei Jahre später auch von Polen. Aber mit dem Verlust der Vilniusser Provinz an Polen waren die Litauer nie einverstanden, Kaunas gilt ihnen nur als

*Dieser Holzschnitt bezieht sich auf die Schließung des litauischen Gymnasiums Švenčionys durch die polnische Verwaltung*

»vorläufige« Hauptstadt. Die Litauische Regierung besteht jetzt abwechselnd aus Christdemokraten, Vertretern der Volkspartei und Sozialdemokraten, die rechtsstehende Nationalpartei Smetonas kann sich jedoch immer wieder durchsetzen. Dem ersten Staatspräsidenten Smetona folgten von 1922 bis 1926 Aleksandras Stulginskis. Kazys Grinius ist der dritte, aber nur für kurze Zeit (1926); durch Umsturz wird 1926 wieder Antanas Smetona von der nationalen Tautininkai-Partei Staatspräsident, sein Parteifreund der ersten

*Lesen Sie bitte weiter auf Seite 25*

## Streitpunkt Memelland

Das Gebiet um *Klaipėda* (Memel) entlang dem *Nemunas* (die *Memel*) nimmt eine Sonderstellung in der Geschichte Litauens ein. Historisch gesehen ist das Memelland der nördlich der Memel und der Ruß gelegene Teil der preußischen Provinz Ostpreußen, der nach Artikel 99 des Versailler Vertrages von 1919 vom Deutschen Reich abgetrennt worden war.

1226 war der Deutsche Orden gegen die zu den Balten gehörenden heidnischen Pruzzen gezogen. Nach mehreren, lang und brutal geführten Kämpfen wird das Pruzzenland unterworfen, die Zahl der Pruzzen ist stark dezimiert, manch andere Volksgruppe vollkommen ausgelöscht. Der Deutsche Orden konsolidiert die *Provinz Preußen,* siedelt deutsche Bauern an und deutscht das Gebiet durch Städtegründungen völlig ein. 1410 verliert der Deutsche Orden in der Schlacht bei Tannenberg gegen die Übermacht der Polen und Litauer. Im *Frieden vom Melno-See* 1422 wird die nördliche und östliche Grenze Preußens festgelegt, wie sie bis 1919 Bestand haben wird. Seitdem gehört das Memelland zu dem neu gegründeten Herzogtum Preußen. Die Grenzlinie ist zugleich Grenze zwischen Protestantismus und Katholizismus.

Sowohl Litauen als auch Polen machen 1919 ihre Ansprüche auf das Memelgebiet geltend. Hier erhebt sich harter Widerstand gegen die Abtrennung vom Deutschen Reich, da 50 % der Bevölkerung (90 % der Stadt Memel) deutsch sind und sich durch 600 Jahre gemeinsame Geschichte und Kultur dem deutschen Sprach- und Kulturraum zugehörig fühlen. Doch am 16. Juli 1919 beschließen die Alliierten, das Memelgebiet vom Deutschen Reich abzutrennen und die Verwaltung Frankreich zu unterstellen. Deutschland muß die Friedensbedingungen annehmen, und am 28. Juni 1919 wird dieser Vertrag in Versailles unterzeichnet. Litauen muß befürchten, daß das Memelgebiet nun ein Freistaat werden wird. Es sendet litauische Freischärler aus, die es gewaltsam besetzen, fast ohne auf Widerstand der Franzosen zu treffen. 1923 übernimmt Litauen die Staatsgewalt, führt die litauische Währung Litas neben der deutschen ein. Die Litauisierung des Memelgebietes nimmt ihren Anfang und wird mit Vehemenz durchgeführt. Der von Litauen eingesetzte Gouverneur läßt im Landtag nur litauische oder litauisch gesinnte deutsche Abgeordnete zu und verhängt 1926 den Belagerungszustand, der die Memeldeutschen im Zaum hält.

Aufgrund der Verschärfung des polnisch-litauischen Konfliktes ist Litauen 1938 sehr um die Verbesserung des Verhältnisses zu Deutschland bemüht, im Dezember erringen die Memeldeutschen mit 87 % der Stimmen einen Wahlsieg, am 23. März 1939 wird das Memelgebiet an das Deutsche Reich abgetreten und der Provinz Ostpreußen wieder eingegliedert. Litauen erhält dafür auf 99 Jahre einen Freihafen in Memel. Wegen eines geheimen deutsch-sowjetischen Zusatzprotokolls zum Nicht-Angriffspakt vom 28. September 1939 wird Litauen der sowjetischen Einflußsphäre zugewiesen. Die Stadt Memel und das umliegende Gebiet wird 1945 von sowjetischen Truppen eingenommen, 90 % der deutschen Bevölkerung flüchten nach Westen, Russen und Litauer siedeln sich an. Das Memelland wird dem sowjetischen Staatsgebiet eingegliedert.

Als 1990 die neue Republik ihre Unabhängigkeit erklärt, wird das Memelgebiet von Rußland als Bestandteil Litauens respektiert.

▶ *Fortsetzung von Seite 23*

Stunde, Augustinas Voldemaras, wieder Ministerpräsident und Außenminister. Sie richten eine Militärdiktatur ein, verbieten sämtliche anderen Parteien und verfolgen fortan Oppositionelle gnadenlos. Voldemaras wird 1929 gestürzt und nach einem mißglückten Putsch im Juni 1936 zu 12 Jahren Kerker verurteilt, doch dann ein Jahr später lediglich des Landes verwiesen. Er kehrt 1940 zur Zeit sowjetischer Besetzung zurück, reist 1941 nach Moskau und gilt seither als verschollen. Smetona bleibt Staatspräsident bis zum Beginn der russischen Okkupation am 15.6.1940, dann übergibt er die Regierungsvollmachten an Antanas Merkys und flieht über Deutschland in die USA, wo er 1944 vom stalinistischen KGB getötet wird.

## Das Ende der Unabhängigkeit

1939 steht Litauen zwischen zwei großen mächtigen Staaten: der Sowjetunion und Deutschland. Adolf Hitler betreibt eine aggressive Expansionspolitik gegen den Osten. Doch noch stehen in Polen Frankreich und England. Um eine zweite Front zu vermeiden, handelt Hitler mit Stalin einen Nichtangriffspakt aus. In einem geheimen Zusatzprotokoll werden Polen und die Baltischen Länder unter beiden Staaten aufgeteilt. Eine Woche später, am 1. September 1939, überfällt Deutschland Polen: der Zweite Weltkrieg beginnt.

### Die Annexion durch die Sowjetunion

Die Sowjetunion versucht unter einem Vorwand, die baltischen Länder anzugreifen. Sie macht dem litauischen Außenminister Urbšys Hoffnung auf Vilnius; im Gegenzug fordert sie die Möglichkeit des Einmarsches der Sowjetarmee in Litauen mit dem Ziel des Schutzes vor deutschen Angriffen. Der Vertrag wird am 10. Oktober 1939 unterschrieben. Litauen bekommt Vilnius zurück – der Preis ist der Einmarsch der Roten Armee. Das ist der erste Schritt zur Annexion. Die Sowjetunion weiß in diesem Moment genau, daß die baltischen Staaten keine Hilfe bekommen werden; Deutschland ist mit diesem Angriff einverstanden und befindet sich schon im Krieg mit Frankreich und England.

### Widerstand gegen die Rote Armee

Smetona will einen bewaffneten Widerstand gegen die Rote Armee organisieren, aber die meisten Regierungsmitglieder sind nicht bereit, diesem Vorschlag zu folgen. Daraufhin übergibt der Präsident Antanas Merkys alle Regierungsvollmachten und verläßt mit seiner Familie gerade rechtzeitig das Land. Zu dieser Zeit fahren schon russische Panzer durch Litauen. Wir schreiben den 18. Juni 1940. Smetonas ebenfalls nationalistisch-diktatorisch gesinnte Amtskollegen aus Estland und Lettland – Konstantin Päts und Karlis Ulmanis – werden hingegen von den Sowjets verschleppt und ermordet.

### Einzug der Sowjets

Mit der Roten Armee kommen auch die Moskauer Bevollmächtigten nach Litauen. Sie ordnen an, wer von den einheimischen Kommunisten Minister wird, zur Polizei oder zum Sicherheitsdienst kommt. Eine sogenannte Volksregierung wird gebildet. Sie bekommt den Befehl, Landtagswahlen zu organisieren. Der Landtag soll Litauen zur Sowjetrepublik erklären und eine Bittschrift für den Beitritt zur Sowjetunion vorbereiten. Die litauische kommunistische Partei stellt Listen mit eigenen Kandidaten auf. Andere Parteien stehen nicht zur Wahl. Die Pässe der Wähler werden gekennzeichnet, und diejenigen, die nicht an den »Wahlen« teilnehmen, werden verbannt. Der neue Landtag versammelt sich unter der Führung eines ehemaligen Volkssozialisten am 21. Juni 1940 in Kaunas. Die Moskauer Drahtzieher bestimmen im voraus, wer welche Rede halten wird, welche Beschlüsse angenommen werden. Die Landtagsabgeordneten sind Ausführende der Befehle: sie verfassen die Bittschrift zum Beitritt zur Union der Sowjetrepubliken. Selbstverständlich wird diese »Bitte« ganz schnell erfüllt. Litauen wird Sowjetische Republik.

## Die Sowjetzeit

Im Oktober beginnt die Rücksiedlung der Deutschbalten – Teil des Hitler-Stalin-Paktes. Einige Monate später beginnen in Litauen die Massendeportationen durch die Sowjets, die die ältere Führungselite damit gezielt ausschalten. Rund 40.000 Intellektuelle, Beamte und ehemalige Regierungsangehörige werden innerhalb weniger Wochen samt ihren Familien nach Sibirien verschleppt, wo die meisten in Arbeitslagern umkommen.

## Grausiges Zwischenspiel: Deutsche Nazis in Litauen

Die grausame Herrschaft der Sowjets wird während des Zweiten Weltkrieges durch den Einmarsch der deutschen Truppen in die Sowjetunion unterbrochen (22.6.41). Sechs Wochen später erreichen sie die baltischen Länder – Litauen ist durch die Propaganda der faschistischen »Litauischen Front der Aktivisten«, bestehend aus nationalsozialistisch gesinnten Rücksiedlern, bereits antisemitisch vorgeheizt. Die Aufrufe zu Pogromen gegen die jüdische Bevölkerung fallen auf gut vorbereiteten Boden: in den ersten Tagen der deutschen Besatzung kommen allein 4000, bis zum Ende des Jahres mehr als 50.000 Juden ums Leben, Synagogen im ganzen Land gehen in Flammen auf. Juden, ethnische Minderheiten, litauische Nationalisten werden zu Tausenden in die Konzentrationslager verschleppt und ermordet. Der Terror der Naziherrschaft wird durch den Terror der Roten Armee fortgesetzt, die 1944 das Baltikum zurückerobern kann. Das stalinistische Regime bringt nicht den erhofften Frieden, sondern für rund 50.000 Balten Deportation, Arbeitslager, Folter und Tod. Litauen besitzt 1945 nur noch ein Drittel seiner ursprünglichen Bevölkerung. An ihrer Stelle wurden Russen angesiedelt. Im ganzen Baltikum betreibt die Sowjetunion eine gezielte Migrationspolitik. Überall werden Russen in führende Positionen gebracht; sie kommen als Industrieberater, Ingenieure, Maschinenbauer und Verwaltungsfachleute. Das Baltikum weist als einzige Region in der Sowjetunion in den 50er Jahren ein Migrationsplus auf. In Litauen hält sich, unter anderem durch das starke Bevölkerungswachstum in diesem katholisch geprägten Staat, der Zuwachs in Grenzen.

Die sowjetische Regierung führt einen rigorosen Kampf gegen ethnographische Gesellschaften, die eine bewegte Volkskultur fördern und die litauische Sprache pflegen wollen. Bis zu Gorbatschows Zeiten drohten jenen Kulturschaffenden wegen antisowjetischer Propaganda lange Haftstrafen. Russisch wird Amts- und Unterrichtssprache. Bereits im Kindergarten muß einen halben Tag lang Russisch gesprochen werden. An den Schulen wird ab der ersten Klasse Russisch unterrichtet, an den Hochschulen als obligatorische Fremdsprache. 1956 hat der Rektor der Vilniusser Universität J. Bulavas den Mut, in einigen Fakultäten den Unterricht in der russischen Sprache zu verbieten. Damit wird Litauisch als Sprache an den Hochschulen gerettet. Bulavas verliert seine Stelle, aber sein Verdienst bleibt erhalten: dank der litauischen Universität kann auch die litauische Schule gerettet werden. Damit gehört Litauen mit den anderen baltischen Staaten zu den einzigen Sowjetrepubliken, in denen die Nationalsprache an Schulen und Hochschulen erhalten werden kann. Dennoch führt Chruschtschow 1958 ein neues Schulgesetz zur Stärkung des Russischunterrichts ein. 1962 wird die »Zweisprachigkeit« aller Menschen in der Sowjetunion verkündet.

Breschnew propagiert immer vehementer das einheitliche Sowjetvolk, das gesamte Kulturleben wird sowjetisiert. Auch auf die Wirtschaft hat die Sowjetisierung einen verheerenden Einfluß. Während Litauen vor dem Krieg ein Agrarland war, ist 1971 die Landbevölkerung unter 50 % gesunken. Stalin hatte bereits im Zweiten Weltkrieg mit der Industrialisierung und Kollektivierung der Landwirtschaft begonnen. Der Ausbau der Industrie nach dem Krieg schreitet rasch voran; Vilnius, Kaunas, Klaipėda werden zu industriellen Zentren. Es werden vollkommen neue Industriezweige im Land aufgebaut, Textil- und Schuhfabriken entstehen ebenso wie Maschinenbau- und Baustoff-Produktion sowie Schiffswerften. Dennoch kann von einer besonderen Wirtschaftsförderung durch die Sowjetunion nicht die Rede sein. Finnland hatte eine vergleichbare Ausgangssituation nach dem Krieg – und heute einen weitaus höheren Lebensstandard. Überdies hinterläßt die sowjetische Wirtschaftspolitik ein schlimmes Erbe an Umweltbelastungen. Der Gipfel ist wohl der Bau des größten Atomkraftwerkes der Sowjetunion im Kreis Ignalina, das 1985 in Betrieb genommen wird. Es steht inmitten des schönsten Nationalparks (Aukštaitija) Litauens.

Vergessen wir auch nicht die große strategische Bedeutung Litauens für die Sowjetunion. Sieben Divisionen werden hier von der Sowjetarmee stationiert und drei Luftstützpunkte mit 300 taktischen Atomwaffen eingerichtet – der Westrand der Sowjetunion wird als Aufmarschgebiet für einen Angriff gegen die NATO ausgebaut.

## Die nationale Oppositionsbewegung

Nach dem sowjetischen Einmarsch 1941 und aufgrund des brutalen Vorgehens seit 1944 regt sich in Litauen ein Widerstand besonderer Art: die Partisanenarmee der Litauer, die stärker ist als in den anderen baltischen Staaten. Die ersten, die in den Wald gehen, sind die Mitglieder des nationalistischen Widerstandes aus dem Zweiten Weltkrieg, dann Fahnenflüchtige der Roten Armee und die mit der Bodenreform und Formierung der Kolchosen Unzufriedenen. 1946 wird die zentrale Organisation der litauischen Partisanen wiederhergestellt, die bereits im Zweiten Weltkrieg funktioniert hatte. »Brüder des Waldes« werden sie genannt, zu denen bald 30.000 Männer und Frauen gehören. Die letzte und größte Widerstandswelle kommt 1949, als die Massenkollektivierung vollzogen wird. 1945–52 befinden sich etwa 100.000 Menschen in den litauischen Wäldern. Gruppen mit bis zu 800 Männern schließen sich zusammen, es gibt auch Einzelpersonen, die sich in der Nähe ihres Gehöftes im Wald verstecken. Sie wohnen unter primitiven Bedingungen in kleinen Waldhäuschen, später in Bunkern, in denen nicht mehr als drei Leute wohnen können. Sie leiden unter der schlechten Ventilation, unter der Feuchtigkeit; Medikamente fehlen, die meisten Krankheiten enden tödlich; es fehlt an Waffen und Munition. Lebensmittel und Kleider liefern die Einwohner. Insgesamt fallen in den Partisanenkämpfen 30.000 bis 50.000 Litauer; viel umfangreicher sind die Deportationen, die von den Sowjetbehörden als Strafmaßnahme gegen die Partisanen durchgeführt werden.

### Im Untergrund

Allmählich entwickelt sich eine Untergrundpresse, ganz unregelmäßig, von verschiedenen Flugschriften bis zur Wiederbelebung der Zeitung »Laisves varpas« (Glocke der Freiheit). 1947 erscheinen 127 Nummern dieser Zeitung, die bis 1951 verlegt wird. Das wichtigste Untergrundorgan ist die »Kova« (»Kampf«). Im Sommer 1947 wird sogar ein 17tägiger Offizierskurs mit 72 Teilnehmern organisiert. Aber die Kontakte mit der Außenwelt sind begrenzt, obwohl westliche Agenten bereits 1945 Kontakte mit den litauischen Partisanen haben. 1948 fährt der bekannte Partisanenführer Juozas Luksa-Daumantas in den Westen, bittet um Hilfe und schreibt dort sein Buch »Partisanen hinter dem eisernen Vorhang«. Materielle oder finanzielle Unterstützung bekommt er nicht. Er und einige andere Partisanen werden zwischen 1949 und 1951 von amerikanischen Agenten nach Litauen zurückgeschleust, wo sie bald umkommen.

Der sowjetische Terror ist hart. Die Einwohner leiden jetzt unter zwei Seiten: den Partisanen und der sowjetischen Okkupation. Eines der wichtigsten Ereignisse in der Partisanenbewegung ist der Widerstand gegen die von der sowjetischen Regierung angesetzten Wahlen 1946/47, an denen teilzunehmen die gesamte Bevölkerung Litauens verpflichtet ist. Die Partisanen reißen Verbindungsleitungen ab, organisieren bewaffnete Überfälle in Wahlbezirken und sammeln Pässe der Landbevölkerung ein, so daß diese nicht gekennzeichnet werden können.

### Der erfolglose politische Kampf

Die Partisanen verteidigen sich mit Gewalt, dennoch verlieren sie den politischen Kampf. Die Operation des KGB in Litauen leitet Sergej Kruglow, der Stellvertreter von Berija. Er gibt Befehl, jeden Flüchtigen zu erschießen und ganze Dörfer als Vergeltungsmaßnahme abzubrennen. 1948 gibt es in Litauen schon eine 70.000 Mann starke russische Armee. Durch die Massendeportationen kommt es auch in der Landwirtschaft zu immer größeren Ausfällen, die Lebensmittelversorgung wird so knapp, daß die Waldbrüder nicht mehr mitversorgt werden können. 1950 hat sich die Anzahl der Partisanen auf 5000 verringert. 1952 gibt es nur noch 700. 1955 tritt für alle Partisanen eine erste Amnestie in Kraft. Immer mehr kehren aus den Wäldern nach Hause zurück. 1956 wird eine zweite Amnestie erlassen. Die Verhandlungen über die Amnestierung einzelner Partisanenkämpfer dauern jedoch noch bis in die sechziger Jahre an.

DIE NATIONALE OPPOSITIONSBEWEGUNG

## Die Rolle der Kirche in Litauens Geschichte

Litauen war eines der letzten heidnischen Länder in Europa, wovon heute noch die vielen heidnischen Symbole an Kirchen und Grabmälern zeugen. Als im 13. Jahrhundert der missionierende Deutsche Orden kam, setzten sich die Litauer erfolgreich zur Wehr, begünstigt durch den zeitgleichen Aufstieg der Litauer zur stärksten Macht in Osteuropa, die nach Süden und Osten expandierte. In den eroberten ostslawischen Gebieten war Russisch Verwaltungssprache und der orthodoxe Glaube vorherrschend. Doch als 1386 der litauische Fürst Jogaila die polnische Königin Jadvyga heiratete, war mit der stärkeren Bindung an Polen der Übertritt zum katholischen Glauben verbunden (siehe Seite 14). So wurde nicht die Orthodoxie, sondern der polnische Katholizismus Volksreligion, freilich ohne daß Polnisch Kirchensprache wurde.

Nach der Christianisierung wurden prächtige Bauten errichtet – so die Kathedrale in Vilnius. Auch die wunderschöne St.-Anna-Kirche in Vilnius, ein seltenes Exemplar der Spätgotik in Osteuropa, erinnert daran. Nach der erfolgreichen Gegenreformation Ende des 16. Jahrhunderts entfaltete das Jesuitenkolleg eine rege Tätigkeit. Immer mehr Kirchen wurden im 17. und 18. Jahrhundert gebaut. In Vilnius, der »Stadt der Kirchen«, sehen Sie noch viele schöne Beispiele dafür, ebenso in Kaunas. Bei Fahrten übers Land sieht man zudem viele der in dieser Zeit entstandenen Dorfkirchen.

Der Geistliche A. Giedraitis übersetzte Anfang des 19. Jahrhunderts das Neue Testament ins Litauische. Im 19. Jahrhundert versuchte der Zar, die Orthodoxie zur dominierenden Kraft zu machen, er forcierte den Bau orthodoxer Kirchen und führte das kyrillische Alphabet in das kirchliche Schrifttum ein. Schlimmer wurde die litauische katholische Kirche unter der sowjetischen Herrschaft getroffen: Verhaftungen und Deportationen von Theologen und Priestern unter Stalin, Zweckentfremdung der Kirchen, die zu Staatseigentum gemacht werden.

### Die Kirche in der Sowjetunion

1940 trennen die sowjetischen Kommunisten die Kirche vom Staat und die Schule von der Kirche. Aber der Staat will seinen Einfluß auf die Kirche bewahren. Beim Ministerrat der UdSSR wird ein spezielles Amt geschaffen, das Vermittler zwischen Kirche und Staat sein soll. Religionsunterricht in der Schule wird verboten. Noch 1944 wagt Bischof T. Motulionis drei Forderungen: die Repressionen gegenüber der Kirche und den Priestern sollen beendet, der Religionsunterricht wieder erlaubt werden. Natürlich werden diese Forderungen nicht erfüllt. 1945 werden die Priesterseminare in Telšiai, Vilnius und Vilkaviškis geschlossen, bis 1946 werden 103 Priester verhaftet. Nach dem Krieg werden in Litauen 130 Kirchen und alle Klöster geschlossen. In den Kirchen werden Lagerhallen, Sporthallen, Kinos, bestenfalls Museen eingerichtet. So muß man sich heute nicht über den zum Teil katastrophalen Zustand der Kirchen wundern – wie soll ein kunstvolles Bauwerk erhalten bleiben, wenn man es als Baulager zweckentfremdet? Die Restaurierungsarbeiten sind heute äußerst aufwendig.

### Der Widerstand der Gläubigen

Aufgrund von Repression und Verfolgung ändern die Geistlichen ihre Taktik und versuchen fortan, Kompromisse mit den Kommunisten zu finden. Dennoch geht die Verfolgung weiter. Viele Litauer gehen ungeachtet dessen weiter in die Kirche, heiraten kirchlich und lassen ihre Kinder taufen. Petitionen bleiben erfolglos: die Zahl der Kirchen und Priester verringert sich immer weiter. Viele Priester gehen in den Widerstand. Die katholische Kirche bietet einen wichtigen Rückhalt bei der Abwehr der Russifizierung.

*Gelegentlich hat die Kirche auch in abgelegenen Gebieten wie hier in Südlitauen mächtige Akzente gesetzt*

Die erste Phase einer oppositionellen Bewegung aus der Kirche heraus beginnt 1968: über 20 verschiedene Petitionen werden an die Regierung geschickt. 1971 wird die Forderung nach Glaubensfreiheit massiv laut. 1979 folgt eine Petition bezüglich der Kirche in Klaipėda: sie war 1960 mit Geldern der Gläubigen gebaut und 1961 auf Befehl von Chruschtschow geschlossen worden (siehe auch Seite 145).

### Die Rolle der Presse

Die wichtigste illegale Zeitung in jener Zeit ist die »Chronik der litauischen katholischen Kirche«, deren erste Nummer am 19. März 1971 erscheint. 1980 werden 40 Nummern gedruckt, auch im Westen wird sie bekannt. Eine weitere Zeitung, die »Aušra«, erscheint 1975. Schließlich wird ab 1979, zum 400jährigen Jubiläum der Vilniusser Universität, an der Universität eine weitere Zeitschrift herausgegeben, die »Alma Mater«. In diesen Publikationen schafft sich die kirchliche und intellektuelle Opposition Litauens ein Forum, das der Organisation des Widerstandes dient.

*Blieb stets Bestandteil des Alltags: Ein Kreuz wurde zusammen mit Blumen, Gedenkbildern an Verstorbene und Vermißte, sowjetischen Geldscheinen und Orden an die Straßensperren der Besatzer geheftet, hier vorm Parlament in Vilnius 1991*

# DAS NEUE LITAUEN

*1985 wird Michail Gorbatschow Generalsekretär der KPdSU – mit Glasnost und Perestroika beginnt in derSowjetunion eine neue Ära der Informations- und Umbaupolitik. So werden die Presse- und Meinungsfreiheit eingeführt, privates Eigentum begrenzt zugelassen sowie weitere politische und wirtschaftliche Reformen umgesetzt.*

In Litauen jedoch gibt es bis 1988 keine Bewegung, obwohl bereits am 23. August 1987 – dem Jahrestag des Hitler-Stalin-Paktes – in Vilnius die Dissidenten Sandūnaitė, Cidzikas, Petkus, Terleckas und andere auf eben jenen Molotov-Ribbentrop-Vertrag aufmerksam machen. Jahrzehntelang hatte die Sowjetunion die Existenz geheimer Zusatzprotokolle geleugnet, in denen die Aufteilung Ostmitteleuropas unter die Großmächte Deutschland und Rußland festgelegt, Litauen quasi verkauft worden war. Im Westen publizierte Texte waren stets als Fälschungen bezeichnet worden, doch wird dank Glasnost – Gorbatschows Transparenz-Programm – jetzt der genaue Wortlaut des Geheimabkommens bekannt.

Noch sitzen zu viele unbewegliche Parteiköpfe in den wichtigen Positionen, auch in den Nachbarstaaten Estland und Lettland sind die alten Bonzen kaum von ihren Stellen zu bewegen. Doch mehr oder weniger zeitgleich bewegen sich die drei baltischen Brüder auf ihre Unabhängigkeit zu, mal ist der eine forscher, mal der andere, doch stets ziehen die anderen mit. Allmählich wird das alte Regime zersetzt. Litauisch wird zur Amtssprache erklärt, die dreifarbige Fahne wird Staatsflagge. Die Macht der Zensur wird gebrochen, die Pressefreiheit auch hier eingeführt und die noch vor kurzem als Zentren antisowjetischer Agitation verdächtigten politischen Zirkel werden zugelassen.

Am 3. Juni 1988 wird die *Sąjūdis,* die Partei der Litauischen Neuordnung (Lietuvos persivarkymo Sąjūdis) geboren. Sie wird sehr schnell zur wichtigsten gesellschaftlichen Kraft. In Estland und Lettland bildet sich ebenfalls eine Volksfront-Bewegung. Daneben konstituiert sich die *Litauische Liga* (Lietuvos Laisves Lyga) unter A. Terleckas. Viele ehemalige Parteien und Organisationen werden wiederhergestellt. Erstmals seit vielen Jahren wird in Litauen wieder – mehr oder weniger unverhohlen – die Unabhängigkeit gefordert. Die Kirche nimmt aktiv an diesen gesellschaftlichen Bewegungen teil. Die Führer der Litauischen KP (Kommunistische Partei) unter A. Brasauskas geben den Katholiken die Vilniusser Kathedrale zurück, das wohl markanteste Bauwerk der Vilniusser Altstadt. Die Forderung nach einer eigenen litauischen Währung wird laut. Ökologische Probleme werden erstmals intensiv diskutiert. Immer mehr Menschen werden sich ihres Nationalstolzes bewußt und beteiligen sich öffentlich an Diskussionen zu politischen Fragen.

Diese großen Veränderungen geschehen friedlich und werden deshalb auch »singende Revolution« genannt. Aber die große Spannung fühlen alle. Viele führende Politiker der KP versuchen, an den alten Strukturen festzuhalten. Das ZK, das Zentral-Komitee und Vollzugsorgan der moskaugesteuerten Kommunistischen Partei, schafft Erleichterungen, will sich jedoch nicht unterwerfen lassen. In dieser Umbruchzeit gibt es vier bedeutsame Faktoren: die Sąjūdis, die LKP, den Kreml und das litauische Volk. Andere nationale Minderheiten haben Angst vor großen Veränderungen. Unter anderem fürchten einige russische Arbeiter und Intellektuelle in Litauen (und im ganzen Baltikum) die großen Umstellungen. Sie gründen als Gegenpol zur Sąjūdis-Volksfront die stramm kommunistisch ausgerichtete Interfront. Diese steht sogar der Perestroika ablehnend gegenüber. Die Sąjūdis sucht Kompromisse mit Moskau und der LKP und will die Situation nicht noch verschärfen. Zu den Mitgliedern der Sąjūdis gehören auch Russen und ehemalige Kommunisten.

Ein großes Ereignis wird die XIX. Konferenz der KPdSU. Am 24. Juni 1988 »begleitet« die Bevölkerung Litauens in Gedanken ihre Abgeordneten nach Moskau, die sich dort für die litauische Unabhängigkeit aussprechen wollen. Am 9. Juli organisieren die Litauer ein großes Treffen im Vilniusser Vingis-Park. Jetzt überschlagen sich die Ereignisse: Am 23. August versucht man auf einer Kundgebung im Vingis-Park nochmals, den Hitler-Stalin-Pakt und sein geheimes Zusatzprotokoll ins Gespräch zu bringen. Vom 22. bis 24. Oktober kulminieren die Aktivitäten des Volkes auf dem 1. Kongreß der Sąjūdis. Für die Litauer bedeutet das Hoffnung auf Erfüllung ihrer geheimen Träume. Zwei Tage dauert die Versammlung. Ganz Litauen ist wie hypnotisiert. Die Menschen sind von den Radio- und Fernsehapparaten nicht mehr wegzubekommen. Die Versammlung wird zur psychologischen Revolution. Das litauische Selbstbewußtsein bekommt eine neue Perspektive.

## Das Jahr 1989

Sehr wichtig wird das Jahr 1989. Das große Ereignis: die Wahlen zum Obersten Sowjet der UdSSR. Viele Abgeordnete Litauens gehören der Sąjūdis an. Auf der Tribüne des Obersten Sowjets sprechen sie offen über ihre Positionen. Sie arbeiten mit den Abgeordneten Lettlands, Estlands und anderen Demokraten zusammen. Erstmals erscheint in hiesigen Zeitungen das Molotov-Ribbentrop-Protokoll, das das Schicksal der baltischen Staaten bestimmt hatte. Die drei baltischen Volksfrontparteien fordern BRD, DDR, die UdSSR sowie die UNO auf, das gesamte verhängnisvolle Vertragswerk für »null und nichtig« zu erklären. In einem beispiellosen, friedlichen Aufbegehren bilden gut 2 Millionen Menschen aus Anlaß des 50. Jahrestages des Hitler-

*Das wohl bekannteste Motiv aus der Wendezeit Litauens: die Nationalflagge wird hochgehalten*

GESCHICHTE & GEGENWART

DAS NEUE LITAUEN

Stalin-Paktes eine 600 km lange Menschenkette, durch die das Baltikum in der ganzen Welt berühmt wird. Von der Vilniusser Gediminas-Burg zieht sich das menschliche Band durch Litauen – Lettland – Estland bis zum Tallinner Stadtzentrum. Am 24. Dezember 1989 gesteht die sowjetische Seite die Existenz des geheimen Zusatzprotokolls ein und erklärt es juristisch für null und nichtig.

Ende 1989 beschließen die litauischen Kommunisten die Abtrennung ihrer Partei von der sowjetischen und die Bildung einer eigenen litauischen KP. So entsteht die zweite KP in Litauen. Zum Ersten Sekretär wird Algirdas Brazauskas gewählt. Der Leninismus verschwindet aus dem Programm der Partei.

### Endlich unabhängig!

Auch das Jahr 1990 bringt viele Veränderungen. Bei der Wahl des Obersten Sowjets Litauens erringt die Sąjūdis einen deutlichen Sieg. Endlich hat Litauen wieder ein demokratisches Parlament. Im Januar 1990 weilt Michael Gorbatschow in Litauen und weist auf die Gefahren der Unabhängigkeit hin. Gorbatschow hatte mit dem Beginn seiner Reformen die Sowjetunion retten wollen und den Vielvölkerstaat nie in Frage gestellt. Litauen jedoch will mit der Vergangenheit brechen und verlangt Selbständigkeit. Gorbatschows Besuch im Januar ist vergeblich, jedes Verhandlungsangebot bezüglich einer verfassungsmäßigen Loslösung Litauens von der Sowjetunion wird abgelehnt. Das litauische Volk ist für die Unabhängigkeitserklärung. Und diese kommt am 11. März 1990. Der Vorsitzende des Obersten Sowjets, Prof. Vytautas Landsbergis, betont, daß an diesem Abend eine neue Ära für das Land beginnt. Das Parlament nimmt die juristische »Rekonstitution der Unabhängigkeit« an, die Litauische Republik ist wiederhergestellt. Das kleine Island erkennt als erstes westliches Land Litauen als selbständige Republik an.

Sehr bald bekommt das neue Land zu spüren, wie weit der Weg von der politi-

*Auf das Freiheitsstreben der Litauer wird mit Stacheldrahtabschirmungen geantwortet. Die Litauer sagen mit Blumen und deutlichen Plakaten: »Soviet Army go home!«*

schen zur wirtschaftlichen Unabhängigkeit ist. Moskau antwortet auf die Unabhängigkeitserklärung mit einer Wirtschaftsblockade. Truppen des sowjetischen Innenministeriums, die OMON-Einheiten, verüben Übergriffe auf Litauen. Höhepunkt der Auseinandersetzungen der sowjetischen Regierung mit der neuen Politik Litauens sind die Ereignisse am 13. Januar 1991 in Vilnius und anderen litauischen Städten. Am Vorabend des Golfkrieges soll die baltische Frage mit Gewalt gelöst werden. Der Vilniusser Fernsehturm wird besetzt, OMON-Truppen richten ein Blutbad an: 14 Menschen werden getötet, 700 verletzt. Litauen steht plötzlich im Zentrum der Aufmerksamkeit der ganzen Welt. Heute erinnert eine Ausstellung im Fernsehturm an diese Ereignisse, die das Land in Spannung versetzten.

### Das neue demokratische Litauen der neunziger Jahre

Die Jahre 1992–94 werden zu Jahren der Entfaltung der Demokratie. Die Bürger müssen lernen, mit den neuen demokratischen Verhältnissen umzugehen, was nach den Jahren der Repression nicht leicht fällt. Neue Parteien werden gegründet, alte wiederhergestellt. Am 25. Oktober findet die erste Landtagswahl statt. Am selben Tag wird per Referendum die litauische Verfassung angenommen und Litauen zur unabhängigen demokratischen Republik erklärt. Am 14. Februar wählt das Volk erstmals nach dem Krieg wieder einen Präsidenten in freier demokratischer Wahl: Das ehemalige Mitglied der Litauischen Kommunistischen Partei (LKP), die jetzt Litauische Demokratische Arbeiterpartei heißt, Algirdas Brazauskas, wird erster Präsident der Republik Litauen. Wie eine Bombe schlägt das Wahlergebnis ein, am wenigsten hat wohl der bisherige Parlamentspräsident Vytautas Landsbergis selbst daran geglaubt. Die Menschen interessiert in diesem Moment nicht die Abrechnung mit dem früheren System. Die Brazauskas-Wähler erwarten vor allem, daß er den tiefgreifenden wirtschaftlichen Schwierigkeiten die soziale Härte nimmt. Sie sehen die fehlende Heizung, die leeren Geschäfte, die Tankstellen ohne Benzin.

Im Herbst 1993 ziehen die letzten Truppen der Roten Armee ab. Grund und Boden, den die Sowjetunion beschlagnahmt hatte, wird zurückgegeben, doch es fehlt an neuen Gesetzen zur Regelung der Reprivatisierung. Litauen hat jetzt eine eigene Armee, eigene Polizei und eigene Grenzkontrollposten. Die Kontrollpunkte an den Grenzen zu Rußland (Königsberger Gebiet), Weißrußland und Lettland werden zunehmend ausgebaut, aus einfachen Holzhäuschen werden moderne Anlagen. Das kann heute schon einmal zu unangenehmen Wartezeiten führen.

### Wirtschaft

Nach Verwirklichung der politischen Unabhängigkeit taumelt Litauen von einer Krise in die andere. Schwarzmarkt, leere Regale in den Lebensmittelgeschäften, Lebensmittelmarken, Rationalisierung. Die Arbeitsteilung in der ehemaligen Sowjetunion (jede Republik war für eine Produktgruppe zuständig gewesen und hatte damit die gesamte Sowjetunion beliefert) rächt sich nun. Der Aufbau der Marktwirtschaft ist von vielen Rückschlägen gekennzeichnet. Dennoch: wenn ich als Außenstehende auf das Litauen von 1993 und auf das Litauen von 1997 schaue, kann ich nur feststellen, daß die Fortschritte rasant sind, auch wenn es den Litauern noch zu langsam geht.

Die erste Euphorie über die wiedererrungene Freiheit ist bald vorbei, die Notwendigkeit der Bewältigung praktischer Aufgaben sorgt schnell für Ernüchterung. Nicht allen fällt die Umstellung auf »westliches« Arbeiten leicht, viele sagen selbst: »Wir müssen erst wieder lernen, richtig zu arbeiten.« Solide Programme fehlen, von Gesetzen gar nicht zu reden. Die Privatisierung in einem relativ frühen Stadium des Reformprozesses steht an. Ein kompliziertes Problem sind die Investitionen, eine abschreckende Gesetzgebung erschwert Ausländern den Einstieg in die litauische Wirtschaft. Die größten Investoren sind Großbritannien, Deutschland und die USA. Langsam beginnt sich die Privatisierung der Wirtschaft zu entwickeln, aber viele Fehler werden gemacht. Ein Viertel des Kapitals gehört zu Aktiengesellschaften. Ein Plus für die Wirtschaftsentwicklung sind die Freigabe der Preise und die in Angriff genommene Privatisierung als

*Heute schon fast nicht wiederzuerkennen: das alte Mabre in Klaipėda wurde nach der Unabhängigkeit flugs ein komfortables, auch äußerlich schmuckes Café und Hotel*

Fundament für eine funktionierende Marktwirtschaft, auch die Einführung einer eigenen Währung, die die destabilisierende Rubelabhängigkeit beseitigt, wirkt positiv. Ein Minus jedoch sind die hohen Weltmarktpreise im Handel mit den GUS, die die Außenhandelsbilanz drastisch verschlechtern. Kommt man heute nach Litauen, sind die verrammelten Fenster zumeist schon verschwunden, es gibt gefüllte Schaufenster, es wird gezeigt, was man zu verkaufen hat, das Leben wird bunter. Zum Essen muß man nicht mehr in dunkle, versteckte Keller, es gibt helle Restaurants, Cafés mit Freisitzen – Zeichen einer neuen Zeit.

Große Staatssorgen macht die Landwirtschaft. Die vielen Felder bieten eine hervorragende Basis für überlegt handelnde Landwirte, doch vieles liegt brach, die alten Kolchosen verkommen, zerfallen, die Leute sehen keine Zukunft in der Landwirtschaft. Das ist auch im übertragenen Sinn noch ein weites Feld.

### Ökologische Zeitbomben

Das größte Bauvorhaben ist wohl das Erdölterminal. Er soll bei *Šventoji-Būtingė* in litauischen Gewässern errichtet werden. Umweltschützer konnten bisher nichts dagegen unternehmen. Litauen erhofft sich dadurch eine größere Unabhängigkeit von Moskau – auf Kosten der Umwelt und des Ferienortes Šventoji.

Die größte tickende Zeitbombe hingegen ist das Kernkraftwerk vom Tschernobyl-Typ in der Nähe von *Ignalina*. Die Stillegung würde die Stromversorgung gefährden. Der erste Reaktor soll bis 2005 betrieben werden, der zweite, 1992 wegen eines Lecks abgeschaltete und wieder in Betrieb genommene, sogar bis 2010. In einem Bassin neben dem Reaktor werden bisher 715 Tonnen Atommüll zwischengelagert, es ist fast voll. Was in Zukunft mit dem Atommüll passiert, ist ungeklärt.

### ... und Soziales

1994 beträgt die Inflationsrate in Litauen 45 %. Die freie Marktwirtschaft entwickelt sich, aber die Erfahrung im Umgang damit fehlt. Am »besten« kommen die Kriminellen und die ehemaligen Bonzen mit der Situation klar. Die Preise steigen schneller als die Einnahmen der Familien. Eine dünne reiche Oberschicht bildet sich, die die Vorteile des freien Marktes zu nutzen versteht. Dem steht die Armut der breiten Masse gegenüber, eine Mittelschicht fehlt fast völlig. Der Minister A. Šleževičius behauptet, daß sich die Wirtschaft stabilisiert, aber die Realität sieht anders aus. Die Arbeitslosigkeit steigt. 1994 gibt es etwa 75.000 Arbeitslose, 1995 bereits 200.000, doch die offiziellen Statistiken beschönigen die realen Zahlen. Die soziale Absicherung bei Arbeitslosigkeit fällt sehr gering aus. Arbeiter in Pleite-Betrieben bekommen monatelang keinen Lohn. Im November beträgt der minimale Arbeitslohn 16 US$, der durchschnittliche 99 US$, die Rente im Durchschnitt 32 US$, was dem niedrigsten Niveau aller baltischen Staaten entspricht. Die Kosten für Lebensmittel machen 55 % eines

Familieneinkommens aus. Die demographische Entwicklung ist besorgniserregend: Es gibt immer mehr Rentner. Die Geburtenrate ist geringer als die Sterberate; zwei Arbeiter versorgen einen Rentner.

### *Enttäuschungen*

Viele empfinden die momentane Lage als bedeutende Verschlechterung ihrer Lebenssituation. Die Marktwirtschaft hat bisher wenige glückliche Gewinner, aber viele Verlierer hervorgebracht. Die Verlierer leiden unter unerschwinglichen Preisen in Relation zu den kleinen Einkommen und damit sinkendem Lebensstandard. Der Gewinn an politischer und Gedankenfreiheit ist vergessen, es zählt das alltägliche Leben, das für die meisten Litauer mit materiellen Problemen verbunden ist, die sie früher nicht kannten. Litauen erkennt, daß es leichter ist, die politische Unabhängigkeit zu erreichen, als die wirtschaftliche Abhängigkeit zu beseitigen. Vom Westen fühlt man sich allein gelassen, von Rußland kommt keine Hilfe. In der Bevölkerung kommt Nostalgie auf, eine Nostalgie, die allzuoft auch den Mut und die Offenheit für Neues beschränkt.

Besonders desolat ist die Situation im Bildungswesen. Die meisten litauischen Lehrer leben am Rand des Existenzminimums und beziehen mit durchschnittlich 400 Lit pro Monat (1997 sind das etwa 169 Mark) weitaus niedrigere Gehälter als jeder Arbeiter. Seit dem 1. Mai 1997 sind 400

*Bescheidenheit ist Litauern wie diesen drei Lehrerinnen schon lange in Fleisch und Blut übergegangen*

*Die Schulen müssen sich heute sehr bemühen, Bildung von modernem Niveau zu vermitteln*

Lit als Minimalgehalt festgelegt. Die Abwanderung qualifizierter Lehrer in die freie Wirtschaft ist groß, vor allem im Fremdsprachenbereich – selbst Lehrer, die ihre Profession im pädagogischen Bereich sehen, verlassen die Schulen, einfach aus Überlebensgründen, denn in der Wirtschaft verdient man drei- bis viermal so viel. Für die neuen Berufsfelder in der Wirtschaft gibt es meist keine spezielle Ausbildung, Seiteneinsteiger lernen in der Praxis das Notwendigste, eine fundierte Ausbildung fehlt dann zumeist – und das merken Sie im Alltag, im Geschäft wie im Restaurant.

### *Minderheitenprobleme*

Die Litauer stellen heute etwa 81 % der Bevölkerung. Zu den größten Minderheiten gehören mit knapp 8,5 % Russen und mit 7 % Polen, mit 1,5 % Belorussen und mit 1 % Ukrainer. Das Problem der russischen Minderheit im Baltikum ist sehr vielschichtig. Mit dem Überpinseln der russischen Straßenschilder und der Demontage jeder russischen Aufschrift ist die Vergangenheit nicht bewältigt. Nicht einmal äußerlich. Diskussionen gibt es viele, auch im Westen, ob die Russen im Baltikum nun diskriminiert werden oder nicht. Das Erlangen der litauischen Staatsbürgerschaft wird Russen nicht leicht gemacht. Dabei wird zu oft vergessen, daß es um Menschen geht: Hunderttausende, die in die baltischen Länder zogen, weil sie Arbeit suchten oder zwangsumgesiedelt wurden, Hunderttausende von Menschen, die keine Schuld an den Verbrechen des Sowjetregimes trifft, zumindest nicht mehr oder weniger Schuld als die kommunistischen Machthaber der eigenen Nation. Viele von ihnen haben Kinder und Enkel, die nie woanders gelebt haben. Kann man sie aus ihrer Heimat ausweisen?

Das Verhältnis zwischen Litauern und Polen ist historisch geprägt – oder vielmehr belastet durch die ge-

*Lesen Sie bitte weiter auf Seite 46*

## Litauen und seine Juden

Einst gab es Juden in Litauen, eine weltbekannte, blühende jüdische Kultur – und es gibt sie nicht mehr, fast nicht mehr. Verwahrloste, entweihte Friedhöfe, in Lagerhallen verwandelte Synagogen sowie mit jüdischen Grabsteinen gepflasterte Straßen sind sowohl Zeugen der Geschichte als auch der Mißachtung, die man den vielfach Verfolgten auch heute noch entgegenbringt. Nirgendwo sonst in während des Zweiten Weltkrieges von Deutschen besetzten Gebieten war die Zahl der ermordeten Juden so hoch wie in dem kleinen Litauen: 94 Prozent der jüdischen Bevölkerung fielen der Vernichtung zum Opfer. Sie begann mit Stalin und wurde von Hitler fortgesetzt, in Kollaboration mit Litauern.

Seit dem 14. Jahrhundert wohnen Juden in Litauen. Meistens sind es Kaufleute, Handwerker, Angestellte, Finanzleute. Viele Juden kommen auf Einladung des Großfürsten Gediminas nach Litauen, der zum Aufbau neuer Städte vor allem hochbegabte Kaufleute, Wissenschaftler und gewandte Handwerker aus Westeuropa ins Land holt. Sie lassen sich in Vilnius, Kėdainiai, Biržai und anderen Städten nieder und bringen das Wirtschaftsleben in Schwung. Für ihre Fähigkeiten in Handel und Gewerbe erhalten sie vom litauischen Großfürsten Vytautas Privilegien, sogar Adelstitel.

Ende des 19. Jahrhunderts stellen die Juden fast die Hälfte der Einwohner in den Städten. Ihr Leben verläuft ruhig, ohne besondere Einschränkungen. Sie leben jedoch recht abgeschlossen und heiraten meist unter sich, führen eine eigene Presse, unterhalten eigene Schulen, Krankenhäuser sowie Friedhöfe und Synagogen. Es gibt etwa zwanzig jüdische Mittelschulen und mehr als hundert Grundschulen. Unter den jüdischen Einwohnern gibt es praktisch keine Analphabeten. In Kaunas und Telšiai gibt es zudem jüdische Hochschulen, an denen Juden aus verschiedenen Ländern Europas lernen. Juden haben ihre Vertreter im Sejm, nehmen wichtige Positionen in Ämtern, Banken und anderen Institutionen ein. Mit der Zeit formiert sich eine eigene ethnische Gruppe: die »Litwaken« – litauische Juden mit einem ausgeprägten Nationalgefühl. Im Privatleben sprechen sie ihre Muttersprache Jiddisch. Die jüdische Aufklärungsbewegung »Haskala« verhilft der jüdischen Kultur und Volksbildung in Litauen zur Blüte. Die Litwaken sozialistischer Einstellung gründen den »Bund«, von den Bolschewisten grenzen sie sich scharf ab.

Zu den bekanntesten Juden litauischer Herkunft gehören der religiöse Denker *Eliahu Kremer* (1720 – 1797), auch unter dem Namen *Gaon* bekannt, der russisch-litauische Maler *Issaak Levitan* (1860 – 1900) und der polnisch-französische Bildhauer *Jakov* (Jaques) *Lipchitz* (Lipschitz; 1891 – 1973).

Nach 1926 wird die relative Autonomie, die die Litwaken genießen, erheblich eingeschränkt, was aber den kulturellen Fortschritt nicht aufhalten kann. Es gibt über 100 jüdische Volksschulen, 20 Gymnasien, ein Lehrerseminar, eine Handwerksschule und religiöse Seminare, des weiteren zehn jüdische Tageszeitungen, drei Theater, mehrere Bibliotheken sowie Sportclubs und andere Vereine. 1939 leben 250.000 Juden in Litauen, die im wirtschaftlichen Leben fest verwurzelt sind und eine hochentwickelte Kultur pflegen.

Die Bolschewisten entziehen den jüdischen Industriellen und Finanziers die ökonomische Basis. Stalin schließt jüdische Schulen, verbietet Zeitungen, Organisationen und auch das in der Welt einzigartige Jüdische Wissenschaftliche Institut. Jüdische Intellektuelle werden in die Verbannung geschickt und getötet. Bis Juni 1941 werden Juden von den Stalinisten getötet, ab 22.6.1941, nach dem Überfall der deutschen Wehrmacht auf Sowjetrußland, beginnen die Morde an der jüdischen Bevölkerung durch die SS. Zehn sogenannte Einsatztruppen A, bestehend aus je 100 Männern, vollziehen die Vernichtungsaktionen. Und: die sogenannte Schutzstaffel der deutschen NSDAP arbeitet mit Litauern zusammen. Bis Juli 1940 werden in Kaunas 7000 Juden getötet, bis zum 15. Oktober sind es bereits 71.105. Antijüdische Gesetze werden eingeführt. Es beginnt mit dem Verbot, in Parks spazierenzugehen, dann kommt der Davidstern, der auf den Kleidern zu tragen ist, einen Monat später werden die Juden in Ghettos zusammengepfercht. Jeder, der einen Juden anzeigt, bekommt eine Belohnung. Drei große Ghettos richten die Deutschen in Litauen ein: in Vilnius, Kaunas und Šiauliai. Diese werden später geschlossen und die Einwohner ermordet oder in Todeslager gebracht. Das wohl bekannteste Todeslager in Litauen ist das *IX. Fort* bei Kaunas, eine Festung, die vom Zarenregime gebaut wurde. Im Juli/August 1941 werden Juden hier auf grausamste Weise umgebracht. Einen weiteren Massenmord begeht die SS in Paneriai bei Vilnius, wo 170.000 Juden den Tod finden. 182 Orte von Massenmorden wurden bisher identifiziert, doch es sind längst nicht alle.

Lesen wir Alfred Döblins »Reise in Polen«, finden wir Beschreibungen von einem blühenden jüdischen Vilnius mit pulsierendem Leben und regem Handel. Nichts ist davon geblieben, Döblin zeichnet Bilder einer untergegangenen Welt.

Von 1941 bis 1944, innerhalb von nur drei Jahren, wurde eine jahrhundertealte Kultur, ein reiches, vielfältiges Leben nahezu restlos vernichtet.

Vor kurzem gab es eine Generalamnestie in Litauen, sie bezieht sich auf Tausende von der Sowjetunion verurteilter Kriegsverbrecher. Auch Kollaborateure wurden dabei rehabilitiert. Aus diesem Anlaß wurden viele Proteste von Juden vor allem in Amerika laut, auch während des Besuchs von Brazauskas in Israel 1995 kam es wegen der Generalamnestie zu Protestaktionen. Kann man heute von Antisemitismus in Litauen sprechen? In offener oder gewalttätiger Form gibt es ihn sicher nicht, aber in einigen Köpfen hat er sich dennoch fortgesetzt – aus Unkenntnis, aufgrund fehlender Aufklärung, oft unbewußt. Viele setzen »jüdisch« und »sowjetisch«, »Juden« und »Kommunisten« gleich. Als es 250.000 Juden in Litauen gab, waren vielleicht 1000 davon Kommunisten – und jetzt wollen einige nur diese 1000 sehen. Falsche Vorstel-

*Dichtgesät sind die Orte mit großem jüdischen Bevölkerungsanteil vor dem 2. Weltkrieg*

lungen zu Religion und Kultur der Juden werden verbreitet – und bis heute sind sie in den Köpfen vieler Litauer verankert, aus Unwissen über das Judentum begegnen sie den Juden mit Mißtrauen.

Heute leben etwa 6000 Juden in Litauen, von denen jedoch nur etwa 120 litauischer Abstammung sind. Die anderen wanderten größtenteils aus Rußland ein. 1989 wurde eine jüdische Kulturgesellschaft gegründet. Und es gibt auch wieder Vorlesungen in jiddischer Sprache, sowie jüdische Kindergärten und Schulen. Vilnius ist Sitz der Makkabi-Gesellschaft geworden, es gibt auch wieder eine Intellektuellen-Vereinigung und ein Volkstheater. Die Universität hat eine Abteilung Judaistik, auch eine Bibliothek mit jiddischer Literatur ist eingerichtet. Darüber hinaus gibt es die viersprachige Zeitung »Jerusalem Litauens« und das jüdische Museum in Vilnius (siehe Seite 324). Während der Sowjetzeit war es verboten, eine Synagoge zu besuchen, heute gibt es wieder regelmäßig Gottesdienste; der Rabbiner kommt aus London, doch die meisten der heute hier ansässigen Juden sind nach dem Zweiten Weltkrieg aus Rußland zugewandert. Die litauischen Juden, die vor dem Krieg in Vilnius lebten, waren größtenteils polnische Bürger. Die Überlebenden gingen dann auch nach Polen oder aber nach Israel und Amerika. Die, die heute noch in Litauen leben, werden von den Litauern sowohl als Juden als auch als Polen oder Russen angesehen, keine glückliche Konstellation, die viele Auswanderungen zur Folge hat.

Eine kleine Gruppe Juden versucht heute, Vergangenheit aufzuarbeiten, zu erhalten, wiederaufzubauen und zu dokumentieren, daß in Litauen über fast 700 Jahre hinweg eine eigenständige Volksgruppe mit einer hohen Kultur lebte, die sich in das gesellschaftliche Leben des Landes einfügte und grundlos fast vollständig ausgelöscht wurde.

### *Zum Weiterlesen*

Die *Bundeszentrale für politische Bildung* in 53111 Bonn, Berliner Freiheit 7, gibt Informationsschriften zur Geschichte der baltischen Länder heraus.

Genaueres zu den Deutschen im ehemaligen Osten, zur Geschichte Ost- und Westpreußens, zu den einzelnen Etappen der baltischen Geschichte können Sie aus den Broschüren des *Bundes der Vertriebenen* in 53175 Bonn, Godesberger Allee 72 – 74, ℡ 0228/810070, erfahren.

Des weiteren gibt es umfangreiche Lektüre bei den auf Seite 99 genannten Versandbuchhandlungen, vor allem bei *Mare Balticum*. Über ein großes Angebot zur jüdischen Geschichte verfügt die Versandbuchhandlung *Hartung-Gorre*, 78465 Konstanz, Sänstisblick 26, ℡ 07533/6746.

Zuletzt möchte ich Ihnen das Buch »Zwischen Tag und Dunkel« von *Hilde Shermann* empfehlen, die als Jüdin aus dem Rheinland ins Baltikum verschleppt wurde und in erschütternder Weise die Grausamkeit des Judenmordes im Baltikum beschreibt.

meinsame staatliche Vergangenheit. Sie vereinigten sich im 14. Jahrhundert zum mächtigsten Staat Osteuropas, doch Litauen blieb zumeist der unterlegene Partner in dieser Union. Nach dem Ersten Weltkrieg annektierten polnische Freischärler das Gebiet um Wilna – und das führt bis heute zu Zwist. Gleich nachdem Litauen seine Unabhängigkeit erreicht hatte, hob seine Regierung die Selbstverwaltung für die Polen im Gebiet Wilna auf. Zwar einigte man sich in Freundschafts-Verträgen auf eine gute nachbarschaftliche Beziehung und anerkannte gegenseitig den heutigen Grenzverlauf, doch bleiben die Gefühle auf beiden Seiten sensibel.

Das zentrale Problem jedoch sind die Beziehungen zum großen Nachbarn Rußland. Das Gebiet von Kaliningrad (Königsberg) gehört zu Rußland, ist aber eine Exklave und grenzt an Litauen. Hier hat die russische Armee starke Präsenz und die einzige Verbindung ist der Landweg über Litauen. Nicht nur Litauen, sondern alle drei baltischen Staaten sehen ihre demokratische Aufgabe auch im Zusammenhalt und der Solidarität über historische Grenzen hinweg. Im November '94 unterzeichneten daher die drei Ministerpräsidenten während der Baltischen Versammlung eine Erklärung, in der unter anderem die Entmilitarisierung der zur Russischen Förderation gehörenden Exklave sowie die Wiedereinführung der historischen, d. h. deutschen Ortsbezeichnungen gefordert wurde. Das russische Außenministerium verurteilte die Erklärung sogleich als Einmischung in innere Angelegenheiten – die Kaliningrad-Frage bleibt offen.

### *Ethnische Veränderungen in Litauen*

|  | 1923 | | 1959 | | 1989 | |
|---|---|---|---|---|---|---|
|  | absolut | % | absolut | % | absolut | % |
| Esten | – keine Zahlen – | | | | | |
| Letten | 14.883 | 0,7 | 6318 | 0,2 | 4228 | 0,1 |
| Litauer | 1.739.489 | 80,6 | 2.150.676 | 79,3 | 2.924.048 | 79,6 |
| Russen | 50.727 | 2,3 | 231.014 | 8,5 | 345.597 | 9,4 |
| Ukrainer | – | | 17.692 | 0,7 | 44.397 | 1,2 |
| Weißrussen | 4421 | 0,2 | 30.256 | 1,1 | 63.076 | 1,7 |
| Deutsche* | 88.568 | 4,1 | 11.166 | 0,4 | 2058 | 0,1 |
| Polen | 65.628 | 3,0 | 230.107 | 8,5 | 257.988 | 7,0 |
| Juden | 154.321 | 7,2 | 24.672 | 0,9 | 12.312 | 0,3 |
| gesamt: | 2.158.159 | | 2.711.445 | | 3.673.362 | |
|  | | | | | = 57 Ew./km$^2$ | |

aus: Geographische Rundschau 1991, Jörg Stadelbauer »Die baltischen Republiken«

# NATUR & KULTUR

GESCHICHTE & GEGENWART

NATUR & KULTUR

REISEPRAXIS

KLAIPĖDA

PALANGA & ŽEMAITIJA

KURISCHE NEHRUNG & NEMUNAS

KAUNAS & DER SÜDEN

VILNIUS & DIE AUKŠTAITIJA

# DIE NATUR IN LITAUEN

*Weite Ebenen, eine durchweg flache Landschaft, frischgrüne Birkenwälder, dunkelgrüne Seen, Sandstrand und Meer, idyllische naturbelassene Flußlandschaften, eine reiche Flora und Fauna nicht nur in den Naturparks, viele Möglichkeiten für Radler und Angler – das bietet Litauen den Naturfreunden.*

## Das Klima

Litauen steht unter dem Einfluß des eurasischen Kontinents auf der einen Seite und des Atlantischen Ozeans auf der anderen Seite. Das Klima trägt daher deutlich atlantisch-kontinentalen Charakter, wobei Luftmassen der gemäßigten Breiten das Klima bestimmen. Das Wetter ändert sich oft in kurzen Abständen in Abhängigkeit von den Zyklonen (etwa 153 Tage) und Antizyklonen (117 Tage im Durchschnitt). Sollten Sie von einem sonnigen regenfreien Litauen-Urlaub berichten können, gehören Sie zu den absoluten Glückspilzen. Mit einer Jahresdurchschnittstemperatur von 6,1 Grad gehört Litauen nicht gerade zu den warmen Ländern. Einen dicken Pullover sollten Sie auch auf einer Sommerreise dabeihaben. Litauen steht das ganze Jahr unter dem atlantischen Einfluß der Westwindzone mit ihrem wechselnden Wetter: recht kühle Sommer, warme Winter mit Tauwetterperioden und starken Frösten im Wechsel. Dafür ist das Klima Litauens 10 Grad wärmer als in denselben Breiten des Kontinents. Unter dem Einfluß der Südostwinde kommen im Sommer trockene und heiße Wetterlagen aus dem südöstlichen Europa. Aufgrund der Veränderungen in der Zirkulation der Luftmassen kann es an einigen Wintertagen wärmer als in kühlen Sommernächten werden. Seien Sie klimatisch also auf alles gefaßt. Am häufigsten steht das Klima Litauens unter dem Einfluß von Luftmassen der gemäßigten Breiten (80 – 87 %). Im Frühjahr und Sommer ist der Einfluß zumeist kontinental, im Herbst und Winter atlantisch. Arktische (6 – 17 %) und tropische (1 – 2 %) Luftmassen erreichen Litauen am seltensten, weshalb Temperaturen unter -30 oder über +30 Grad nur selten vorkommen.

### Temperaturen in Litauen

Die Durchschnittstemperatur im Januar reicht von -2,8 Grad bei Klaipėda bis -6,5 Grad bei Dūkštas. Im Juli liegen die Temperaturen bei 16,2 Grad in Laukuva und bei 17,4 Grad in Vilnius. Die höheren Temperaturunterschiede im Winter erklären sich durch den Einfluß des Meeres. Auch wenn die Juli-Durchschnittstemperatur um 17 Grad beträgt, können Sie doch mit schönen warmen Strandtagen rechnen. Die Dünen schützen, und hier finden Sie gute Möglichkeiten zum Sonnenbaden. Manchmal braucht man auf der Vytauto-Straße in Palanga noch eine Jacke, und kommt man an den Strand, kann man die Badesachen herausho-

**Temperaturen °C** *(Durchschnittswerte)*

|                       | Klaipėda | Panevėžys | Vilnius | Varėna |
|---                    |---       |---        |---      |---     |
| im Januar             | -2,8     | -5,5      | -5,5    | -5,4   |
| im Juli               | 16,9     | 17,4      | 18      | 17,7   |
| im jährl. Mittel      | 6,6      | 6,0       | 6,2     | 6,1    |
| Tiefsttemperatur      | -32      | -37       | -37     | -40    |
| Höchsttemperatur      | 34       | 34        | 35      | 37     |
| max. Wind m/s         | 40       |           | 28      | 24     |
| Luftfeuchtigkeit %    | 82       | 81        | 79      | 80     |
| Niederschläge mm      | 711      | 618       | 671     | 682    |
|                       |          |           |         |        |
| erster Frost/Herbst   | 30.10.   | 6.10.     | 10.10   | 26.9.  |
| letzter Frost/Frühling| 26.4.    | 11.5.     | 2.5.    | 20.5.  |
| ständige Schneedecke  | 3.1.     | 28.12.    | 19.12.  | 25.12. |
| Schneedecke-Ende      | 8.3.     | 18.3.     | 13.3.   | 12.3.  |

len. So ändert sich das Wetter nicht nur in zeitlich kurzen Abständen, sondern auch örtlich schnell. Die *Wassertemperaturen* allerdings kommen über 16 – 17 Grad kaum hinaus. Im Winter können Sie viele Eisbader, besonders aus der Gesundheitsschule Palanga, beobachten.

### Niederschläge und Wind

Die Niederschlagsmengen sind beachtlich und besonders am westlichen Abhang der Höhen der Žemaitija sehr hoch – über 900 mm. Sie reichen von etwa 540 mm in der mittellitauischen Tiefebene bis 930 mm an den Südwesthängen der Žemaitija. Im Winter sind sie im Westen, im Sommer im Osten Litauens höher.

Es überwiegen Westwinde, im Herbst und Winter aus Südwest, im Frühjahr aus Nordwest. Die Windgeschwindigkeit liegt im Durchschnitt bei 5,5 bis 6,0 m/s am Meer, im Osten bei 3,0 bis 3,5 m/s. An 5 – 30 Tagen überschreitet sie 15 m/s. An 40 – 100 Tagen treffen wir Nebel an und an 15 – 30 Tagen gibt es Gewitter.

Die Vegetationsperiode dauert von 169 Tagen im Osten bis 202 Tagen im Westen. Im Winter ist das gesamte Territorium Litauens mit Schnee bedeckt, im Durchschnitt 64 Tage an der Küste und 116 Tage in Ostlitauen. Bis zu einer Entfernung von 30 km von der Küste macht sich der mildernde Einfluß des Meeres bemerkbar. Vorsicht bei Touren durch die Žemaitija: während es in Klaipėda noch mild sein kann, können Sie bei Plateliai in Schneewehen geraten und bei Mažeikiai Hochwasser erleben.

### Der litauische Winter

Die Winter sind zumeist kontinental mit hoher Luftfeuchtigkeit. Manchmal gibt es reiche Schneefälle oder viel Nebel, dazwischen gelegentlich Tau-

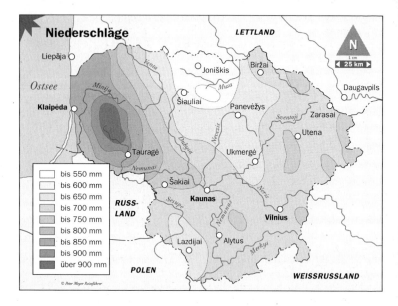

wetterperioden mit einer Lufttemperatur von über 0 Grad – deshalb keine andauernde Schneedecke. Das kann sehr heimtückisch sein: es schneit – taut – friert zu Eisglätte – taut – schneit.

Im März/April klettern die Durchschnittstemperaturen aus dem negativen in den positiven Bereich. Die Vegetationsperiode mit einem Temperaturmittel am Tag und in der Nacht von über 5 Grad beginnt meist am 15. April, im Westen etwas früher als im Osten Litauens. Doch das häufige Eindringen arktischer Luftmassen kann auch noch im Mai zu Nachtfrösten führen. Die Frühjahrskälte ist im Westen etwa eine Woche später als im Osten zu Ende. Manchmal ist der Frühling sehr kurz, und der Winter geht fast ohne Übergang in den Sommer über, so wie im Mai 1993: am Freitag noch Pelzjacke, am Sonntag schon Sommerkleid.

Herrlich ist die Kastanienblüte im Frühjahr auf der Kurischen Nehrung und das Grün der Nehrungswälder gemischt mit dem Gelb der Ginsterbüsche. Etwas ganz Besonderes bietet auch die Fliederblüte ab Mitte Mai: die ganze Natur ist dann in ein wunderschönes Blau-Weiß-Grün getaucht. Ein hübsches Bild geben auch die frischgrünen duftenden Birken(wälder) im Frühjahr ab.

### *Ein sommerlicher Sonnenstrahl*

Die litauischen Sommer sind mäßig warm mit einer Durchschnittstemperatur von 16/17 Grad. Sie dauern kaum drei Monate: von Juni bis August. Schon Anfang September beginnt an einigen Stellen die Herbstfärbung. An der Küste ist der Sommer am kühlsten, mit steigender Entfernung von der Küste nimmt die durchschnittliche Lufttemperatur zu. Beim Einfluß atlantischer Luftmassen kühlt sich im Sommer das Wetter ab, ein warmer Sommer steht unter dem Einfluß von Luftmassen aus Osteuropa. Beim Eindringen von arktischen Luftmassen kann es im Sommer zu heftigem Platzregen mit starken Gewittern und mehr als 50 % des Jahresmittels an Niederschlägen kommen.

### *Ein Herbst in allen Farbnuancen*

Der litauische Herbst beginnt bereits im September und bringt etwa 30 % bewölkte Tage. Ende September, Anfang Oktober kann das Wetter unter dem Einfluß südlicher Luftmassen warm sein – der Altweibersommer, der jedoch maximal eine Woche anhält. Der erste Frost kann durchaus schon um die letzten Septembertage herum einsetzen, an der Küste später. Wenn Sie Glück haben und einen milden Herbst erwischen, kann das vor allem bei Fahrten übers Land zum unvergeßlichen Erlebnis werden: die Herbstfärbung ist einzigartig, und bereits Anfang September zeigen die Bäume die schönsten Farben: von Gelb bis zu einem kräftigen leuchtenden Rot, das ich noch nirgendwo so auffallend schön gesehen habe. Am interessantesten sind die dreifarbig gefärbten Herbstbäume in grün-gelb und einem Tupfer rot.

### *Klima und Landwirtschaft*

Das Klima Litauens ist gut geeignet zum Anbau von Kartoffeln, Flachs, Gerste, Weizen, Zuckerrüben und zum Futteranbau. Für Weintrauben und Mais ist es jedoch zu kalt und zu naß. Mit der Schließung vieler landwirtschaftlicher Großbetriebe, der sogenannten Kolchosen, in der Wendezeit ging es in der Landwirtschaft bergab. Den Sprung in die Privatwirtschaft haben nur wenige gewagt und geschafft. Viele Felder liegen brach, die Anlagen der Kolchosen sind zu Ruinen geworden. Die meisten Litauer haben einen Garten, in dem sie Obst und Gemüse anpflanzen – aufgrund des geringen Einkommens und der in Relation dazu hohen Lebensmittelpreise die einzige Überlebenschance für viele Familien. Wollen Sie einen Eindruck von den privaten Gärten haben, folgen Sie den Schildern »Kol.Sodai« – das sind Gartensiedlungen der Einheimischen. Frische Erzeugnisse der Bauern und Kleingärtner bekommen Sie täglich auf einem der vielen Märkte, litauisch: *turgus;* alles einheimische Obst und Gemüse ist hier sehr preiswert – eine gute Möglichkeit, um sich für ein Picknick unterwegs einzudecken.

### *Klima und Gesundheit*

Das Meeresklima hat eine große Bedeutung für balneologische Kuren. Diese werden in zahlreichen Sanatorien in *Giruliai* und *Palanga* angeboten. Die jodhaltige Meerluft wirkt sehr gesund auf den Organismus, besonders bei Schilddrüsenunterfunktion. Andere Heilbäder, die mit heißen

(Schwefel-) Quellen oder Moorbädern arbeiten, finden Sie in *Druskininkai, Birštonas* und *Likenai*, siehe jeweils dort.

## Geographie des Landes

»Wo die Šešupe und der Nemunas fließen, da ist unsere Heimat, das schöne Litauen« – so bestimmte der litauische Dichter Maironis 1895 die Lage seines Heimatlandes. Litauen ist ein kleiner Fleck an der Küste: 65.300 km² groß, von West nach Ost mißt es 373 km, von Nord nach Süd 276 km. Es grenzt an Lettland im Norden, an Weißrußland im Osten und Süden, an Polen und an das zu Rußland gehörende Königsberger Gebiet im Südwesten, insgesamt 1747 km Grenze. Und worauf man hier stolz verweist: 18 km von Vilnius entfernt liegt das geographische Zentrum Europas (nachdem Europa nach dem Fall des Eisernen Vorhangs nun wieder für alle bis zum Ural reicht).

### Meer, Strand und Dünen

Von ganz besonderem Reiz ist die Küste – 99 km langer, 15 bis 20 km breiter Sandstrand und große Dünen. Sie bildet die natürliche Grenze im Westen und ist als »Bernsteinküste« berühmt. Der Sand ist fein und steinfrei. Man kann gefahrlos baden – außer, wenn es stürmisch ist und die schwarze Fahne weht. Anschließend jedoch sieht man etliche Menschen in gebückter Haltung über den Strand wandern, den Blick auf der Suche nach angespülten Bernsteinstückchen auf den Boden geheftet (siehe Seite 198). Strand und Dünen werden von einem Gürtel aus Kiefernwäldern begrenzt. Das Baltische Meer, *Baltijos jura*, wie die Ostsee nach dem antiken Namen *Baltia* – laut Plinius eine große Bernsteininsel im Ostseeraum – seit dem 11. Jahrhundert genannt wird, läuft sanft aus und hat einen geringen Salzgehalt von 7 %. Die von der Nordsee eindringenden Gezeiten verursachen ebenso wie die eigenen Schaukelbewegungen kaum Schwankungen.

### Naturwunder Nehrung

Im Süden der litauischen Küste liegt die Kurische Nehrung, die zur Hälfte zu Litauen, zur Hälfte zum Königsberger Gebiet gehört. 51 der insgesamt fast 100 km langen Nehrung liegen auf litauischem Territorium. Sie trennt das Baltische Meer vom *Kurischen Haff* und bietet eine einzigartige Naturszenerie – ein absolutes Muß auf Ihrer Litauen-Reise. Ihren Namen hat sie vom alten Volk der Kuren, die aus Lettland hierher kamen. Sie besteht aus purem Sand und entstand vor 5000 Jahren durch Südwestwinde und ufernahe Meeresströmungen, womit sie der geologisch jüngste Teil Litauens ist. Meer und Wind schütteten einen langen schmalen Sandstreifen auf und teilten das Kurische Haff, eine Art Lagune, vom offenen Meer ab. Ein 190 m breiter Wasserstreifen verbindet heute diese Lagune mit dem Baltischen Meer. Das Ostufer ist flach und sumpfig, an einigen Stellen gehen die Dünen direkt ins Haff über.

*Sand so weit das Auge reicht auf der Kurischen Nehrung bei Nida*

## Flüsse und Seen

Das »Land des Nemunas« besitzt noch andere, ebenfalls von oft idyllischen Landschaften umgebene Flüsse: *Neris, Nevėžis, Šešupe, Šventoji, Minija* und viele andere größere und kleinere Flüsse schlängeln sich durch das flache Land. Die Gewässer prägen die geographische Gestalt Litauens. Mehr als 700 Flüsse gibt es, der größte ist der Nemunas, der ins Kurische

*Bietet fürs Auge viel Ruhe: typische Flußlandschaft*

Haff mündet. Er hat fast denselben Süßwassergehalt wie das Haff und ist ebenso fischreich wie dieses. Insgesamt ist der Nemunas 900 km lang, seine Quelle liegt in Weißrußland.

Alle Flüsse haben kaum Gefälle und fließen relativ langsam. Die rund 3000 Seen, die fast 2 % der Landesfläche ausmachen, werden von den Einheimischen auch als die »Augen« Litauens bezeichnet. Die meisten von ihnen liegen in der *Aukštaitija*, dort finden wir auch die größten und tiefsten Seen. Mit 45 km² ist der *Drūškiai-See* der größte und der 70 km² große *Tauragnas-See* der tiefste. Die Seen an sich haben wirtschaftlich keine Bedeutung, jedoch einen hohen Erholungs- und Freizeitwert: hier können Sie Bootfahren, Segeln, Angeln, Spazierengehen und Campen.

## Flach und hügelig

Litauen liegt im Westen der eiszeitlich geformten Osteuropäischen Tiefebene. Charakteristisch ist der Wechsel von Tiefebenen und Hügelland, entstanden durch von Gletschern mitgeführte Schutt- und Geröllmassen. Findlinge regen noch heute die Volksphantasie zu Sagen an. Grund- und Endmoränen bestimmen überwiegend das Bild, hügelig wird es im Westen sowie im Südosten Richtung Weißrußland. Elf Anhöhen übersteigen die 200 m-Marke; Bergwanderer werden also vergeblich nach geeignetem Terrain suchen.

## Küste und Žemaitija

An den 15 – 20 km breiten Streifen der Küstenebene schließt sich die Niederung und Hügellandschaft der Žemaitija an mit ihrer höchsten Erhebung: dem *Medvėgalis* mit 234 m. Der Küstenstreifen weist ein interessantes Relief mit Meeresterrassen, Dünen und Sandstrand auf sowie pilzreiche Kiefern- und Fichtenwälder. Hinter der Dünenlandschaft beginnen weite, bis zu 40 m hoch gelegene Flächen mit Lehmböden, sandigen Wäldern und Sümpfen. Nicht zu vergessen das Nemunasdelta, ein interessantes Kanalsystem mit schilfbewachsenen Ufern, das heute ornithologisches und ichthyologisches Naturschutzgebiet ist. Der Nemunas mündet in das 1610 km² große und bis zu 4 m tiefe Kurische Haff. 613 km² des Haffs gehören zu Litauen. Die Provinz Žemaitija mit ihrem flachen Hügelland bedeckt ein Viertel Litauens. Es ist eine karge Landschaft mit viel Wind, Nebel, Regen, vielen Fichten, Eichen – dem heiligen Baum der Litauer.

### Der zentrale Teil

Von West nach Ost schließen sich das mittellitauische Tiefland mit den Flußtälern der *Nevėžis*, *Šešupe* und *Mūša* an, danach der Baltische Höhenrücken mit den Hochebenen von *Sūduva* (von der polnischen Grenze bis zum Nemunas), *Dzūkija* (vom Nemunas bis Vilija) und *Aukštaitija* (von Vilija bis Lettland). Dort, am *Vystyter-See*, liegt auch der *Pavyštytis-Berg*, mit 282 m der höchste Punkt des Baltischen Moränenkette. Der südliche Teil dieser Kette wird *Sūduva* (zur ethnographischen Region Suvalkija gehörend) genannt, der mittlere Teil zwischen den Flüssen Nemunas und Neris *Dzūkija*. Als Grenze zwischen Dzūkija und Suvalkija wird oft der Nemunas angegeben. Den Namen Sūduva finden Sie auch bei litauischem Mineralwasser wieder. Kennzeichnend für die Nemunas-Landschaft sind viele Birkenwälder und Wiesenland. Weite landwirtschaftlich nutzbare Flächen gibt es hier, außerdem ausgedehnte Moore, die nur teilweise kultiviert wurden und jetzt wieder unberührt vor uns liegen. Im Osten des Nemunas finden wir große Forste. Seltene Wildarten wie Luchs und Auerhahn kommen hier vor.

Die Suvalkija ist die kleinste Provinz Litauens. In ihren Wäldern sollen die größten Bäume des Landes wachsen. Der Nemunas schlängelt sich hier gemächlich durch die Landschaft. Von vielen Punkten hat man phantastische Ausblicke auf die Flußlandschaft. Die Dzukija verfügt über tiefe Wälder, in die sich in den 50er Jahren die Widerstandskämpfer zurückzogen (Geschichte Seite 28). Heute sind die Wälder als Kurgebiete ein Wirtschaftsfaktor. Bevorzugter Kurort ist *Druskininkai* mit seiner Wald-Wiesen-Seenlandschaft.

### Hochebenen an der weißrussischen Grenze

An der litauisch-weißrussischen Grenze befinden sich die *Švenčionys*- und *Ašmena-Hochebenen* sowie die *Medininkai-Höhen*. Im Norden der Neris bis zur lettischen Grenze liegt die *Aukštaitija*, die den nördlichen Teil der Baltischen Moränenkette bildet. Die Landschaft nördlich von Vilnius ist höhergelegen als die Žemaitija, daher der Name Hochland, Gebirge ist allerdings nicht zu erwarten. Die Aukštaitija bietet die für Litauen wohl schönste Verbindung von Wäldern und Seenplatten. Der dortige Nationalpark ist sehr sehenswert (Seite 341). Südöstlich von Vilnius liegt in den Medininkai-Höhen übrigens der höchste Berg Litauens: der *Juosapinės* mit 294 m.

## Flora & Fauna

Birkenblüte

Litauen befindet sich in der Mischwaldzone des gemäßigten Klimas. Durch die Mitte des Landes zieht sich die Nordgrenze der Weißbuche, Carpinus betulus.

Insgesamt wachsen circa 2000 Pflanzenarten, darunter 250 Moosarten, 400 Flechten und über 2000 Pilzarten auf litauischem Boden. Es gibt schöne Parks aus vergangenen Zeiten, nicht viele haben die Jahrhunderte und Jahrzehnte im ursprünglichen Zustand überdauert.

### Litauische Wälder

Bevor der Ackerbau eingeführt wurde, bedeckten fast ausschließlich Wälder das Territorium, daher auch der mittelalterliche Beiname »das Land der dunklen Wälder«. Doch heute ist dieser Name überholt. Nur neun der Urwälder sind übrig. Die Wälder sind heute vor allem auf Sandböden zu finden, die für den Ackerbau nicht geeignet sind.

Der an Wäldern reichste Bezirk ist Varėna (63,3 %), der waldärmste Vilkaviškis (4 %), wo wir den fruchtbarsten Boden antreffen. 28 % des Gesamtterritoriums Litauens sind Wälder, zumeist Nadelwälder:

Kiefernwald 37,2 %
Tannenwald 18,5 %
Birkenwald 23,0 %
Grauerlenwald 7,5 %
Schwarzerlenwald 5,7 %
Espenwald 4,8 %
Eichenwald 1,4 %
Eschenwald 1,4 %

### Wiesen und Moore

Am Anfang des 20. Jahrhunderts waren 6,5 % der Fläche Litauens von Mooren bedeckt – heute ist die Hälfte davon dehydriert. Die heutigen 3 % Moore sind Flachmoore, nur sehr wenige mit der ursprünglichen Flora der Hochmoore. Drei Hochmoore gehören zu den Naturreservaten: *Kamanų*, *Žuvintas* und *Čepkelių raistas*.

17 % des litauischen Territoriums sind Wiesen und Weiden. Man findet dieselben Wiesenblumen wie bei uns, nur viel mehr davon. An der Küste finden wir typische Sandflora vor, Dünenpflanzen wie die *Zunda*, eine litauische Distelart.

## Fauna Litauens

Die Fauna Litauens begann sich vor etwa 15.000 Jahren nach der Befreiung des Kontinents vom Eis zu formieren. Die ersten Tiere der arktischen Zeit (Nördlicher Elch, Bison priscus, Polarfuchs, Schneehase) verschwanden mit der Klimaerwärmung. In dieser Periode breiteten sich folgende Tiere aus: der wilde Stier (Bos primigenius), Wisent (Bison bonasus), das wilde Pferd (Equus gureline silvaticus), die Waldkatze (Felis silvestris), der Vielfraß (Gulo gulo), Braunbär (Ursus arctos). Sie wurden zum Teil durch Jagd und Besiedlung ausgerottet oder verdrängt. Zur Zeit stellt die Tierwelt Litauens die Fauna der Mischwälder mit Elementen der Taiga-Fauna dar.

### Von Wisenten und Wölfen

In der Liste der Säugetiere stehen 63 zum Festland gehörende Arten und 5 Meeressäugetiere. Das größte Säugetier ist wohl der *Wisent*, Bison bonasus, mit einem Gewicht bis zu 1000 Kilogramm, einer maximalen Widerristhöhe von 1,90 m und einer Länge von 2,6 – 3 m. Zu Anfang des 20. Jahrhunderts war der Wisent in Litauen ausgerottet. 1979 gelang es, ihn wiederzuzüchten, und zur Zeit leben in Litauen wieder 26 wilde Wisente im Kreis Panevežys und 10 Wisente in Naujamiestis. Der Wisent steht unter Naturschutz und ist in das »Rote Buch« Litauens eingetragen.

Die **Paarhuftiere**, Artiodyctyla, sind mit 8 Arten vertreten. Darunter sind das Wildschwein, das Reh und der Elch, die auch für die Jagd bedeutsam sind.

Erfolgreich fortgepflanzt haben sich auch neue Arten der Paarhufer wie *Sika* (Cervus nippon) aus dem Altai, das *Mufflon* (Ovis ammon musimon Pallas) und der *Dammhirsch* (Cervus dama).

Immerhin 14 **Wildtierarten** gibt es in Litauen. Der *Wolf*, Canis lupus, ist beständig, doch nicht so zahlreich; er lebt meistens in den großen Wäldern. Fast überall in Mittellitauen ist der *Rotfuchs*, Vulpes vulpes, anzutreffen. Aus den Wäldern des benachbarten Weißrußland kam der *Marderhund*, Nycetereutes prpxyonoides Gray. Von 1948 an breitete er sich innerhalb von 12 Jahren in ganz Litauen aus. Inzwischen ist es unmöglich, seine Zahl in den Griff zu bekommen, er darf das ganze Jahr über gejagt werden. Der letzte *Braunbär*, Ursus arctos, wurde 1883 im Wäldchen Gudu giria abgeschossen.

Aus der Familie der *Marder*, Mustelidae, gibt es in Litauen 11 Arten, die meisten mit als sehr wertvoll eingeschätztem Pelz. Darunter finden wir den *Baummarder* (Martes martes) und den *Iltis* (Mustela putorius), der früher sehr häufig vorkam, doch jetzt mit abnehmender Anzahl der einzeln stehenden Gehöfte recht selten wird.

Der *Fischotter* (Lutra lutra) steht unter Naturschutz und ist ins Rote Buch Litauens eingetragen.

*Dachse* (Meles meles) sind vornehmlich im Wald anzutreffen. Sie fressen Kleintiere (Insekten und deren Larven), Schnecken, Würmer, Mäuse sowie Früchte, Pilze und Kulturpflanzen. Der *Nordluchs* (Lynx lynx) und die *Wildkatze* (Felis silvestris) stellen die Ordnung Felidae in Litauen. Der Nordluchs ist recht selten, lebt in großen Wäldern in abgelegenen Gegenden, frißt Fleisch und ist für andere Waldtiere gefährlich, besonders für Rehe. Die Wildkatze hat sich im 19. Jahrhundert in den Wäldern Litauens angesiedelt.

### Nagetiere

Die Nagetiere, *Rodentia,* sind in Litauen mit 7 Familien und 21 Arten vertreten. In Nadelwäldern und Parks treffen wir häufig auf das *Eichhörn-*

*chen* (Sciurus vulgaris). An bewaldeten Gewässerufern baut der *Biber* (Castor fiber) seine Uferhöhlen und Dämme. Bereits ausgestorben, wurde er wieder neu angesiedelt, so fehlten natürliche Feinde, und die Biberzahl wurde 1976-86 sogar zu groß. Wenn Sie Glück haben, sehen Sie einige von ihnen sogar an der Neris mitten in der Stadt Vilnius.

Drei von vier in Litauen vorkommenden Arten von *Schläfermäusen* (Myoxidae) und 9 von 13 *Fledermausarten* (Chiroptera) stehen unter Naturschutz und im Roten Buch. Von den Hasen ist am häufigsten der *Feldhase* (Lepus europaeus Pallas) zu beobachten, vor allem auf kultiviertem Land. Der *Schneehase* (Lepus timidus) ist ein Relikt der Steinzeit und trägt im Winter zur besseren Tarnung einen weißen Pelz. Aufgrund schneearmer Winter ist er seltener geworden und steht jetzt ebenfalls unter Naturschutz.

### Kriechtiere

Das litauische Klima ist nicht besonders günstig für Reptilien. Deshalb gibt es nicht sehr viele davon. In sonnigen, trockenen und warmen Lebensräumen lebt die *Zauneidechse* (Lacerta agilis), im Gegensatz dazu bevorzugt die *Waldeidechse* (Lacerta vivipara) feuchte Orte und schwimmt gut. Ein Tier, das oft mit einer Schlange verwechselt wird und auf Wiesen, an Waldrändern, in Gebüschen und an nicht allzu trockenen Stellen anzutreffen ist, ist die *Blindschleiche* (Anguis fragilis). An Gewässerufern, Böschungen und auf Wiesen können Sie auch die *Ringelnatter* (Natrix natrix) finden oder die *Glattnatter* (Coronella austriaca), eine sehr beißlustige und aggressive, jedoch ungiftige Natter. Vor allem in sonnigen, trockenen, doch auch mäßig feuchten Lebensräumen wohnt die graubraune *Kreuzotter* (Vipera berus), die einzige Giftschlange in Litauen. Die größten Exemplare werden bis zu 80 cm lang. Das Weibchen legt keine Eier, sondern bringt lebende Junge zur Welt. Die Nahrung der Kreuzotter besteht aus Kleintieren, die durch das beim Zubeißen ausgespritzte Gift getötet werden. Sie flieht vor den Menschen, beißt aber, wenn sie bedroht wird – ihr Biß ist für den Menschen gefährlich, jedoch selten tödlich.

Sehr selten ist die *Sumpfschildkröte* (Emys orbicularis), nur in einigen Gegenden Südlitauens kommt sie vor. Sie steht unter Naturschutz und im Roten Buch Litauens.

Lurche, *Amphibia*, sind immer mit Gewässern verbunden. Zur Familie der Salamander gehören nur zwei in Litauen vorkommende Arten: der *Teichmolch* (Triturus vulgaris) und der große *Kammolch* (Triturus cristatus), der seinen Namen wegen des gezackten Lederkamms auf dem Rücken bekommen hat. Beide leben in sehr kleinen Gewässern, ernähren sich von Weichtieren und Gliederfüßern. Im Herbst verstecken sie sich in Kellern, Höhlen und unter Baumstümpfen.

Auch die Frösche sind immer in Wassernähe anzutreffen: der *Teichfrosch* (Rana esculenta) und der *Seefrosch* (Rana ridibunda). Im Sommer geben sie die weithin hörbaren Quakkonzerte. Der *Grasfrosch* (Rana temporaria) überwintert nur im Wasser, bewegt sich sonst aber gerne im Trockenen. Er ist sehr häufig und lebt auf dem Lande vorwiegend als Nachttier. Die *Rotbauchunke* (Bombina bombina) lebt ebenfalls vorwiegend auf dem Lande, ihre Eier legt sie auf Wasserpflanzen oder in überschwemmtes Gras ab. Von den Kröten gibt es in Litauen drei Arten: die grüne *Wechselkröte* (Bufo viridis), die braune *Kreuzkröte* (Bufo calamita) und die dicke *Erdkröte* (Bufo bufo). Alle sind nur dann nachtaktiv, wenn sich die Feuchtigkeit erhöht.

### Vögel

298 Arten gibt es in Litauen, davon 210 brütende und 55 Arten, die ständig hier zu Hause sind. Die Naturschutzgebiete Žuvintas und Viešvile sind als Vogelschutzgebiete bekannt. *Rebhuhn* (Perdix perdix) und *Wachtel* (Cortunix corurnix), beide ursprünglich Steppenbewohner, die sich heute auf Wiesen und Feldern aufhalten, sind recht selten geworden, dennoch kann schon mal eine Familie Ihren Weg kreu-

*Die Bekassine pickt im flachen Uferbereich nach Kleintieren*

zen. Die *Wild-Taube* (Tetrao urogallus) liebt große Wälder und ist fast nur im südöstlichen Teil Litauens zu finden. Das *Birkhuhn* (Lyrurus textrix) und das *Schneehuhn* (Lagopus lagopus) wohnen im Hochmoor und stehen unter Naturschutz.

Zwei Arten von Lappentauchern brüten ständig in Litauen: der *Haubentaucher* (Podiceps cristatus) sowie der *Zwergtaucher* (Podiceps ruficollis). Der Fischfresser *Kormoran* (Phalacrocorax carbo) war früher noch weiter verbreitet. Im 19. Jahrhundert brütete er in Kolonien bei Juodkrantė und Pagėgiai. Doch im Wettkampf mit dem Fischreiher zog er den Kürzeren, und besucht nun nur noch das Kurische Haff.

Fast jedes Gehöft hat seinen Storch – das werden Sie schnell bei Fahrten übers Land feststellen. Manchmal kann man ganze Storchenversammlungen auf feuchten Wiesen beobachten. Der *Weißstorch* (Ciconia alba) hat sich sehr gut auf den Gehöften der Menschen eingelebt. Er überwintert in Afrika. Der seltene *Schwarzstorch* (Ciconia nigra) bevorzugt seichte Gewässer im Flachland und am Kuri-

*Angeber: Der Kampfläufer stellt drohend seinen Halsschmuck auf*

*Der Kiebitz wippt bei der Futtersuche an der Uferböschung vorwitzig mit dem Schwanz*

schen Haff. Er brütet im März/April gern in der Nähe von Gewässern in hohen Bäumen und in Kolonien.

Bei Juodkrantė auf der Nehrung ist die größte *Graureiherkolonie* von Litauen zu finden. Ähnlich dem Graureiher ist auch die *Rohrdommel* (Botaurus stellaris), polygam: bei einem Männchen brüten bis zu fünf Weibchen. 1990 gab es in Litauen 200 Nester.

Auf Wiesen, Feldern, Äckern und Verlandungsgebieten finden wir den *Kiebitz* (Vanellus vanellus), an Strandwaldbächen hält sich gern der *Waldwasserläufer* (Tringa ochropus) auf, der auf Bäumen in fremden Nestern brütet. Der Waldwasserläufer verbringt den Winter im Mittelmeergebiet und in Afrika. Auf den größeren Strömen und Seen halten sich Möwen auf; überm Baltischen Meer segeln *Lach-* (Larus ridibundus), *Silber-* (Larus argentatus), *Herings-* (Larus fruscus) sowie *Sturmmöwen* (Larus canus).

Sechzehn Arten Raubvögel brüten in Litauen. *Habicht* (Accipiter gentilis) und *Rohrweihen* (Circus aeruginosus), die für die Jagdwirtschaft schädlich sind, gehören dazu. Der *Mäusebussard* (Buteo buteo) vernichtet Kleintiere, er ist ein guter Segler und macht oft kreischend auf sein 4 km weites Jagdgebiet aufmerksam. Er überwintert zumeist im Brutgebiet, ebenso wie der *Turmfalke* (Falco tinnunculus), der die Beute im Sturzflug ergreift und in fremden Nestern oder Felsen und Türmen brütet. Zu den Nachtraubvögeln gehören der *Uhu* (Bubo bubo), der der größte seiner Art ist, und die *Sperlingseule* (Galucidium passerinum), die kleinste, nur lerchengroße Eulenart.

Am zahlreichsten ist mit 91 in Litauen brütenden Arten die Ordnung der *Sperlingsvögel* vertreten. Sehr seßhaft sind die *Krähenvögel*, *Meisen* und *Kreuzschnäbler*, andere überwintern in Westeuropa *(Star, Saatkrähe)*, in den Mittelmeerländern *(Lerche, Drossel)* oder in Afrika *(Nachtigall, Schwalbe, Grasmücke)*. Einige Arten stammen ursprünglich aus der Taiga oder Tundra und überwintern in Litauen. Sperlingsvögel leben überall, am Waldrand, in den Wäldern, Büschen *(Drossel, Kreuzschnabel, Dorngrasmücke, Eichelhäher)*; einige Arten kommen auf Wiesen, in Schilfbeständen und im Ufergebüsch vor *(Teichrohrsänger, Rohrammer)*, andere wiederum bevorzugen fruchtbare Kulturgelände *(Lerche)* im ländlichen Raum, in Siedlungen und Städten *(Spatz, Schwalbe, Mauersegler)*.

### Süßwasserfische

In den Gewässern Litauens finden wir zumeist Karpfen (25 Arten = 43,1 %) und Lachsfische (8 Arten). Einige Fischarten wurden »importiert«: der

*Sterlet* (Acipenser ruthenus) aus Archangelsk, die *Regenbogenforelle* (Salmo irideus) und der *Bachsaibling* (Salvelinus fontinalis) aus Nordamerika, die *Große Muräne* (Coregonus lavaretus) aus dem Peipus-See in Estland. Ein Teil der Fische kommt vorwiegend in Stillgewässern vor, zum Beispiel die *Karausche*, der *Blei*, die *Schleie*, die *Kleine Muräne*. Andere wiederum vermehren sich nur in schnell fließenden Gewässern: das *Flußneunauge*, der *Sterlet*, die *Bachforelle*, die *Europäische Äsche*, außerdem *Europäische Hasel*, *Döbel*, *Rapfen*, *Nase*, *Greeling*, *Barke*, *Zährte* und andere. Sie alle sind recht schmackhaft, zum Teil auch von stattlicher Größe und allein deshalb bei Flußanglern beliebte Beute.

Drei Gruppen sind wichtig für die Fischer und Sportangler: wandernde und halbwandernde Fische, die in Meereswasser heranwachsen und sich dort ernähren, aber zum Laichen die Flüsse hinaufschwimmen, sowie Lachs und Meeresforelle. Eine weitere Gruppe bilden die Seefische, die sich nur im Baltischen Meer vermehren, aber im Süßwasser ernähren und heranreifen, wie *Aal* und *Scholle*, die auch Brackwasser vertragen. *Plötze*, *Seestichling* und *Barsch* passen sich ebenfalls überall an.

Besonders fischreich ist das Kurische Haff. An erster Stelle stehen hier Blei, Stint und Zander, dann Zährte, Plötze und der wandernde Aal. Es gibt hier auch recht viele *Kaulbarsche* und *Dreistachlige Stichlinge*, die jedoch für die Fischereiwirtschaft keine Bedeutung haben. Im Kurischen Haff hält sich zudem die *Ziege* (Peelcus cultratus), die nachts zum Insektenfangen an die Wasseroberfläche kommt. In der Nachkriegszeit verschwand vollständig die *Finte* (Alosa fallax), die einst

*Kleine Muräne*

*Der Fisch mit dem ungewöhnlichen Namen: Ziege*

massenhaft aus der Ostsee ins Kurische Haff zum Laichen kam. Auch der *Baltische Stör* (Acipenser sturio), fast ebenso groß und wie sein Schwarzmeerbruderein fleißiger Eierleger, ist seltener geworden.

Frischen Fisch bekommen Sie auf den Märkten. Die Kurische Nehrung ist allerdings auch bekannt für ihren

FLORA & FAUNA

phantastischen Räucherfisch, den Sie im Sommer an fast jeder Ecke kaufen können. Oder angeln Sie selbst an einem der vielen Seen. Im Winter bietet das zugefrorene Haff mit seinen Eisanglern eine interessante Szenerie.

## Fauna & Flora im Baltischen Meer

Der Bestand der Meeresfische umfaßt circa drei Dutzend Arten: *Seelachs, Schellfisch, Seewolf, Aalmutter, Meeraal, Steinbutt, Große Maräne* und andere. Nur bei Westwind vor Litauen und zusammen mit einem dann erhöhten Salzgehalt der Ostsee erscheinen auch Meeresfische wie *Hornhechte* oder die Jungen der *Medusen*. Durch die Erhöhung des Salzgehaltes wanderten in der letzten Zeit auch die *Europäische Sardelle* und die *Europäische Makrele* in großen Schwärmen hierher. Des weiteren gehören zu den für die Fischereiwirtschaft bedeutendsten die *Ostseesprotte*, der *Ostseehering, Dorsch, Scholle* und *Flunder*. Sie ernähren sich meist von Krebstieren und Ruderflußkrebsen.

Manchmal kann man bei Nida, Juodkrantė, Preila, Perwalka, Melnragė, Giruliai oder Šventoji *Kegelrobben* (Halichoerus grypus) beobachten. Mit ihrer Körperlänge von 3 m und einem Gewicht von 300 kg sind sie die größten Meerestiere. Sie jagen Flundern, Dorsche und Lachse mit einer Geschwindigkeit von 14 bis 18 km/h, können bis zu 120 m tief und 10 Minuten lang tauchen. Ihre Ruhezeit verbringen die Robben am Strand, wo sie sich auch paaren. Zu Beginn des Frühlings kommen die Jungen auf einer Eisscholle zur Welt. Die Jungen sind 85 – 100 cm lang, wiegen 9 – 15 kg und werden 2 – 3 Wochen lang mit Muttermilch ernährt. Die Kegelrobben sind polygam, ein Männchen hat zwischen 10 und 20 Weibchen. Sie stehen unter Naturschutz und werden seit 1976 im Meeresmuseum Klaipėda gezüchtet.

An der Küste finden sich immer jede Menge Muscheln. Im Brackwasser des Baltischen Meeres leben fünf Arten von Mollusken. Am weitesten ist die *Macoma baltica* verbreitet. Sie wird bis 17 mm lang, 14 mm breit, 6,5 mm dick und stellt eine wertvolle Nahrung für viele Fische dar. An der Küste kommen auch häufig *Mytilus edulis* und die eßbare *Miesmuschel* (Fucus versiculosus) vor, die bis 7 cm lang, 3,5 cm hoch ist und sich mit Bißfäden anheftet. Desweiteren die eßbare *Herzmuschel* (Cardium edule), die Sand- oder Weichböden liebt, sich flach eingräbt und springend fortbewegt. Die geschlossenen Schalenhälften bilden eine Herzform. Die größte ist die *Sandkraftmuschel* (Mya arenaria), sie ist eßbar, bis 12 cm lang, 6 cm hoch und 4 cm dick.

Im flachen Wasser bilden sich auch größere Flächen mit *Rot-* und *Braunalgen* – der Blasentang. Die bräunliche, bandförmige, mehrfach gabelig verzweigte, ledrige, über 1 m lange und bis 4 cm breite *Thallus* hat eine feste Mittelrippe, luftgefüllte Blasen und ist mit einer Haftscheibe auf Steinen oder ähnlichem festgewachsen. Die Rotalgen sind ein wertvoller Rohstoff für Pflanzengelatine.

## Naturschutzgebiete in Litauen

In den Chroniken Litauens wird erwähnt, daß dunkle Urwälder früher fast das ganze Land bedeckten. Im Zuge der Besiedelung lichteten sich die Wälder infolge der Rodungen für Bau- und Ackerland. Siedlungen und Städte entstanden, Brunnen und Wasserleitungen; durch die Dehydrierung verkleinerte sich die Sumpfbodenfläche.

Noch vor einigen Jahrzehnten war das Hauptgewerbe vieler Litauer die Hohl-Imkerei. Heute erinnern nur noch wenige hohle Bäume daran, daß hierher die Bienen einst ihren Honig brachten. Die Bäume sind ein anschauliches Denkmal der Vergangenheit Litauens. Darüber hinaus sind die geologischen Denkmäler interessant: Große Steine, ganze Steinhaufen luden eiszeitliche Gletscher auf litauischem Boden ab, besonders viele davon finden Sie vor Skuodas in der Žemaitija, in Mosėdis gibt es sogar ein Steinmuseum mit riesigen Findlingen (Seite 219). Nicht nur solche einzelnen Naturdenkmäler stehen unter Schutz, auch die Bodenschätze, Gewässer, die Wälder, typische Landschaften, Kurorte, wald- und parkähnliche Gebiete, historische Ortschaften sowie vom Aussterben bedrohte Pflanzen- und Tiergemeinschaften. So gibt es in Litauen drei Nationalparks mit Erholungs- und strengen Reservatzonen, vier Naturreservate, 248 Naturschutzgebiete, 194 alte Parks, über 550 Baumdenkmäler und mehr als 100 geologische Denkmäler. 5 % der Fläche des Landes stehen unter Naturschutz. Bis zum Jahr 2000 soll die unter Naturschutz gestellte Fläche auf 8,2 %, das sind dann 530.000 ha, vergrößert werden. 1976 begann man, das »Rote Buch Litauens« – ein Äquivalent zur bekannten »Roten Liste« – zu führen, in dem alle gefährdeten Tier- und Pflanzenarten aufgeführt werden. In der letzten Ausgabe von 1992 wurden je 210 Arten bereits selten gewordener Tiere und Pflanzen sowie 81 gefährdete Arten von Pilzen und Moosen aufgeführt.

### Nationalpark Aukštaitija

Mit einer Fläche von 30.209 ha liegt er nördlich von Vilnius und ist von dort aus gut zu erreichen. Gegründet wurde er 1974. Er umfaßt die wohl schönste Wald- und Seenlandschaft in Litauen und bietet vielfältige Natur: Hügel, kleine Schluchten, eine Vielzahl Seen, Flüsse und Bäche, 20.500 ha Wald inklusive idyllischer alter Dörfer. 626 ha nimmt der Urwald *Ažvinčiai* ein.

Der Nationalpark Aukštaitija wird auch der »Seen-Park« genannt: über 100 Seen gibt es hier. Der größte ist der *Dringis-See* mit 721 ha Fläche, der tiefste der *Tauragnas* mit 60,5 m Tiefe, und der längste der *Žeimenio-See* mit 12 km Ausdehnung, wodurch er ausgezeichnete Bedingungen für den Wassertourismus bietet. Berühmt ist der Hügel *Ledakalnis*, von dort aus hat man einen schönen Panoramablick über sechs Seen. 735 Pflanzenarten und 50 Tierarten sind im Nationalpark beheimatet. Im Park gibt es alte Dörfer und Gehöfte aus dem 19.

Jahrhundert. In *Palūšė* steht eine der ältesten Holzkirchen Litauens und ein Glockenturm. Hier wurde auch der litauische Komponist Mikas Petraukas geboren. Sehenswert ist das Museum der Bienenzucht.

### Reservat Žuvintas

Das 1937 gegründete Reservat im Kreis Alytus in Südlitauen dient vor allem dem Vogelschutz. Die 5443,6 ha umfassen 286 ha Wald, 4127 ha Moor, 986 ha Wasser und 44,6 ha andere, zum Teil bebaute Flächen. Sie können hier – mit entsprechender Geduld ausgestattet – 255 verschiedene Vogelarten beobachten von denen 120 – 125 Arten hier brüten. In Žuvintas befindet sich das größte Vogelbeobachtungszentrum. Hier werden der Vogelzug sowie die Wasser- und Moor-Ökologie erforscht. Den größten Teil des Reservates nimmt der *Žuvintas-See* ein. Vor 8000 Jahren umfaßte er noch eine Fläche von 5700 ha ein, heute sind es nur noch 986 ha – warum er sich verkleinert.

Ergänzend empfehle ich den Besuch des *Ornithologischen Zentrums Ventė* am Kurischen Haff.

### Reservat Čepkeliai

Zum Schutz des Hochmoores wurde dieses Reservat 1975 gegündet. Dazu gehören bewaldete Dünen, Seen sowie eine wertvolle Flora und Fauna. Die 8477 ha Gesamtfläche teilen sich in 2725 ha Wald und 5687 ha Moor auf. Durch das Reservat fließt der *Katra-Fluß*, an dessen Ufer sich Torflager bildeten, deren nördlicher Teil den Namen *Čepkelių-Sumpf* trägt. Im östlichen Teil des Reservates liegen 21 kleine Seen. Hier werden Insekten, Vögel, Moorflora, seltene Pflanzenarten und die Ausbreitung der wilden Bienen erforscht. 350 Arten wilder Bienen soll es in Litauen geben.

Die Tierwelt hier ist einzigartig. Es gibt 156 Vogelarten, davon 136 brütende Arten; 18 Vogelarten sind in das Rote Buch eingetragen. Im Moor lebt die größte litauische Kranich-Kolonie, auch die Taube, der Uhu, die seltene Glattnatter sowie viele seltene Schmetterlinge kommen hier vor.

### Reservat Kamanai

Es befindet sich auf 3650 ha Fläche im Kreis Akmenė und besteht aus 1877 ha Moor und 1687 ha Wald, die Schutzzone umfaßt 1542 ha. Hier wurde das größte zusammenhängende Lehmflachmoor Litauens unter Naturschutz gestellt mitsamt der Vogel- und Insektenwelt sowie der Mischwald-Flora – hier gibt es mit 526 Arten die reichste Pflanzenwelt auf einem Fleck. Kamanai hat das einzige litauische Moor, in dem noch Moraste erhalten geblieben sind: sammelt sich Regenwasser, verwandeln sich die Moraste in kleine Seen.

### Reservat Viešvilė

Hier, im 21,4 km langen Fluß Viešvilė, steht das gesamte Fischvorkommen unter Naturschutz, außerdem die Moore *Artosios – Lūšnos – Gličio* und der *Wald von Smalininkai*. Das Reservat wurde erst 1961 in den Kreisen Tauragė und Jurbarkas gegründet.

# DAS LAND UND SEINE MENSCHEN

*Aukštaitija, Žemaitija, Suvalkija, Dzūkija ... vier Namen, die anfangs fremd klingen, Ihnen aber nach der Lektüre des folgenden Textes hoffentlich näher sein werden. Es sind die vier geographischen Provinzen, in die Litauen eingeteilt ist – Regionen, die ethnographisch und kulturell so verschieden sind wie Mecklenburg und Bayern, Sachsen oder das Rheinland.*

## Kulturelle Regionen Litauens

Eine Bekanntschaft mit einem Land sowie seinen Menschen beginnt beim Namen. Was bedeutet der Name Litauen, der 1009 erstmals in den lateinisch verfaßten »Annales Quedlinburgenses« erwähnt wurde? Es gibt verschiedene Hypothesen, die dazu beitragen, Momente der Geschichte und Kultur des litauischen Volkes aufzuklären. Schon im 15. Jahrhundert richtet man die Aufmerksamkeit auf die Etymologie. Zwei Theorien gibt es: eine römische und eine gotische, die die Herkunft des litauischen Volkes und damit auch des Landesnamens zu erklären versuchen. Die erste Theorie ist mit der angeblichen Reise des römischen Fürsten Palemon, eines Verwandten Kaiser Neros, nach Litauen verbunden. Dieser römischen Theorie zufolge soll Litauen = *Lietuva* (im Litauischen) eine entstellte Form von »L'Italia« sein. Glaube und religiöse Sitten der Römer und Litauer sollen sich kaum unterschieden haben, sie beteten dieselben Götter an und hatten einen ähnlichen Kult: bei beiden zum Beispiel war das Hüten des ewigen Feuers Aufgabe der Jungfrauen – in Litauen *vaidilutes* genannt. Die zweite, gotische Theorie besagt, daß die Vorfahren der Litauer unter gotischen und herulischen Stämmen zu suchen seien. Die Anhänger dieser Theorie bringen den Namen Lietuva mit dem keltischen »Letha« in Zusammenhang. Letha bezeichnet die ehemalige Westküste Galliens (die heutige Bretagne). Etymologisch gibt es dazu aber noch viele offene Fragen. Auch Dr. Jonas Basanavičius, Gründer der litauischen Nationalbewegung des vorigen Jahrhunderts, verkündete eine Theorie: er behauptete, das litauische Volk stamme vom Balkan. Er selbst lebte lange Zeit als Arzt in Bulgarien und war der Meinung, daß die Litauer viel älter als die Römer seien und man ihre Heimat daher weiter im Osten suchen müsse. Unterstützt wird er durch die vergleichende Sprachwissenschaft, die feststellte, daß die litauische Sprache dem Sanskrit, der alten indischen Sprache, viel näher ist als dem Griechischen oder Lateinischen. Jakob Grimm bestätigte das im 19. Jahrhundert in seiner »Geschichte der deutschen Sprache«: »Die litauische Sprache kennzeichnet sich durch ihre Altertümlichkeit und ihren Formenreichtum, und es gibt kaum eine andere Sprache in Europa, die dem Sanskrit so nah verwandt wäre.« Manche führten Lietuva sogar auf das muttersprachliche Wort »lietus« = Regen

> *Weder Beine noch Hände,
> den Baum erklettert es doch.*
> (Dgl Hoblgu)

zurück, andere wiederum leiteten es vom lateinischen »litus« = Meeresstrand ab; jüngste Angaben von Sprachkundlern widerlegen diese Theorie jedoch eindeutig. Die Romantiker stellten sich Litauen als ruhiges Land vor und leiteten den Namen aus dem Wort »lėtas« = langsam, ruhig ab.

Die Wissenschaftler sind heute der Meinung, daß die Ursprünge des Namens weit entfernt vom Meeresstrand zu finden sind und vertreten gegenwärtig die Ansicht, daß der Name Lietuva von dem Flüßchen *Lietava/Lietauka*, einem Nebenfluß der Neris, stammt – einem lediglich 11 km langen Bächlein im Kreis Jonava. Das Gebiet, in welchem die Lietava/Lietauka unweit von Arnotiškiai in die Neris mündet, wird das litauische Troja genannt: hier liegen viele Burghügel und steinzeitliche Gräberfelder.

Noch 30 km weiter nördlich – da liegt das legendäre *Kernavė*, das politische Zentrum des alten Litauen. In dieser Ortschaft begann man im 13. Jahrhundert den Litauischen Staat, genannt »Lietuva«, zu gründen. Hier lag der günstigen geographischen Lage wegen der Kern des Litauischen Staates, der dann andere litauische Länder um sich herum vereinigte. Heute ist er das Zentrum Europas: bei der Ortschaft *Rodūnia* ist der Punkt, von dem aus es zum Ural und zu den Pyrenäen gleich weit ist und der die Hälfte der Strecke zwischen Nordnorwegen und Griechenland markiert. Litauen ist ein mitteleuropäisches Land, ein Land zwischen Ost und West. Auch aus diesem Grund ist es interessant, zu einem der Kreuzungspunkte unseres Kontinents zu reisen und hier zu erfahren, wie die günstige geographische Lage die Geschichte des litauischen Volkes bestimmt hat.

Litauen ist ein Land, das zur Baltoskandinavischen Region gehört. Die ersten Zeugnisse des litauischen Volkes stammen aus der Zeit vor über 4000 Jahren. Es bewahrt eine der ältesten Sprachen der Welt. Im 5. Jahrhundert gehörte Litauen zu den größten Staaten Europas und verteidigte die westliche Zivilisation vor den Angriffen der Slawen und Tataren. Litauen bot ein dicht bewaldetes, unzugängliches Refugium und blieb so über Jahrhunderte hinweg weitgehend von Fremdeinflüssen verschont – und genau davon zeugen die eingangs erwähnten vier Regionen: *Aukštaitija* (Hochland), *Žemaitija* (Tiefland), *Suvalkija/Sudūva* und *Dzūkija* (Land der Lieder).

Die Wissenschaftlerin Maria Gimbutienė äußerte den Gedanken, daß das historische Litauen der zentrale Kern der baltischen Kultur überhaupt sei. Am 11. März 1420 schrieb Großfürst Vytautas in einem Brief an den deutschen Kaiser Sigismund: »Die Žemaitija und die Aukštaitija waren und bleiben immer ein und dasselbe Land Litauen, die Menschen sprechen eine Sprache und sind sich ähnlich, es ist dasselbe Volk ... Nur die Žemaiten kamen auf die Idee, den anderen Teil Litauens Aukštaitija zu nennen, weil es höher liegt.« Das Symbol für die Aukštaitija ist das Pferd und für die Žemaitija der Bär. Dazu gibt es eine Legende. Der Dichter Stanevičius erzählt in einer Fabel, ein am Nemunas weidendes Pferd sei einem Bären begegnet, und die beiden hätten über ihr Los und ihre Sorgen geklagt. Da, wo sie sich trafen, zog man die Grenzlinie zwischen beiden Regionen. Seit dieser Zeit hält man die Flüsse *Dubysa* und *Nevėžis* für die Grenze zwischen Aukštaitija und Žemaitija. Litauer östlich der Nevėžis wurden Aukštaičtai (Aukštaiten) und jene westlich der Nevėžis Žemaičiai (Žemaiten) genannt. Nach der Teilung der Litauisch-Polnischen Republik 1795 wurde Litauen in Groß-Litauen und Klein-Litauen eingeteilt. Als *Klein-Litauen* bezeichnet man die von Litauern besiedelten Gebiete Ostpreußens. *Groß-Litauen* besteht aus den Regionen Aukštaitija, Žemaitija, Suvalkija/Sūduva, Dzūkija. Das ist die heutige Sicht. Früher siedelten hier verschiedene Stämme, ihre administrative Zuordnung innerhalb der Regionen Litauens hat sich mit der Zeit verändert.

*Im Walde geboren, dort ausgewachsen, kam es nach Hause und wurde heilig.*

(Das Kleine)

## Aukštaitija (Hochland)

Die Aukštaitija wurde erstmals im 13. Jahrhundert in den Chroniken von Peter Dunsburger erwähnt. In der größten ethnographischen Region Litauens sprechen die Leute *Aukstaičiai*. Dieser Dialekt ist sehr archaisch und hat sich bis heute wenig verändert. Vor allem die Vokale blieben von Veränderungen weniger berührt als in der Mundart der Žemaičiai. Besonders alte phonetische Formen sind noch in der West-Aukštaičiai-Mundart zu finden. Ihr südwestlicher Zweig hat sich zur Literatursprache Litauens entwickelt.

Die Aukštaitija liegt in Mittel- und Ostlitauen, östlich des Flusses Bubysa, nördlich des Nemunas und der Neris. Fahren Sie von Vilnius in Richtung lettische Grenze, durchqueren Sie die Aukštaitija, die Archäologen zufolge schon in der Steinzeit besiedelt gewesen ist. Einige Funde sind auf 9000 bis 4000 Jahre vor Christus datiert. Die Städte Utena, Zarasai, Labanoras, Tauragnai und andere sind aus dem 13. bis 14. Jahrhundert erhalten. Sie gibt hier auch zahlreiche alte Straßendörfer (siehe auch Tour im Aukštaitija-Kapitel). Die genannten Orte sind auch als Verteidigungszentren bekannt, und nicht weit von ihnen finden Sie immer Burghügel, die an Kämpfe mit den Kreuzrittern erinnern. Von diesen sagenumwobenen Hügeln bietet sich meist eine schöne Aussicht.

Mannigfaltig ist die Landschaft der Aukštaitija; für meine Begriffe ist sie neben den idyllischen Flußlandschaften die schönste in Litauen. Der einheimische Sprachwissenschaftler und Dichter Antanas Baranauskas (1835 – 1902) schrieb über sie: »Hügel auf Hügeln, und auf diesen Hügeln wieder Hügel und kleine Hügel ... «. Von manchen wird die Aukštaitija wegen ihrer Hügel als »litauische Schweiz« bezeichnet, der Vergleich ist sicher etwas übertrieben. Erwarten Sie kein Gebirge, der Name »litauisches Finnland« paßt wegen der vielen Seen schon eher. Dennoch: Litauen bietet alles in kleinerem Maßstab. Die größte Seenplatte *Zarasai* mit etwa 1000 Seen liegt hier in der Aukštaitija, der mit 8050 ha größte See ist der Dubingis. Hübsch sind die kleinen Seen mit den vielen Inseln um Molėtai. Außer den »Hügeln über Hügeln«, den von Menschenhand aufgeschütteten Burgbergen, Gräberfeldern und Dämmen kann man in der Aukštaitija auch durch Bäche aufgerissene Abhänge, bewaldete Täler, trockene Wälder und Heiden finden.

Die Aukštaitija bietet zudem bekannte Naturdenkmäler wie die 19 m hohe *Eiche von Stelmužė*, deren Stamm 8 Personen zusammen kaum umfassen können. Ihr Alter wird auf stolze 2000 Jahre geschätzt. Oder den zweitgrößten Findling Litauens, den

*Aufgrund der Ausgrabungsarbeiten zwischen 1986 und 1992 unter der Leitung von Dr. A. Luchtanas und Prof. L. Sidrys im Archäologischen Reservat von Kernavė wurde die historische Stadt des 13./14. Jahrhunderts als Gemälde rekonstruiert (Maler: A. Taujanskas)*

*Puntukas* im Hain von *Anykščiai*: 6 m lang und 6,7 m breit, sein Volumen beträgt 5,7 m³. Jeder Litauer wird Ihnen von diesen beiden Naturdenkmälern erzählen können und sie als etwas ganz Außergewöhnliches darstellen.

Die Aukštaiten selbst sind lustige, gastfreundliche Leute. Sie lieben helle Farben, was man an ihren Webarbeiten bemerkt, deren kunstvolle Muster von der Schönheit der Landschaft inspiriert scheinen. Die Aukštaitija ist ein Land der Humoristen, Märchenerzähler und Dichter. Aus der Gegend um Anykščiai stammen Baranauskas, Vienuolis, Biliunas, Vaižgantas, Miškinis sowie Inčiūra.

### Žemaitija (Tiefland)

Die Žemaitija war im Altertum nichts als Wald. Wie auch in der Aukštaitija gehen erste Ansiedlungen auf 9000 – 4000 Jahre vor Christus zurück. Archäologische Funde bezeugen, daß das Gebiet damals als eine beständige territoriale Einheit mit einer materiellen und geistigen Kultur existierte. Die Mundart der Žemaiten hat sich erst im 14. – 17. Jahrhundert herausgebildet und ist heute stark verändert, mit dem Aukštaičiu hat sie wenig Ähnlichkeit. In dieser Mundart schrieben im 19. Jahrhundert Valančius und Daukantas ihre Werke. Auch die Grenzen der Žemaitija veränderten sich, heute gehören ihr die Kreise Akmenė, Kelmė, Kretinga, Mažeikiai, Plungė, Skuodas, Klaipėda und Telšiai an, das im Zentrum der Region auf sieben Hügeln liegt und als Hauptstadt der Žemaitĳa gilt.

Sechs Jahrhunderte lang versuchte man vergeblich, die Žemaitija zu erobern und die Bewohner zu versklaven. Während der mehr als zwei Jahrhunderte dauernden Kämpfe mit Kreuz- und Schwertbruderrittern ist die Žemaitija sogar dreimal, von den Fürsten Jogaila, Mindaugas und Vytautas, an den Ritterorden ausgeliefert worden. Erst 1423, nach dem Melner Friedensvertrag, ging sie an Litauen über. Die Žemaitija sind stolz auf ihre lange Freiheit, in der sie ihrem Glauben und ihren Überzeugungen treu blieben. 1418 rebellierten sie gegen die Einführung der Leibeigenschaft, deshalb und aufgrund der insgesamt im Vergleich zu anderen Landesteilen besseren ökonomischen Lage setzte sich hier die Differenzierung in Klassen viel langsamer durch als zum Beispiel in der Aukštaitija.

Die Žemaiten waren die letzten Heiden Europas. 1419 wurden sie christianisiert, im selben Jahr wurde in Medininkai (heute Varniai) das Bistum der Žemaitija gegründet. Ein Bischof schrieb 1862 in einem Brief an den Papst : »Die Sitten der Žemaiten sind moralisch unbedenklich ... das ganze Volk ist gottgläubig, frömmig, gastfreundlich, menschlich so wie kaum ein anderes.«

Auch die Landschaft hat ihre Eigenarten; noch immer gibt es viele Opferhügel, Kultstätten der heidnischen Religion. Am besten sind die Burghügel bei *Apuolė, Impiltis* und *Birutė* (in Palanga, siehe Seite 192) erhalten. Berühmt sind auch die Hügel *Džiugas, Medvėgalis, Gondinga* und *Šatrija*, die die Landschaft abwechslungsreicher machen. Vom Šatrija-Berg aus kann man das ganze Žemaitenland und die vielen Kirchtürme der umliegenden Ortschaften überblicken. Der litauische Romantiker Maironis (1862 – 1931) warnte: »Nur bleiben Sie bitte nie bis Mitternacht hier, unruhig ist es um Mitternacht, als ob Geister unter der Erde wimmern und geheimnisvolle Wälder laut rauschen, die Berge krachen zuweilen, als ob drinnen Ritter reiten, Pferdehufe knallen ...« Schon seit langer Zeit erzählt man sich, daß der Šatrija-Berg ein Ort der Hexen sei. In der Johannisnacht am 24. Juni sollen sie alle auf ihren Besen hierher fliegen und auf dem Hügel ein Gelage veranstalten. Leute aus umliegenden Orten versammeln sich in dieser Nacht hier

> *Durchschlägst du Eis, findest du Silber; durchschlägst du Silber, findest du Gold.*
> (Dgz E!)

und feiern mit. Der litauische Maler und Komponist Mikalojus Konstantinas Čiurlionis (1875 – 1911) komponierte 13jährig, inspiriert durch den Gondinga-Berg, ein Flötenstück für den Fürsten Mykolas Oginskis. Später fand die Atmosphäre der Landschaft auch in seinen Bildern ihren Niederschlag.

In der Žemaitija gibt es viele Pestfriedhöfe. Sie sind mit Steinzäunen eingefaßt, und in der Mitte steht ein schwarzes Holzkreuz. Ganz besonders lieben die Žemaiten Bildstöcke und Andachtskreuze, mehr oder weniger üppig ausgestattete Säulen mit religiösem Bildwerk in einer Nische oder einem kleinen Gehäuse am oberen Kreuzende. Man hat festgestellt, daß es auf jedem Straßenkilometer der Žemaitija im Durchschnitt 3 Bildstöcke gibt. Es ist also kein Zufall, daß Künstler wie M. K. Čiurlionis und A. Žmuidzinavičius als Landschaftssymbole der Žemaitija in ihren Bildern Kreuze, Friedhöfe und Bildstöcke wählten. Wollen Sie die Žemaitija besser kennenlernen, gehört unbedingt ein Besuch am *Plateliai-See* dazu, auch der *Lukšio-See* und der *Beržoras-Friedhof* sind sehenswert, nicht zu vergessen das einzigartige Museum in *Baubliai,* das in zwei Eichenstämmen untergebracht ist. Über dieses Eichen-Museum des D. Poška hat der polnische Dichter A. Mickiewicz im Poem »Pan Tadeusz« geschrieben: »Ob wohl Baublys noch lebendig ist, dessen dicker Stamm mit dem Alter so dick wie ein geräumiger Palast geworden ist? Zwölf Personen könnten dort drin um einen Tisch sitzen …«

Die Žemaiten wohnen in einer Niederung. Man sagt, sie seien zurückhaltend, ruhig und tiefgründig, manchmal langsam. Sie lieben im Gegensatz zu den Aukštaiten dunkle Farben, was sich in ihrer Volkskunst niederschlägt. Die Frauen tragen traditionell längsgestreifte Röcke, kurze Westen, Schürzen.

Die Žemaitija können Sie von Klaipėda oder Palanga aus gut erreichen: fahren Sie in Richtung Telšiai oder quer durchs Land in Richtung lettische Grenze oder bis hinunter zur Venta. Touristisch mehr zur Žemaitija Seite 205.

### Suvalkija & Sūduva

Die Suvalkija bildet mit der Sūduva (Sudauen) im Süden den südwestlichen Teil Litauens. Im Norden wird sie von der Žemaitija begrenzt, im Osten liegt der Kreis Vilnius, im Süden Polen und im Westen Klein-Litauen (Memelland) und das Kaliningrader (Königsberger) Gebiet. Der Nordteil ist von Ebenen durchzogen, der Südteil von Flüssen und Seen; die Böden sind sehr fruchtbar. Die größten Flüsse in der Suvalkija sind der Nemunas und die Šešupe. Die Benennung soll mit dem indischen Wort »shishara« (kühl) verwandt sein und auch mit dem litauischen Wort »Šešelis« = Schatten.

Die Balten kamen bereits in der Bronzezeit hierher, so war die Sūduva schon 1400 – 1100 Jahre v. Chr. besiedelt. Die Vorfahren der Sūduver waren die von Jotvingiai (Jotwinger), aber sie erlitten ein tragisches Schicksal. Im 18. Jahrhundert sind fast alle durch die Pest umgekommen und ihre Lebensweise ist uns heute weitgehend unbekannt. Vor kurzem wurde in Litauen ein Wörterbuch der Jotvingiai gefunden, eine Sensation in der ethnographischen Forschung Litauens. Ein bekannter Heerführer der Jotvingiai war Skomantas. Der Sūduver Schriftsteller Boruta hat ihn in seinem Buch »Die Sage über Skomantas und andere Helden von Jotvingiai« dargestellt. Im 15. – 17. Jahrhundert wurde das gesamte Territorium von Sūduva (Sudauen) besiedelt. Nach der Teilung Litauens wurde Sūduva 1795 Preußen angeschlossen. Der Lebensstandard ist hier auch heute noch höher als in anderen Regionen.

Außer dem erwähnten Schriftsteller Kazys Boruta (1905 – 1965) stammen aus der Suvalkija der Patriarch des litauischen Volkes Jonas Basanavičius (1851 – 1927), der Autor des

> *Es geht durch Feuer, es brennt aber nicht; es geht durch Wasser, ertrinkt aber nicht; es geht über Stroh und raschelt nicht.*
>
> (Der Schatten)

KULTURELLE REGIONEN LITAUENS

*Noch heute verehrt: Der Aušra-Herausgeber Jono Basanavičiaus (lit. Schreibweise)*

Textes der litauischen Hymne Vincas Kudirka (1858 – 1899), der Maler Petras Rimsa (1881 – 1961), der Schriftsteller Vinzas Pietraris (1850 – 1902), die Dichter Salomėja Neris (1904 – 1945) und Juozas Tysliava sowie der Begründer der litauischen Literatursprache Jonas Jablonskis (1860 – 1930).

Der größte See in Sūduva ist der *Žuvintas*. Hier befindet sich ein Vogelschutzgebiet (siehe Seite 307) mit seltenen Vogel- und Pflanzenarten. Touren durch die Suvalkija Seite 300 und 306.

### Dzūkija – Land der Lieder

Die Dzūkija, im Südosten Litauens gelegen, wird wegen ihres reichen Liederschatzes und der Fröhlichkeit der Menschen auch Dainava, das Land der Lieder genannt. Die ersten Siedler Litauens wohnten wahrscheinlich hier. Fast die ganze Region ist archäologisches Schutzgebiet: hier liegen die historischen Hauptstädte *Trakai* und *Kernavė* sowie die alten Städte *Varėna, Merkinė, Liškiava, Punia*. Etliche Burgen zeugen von einer bewegten Vergangenheit. *Alytus* ist das kulturelle und wirtschaftliche Zentrum der Dzūkija. Archäologen fanden hier viele Überreste aus dem Neolithikum. Im frühen Mittelalter führte eine wichtige Kriegsstraße der Kreuzritter des Deutschordens an der Nemunas-Stadt vorbei. Aus dieser Zeit stammen Burghügel und Schüttgräberfelder aus Sand, die von Alytus' Unbezwingbarkeit zeugen. Merkinė, erstmals 1377 erwähnt, liegt an der Mündung der Flüsse Merkys, Stange und Strauja in den Nemunas. Die Natur bildet hier eine richtige Festung, was es den Feinden unmöglich machte, Merkinė zu erobern. Die Großfürsten Vytautas und Jogaila weilten gern hier zum Jagen. Der bekannte Schriftsteller Vincas Krėvė-Mizkevičius (1882 – 1954) wurde in Sabartonys unweit von Merkinė geboren. Er schrieb über die Dzūkija: »Viele wunderschöne Ortschaften hat unsere Heimat ... aber die schönste ist das Land der Lieder mit seinen Bergen und Tälern, mit den dunklen Wäldern und Dickicht, durch das kein Mensch durchgehen, kein Tier durchkriechen kann ...« Heute liegt Merkinė mitten in dem Naturschutzgebiet *Dzukijos*.

In der Dzūkija liegt auch *Liškiava*, das litauische Nowgorod, die Stadt, in der im 13. Jahrhundert König Mindaugas gekrönt wurde (so zumindest der Historiker T. Narbutas). Jogaila soll dem Mörder des Fürsten Kęstutis namens Liška diese Siedlung geschenkt haben, daher der Name.

Hauptanziehungspunkt der Dzūkija ist aber wohl das alte *Trakai*. Gediminas hat die Hauptstadt von Kernavė nach Alt-Trakai verlegt und hier eine Burg errichtet. Der litauische Großfürst Kęstutis hat hier später die Neuburg errichtet und dorthin im 14. Jahrhundert die Hauptstadt verlegt. Auf einer Insel erbaute er seine Burg, die heute ein Historisches Museum ist. Hier soll auch die Fürstin Birutė gelebt und ihren Sohn Vytautas geboren haben. Auf Anweisung von Vytautas wurde 1405 in Trakai eine Kirche gebaut, Benediktinermönche übernahmen die Missionsarbeit. Im 15. Jahrhundert war die Inselburg von Trakai Sitz der Herrscher Litauens. Ende des 14. Jahrhunderts ließ Großfürst Vytautas 380 Karäer-Familien von der Halbinsel Krim als Wachen an seinen Hof nach Trakai holen. Sie dienten ihm treu und ergeben. Die Karäer galten als gute Gärtner und Köche. Heute sind in Trakai noch etwa 200 Karäer ansässig. Das Nationalgericht der Karäer sind *Kibinai*, die man noch heute dort probieren kann. Seit dem 17. Jahrhundert verkam die Burg allmählich, heute ist sie wieder restauriert. Sie liegt in einer außerordentlich malerischen Gegend, inmitten vieler Seen, von denen der größte der *Galvė* ist. Seit 1960 ist Trakai das mit 3172 ha größte Landschaftsschutzgebiet Litauens. Siehe auch ab Seite 337.

Zurück zum Nemunas – hier steht, unweit von *Balbieriškis*, wo der Fluß einen 29 km großen Bogen macht, die Burg *Punia* (Pilėnai). Mickiewicz besang diese als »von Göttern gesegnete und von Riesen errichtete« Burg. 1336 belagerten und eroberten sie Kreuzritter, wie deren Chroniken zu entnehmen ist; doch die Verteidiger verbrannten und töteten sich selbst, um nicht in Gefangenschaft zu geraten. Viele Künstler beziehen sich auf diese Ereignisse, so die Schriftsteller V.

---

*Vaterland, o teures Litau'n,*
*Heimat unserer Helden,*
*Kräftespendend willst Du heute*
*Dein Vergangenes melden.*

*Laß nun Deine Kinder wandeln*
*Auf der Tugend Wegen,*
*Laß sie Nutzen Dir erwirken –*
*Allgemeinen Segen!*

*Scheine, Sonne, unserm Land,*
*Hell wird unsre Heimat sein,*
*Nur was wahr, strahlend klar,*
*Soll als Ziel uns glühn.*

*Dir nur woll'n wir, Vaterland,*
*Flamme unsrer Herzen weihn*
*Und es soll Dir zum Wohl*
*Unsre Eintracht blühn.*

(nicht approbierte dt. Fassung von Eduardas Astramskas)

Der »Nationalgesang«, die litauische Hymne aus dem Jahre 1898 von Vincas Kudirka, die 1988 nach fast 40 Jahren Verbot wiederbelebt wurde.

Sirokomla, J. Kraschewski, V. Krėvė (Mickiewicz) der Dichter Maironis und andere. Der Komponist Vytautas Klova (geb. 1926) schrieb die Oper »Pilėnai«, die auf dem Burghügel uraufgeführt wurde. Wollen Sie die wahrscheinlich schönste Aussicht auf den Nemunas genießen? Dann steigen Sie auf die 40 m hohen Hänge bei Balbieriškis, dort »... kannst du träumen und ein leises lustiges Dzūkū-Lied singen«, schrieb Tumas Vaižgantas (1869 – 1933). Und der Geograph Kudaba behauptet: »... wer den Nemunas von den Hängen bei Balberiškis nicht gesehen hat, kann nicht sagen, er hätte den Vater der litauischen Flüsse gesehen.«

Einer der bekanntesten Orte in der Dzūkija ist *Druskininkai*, gelegen direkt am Nemunas in idyllischer Landschaft. 1837 wurde es vom Zaren zum Kurort erklärt. Viele Künstler weilten hier, Jonas Moniuskzo gab hier Konzerte, der litauische Maler und Komponist M. K. Čiurlionis kam hier zur Welt. Seit 1962 gibt es ihm zu Ehren in Druskininkai ein Museum. Nur wenige Kilometer von Druskininkai entfernt beginnt das in vielen Liedern besungene *Raigardas-Tal*. Es ist sagenumwoben, viele Künstler fanden hier ihre Inspiration. Die idyllischen Ufer des Flüßchens *Tatnyčia* sind ebenfalls weithin bekannt. Čiurlionis schildert es wie folgt: »Herrliche Ufer, unvorstellbar – stellenweise sieht man etwas Urwäldern Ähnliches, dann wieder wilde Höhlen, frische Wälder ...« Heute gibt es in

*Lesen Sie bitte weiter auf Seite 76* ▶

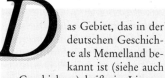

as Gebiet, das in der deutschen Geschichte als Memelland bekannt ist (siehe auch »Geschichte«) heißt in Litauen *Mažoji Lietuva*, Klein-Litauen; geographisch gesehen Westlitauen. Als Klein-Litauer bezeichnen sich die litauischen Einwohner im Gebiet des ehemaligen Ostpreußen oder Memellandes. Deutsche bezeichneten Klein-Litauen häufig auch als Preußisch-Litauen.

## *Mažoji Lietuva*

Der Name Mažoji Lietuva wurde erstmals in der Chronik von S. Grunau im 16. Jahrhundert erwähnt. Die Einwohner dieses Gebietes sind die *lietuvininkai*. Diese ethnische Gruppe formierte sich im 15. und 16. Jahrhundert aus den altpreußischen und kurischen Stämmen Nadruven, Schalaunen, Westžemaiten, Südkuren und Westlitauern. Die Geschichte Klein-Litauens ist sowohl von litauischen als von deutschen Wissenschaftlern untersucht worden, doch zu einer einheitlichen Meinung kam man bisher nicht; die territorialen, politischen und wirtschaftlichen Aspekte sind außerordentlich kompliziert.

Sechshundert Jahre lang befanden sich die Lietuvininkai auf deutschem Gebiet, doch gelang es ihnen trotz der Dominanz der deutschen Kultur erstaunlicherweise, ihre eigene Sprache und Kultur zu bewahren. Die Reformation, die sich im 16. Jahrhundert in Preußen durchsetzte, brachte für Klein-Litauen günstige kulturelle Bedingungen – vor allem im Vergleich zu Groß-Litauen, dessen Entwicklung nicht im gleichen Maße von Reformation und Aufklärung bestimmt war. In Klein-Litauen hingegen breitete sich früh das Schrifttum aus, Bibliotheken wurden gegründet und bereits 1736 die obligatorische Grundschule eingeführt. Selbst an den litauischen Seminaren der Universitäten Königsberg und Halle beschäftigte man sich mit der litauischen Kultur, und viele von den Ideen der Aufklärungszeit beeinflußte deutsche Intellektuelle diskutierten über litauische Folklore, Sprache oder Religion, darunter der Ethnograph M. Prätorius sowie die Schriftsteller und Philosophen G. und Z. Ostermayer, N. Merlin, K. Milkus und I. Kant.

Die Stadt Tilžė/Tilsit (heute Sowjetsk auf russischem Territorium), wo die Gesellschaft »Birutė« und ein litauischer Sängerchor den Ton angaben, galt als Zentrum der litauischen Kultur. 1547 erschien das erste litauische Buch, der »Katechismus« von Martynas Mažvydas (1510 – 1563), was eine große Bedeutung für die weitere Entwicklung der litauischen Sprache und ihre Erforschung hatte. Es bezeichnet zudem den Anfang des Buchdruckes in der litauischen Sprache. In Klein-Litauen erschienen die erste litauische Grammatik von D. Klein (1653) und erste Werke von Kristijonas Donelaitis (1714 – 1780), so das Poem »Die Jahreszeiten« (1765).

## Die bewegte Vergangenheit Klein-Litauens

Die in Tilsit und Bitėnai/Bitenen gedruckten Bücher wuden über die Grenze nach Groß-Litauen geschmuggelt, wo seit 1864 auf Murawjows Befehl sämtliches litauisches Schrifttum, Bücher und Zeitungen in lateinischer Schrift verboten war. Auf diese Weise trug die Bevölkerung Klein-Litauens zur Bewahrung der litauischen Sprache und Bräuche bei.

Unbedingt zu erwähnen ist hier der legendäre *Rambynas* (Rombinusberg, siehe Seite 264) in der Nähe von Bitėnai am Nemunas-Ufer. Dort, wo sich der litauische Olymp befunden und Gott Perkūnas eigenhändig einen Opferstein gesetzt haben soll, wird heute noch jedes Jahr am 24. Juni die Johannisnacht gefeiert – symbolisch versammeln sich dazu Menschen aus der ganzen Region und feiern, singen, tanzen. Hierher ist vor einigen Jahren auch *Vydūnas* (eigentlicher Name Wilhelm Storost) »zurückgekehrt« – die sterblichen Überreste dieses Nationalschriftstellers wurden an den Ort, an dem er geboren wurde und für die Bewahrung der litauischen Kultur wirkte, umgebettet. Sein Credo war: »Wir leben, um immer menschlicher zu werden ...« Vydūnas (1868 – 1953) tat sehr viel für die Kultur in Klein-Litauen und versuchte, sie vor der Germanisierung zu bewahren. Er gründete den Verband litauischer Sänger, organisierte viele Liederabende, gab Periodika heraus, 30 dramatische Werke, 12 philosophische Forschungsarbeiten, ein deutsch-litauisches Wörterbuch und ein Lehrbuch der litauischen Sprache (1919) stammen aus seiner Feder. Mit der Machtübernahme Hitlers wurde er 1938 gefangengenommen und 1944 nach Deutschland deportiert. Dort lebte er bis zu seinem Tode.

*Zum Weiterlesen:*
Ich empfehle die »Jahreszeiten« von Kristijonas Donelaitis, von denen es zwei Übersetzungen ins Englische gibt: »Seasons« von N. Rastenis, Vilnius 1975 und von Peter Tempest, Vilnius 1985 und Chicago 1979. Doch das literarisch interessanteste und meisterhaft angelegte Spiegelbild der verschiedenen Kulturen im Memelland/Klein-Litauen schuf Johannes Bobrowski mit seinen »Litauischen Clavieren«, das ich Ihnen als Reiselektüre sehr empfehlen kann, und in welchem Sie viele der erwähnten Orte wiederfinden werden.

▶ *Fortsetzung von Seite 74*

Druskininkai sogar ein Waldmuseum mit Eichen- und Birkensälen, das einzige seiner Art in Litauen.

Erwähnenswert zur Dzūkija sind noch die weiten Wälder Rūdninkai und Gudai und der kleine Ort *Perloja*, in dem sogar ein Denkmal für den Großfürsten Vytautas die sowjetische Zeit überdauerte. Doch nicht weniger interessant ist es, in ein altes Bauernhaus einzukehren, mit den Dorfbewohnern zu reden und ihren Liedern zu lauschen. In jedem Haus können Sie freundliche Dzūkai, wie die Einwohner der Region genannt werden, treffen, man wird Sie wie einen nahen Verwandten empfangen. Dzūkija ist das Land der Lieder, und wer singt, der hat auch Sinn für Schönes, verkehrt nie mit anderen Menschen. Die Dzūkai sind fröhlich, manchmal hitzig, so sagt man. Sie selbst nennen sich die Waldkönige, da so vieles in ihrem Leben mit dem Wald verbunden ist. Touristisch Interessantes zu allen genannten Orten ab Seite 302.

*Kleiner als Erbsen und böser als Hunde.*
(Dgl Dightgl)

## *Wer aber sind »die Balten«?*

Nun haben wir eine kleine Vorstellung von der litauischen Aukštaitija, Žemaitija, Dzūkija und Suvalkija und von den (Klein-)Litauern – aber wie ordnen wir »die Balten« ein? Dazu müssen wir in der Ethnographie und Geschichte zurückblicken:

»Die Balten« ist ein Terminus, der in der Wissenschaft für indoeuropäische Völker verwendet wird, die an der Ostseeküste lebten und eine eigenständige Form der indoeuropäischen Sprachen sprachen. Heute gehört nur noch Litauisch und Lettisch zu dieser Sprachgruppe. Die Balten und deren Nachfolgegeneration, die Litauer und Letten, hatten seit 4000 Jahren die Ostseeküste besiedelt. Deshalb wird oft gesagt, daß die Balten eines der ältesten festangesiedelten Völker Europas seien. Die Balten formierten sich, als drei Jahrtausende vor Christus Indoeuropäer in dieses Gebiet kamen. Im ersten Jahrtausend reichte das von den Balten besiedelte Gebiet vom Dnjepr bis zur Oka. Im zweiten Jahrtausend begannen sich die Pruzzen *(prusai)*, Jotwinger *(jotvingiai)*, Litauer und Letten zu etablieren, wovon nur die letzten beiden eigenständige Völker wurden; die Ersteren wurden vom Deutschen Orden assimiliert, aus dessen Provinz später der Preußische Staat hervorging.

Die baltische Mythologie, deren Elemente heute noch in der Folklore zu finden sind, beinhaltet sehr viel aus der alten indoeuropäischen Mythologie und ist deshalb heute noch für die Wissenschaft von größter Bedeutung. Auch die litauische Sprache ist für ihre Archaismen bekannt und daher sehr interessant für Sprachforscher. Sie enthält viele Elemente der alten Phonetik und Morphologie, wie sie sonst nur im Sanskrit oder Altgriechischen vorkommen. Wollen Sie also wissen, wie unsere ältesten Vorfahren sprachen, so hören Sie den Litauern gut zu. Auch die späte Christianisierung begünstigte den Erhalt sehr alter Formen; zum Teil wurden sie sogar mit in die christlichen Bräuche übernommen.

## Die Menschen und ihre Kultur

Unser Jahrhundert ist gekennzeichnet vom Genozid. Zwischen 1940 und 1953 war Litauen dreimal okkupiert: 1940 von der Sowjetunion, 1941 von Deutschland, 1944 wieder von der Sowjetunion. Und jede Okkupation bedeutete die Ermordung von Tausenden, initiiert von den Bolschewisten wie von Hitler. Auch der bewaffnete Widerstand gegen die sowjetische Besatzungsmacht nach 1945 kostete viele Litauer das Leben. In dieser Zeit verlor Litauen 30 % seiner Bevölkerung – dieser Verlust ist einer der schwersten in ganz Europa. Eine Statistik wirkt kalt, aber in Worte läßt sich das Leid, das dadurch entstand, kaum fassen:

1941: 50.000 litauische Deutsche werden in die Heimat »zurückgeführt«; erste Massendeportationen von 35.000 Menschen in die Sowjetunion.

1941 – 1944: 250.000 Juden werden von den Nazis ermordet.

1945: 140.000 Menschen aus der Region um Klaipėda emigrieren.

1945 – 1946: 200.000 litauische Polen werden nach Polen »zurückgeführt«.

1941 – 1951: 50.000 Teilnehmer der Widerstandsbewegung und 25.000 sowjetische Kollaborateure sterben.

1945 – 1953: Massendeportationen von insgesamt rund 250.000 Menschen nach Sibirien.

Heute leben in Litauen rund 2.924.000 Litauer (79,6 %), 344.000 Russen (9,4 %), 258.000 Polen (7 %), 63.000 Weißrussen (d.i. Belorussen, 1,7 %), 45.000 Ukrainer (1,2 %), außerdem je eine kleine Gruppe Juden, Tataren, Karäer (vergleiche Tabelle, »Geschichte & Gegenwart«, Seite 46). Litauer wurden durch die Ereignisse des 20. Jahrhunderts über die Welt verstreut: 80 % aller Litauer leben heute noch in Litauen, weitere 5 % in der ehemaligen Sowjetunion und die restlichen 15 % in einst »westlich« genannten Staaten (also südlich von Polen ...) und Nord-Amerika. Aufgrund der langen gemeinsamen Geschichte leben auch heute noch viele Polen im Land, vor allem in und um Vilnius herum, der Anteil der Polen beträgt dort 18 %.

Wer sich für die Herkunft des litauischen Volkes interessiert, kann am besten bei der litauischen Wissenschaftlerin Marija Gimbutienė weiterlesen. Sie hat viel zur Theorie der Verbreitung der Indoeuropäer aus den Steppen Eurasiens nach Europa und Kleinasien, über die Urbalten und Urahnen der Litauer publiziert. Eines ihrer Hauptwerke: »Die Balten« (1963).

## Religion und Mythologie

Litauen war das letzte europäische Land, welches christianisiert wurde (1387). Daraus resultiert eine große religiöse Toleranz aus der Zeit des Großfürstentums, die sich zum Teil bis heute erhalten hat. Heute ist die vorherrschende Religion der Katholizismus – bei den Litauern wie bei den Polen (insgesamt rund 3 Millionen Gläubige). Gleich zu Beginn der Perestroika 1988 wagten sich die Menschen an Weihnachten wieder in die Kirche, eine Demonstration nicht nur ihres Freiheitswillens, sondern auch dafür, daß trotz Verboten und Demontage der Glaube während der Sowjetzeit lebendig geblieben war.

Hauptsächlich im Gebiet um Klaipėda, dem alten Memelland, gibt es viele evangelisch-lutherische Kirchen. Sehr oft sind auch russisch-orthodoxe Kirchen zu finden, die hauptsächlich (wieder) von Russen aufgesucht werden. Die Zahl der litauischen Juden liegt heute bei nur noch etwa 6000.

### Nur eine Frage des Glaubens?

Die alten Glaubensvorstellungen und die Mythologie kann man in drei Epochen einteilen: erstens die ältere vorindoeuropäische matriarchalische Ordnung, zweitens die jüngere vorindoeuropäische matriarchalische Ordnung, in der die weiblichen Sonnen-, Erd- und Fruchtbarkeitsgöttinnen eine Rolle spielten, und drittens die indoeuropäische patriarchalische Ordnung mit Kultvorstellungen von männlichen Göttern. Zur Stellung der litauischen Mythologie gibt es sehr verschiedene Auffassungen, doch jedenfalls wurde nachgewiesen, daß es während der dritten Epoche für die Litauer einen Hauptgott gab. Dessen Gemahlin, die Mutter-Göttin *Lada* gebar ihm Zwillinge: die Tochter *Lela* und den Sohn *Lelas*. In den verschiedenen Regionen hatte jener Gott unterschiedliche Namen, aber er ist dem Gott Pradschapati aus der indischen Mythologie ähnlich. Die Söhne des Hauptgottes waren: *Perkūnas*, *Patrimpas* und *Pikuolis*. Noch heute zeugen viele Ortsnamen, Märchen, Sagen, sogar Schimpfwörter von dem Perkūnas-Kult. Sehr zahlreich sind – wohl ein Relikt der ersten beiden Epochen – weibliche Gottheiten in der litauischen Mythologie; besonders bekannt ist die Göttin *Laima*, die Göttin der Geburt, und auch *Giltinė*, die Göttin des Todes, *Gabija*, die

*Masken, die in der Žemaitija traditionell zur Winteraustreibung getragen werden*

Göttin des Feuers, *Žemayna*, die Göttin der Erde sowie *Milda*, die Göttin der Liebe.

Die Götter stellten für die Litauer die lebendige personifizierte Natur dar. So gehören zur totemistischen Religion auch hier der Baumkult, die Anbetung von Steinen, des Feuers, der Glaube an die übernatürliche Kraft des Wassers, auch der Kult der Himmelskörper – vor allem Sonne, Mond und die Sterne *Aušrinė* (Morgenröte) und *Vakarinė* (Abendstern). Von archäologischen Funden – besonders aus (Urnen-) Gräbern und den Grabbeigaben – weiß man nicht nur von den Göttern, sondern auch von Kultstätten und Geisterbeschwörern, den *Žyniai*. Als Kobolde und Hausgeister gingen etliche der heidnischen Naturgeister in das Christentum über, wie auch z. B. das ursprünglich heidnische Johannisfest noch heute gefeiert wird.

Als Norbertas Welus ein Buch über die »Litauische Mythologie« herausgab, entdeckte er, daß es in der litauischen Volkskunst 200 verschiedene Bezeichnungen für den Teufel gibt! Der Teufel ist ein Helfer der Menschen, allerdings erwartet er für seine Hilfe entsprechende Gegenleistungen. Man stellt ihn sich meist als Tier vor. Die Litauer sahen in ihm weder Gott noch Dämon, sondern ein Spiegelbild des Menschen mit entsprechenden Eigenschaften.

## Volkslieder

Der wohl reichste Teil der litauischen Volkskunst ist der Liederschatz. Eine halbe Million Volkslieder soll es geben. Wilhelm Falkenhahn stellte fest: »Ägypten ist durch seine Pyramiden in der ganzen Welt bekannt, die Litauer werden es durch ihre Lieder sein.« Einige von ihnen sind älter als die altindischen Veden. Sogar Goethe und viele deutsche Romantiker waren von den litauischen Liedern begeistert, man versuchte, sie ins Deutsche zu übertragen. Eins davon ist »Die Fischerin«:

*Die Fischerin*
*Sieh, o Mägdlein, durch das Fenster,*
*Welcher Wind nun wehet?*
*Der, so gestern, weht auch heute:*
*Lieber Wind aus Norden.*

*Wenn ich könnte mit dem Schifflein*
*Über See hinfahren,*
*würde ich holen schwarze Seide,*
*Und auch grüne Raute.*

*Schwarze Seide, um den Wimpel*
*Auszunähn den Fischern,*
*und die Rauten, grüne Rauten,*
*Um den Kranz zu flechten.*

Die Gedichte zeigen zumindest eine Eigenheit der litauischen Volkslieder: es gibt keine Endreime. Zum anderen besitzen sie kein poetisches Metrum, wodurch jede Strophe anders skandiert werden muß. Eine dritte Eigenart deutet sich hier ebenfalls an: die meisten Volkslieder handeln von Frauen und ihrem Leben als junges Mädchen, als Braut, als Bauersfrau

*Rundum traditionsbewußt:*
*Musiker mit gewebten Nationalschärpen*
*während eines Sängerfestes*

**Liebe**
*Brücküber ritt ich,*
*vom Rosse fiel ich,*
*im Schlamme lag ich.*

*Da lag ich, lag ich*
*im Schlamm drei Wochen,*
*nicht eins vermißt' mich.*

*O sieh, herflogen*
*drei Kuckuckvögel*
*zu dunkler Nachtzeit.*

*Es schrie der eine*
*zu meinen Füßen,*
*häuptlings der andre.*

*Der dritte Kuckuck,*
*der habichtfarb'ne,*
*beim Herzlein schrie er.*

*Die Frau zu Füßen,*
*die Schwester häuptlings,*
*beim Herz die Mutter.*

*Die Frau, die grämte*
*sich schier drei Wochen,*
*drei Jahr die Schwester.*

*Die liebe Mutter,*
*die mich erzogen,*
*solang ihr Kopf lebendig war.*

*Die Frau, die folgte*
*bis in die Felder,*
*die Schwester bis zum*
                *Gotteshaus.*

*Die liebe Mutter,*
*die mich erzogen,*
*die folgte bis zur Ruhestatt.*

und als Witwe ... und werden zum überwiegenden Teil auch von Frauen (gemeinschaftlich) gesungen. Bei der Erforschung des Volksliedgutes traf man noch in den vergangenen Jahrzehnten auf alte Frauen, die gut 400 Liedtexte auswendig vortragen konnten.

Die erste Sammlung litauischer Volkslieder wurde in Königsberg herausgegeben – 1825 von Liudvika Rėza unter dem Titel »Dainos oder litauische Volkslieder«. Zu den ältesten Volksliedern gehören die Lieder zur Arbeit. Landwirtschaft, Viehzucht, Imkerei, Fischfang ... alle mit diesen Gewerben verbundenen Arbeiten werden besungen. Es gibt auch Lieder und Balladen, denen archaische Mythen und Vorstellungen zugrunde liegen. Kalenderfestlieder und die ausschließlich in Litauen bekannten *Sutartinis* handeln von den immer wiederkehrenden, lebensbestimmenden Phasen des Jahres und der Natur. Die mit Abstand ältesten sind Totenklagelieder, die *Raudos*, zu den jüngsten gehören Freiheitslieder der Partisanen, die unvermeidlichen kommunistischen Heldenlieder – und Unabhängigkeitslieder aus unseren Tagen. Als »singende Revolution« wurde sogar die Unabhängigkeitsbewegung von 1990/91 bezeichnet.

Litauische Volkslieder sind sehr lyrisch, elegisch, poetisch. Die Vortragsweisen sind unterschiedlich; so werden Kalenderfestlieder einstimmig gesungen. Dann gibt es noch das polyphonische Singen, wobei jeder Sänger einen anderen Text in einer anderen Melodie singt (Sutartinės). Raudos haben dagegen Improvisationscharakter, sie werden im Rezitativ vorgetragen. Während in der Aukštaitija sehr gern Lieder gesungen werden, erzählt man in der Žemaitija lieber Märchen und Legenden und wendet sich stärker der Volksdichtung zu. Das Land der *dainos,* der Lieder, ist und bleibt jedoch die Dzūkija.

## Sitten, Traditionen, Feste

Feiern heißt im Baltikum »singen«. Berühmt geworden sind aber nicht nur die Sängerfeste, beeindruckend sind auch die Folklorefeste, die im Sommer die Länder beleben. Sehr schön kann man sie im völkerkundlichen Freilichtmuseum in Rumšiškės bei Kaunas am Nemunas erleben. Sie leben von den Dainos – den Volksliedern. Viele davon erklingen zum Beispiel zum Johannisfest im Juni – das wohl schönste Fest im Baltikum. Spezialreisen zu diesem und anderen Festen bietet DELTA in Kaunas an (Seite 296).

**1. Januar**: *Naujieji metai,* Neujahr (staatlicher Feiertag). Man sagt die Ernte für das zukünftige Jahr voraus. Die Leute glaubten, daß das Jahr so werde, wie das Neujahr ist, also war man lustig und feierte ... bis heute.

**6. Januar:** *Heilige Drei Könige.*

**13. Januar:** *Tag der Verteidigung der Freiheit.*

**16. Februar:** *Tag der Wiederherstellung des Staates.* An diesem Tag wurde 1918 die Unabhängigkeit verkündet (Nationalfeiertag).

**Februar:** *Uzgavėnes,* der Vorabend des Aschermittwoch. Die Winteraustreibung (Fastnacht): junge Leute in Kostümen, vor allem aber mit oft aus Holz geschnitzten originellen Masken tanzen durch die Stadt. *Morė, Lasininis, Kanapinis* sind Symbole des vergangenen Winters und kommenden Frühlings. So kann es Ihnen passieren, daß Sie durch Klaipėda spazieren, und von einer Gruppe kostümierter, singender und tanzender Mädchen umringt werden ... Sie müssen mittanzen. Über eine kleine Geldspende freuen sich die jungen Leute, und dafür erhalten Sie eine der selbstgebackenen Waffeln oder *Blynai,* Eierkuchen. Sitten und Riten dieses Festes stehen im Zusammenhang mit dem Kult der Erdgötter.

**4. März:** *Tag des heiligen Kazimir.* In Vilnius findet der berühmte *Kaziukas-Jahrmarkt* statt. Volkskünstler und Handwerker aus vielen Teilen des Landes kommen nach Vilnius und verkaufen ihre Werke aus Stroh, Keramik, Holz, Metall. Hier bekommen Sie auch die bunten *Verbos,* kunstvoll aus Weide, einem Eichenzweig und Trockenblumen geflochtene Wedel, die später zum Osterfest verschenkt werden. Den Verbos werden magische Kräfte bei der Austreibung des Winters und Belebung der Erde für das Frühjahr zugesprochen. Die Farbenpracht und Vielfalt der Formen ist einzigartig.

**11. März:** *Tag der Wiederherstellung der Akte der Unabhängigkeit* (1990).

**März:** *Palmsonntag* (Weidensonntag). Eine Woche vor Ostern. Sehr schön in der Umgebung von Vilnius. Aus trockenen Blumen und Gräsern werden die Verbos geflochten und feilgeboten.

*Tradtionelle Kopftracht der Frauen der Aukštaitija*

**März/April**: *Ostersonntag, Ostermontag.*

**März/April**: *Jazzfestival Birštonas* am Nemunas. Alle zwei Jahre (1998, 2000).

**Mai**: *Jazzfestival Kaunas.* Meist in der Großen Vytautas-Halle der Universität.

*Skamba, skamba kankliai.* Benannt nach der *Kanklės,* dem traditionellen litauischen Musikinstrument, einer Zitherform. Die ganze Altstadt in Vilnius wird zum Konzertsaal. Bis in die Nacht hinein wird gesungen, getanzt und gespielt.

*Muttertag.* Erster Sonntag im Mai.

**Juni**: *Vatertag.* Erster Juni-Sonntag.

**14. Juni**: *Tag der Hoffnung und der Trauer.* Erinnerung an die erste große Deportation 1941, vom 14. bis zum 22. Juni, bei der an die 40.000 Menschen verbannt wurden.

**24. Juni**: *Joninės* (auch *Kupolos* oder *Rasos*)*:* Johannistag, Sommersonnenwendfest ... der längste Tag, die kürzeste Nacht. Wird hier um drei Tage verschoben gefeiert, wodurch wohl (wie beim Weihnachtsfest) der christlichen Moral Genüge getan wird. Verschiedene Kräuter muß man sammeln, Türen schmükken, *Kupolio*-Lieder singen und die berühmte Farnblüte suchen – und finden. Wer die findet, erhält magische Kräfte. Gegen Mittag werden neun verschiedene Blumensorten gesammelt und damit die Türen der Ställe zugestopft, um das Vieh vor Hexen zu schützen. Auch der Tau dieser Nacht besitzt magische und reinigende Kraft, erhält gesund und jung, daher der Name *Rasos,* das Taufest. Mädchen lassen Blumenkränze und brennende Kerzen auf dem Wasser schwimmen, es wird gesungen und getanzt und in der Nacht brennt natürlich das Johannisfeuer. In der heidnischen Zeit war das Fest dem Gott Perkūnas gewidmet.

Ein ganz besonderer Tip: Begeben Sie sich auf die *Bobrowski-Route* (Seite 272) aus den »Litauischen Clavieren« und feiern Sie die Mittsommernacht auf dem Rambynas kalnas am litauischen Nemunas. Dieser Johannistag wird garantiert zu einem Natur-, Kultur- und, wenn Sie das Buch mitnehmen und am Originalschauplatz lesen, zum literarischen Erlebnis! Der Rambynas kalnas erhebt sich romantisch über dem gewaltigen Nemunas und bietet für dieses Fest eine herrliche Kulisse.

**6. Juli:** *Tag der Krönung des Königs Mindaugas.*

**8. September:** *Tag der Krönung des Großfürsten Gediminas.*

**1. November:** *Ilgės/Velinės,* Totentag.

**2. November:** *Allerseelen* und *Allerheiligen.* Gehen Sie an diesem Tag auf einen litauischen Friedhof, alle Litauer sind auf den Beinen und gestalten mit viel Liebe die Gräber ihrer Familien. Überall brennen Kerzen, ertönt Trauermusik. Früher pflegten die Angehörigen der Toten an die Gräber der Verstorbenen Speisen zu tragen, wo mit Getöse getanzt und musiziert wurde. Außerdem wurden die Saunen eingeheizt, damit die Seelen der Toten kommen und sich waschen konnten. Die alten litauischen Sitten hat Mickiewicz in seinem Drama »Dziady« geschildert.

**24. Dezember:** *Kūčios,* Heilig Abend. Für das Abendessen bereiten die Litauer 12 Gerichte zu – die Zahl symbolisiert die 12 Monate und, nach christlicher Auslegung, die 12 Apostel. Es darf kein Fleischgericht dabei sein. Was nach dem Abendessen übrig bleibt, wird auf dem Tisch gelassen für die Seelen der Verstorbenen, die in der Nacht – so meint man – das Haus besuchen.

**25./26. Dezember:** *Kalėdos,* Weihnachten (offizielle Feiertage). Das traditionelle Gericht zum 25.12. ist *Šiu-*

*Beim Liederfest Klumpai werden traditionelle Musikinstrumente wie die sich drehenden Ratschen lautstark zum Einsatz gebracht*

*pinys* (Erbsen-, Bohnen- und Kartoffelbrei mit Schweineschwänzen). Grüße sollen an diesem Tag magische Kraft haben, und deshalb geht man von Haus zu Haus und singt Lieder. Genauso wie bei uns schmückt man einen Tannenbaum mit Nüssen, Äpfeln und Kerzen.

## Wußten Sie schon, daß ...

... eine **Verba** Ihr Haus vor Unglück schützt und Ihnen persönlich Glück und Gesundheit bringt?

Für die *Verbos* (Plural von Verba) fügen Litauer Flieder-, Lebensbaum- und Birkenzweige zu einem Wedel zusammen, in Ostlitauen kommt auch ein Eichenzweig hinzu. Die Vilniusser Verbos sind besonders farbenprächtig und mit vielen Trockenblumen geschmückt. Auch Preiselbeeren, Moos, Schafgarbe, Strohblumen, Schilf und verschiedene Gräser können in die Verbos eingebunden sein. Die Tradition des Verbos-Bindens begann im 19. Jahrhundert in den Dörfern um Vilnius und breitete sich von dort bis in den Westen Polens aus. Die Pflanzen werden zu allen Jahreszeiten gesammelt und getrocknet. Besonders leuchtende Farben und eine höhere Haltbarkeit erreicht man mit Pflanzen aus einem trockenen, sonnigen Sommer. Da es nun aber selten so richtig sonnig und trocken ist, begann man in der Mitte des 20. Jahrhunderts, die Wedel mit Anilinfarben bunt zu färben.

Die Formenvielfalt der Verbos reicht von Walze bis Kranz; 24 verschiedene Muster gibt es. Ende des 19. Jahrhunderts band man Verbos aus Span, in den 20er Jahren erschien der Kranz, mit dem man Heligenbilder schmückte, seit 1970 kennt man flache Verbos, die einer Vogelfeder ähnlich sind, und in den 80er Jahren verbreiteten sich figurenförmige Verbos.

Das einfachste Muster sind bunte Wellen. An einer Verba sind je nach Größe 10 – 20 Motive untergebracht, wobei in jedem bis zu 7 Farben harmonieren.

**Tip:** Die größte und schönste Auswahl an Verbos haben Sie das ganze Jahr über im Kunstgewerbeladen »Sauluva« in der Altstadt von Vilnius (Seite 334) – schließlich hat ja nicht jeder die Gelegenheit, sie zum Palmsonntag vor den Kirchen (vor allem an der Kapelle vor dem Aušros-Tor in Vilnius) oder Anfang März zum Kažiuskas-Jahrmarkt in Vilnius kaufen zu können.

## ... die Kanklė ein litauisches Musikinstrument ist?

Dieses und andere traditionelle Instrumente können Sie bei Auftritten von Folkoregruppen hören. Da gibt es häufig die *Kleketas* oder die *Terksle*, eine Art Schnarre oder Ratsche, die *Skrabalai*, Glocken, oft zu ganzen Glockenspielen zusammengesetzt, das *Būgnas*, eine Art Trommel, aber am bekanntesten und beliebtesten ist die *Kanklė*, eine Zither-Form. Sie ist von unterschiedlicher Größe und kann auch verschieden viele Saiten besitzen, sowohl gezupft oder mit Holzklöppeln angeschlagen werden.

*Historische Aufnahme eines Kanklės-Spielers*

*Ohne Seele, ohne Atem – sagt die Wahrheit.*
(D!ᴵᴳ Ω!ᴾᴸ)

Begleitet wird sie von der *Skudučai*, einer Panflöte, anderen Flöten in Form von Tieren und dem Akkordeon.

### ... Vydūnas die ersten Liederfeste veranstaltete?

Während in den benachbarten baltischen Staaten die Sängerfeste schon auf eine lange Tradition zurückblicken konnten, war in dem zwischen Polen und Rußland hin- und hergerissenen Litauen Gleiches verboten. Erst Anfang des 20. Jahrhunderts konnte sich die litauische Nationalkultur legal entfalten. Der litauische Schriftsteller und Humanist Vydūnas (1868 – 1953) organisierte in Klein-Litauen mit seinem litauisch singenden Tilsiter Chor Liederfeste. Viele Feste fanden dann Anfang des 20. Jahrhunderts auf dem legendären Rambynas-Berg statt. Auch hier wirkten kulturelle Organisationen aus Klein-Litauen als Initiatoren. Das erste große Liederfest gab es 1924. Dafür wurden auf dem Paradeplatz in Kaunas eine Sängerbühne und zwei Wasserbecken gebaut, die die Klangwirkung unter freiem Himmel verbessern sollten. Es kamen 77 Chöre mit etwa 3000 Sängern, fast 20.000 Eintrittskarten wurden verkauft. Damit begann die Tradition der Sängerfeste in Litauen, die Tradition der Volkslieder und des Chorsingens geht jedoch auch in Litauen Jahrhunderte zurück. Die Sängerfeste sind mittlerweile auch zu Tanzfesten geworden und damit in verschiedene Festivitäten eingebunden.

### ... die Holzschnitzerei in Litauen eine besonders lange Tradition hat ?

Seit alters schnitzt man Gebrauchsgegenstände wie Schüsseln oder Löffel, aber auch Kultfiguren. Kein Souvenirladen ohne den »traurigen Christus« aus Holz. Auch wenn Sie über Land fahren, finden Sie viele holzgeschnitzte Skulpturen am Straßenrand. Sehr bekannt ist die Čiurlionis-Straße von Varėna nach Druskininkai mit vielen interessanten Holzskulpturen am Straßenrand (Seite 302). In der Žemaitija nennt man die Holzschnitzer *Dievdirbiai*, Götterschnitzer. Woher die Bezeichnung kommt, ist klar. Heute schnitzen sie vor allem hölzerne Heilige, die in den Dorfkirchen und in den Bildstöcken auf Stelen am Wegesrand zu sehen sind. Die Heiligen haben Gesichter der Dorfnachbarn, einfacher Bauern. Oft wird auch Gottes Gegenspieler, der Teufel, geschnitzt. Auch Märchen- und Literaturgestalten sind Motive für die Holzschnitzer. Davon sehen Sie eine Auswahl auf dem Hexenberg bei Juodkrantė/Kurische Nehrung (Seite 238).

### ... litauische Eisenkreuze eine sehr lange Tradition haben?

Die schmiedeeisernen Kreuze sind eine einmalige Erscheinung in der Kunst. Der Vielfalt der Formen scheint keine Grenze gesetzt zu sein. Die reiche Ornamentik spiegelt die grenzenlose Phantasie der Künstler wider. Jede Region Litauens hat »ihre« Kreuze; eine besondere Rolle spielen die Kreuze aus der Region um Klaipėda, die nicht zu verwechseln sind mit den nur auf der Kurischen Nehrung zu findenden *Krikštai*, Grabtafeln aus Holz. Auf kleinen Hügeln mitten in der Landschaft, versteckt hinter Bäumen, halbzugewachsen können Sie noch etliche sehr alte Friedhöfe mit den typischen schmiedeeisernen Kreuzen finden. In Klaipėda gibt es sogar ein Museum, das sie in ihrer Verschiedenartigkeit auf eindrucksvolle Weise darstellt (Seite 158); ein Muß auf Ihrer Reise.

### ... der vielgerühmte Čiurlionis nicht der einzige litauische Maler war, der phantasievolle Visionen in seine Bilder legte?

Weniger bekannt, aber ebenso interessant ist das künstlerische Schaffen von *Kazys Šimonis* (1897 – 1978), einem Phänomen der litauischen Kunst des 20. Jahrhunderts, geboren bei Starkonys bei Kupiškis. Seine künstlerische Entwicklung wurde schon früh durch Musik beeinflußt. Drei Jahre lang lernte er bei Organisten der Nachbardörfer. Als junger Mann studierte er in Kaunas Malerei, wo auch die meisten seiner Bilder entstanden, die er nicht nur auf Ausstellungen in Litauen, sondern auch in Berlin, Paris, Riga zeigt. In seinen Arbeiten finden Sie Elemente der Volkskunst genauso wie phantasievolle visionäre Landschaften, allegorische Porträts und Elemente aus Märchen und Legenden.

### ... der größte Stein Litauens ein Gesteinsblock aus der Eiszeit mit 265 Tonnen Gewicht ist?

Es ist der unter Litauern berühmte *Puntukas*, der bei Anykščiai zu finden ist. Der Teufel soll ihn herangeschleppt haben, um die Kirche von Anykščiai damit zu zertrümmern. Doch als es vom Kirchturm Mitternacht schlug, ergriff er die Flucht.

## Sprache & Verständigung

Das Litauische, eine indogermanische Sprache, bildet mit dem Lettischen und dem untergegangenen Prußischen den baltischen Zweig. Es gibt zwei Dialektgruppen: das Niederlitauische aus der Zematija im Nordwesten und das Hochlitauische oder Aukstaitische, das der Schriftsprache zugrunde liegt. Diese ist seit dem 16. Jahrhundert bekannt. Der älteste Text stammt von 1503, ein Gebetstext. Er wurde 1962 in der Bibliothek der Universität Vilnius entdeckt. Der Autor ist unbekannt; der Text ist handgeschrieben. Ein Original des ersten gedruckten litauischen Buches, eine Übersetzung des lutherischen »Katechismus« von M. Mažvydas (1547)

> *Es hat Beine und geht nicht; es hat Gefieder und fliegt nicht; es hat eine Seele, aber nicht immer.*
>
> (D⁹² ᵖᵉʳʳ)

wird heute ebenfalls in der Bibliothek der Universität Vilnius verwahrt.

Das Schrifttum entwickelte sich in Litauen – nicht zuletzt durch die zaristische Unterdrückung – sehr spät, es kam teilweise über Polen, teilweise über Deutschland nach Litauen. Deshalb wurden aus deren Alphabet einige Schriftzeichen entnommen. So zum Beispiel wurde nach polnischem Muster der Buchstabe »i« zur Bezeichnung der Palatalisierung der Konsonanten als Gaumenlaut gebraucht. Im 16. Jahrhundert hatte die litauische Sprache neben den üblichen a, e, i, o, u auch die Vokale mit Häkchen unten rechts: ą, ę, į, ų – diese stammen vom ursprünglichen an, en, in, un. Sie finden auch heute noch in der litauischen Sprache Verwendung. Für die langen Laute u und i verwendet man den Strich über dem Buchstaben: ū und ý. Damit werden nur die altertümlichen Vokale bezeichnet. Die aus der Ursprache entnommenen langen Laute a und e wurden in o und e mit Punkt (ė) verändert. Seit dem 19. Jahrhundert sind die Buchstaben e und ė bekannt. Die Buchstaben w und x verwendet man im Litauischen nicht mehr, das Alphabet besteht aus insgesamt 32 Buchstaben.

Grammatikalisch ist das Litauische sehr formenreich, so besitzt es 5 Deklinationen, 7 Kasus, 3 Konjugationen, 4 einfache Tempora, 5 Modi und 9 Partizipien. Für einen Urlaub lohnt sich ein Sprachkurs sicher nicht, denn Litauisch ist schwer zu lernen. Wenn Sie in eine neue Fremdsprache investieren wollen, dann in Russisch, das hilft Ihnen nicht nur in Litauen, sondern auch in den anderen baltischen Ländern und allen ehemaligen Sowjetrepubliken. Russisch ist zwar in Litauen aufgrund der unliebsamen politischen Vergangenheit nicht sonderlich beliebt, aber sobald man merkt, daß Sie als Ausländer Russisch sprechen, wird man freundlich sein und froh, eine Verständigungssprache zu haben. Denn über Kenntnisse des Deutschen oder Englischen verfügen die wenigsten Litauer.

### Wichtiges in aller Kürze
Merken Sie sich ganz einfach (Aussprache: s = sch, c = tsch):
*Sveiki* oder *Labas:* Hallo
*Laba diena:* Guten Tag
*Labas rytas:* Guten Morgen
*Labas vakaras:* Guten Abend
*Malonu jus matyti*: Schön, Sie zu treffen
*Sveiki atvyke:* Herzlich willkommen
*Atsiprasau kur artimiausia autobuso stotelė?* Entschuldigung, wo ist die nächste Bushaltestelle?
*Atsiprasau noreciau suzinoti…*: Entschuldigung, ich möchte wissen…
*Viso gero*: Auf Wiedersehen
*Ponia* ist die Frau/Dame, *ponas* oder *pone* der Herr, auch *panele* für Fräulein wird gebraucht. Möchten Sie jemanden siezen, nehmen Sie *jūs* oder *tamsta*, beim Duzen sagt man *tu*. Und die schönsten Wörter des Litauischen (bei denen wir s – c – z als normales – scharfes – summendes »sch« aussprechen):
*Ačiu:* Danke
*Prašom:* Bitte
*Atsiprašau:* Entschuldigung

# REISEPRAXIS

GESCHICHTE & GEGENWART

NATUR & KULTUR

REISEPRAXIS

KLAIPĖDA

PALANGA & ŽEMAITIJA

KURISCHE NEHRUNG & NEMUNAS

KAUNAS & DER SÜDEN

VILNIUS & DIE AUKŠTAITIJA

# RUND UM DIE REISEPLANUNG

*Auf den folgenden Seiten sind alle Informationen zusammengefaßt, die Sie vor einer Reise nach Litauen brauchen sowie die besten Tips zur Anreise. Wenn Sie nicht individuell, sondern organisiert und mit einer Gruppe reisen möchten, finden Sie hier außerdem Adressen und Programme und schließlich Hinweise für aktive und sportive Ferien.*

## Reisedauer, Reiserouten

Wollen Sie nur einen Kurztrip von einem verlängerten Wochenende in eine der Großstädte Litauens machen, so zum Beispiel die Hauptstadt Vilnius, die Hafenstadt Klaipėda oder Kaunas besuchen, dann lohnt die Anreise mit dem Flugzeug. Alle diese Städte sind fast täglich durch Flugverbindungen mit verschiedenen deutschen Flughäfen verbunden. Für Klaipėda ist der Flughafen von Palanga, dem wichtigsten Kurort an der litauischen Ostseeküste, zu nutzen. Für kleinere Touren können Sie dann einen Mietwagen nehmen, der aber außerordentlich teuer ist.

Wollen Sie in ein paar Tagen die Küste kennenlernen, können Sie per Fähre von Mukran/Rügen oder Kiel nach Klaipėda anreisen, Sie werden dann schon richtig aufs Meer eingestimmt. Von Klaipėda gibt es Busverbindungen in die Küstenorte, auch Taxis sind hier nicht teuer. Damit sich die zeitaufwendigere Anreise per Fähre rentiert, sollte man mindestens eine Woche im Land bleiben.

Wollen Sie jedoch Litauen als Ganzes mit all seinen Facetten kennenlernen, empfehle ich den eigenen Pkw oder ein Wohnmobil und eine Reisedauer von mindestens zwei, besser drei Wochen. Sie können von Ihrem Standort aus, der Palanga, Klaipėda oder Kurische Nehrung heißen kann (Strände und Aktivitätsmöglichkeiten sind hier ideal für Ferien mit Kindern), den Tour- und Ausflugsvorschlägen in der Reihenfolge des Buches folgen.

Oder Sie beginnen mit den eigenen vier Rädern eine Rundreise: von Klaipėda (2 – 3 Tage) auf historischen Spuren durchs Memelland (2 Tage), am Nemunas entlang bis nach Kaunas (2 Tage), von Kaunas aus wieder am Nemunas entlang durch Dzūkija und Suvalkija in Richtung Süden (2 – 3 Tage), von dort über Trakai nach Vilnius (2 – 3 Tage), danach genießen Sie die herrliche Natur der Aukštaitija, eventuell als Ausflug von Vilnius aus, da komfortable Übernachtungsmöglichkeiten fehlen (1 – 2 Tage), fahren hinauf nach Panevėzys, vielleicht zur Seenplatte von Zarasai, anschließend zum Kreuzberg nach Šiauliai (1 – 2 Tage) und dann quer durch die Žemaitija zur Küste zurück. Die karge Hügellandschaft der Žemaitija bildet einen starken Gegensatz zum Naturreichtum der Aukštaitija. Vielleicht verweilen Sie am Plateliai-See, bevor Sie nach Palanga und von dort zur Kurische Nehrung fahren (4 Tage): Nach dem Motto »Das Beste kommt zum Schluß« wird die Kurische Nehrung einen bleibenden Eindruck hinterlassen. Diese dreiwöchige »Studienreise« wird Ihnen landschaftlich Schönes, historisch Interessantes und landeskundlich Wissenswertes vermitteln. Sportlich-Aktive packen auch noch ihre Fahrräder ins Auto oder machen einen Stop zum Bootfahren, Segeln oder Angeln; Erholungssuchende verweilen an einem der schönen Seen oder am Strand, wodurch sich der Individualurlaub leicht auf 4 Wochen verlängern kann.

## Reisezeit

Die beste Reisezeit liegt im Sommer: Von Juni bis Mitte August können Sie am ehesten mit sonnigem Wetter rechnen. Das Leben ist bunter, und Sie können die Natur in vollen Zügen genießen. Aber auch der Frühling und vor allem der Herbst bieten Schönes (siehe auch unter Klima, Seite 49). In Klaipėda, im Memelland und an der litauischen Ostseeküste stoßen Sie vor allem im Sommer auf viele deutsche Touristengruppen, zumeist Busreisende. Die Nehrung kann dann schon mal fast zur »deutschen Kolonie« werden. Aber keine Angst, von Überfüllung und Massentourismus ist Litauen noch weit entfernt. Wer dennoch seine (fast) totale Ruhe haben möchte, der Reise im Mai/Juni oder September. Dann sind jedoch noch/schon wieder einige Sommerhotels, Freiterrassen usw. geschlossen.

In der Sommersaison gelten höhere Preise; in Palanga und Šventoji ist dann eine Passagegebühr für Autos zu zahlen, und auch die Maut für die Kurische Nehrung ist im Sommer höher.

## Reisekosten

Wer meint, Litauen sei ein Billigreiseland, hat sich zu früh gefreut. Die Zeiten, als ein dreigängiges Essen 2 DM oder ein Wochenende im Sanatorium 10 DM im Doppelzimmer gekostet haben, sind lange vorbei, und die Preispolitik in der Tourismusbranche ist nicht sehr werbewirksam. Gerade weil Litauen ein Land ist, das sich dem Tourismus erst einmal öffnen muß, um zu zeigen, was es zu bieten hat. Die Kosten für Fähre oder Flugzeug für 2 Individualreisende können schon ein größeres Loch in Ihren Geldbeutel reißen, die Hotelpreise in Vilnius können sich mit jedem westeuropäischen Hotel messen, wobei der Standard niedriger ist, wenn Sie Pech haben. In gleicher Richtung entwickeln sich die Restaurantpreise, vor allem in der Hauptstadt. Natürlich können Sie preiswert einheimische Produkte auf den Märkten kaufen, vor allem für die Selbstverpflegung auf einer Tour übers Land, und in kleineren Cafés auch preiswerte warme Mahlzeiten bekommen, man muß nur wissen, wo – dabei soll Ihnen dieses Buch eine Hilfe sein. Ohne Vorabinformation werden Sie als ausländischer Tourist gehörig geschröpft. Das Vorurteil »Deutscher = sehr reich« ist leider weit verbreitet. Sehr billig sind Museen, Ausstellungen sowie Theater- und Konzertkarten, des weiteren die öffentlichen Verkehrsmittel, bei denen dafür der Komfort zu wünschen übrig läßt. Bei Hotels und Restaurants müssen Sie bei niedrigen Preisen auch wirklich Abstriche in Komfort, Service und Qualität machen. In abgelegenen Orten gilt noch immer: ein Ausländer zahlt mehr als ein Litauer; Sie müssen immer Ihren Paß vorlegen. In den großen Städten und Touristenzentren sind die Preise schon vereinheitlicht. Das führt natürlich dazu, daß Sie dort keinen Einheimischen im Hotel treffen, der Preis für eine Übernachtung in einem Mittelklassehotel entspricht in etwa dem durchschnittlichen Monatslohn eines Litauers.

Die hohe Inflationsrate und ständig steigende Preise sind zu berücksichtigen. Konkrete Preisbeispiele für alle Leistungen entnehmen Sie bitte den Ortsbeschreibungen.

## Einreiseformalitäten & Papiere

Sie benötigen – egal auf welche Weise Sie anreisen – ein Visum für das baltische Land, in das Sie zuerst einreisen. Das ist dann auch für die anderen beiden baltischen Staaten gültig. Es ist rechtzeitig (etwa drei Wochen vor der Reise) bei der jeweiligen Botschaft der Republiken Estland, Lettland oder Litauen in Bonn zu beantragen. Das Visum ist 90 Tage gültig.

Für das *Königsberger Gebiet* müssen Sie extra ein Visum bei der Russischen Botschaft in Bonn beantragen, bei einem Transitvisum (3 Tage gültig) ist zuerst das litauische Visum einzuholen und dieses dann mit vorzulegen. Die Praxis der schnellen Ausstellung an der Grenze, wie noch 1992 üblich, ist vorbei. Im Gegensatz zu den anderen baltischen Staaten erteilt Litauen keine Visa im Hafen oder auf den Flughäfen.

**Botschaft der Republik Litauen**
Argelanderstraße 108 a
53115 Bonn
✆ 0228/91491-0
Fax 91 4991-15

*Außenstelle Berlin:*
Katharinenstraße 9
10711 Berlin-Wilmersdorf
✆ 030/8911151
Fax 8911164

Benötigt wird ein gültiger Reisepaß (keine Kopien), ein vollständig ausgefüllter Visa-Antrag (schickt die Botschaft auf Anfrage kostenlos zu) und ein Paßbild. Das Ganze können Sie auch per Einschreiben mit der Post schicken, dann frankierten Rückumschlag beilegen und eine Kopie der Überweisung. Ein einmaliges Visum kostet 35 DM. Achtung: wenn Sie einen Abstecher in ein benachbartes Land vorhaben, brauchen Sie zur nochmaligen Einreise ein Mehrfachvisum. Das kostet 70 DM. Visa für Kinder unter 16 Jahren sind kostenlos.

**Hinweise für Autofahrer:** Der deutsche Führerschein wird anerkannt, ein internationaler Führerschein jedoch empfohlen. Bei der Reise durch Polen oder Kaliningrad benötigen Sie die grüne Versicherungskarte, die es kostenlos bei Ihrer KFZ-Versicherung gibt. Den KFZ-Schein sollten Sie immer dabei haben.

**Achtung:** In Litauen wird die grüne Versicherungskarte nicht anerkannt, daher ist es empfehlenswert, vor der Einreise eine kurzfristige Versicherung abzuschließen.

## Zoll

Persönliches Reisegut kann zollfrei eingeführt werden. Die Einfuhr von Drogen, Giftstoffen und Feuerwaffen ist verboten, für Jagdwaffen gibt es spezielle Vorschriften, die Sie bei den entsprechenden Reiseveranstaltern erfahren.

Aktuelle Informationen zu Reisegepäck, Zoll und Devisen beim Zollamt oder beim ADAC München, Am Westpark 8, ℡ 089/76766286, Fax 7602748. Hier gibt es selbstverständlich auch aktuelle Infos zu allem, was den Autoverkehr betrifft, von Benzin bis Straßenhilfsdienste.

### Informationsstellen

Auskunft allgemeiner Art gibt die: *Baltische Zentrale für Fremdenverkehr*, Woldsenstraße 36, 25813 Husum, ℡ 04841/3004, Fax 2109.

Wer sich wissenschaftlich bzw. auf Fachgebieten mit dem Baltikum befassen will, wendet sich an: *Forum Balticum*, Institutum Balticum in Königstein/Taunus, Bischof-Kaller-Straße 3, ℡ 06174/299123.

Seminare veranstaltet und Kontakte vermittelt: *Kontakt e.V. – Verein für Kontakte zu den Ländern der ehemaligen Sowjetunion*, Fritz-Elsas-Straße 9 – 10, 10825 Berlin, ℡ 030/85728108.

## Zahlungsmittel & Wechselkurs

Nach dem sowjetischen Rubel gab es zunächst eine Übergangswährung in Litauen, den Talonas – er wurde auch als Spielgeld bezeichnet und nie so richtig ernst genommen. Jetzt gibt es wieder den *Litas*, die Währung der unabhängigen litauischen Republik von 1920. Abkürzung: Lt., LTL oder Lit. Ein Litas sind 100 *Centas*. Es gibt Scheine zu 1, 2, 5, 10, 20, 50, 100 Lit. Des weiteren sind Münzen zu 1, 5, 10, 20, 50 Cent auf dem Markt.

Litas müssen Sie vor Ort tauschen, in deutschen Banken gibt es keine. Auch mit Schweizer Franken und österreichischen Schilling haben Sie vor Ort keine Chancen, da der Litas an den US$ gebunden ist. Am besten US$ mitnehmen. 1 US$ entspricht etwa 3,95 – 4 Lit, 1 DM sind etwa 2,5 Lit, dabei kann es wegen der Inflation von 20 % zu Kursschwankungen kommen, in den letzten Jahren zwischen 2,1 – 2,8 Lit, was im Vergleich zu den Talonas-Zeiten schon große Stabilität bedeutet.

In den Großstädten können Sie in guten Restaurants, Hotels und Geschäften auch schon mit **Euroschecks** oder **Kreditkarten** bezahlen – zumindest finden Sie in Vilnius und Klaipėda Banken, die Ihnen dafür Bargeld auszahlen, auch auf Dollar-Traveler-Cheques, wobei eine saftige Gebühr anfällt. Die Umtauschgebühr bei Schecks ist von Bank zu Bank je nach Höhe der Summe unterschiedlich, es werden 1 – 2 % Gebühren berechnet.

**Achtung:** Nicht überall, wo ein Kreditkartenaufkleber an der Tür oder Theke prangt, wird diese auch akzeptiert, manchmal liegt es nur daran, daß der Angestellte nicht damit umzugehen weiß, dann läßt er sich die schönsten Ausreden einfallen. Diskutieren hilft nicht. Das schönste Beispiel für diese Umtausch-Vielfalt bietet Klaipėda: auf der Turgaus-Straße, der sogenannten Bankenstraße, auf der eine Bank der anderen folgt, bietet keine alle Umtauschmöglichkeiten an, aber jede etwas, so daß Sie mit ein wenig Geduld und eingeplanter Wartezeit doch mit allen Zahlungsarten zum Zuge kommen.

Auf dem Land sollten Sie stets genügend Bargeld in der Landeswährung bei sich haben, DM oder US$ nimmt man natürlich auch gern. Scheuen Sie die kleinen Wechselstuben nicht, die Sie an fast jeder Straßenecke finden, manchmal sehen sie suspekt aus, aber sie sind ganz legale Bankfilialen. Die Schwarztauscher, die Sie auf der Straße oder vor Banken ansprechen und durchaus schon mal Falschgeld bei sich haben, sind zwar mit der Stabilisierung der Währung weniger geworden, dennoch – meiden Sie sie!

Schwierig wird es, wenn Sie in einem baltischen Land Geld der anderen baltischen Staaten tauschen wollen, die Währungen der Nachbarländer sind selten vorrätig, am meisten Glück könnte man in den kleinen Wechselstuben an den Straßenecken und Märkten haben, ansonsten besser an der Grenze oder vor Ort im Land.

### *Was mitnehmen?*

Zwei Wochen Sonne und Wärme am Stück in Litauen – und Sie sind ein Glückspilz. Viel zu oft regnet es, leider, auch im Sommer. Deshalb Regenkleidung nicht vergessen. Genauso gehört Bade- und Strandkleidung für die Küste oder einen der schönen Seen ins Gepäck. Abends im Restaurant legen die Einheimischen sehr viel Wert auf schicke Kleidung, Sie sollten dem nicht nachstehen. Im Winter rutschfeste Stiefel, denn oftmals ist nicht überall gestreut und geräumt, oder gerade Getautes friert schnell wieder zur Eisfläche zu. Immer einen warmen Pullover und eine Windjacke dabei haben. Am besten »Schichtkleidung«, denn das Wetter kann sich schnell ändern.

Sonnenschutzmittel, Mückenschutz, Regenkleidung, Kosmetika, eine Decke für den Strand oder See und alles, was Sie im **Alltag** nicht entbehren können, sollten Sie einpacken und sich nicht auf das beschränkte Angebot vor Ort verlassen. Für Besucher der Kurischen Nehrung gilt: ein Besteck und Servietten in die Handtasche – dann können Sie gleich vor Ort den frischen leckeren Räucherfisch verzehren. Überhaupt sollte man stets genug Taschentücher, Toilettenpapier, Tampons, auch ein Päckchen feuchte Tücher im Gepäck haben, daran mangelt es überall, und mit gut ausgerüsteten sanitären Anlagen, sofern denn überhaupt benutzbare zu finden sind, ist nicht zu rechnen. Die **Stromspannung** beträgt im ganzen Land 220 Volt. Elektrogeräte sollten einen Stecker ohne Schutzkontakt haben, sonst ist ein entsprechender Adapter notwendig.

Mit **Ersatzteilen für Auto und Fahrrad** sollten Sie gut ausgerüstet sein. Sie werden zwar immer einen freundlichen Menschen finden, der erfinderisch ist und Ihnen hilft, so daß Sie weiterkommen, aber Ihrem fahrbaren Untersatz tun solche Notbehandlungen auf die Dauer nicht immer gut. Ersatzschläuche und -reifen, Bremszug, Kettenglied, Speichen, Birnchen und Flickzeug für Radler; Zündkerzen, Keilriemen, Isolierspray gegen Nässe, eine Flasche Öl, Lämpchen gehören beim Autofahrer ins Gepäck, im Winter auch unbedingt etwas zum Enteisen, für frostige Tage Starthilfen. Der ETI-Schutzbrief Europa des TCS ist gültig. Es gibt noch keinen Pannenhilfsdienst, allerdings hat die Erdölgesellschaft Neste einen Straßenhilfsdienst auf der M 12 organisiert. ✆ 02-534386, 534291, 262252.

Für **Camper** gilt: *alles* einpacken, vom Schlafsack bis zum Benzinkocher. Reisebüros geben gern in Campingfragen Auskunft.

### Kinder
Meer, Sand und Strand – das lieben sicher auch Ihre Kinder. Auch Tierparks und einige Museen rücken den Nachwuchs ins Rampenlicht. Goldig sind die Märchenvorstellungen im Theater. Zu klein sollten die Kinder, mit denen Sie reisen, dennoch nicht sein, denn: Die Menschen im Baltikum lieben Kinder sehr – im privaten Bereich. An öffentlichen Anlagen mangelt es leider noch. Kinderstühle, Kinderbetten, Spielecken, alles, was den Aufenthalt gerade für die Kleineren angenehm und abwechslungsreich macht und Ihnen als Eltern den Urlaub erleichtert – das gibt es (noch?) nicht, nicht einmal Ansätze. Ein Aufenthalt in der Stadt ist für Kleine recht anstrengend, beim Urlaub auf dem Land und am Meer stören die zum Teil mangelhaften hygienischen Verhältnisse. Wenn Sie Ihre Kinder mitnehmen, dann halten Sie nach Märcheninszenierungen in Theatern oder Puppentheatern Ausschau. Auch wenn das Stück in einer fremden Sprache läuft – der Inhalt ist ja doch meistens bekannt –, werden Sie mit Ihren Kindern begeistert sein. Die Vorstellungen werden mit viel Liebe gemacht.

### Haustiere
Hund und Katze brauchen für Litauen eine Tollwutschutzimpfung (mindestens 7 Tage und höchstens 12 Monate alt) und ein amtstierärztliches Gesundheitszeugnis. Weitere Informationen gibt der *Deutsche Tierschutzbund*, Baumschulallee 15, 53115 Bonn.

## Rund um die Gesundheit
Werden Sie im Baltikum besser nicht krank, das Gesundheitswesen ist noch immer in desolatem Zustand. Mit harter Währung hat man zwar Vorteile – dennoch, wenn es ernst ist, fliegen Sie besser nach Hause. Hotels vermitteln Ihnen sicher einen guten Arzt, manchmal befinden sich sogar Zahnarztpraxen im Haus. Man kennt nur eine staatliche Versicherung, private Kliniken sind erst im Entstehen (siehe auch »Reisepraxis vor Ort«).

Apotheken mit allen gängigen Medikamenten (allerdings sehr teuer) gibt es in den größeren Städten. Spezielles und persönlich regelmäßig Notwendiges lassen Sie sich vorher in ausreichenden Mengen vom Hausarzt verschreiben.

## Reiseapotheke

Aufgrund des wechselnden Wetters kann es zu Erkältungen kommen. Auch Magenverstimmungen sind nicht selten, wenn man nicht genau aufpaßt, was in einem einfachen Restaurant auf den Tisch kommt. Sollten Sie Zweifel an der Zusammensetzung haben, verzichten Sie lieber. Für diese Fälle sollten Sie ein Medikament einstecken haben. Auch kann die Wasserqualität sehr zu wünschen übrig lassen. Im Notfall gibt es Mineralwasser in den Supermärkten der großen Städte. Im Wohnmobil oder mit Auto und Zelt sollten Sie stets genügend Wasservorräte sowie Micropur oder ähnliches zum Entkeimen bei sich haben. Denn mit ausreichend sanitären Anlagen und guten hygienischen Verhältnissen können Sie nicht immer rechnen. Zur Standardausrüstung gehören neben Mitteln gegen Magenverstimmung und Durchfall Kopfschmerz-/Fiebertabletten, Mittel zur Wunddesinfektion sowie Verbandsmaterial, bestehend aus Schere, Pinzette, Mullbinden, Pflaster. Ein Mückenschutzmittel bzw. ein kühlendes Gel für Stiche und Sonnenbrand sollten ebenfalls dabei sein.

## Versicherungen

Empfehlenswert sind eine Reisegepäckversicherung, fürs Auto eine Vollkasko- und Insassenversicherung, sowie eine zusätzliche Auslandskrankenversicherung. Sprechen Sie mit Ihrer Krankenversicherung über aktuelle Regelungen.

## Literatur und Karten

Keine Karte ist perfekt. Und schon gar nicht für ein Land, in dem es bis zur Wende für die Allgemeinheit überhaupt keine Karten gab, diese

*Alter Brunnen auf dem Land*

waren dem Militär vorbehalten. Damit ist übrigens auch zu erklären, weshalb Litauer mit Karten und Stadtplänen größte Probleme haben: die mit der Öffnung des Landes für Touristen erstellten ersten Stadtpläne waren auch die ersten, die Litauer in der Hand hatten. Nicht einmal Polizisten, die ich mit dem Stadtplan in der Hand nach dem Weg fragte, konnten mir diesen mit Hilfe des Plans erklären. Heute bekommen Sie vor Ort relativ gute Stadtpläne und Landkarten zu kaufen, in Hotels, an Kiosken, in Buchläden. Vor Antritt der Reise können Sie diese über die nachfolgend genannten Verlage und Buchhandlungen beziehen. Baltikum-Landkarten gibt es mittlerweile von allen großen Verlagen.

Sehr gut sind die vor Ort erhältlichen »Via Baltica«-Landkarten für alle drei baltischen Länder und die dreiteilige grüne Litauen-Karte »Lietuvos keliai«. Es fehlen spezielle Karten für Wasserwanderer, ein großes Defizit. Karten für sportlich Aktive mit Hinweisen auf Rad- und Spazierwege und ähnliches erhalten Sie auch nur vor Ort, zum Beispiel im Nationalpark. Das Angebot an Spezialkarten ist noch völlig unzureichend. Aktuelle Auskünfte gibt es bei den im Folgenden genannten Reisebüros.

In Deutschland gibt es die Vierteljahreszeitschrift »Baltica« bei Horst Freitag in Hamburg, Postfach 530432. Ein Probeheft dieser Zeitschrift kostet 10 DM. Ganz neu: ein deutsch-litauischer Sprachführer für 68 DM, außerdem umfangreiches Programm zur Geschichte Litauens.

### Bezugsquellen

Zu allgemeinen wie auch speziellen Themen, zu allem, was das Baltikum betrifft, finden Sie etwas in den Katalogen von *Mare Balticum*, auch viel schöngeistige Literatur und Karten/Stadtpläne: *Versandbuchhandlung und Antiquariat Helker Pflug*, Huhnsgasse 3941, 50676 Köln, ℡ und Fax 0221/214996.

Ein ebenso umfangreiches Angebot, auch viel detailliertes Kartenmaterial gibt es im *Neuthor-Verlag/Antiquariat am Neuthor*, Friedrich-Ebert-Straße 8 und Neuthorstraße 3, 64720 Michelstadt, ℡ 06061/4079, Fax 2646. Beide haben ein sehr gut geführtes Angebot an baltischer Literatur – sehr empfehlenswerte Kataloge.

*Rautenberg-Buchhandlung*, 26787 Leer, ℡ 0491/929702, Fax 929706. Das gleichnamige Reisebüro betreibt auch eine Versandbuchhandlung mit einem sehr umfangreichen Angebot an Büchern, Bildbänden, Karten zum Baltikum.

Viele Bücher zum Baltikum hat die *Edition Temmen* in Bremen, Hohenlohestraße 1, ℡ 0421/34843-0, Fax 348094. Ostseeküste und Vilnius, Baltikum-Rundreisen.

Die *Böhlau Verlag GmbH & Cie.* in 51149 Köln, Theodor-Heuss-Straße 76, ℡ 02203/307021-24, Fax 307349, und in 1201 Wien, Sachsenplatz 4 – 6, ℡ 2222/3302427, Fax 3302432, bietet Studien zur baltischen Geschichte. Einfach Kataloge schicken lassen und das Passende heraussuchen. Eine sehr gute Darstellung der litauischen Kultur findet man in dem bei Böhlau 1997 erschienen Band

»Ein Dorf zwischen großen Wäldern« – Erinnerungen aus dem alten Litauen von Agota Bartnykaite Savickiene.

Für Kunstinteressierte gibt es den *Barockführer durch Litauen* des Melina-Verlages, ISBN 9986-813-55-7, für 34 DM.

Ständig neue Ideen, Interessantes zu Litauen und aktuelle Reiseinformationen finden Sie in der Zeitschrift »Sanduhr«, vor allem auch zum Naturschutz und zur Ökologie. Herausgegeben von *Nida-Reisen,* Uwe Hartung, Bernhard-Göring-Straße 152, 04277 Leipzig, ✆ 0341/3065-150, -151, -152, Fax 3065153.

Für Freunde der schöngeistigen Literatur empfehle ich Werke von *Johannes Bobrowski*. Von Bobrowski gibt es die »Litauischen Claviere«, deren Handlungsort(e) in der Tour auf Seite 272 erwähnt sind. Nehrungs-Reisende werden an *Agnes Miegel* Freude haben. Von *Herrmann Sudermann* gibt es das »Bilderbuch meiner Jugend« mit hübschen Memelland-Szenen und – etwas umfangreicher – das »Hermann Sudermann Buch« mit wunderbaren Erzählungen vom »Balzac des deutschen Ostens«. Gutshöfe, Katen, Moor, Heide, Haff ... die Menschen zwischen Weichsel und Memel – alles können Sie in seinen einfühlsamen Erzählungen nacherleben. Seine »Litauischen Geschichten« gibt es auch in dem Band »Die Reise nach Tilsit« – in der gleichnamigen Erzählung spielt das gefährliche Kap bei Ventė eine besondere Rolle.

Litauische Märchen sind im S. Fischer-Verlag Frankfurt am Main und im Metta-Kinau-Verlag Hamburg erschienen – sie sind sehr hübsch aufgemacht, vielleicht eine nette Geschenkidee. Von den litauischen Schriftstellern wurde zum Beispiel Maironis übersetzt (Gedichte) und auch der »Hain von Anykščiai« von Antanas Baranauskas. Diese und andere finden Sie in den Katalogen der oben genannten Verlage und Buchhandlungen.

Deutschsprachige Reiseliteratur ist vor Ort schwer zu finden, manchmal mehr oder wenige gute Übersetzungen litauischer Reiseführer, häufiger in Englisch als in Deutsch.

**Deutsche Presse** gibt es in den größten Hotels in Vilnius und Klaipėda, sehr selten am Kiosk. Moderne Hotels verfügen über Satellitenanlagen und Fernsehprogramme aus aller Welt, manchmal gegen Aufpreis. Vor Ort erhalten Sie die englischsprachigen Zeitungen »Baltic independent« und »Baltic observer«, des weiteren »Lithuanian weekly« und die quartalsweise erscheinende Zeitschrift »Baltic review«. Besonders die letztere ist sehr informativ. Deutschsprachige baltische Zeitungen gibt es noch nicht, wenn wir von uninformativen und von Fehlern durchzogenen Blättern wie «Deutsche Nachrichten« einmal absehen.

Aktuelle neue Informationen und Adressen entnehmen Sie den vor Ort erhältlichen kleinen »... in your pocket«-Reiseführern. Preis: 3 Lit.

## *Anreise*
### Mit dem Auto

Wollen Sie Litauen als Ganzes, nicht nur die großen Metropolen, sondern auch das gleichermaßen interessante Hinterland kennenlernen, ist ein Auto oder Wohnmobil unabdingbar.

Bei der Anfahrt durch **Polen** ist mit stunden-, oft tagelangen Wartezeiten an der Grenze zu rechnen. Versuchen Sie es am besten in den sehr frühen Morgenstunden (bis 5 Uhr); dort benötigen Sie Ihren Führer- und Fahrzeugschein sowie die Grüne Versicherungskarte (vergl. Seite 94). Mit der eigenen Versicherung ist die Gültigkeit der Haftpflichtversicherung zu klären. Das Nationalitätenkennzeichen (D-Schild) nicht vergessen.

Hilfreich sind das aktuelle Info-Blatt und der Osteuropa-Straßenatlas des ADAC (für 10 DM für ADAC-Mitglieder zu haben). Der ADAC und natürlich die Botschaft in Bonn informieren Sie auch ausführlich über aktuelle Einreiseformalitäten, eventuelle Straßenhilfsdienste, Grenzübergangsstellen (bisher nur Ogrodniki/Polen – Lazdijai/Litauen), Benzinversorgung (in Großstädten sehr gut, auch bleifrei, auf dem Land gefüllter Benzinkanister günstig), Benzinpreise, Zollformalitäten und anderes. ADAC, Am Westpark 8, 81373 München, ℡ 089/7676-6286, Fax 529231.

Anfahrt über Hannover – Warschau – Brest – Minsk – Vilnius oder Hannover – Suwalki – Lazdijai – Vilnius. Über Kalvarija nur für PKW. Nach Tauragé auch über Kaliningrad – Sovietsk (siehe Einreiseformalitäten).

### Mit der Fähre nach Klaipėda

Genießen Sie die Ruhe auf dem Meer und lassen Sie sich bequem (mit Ihrem Auto oder Fahrrad) von einer Fähre nach Klaipėda schaukeln. Die Fährverbindungen sind gut und werden von Jahr zu Jahr erweitert. Zunehmend werden alle Fähren modernisiert und zu schwimmenden Hotels umgebaut, so daß Sie die Stunden an Bord genießen können. Die kürzeste Verbindung zwischen Deutschland und dem Baltikum ist die 500 km lange Seefahrt von *Mukran* auf *Rügen* nach *Klaipėda*/Litauen. In 18 Stunden bringt Sie die »Petersburg« alle zwei Tage nach Litauen. In den komfortablen Kabinen mit Dusche und WC oder auf einem der Pullmansitze vergeht die Zeit von 15 Uhr bis 9 Uhr wie im Fluge, und ausgeruht gleiten Sie morgens auf dem glatten Wasser des Kurischen Haffs dem Hafen Klaipėda entgegen. Bis 12 Uhr sollten Sie immer im Hafen sein. Verspätete Abfahrten holt das Schiff meist wieder auf, so daß Sie mit einem pünktlichen Eintreffen rechnen können. Weitere Schwesterschiffe sind in Planung. In der Hauptsaison 1.5. – 30.9. kostet eine Hin- und Rückreise für ein Auto 400 DM und eine Service Class-2-Bett-Außenkabine mit Dusche und WC 600 DM; in der Vorsaison ist es preiswerter.

Information über: *Euroseabridge-Fährdienst* im Überseehafen Rostock, Postfach 108260, 18012 Rostock, ℡ 0381/4580, Fax 458-4219, sowie deren Repräsentant *Jürgen Thieme* in Klaipėda, ℡ 55052/55053, Mobil-℡ 00/45/302/01568, Fax 57377.

Buchung: *Deutsche Seereederei Touristik GmbH,* Postfach 401405, 18125 Rostock, ℡ 0381/4584672-73, Fax 4584678, bzw. in Klaipėda im Hotel »Klaipėda«, Raum 108, N. Sodo 1, ℡ & Fax 254354.

Eine zweite Möglichkeit bietet die Fährverbindung des *LISCO Baltic Service* mit den Schiffen »Kaunas« und »Vilnius«, die Sie in 26 (hin) – 32 (zurück) Stunden von Kiel nach Klaipėda befördert. Ein Hin- und Rückticket kostet fürs Auto oder Wohnmobil 370 DM und für zwei Personen in einer Kabine der Kategorie III 780 DM (Preise beinhalten die Mahlzeiten). Passagiere mit Auto sollten vier Stunden vor Abfahrt im Hafen sein, ohne Fahrzeug zwei Stunden vor Abfahrt. Die frühere Doppeldeck-Eisenbahnfähre »Kaunas« verkehrt seit 1994 im ganzjährigen Liniendienst: jeden Sonnabend und Mittwoch von Kiel nach Klaipėda, jeden Dienstag und Freitag von Klaipėda nach Kiel. Mit der 1986 gebauten und nunmehr modernisierten Fähre können 200 Passagiere und 40 Pkw sowie 100 Lkw befördert werden. Die »Vilnius« ist ihr Schwesterschiff, das seit 1993 für die LISCO verkehrt. Diese fährt dienstags und freitags von Kiel ab und mittwochs und sonntags von Klaipėda. Buchung über: *LITA Shipping GmbH,* Ostuferhafen 15, 24194 Kiel, ℡ 0431/209760, Fax 201395.

Buchungen von Klaipėda nach Kiel über *Krantas Shipping,* Perkelos 10, 5804 Klaipėda, ℡ 003706/365444, Fax 365443.

Meine Empfehlung: nehmen Sie die eventuell weitere Anreise innerhalb von Deutschland nach Rügen in Kauf und nutzen Sie die »Greifswald«. Eine Rundfahrt über Finnland und die anderen baltischen Länder lohnt sich auch; mit dem »Finnjet« oder der Silja Line nach Helsinki und von dort mit »Estonian New Line« oder »Tallink« in vier Stunden nach Tallinn (zu buchen über jeden Finnland-Reiseveranstalter).

## Mit dem Flugzeug

Die litauische Hauptstadt **Vilnius** wird täglich von der *Lufthansa* (Frankfurt) sowie der *Lithuanian Airlines* (Frankfurt a. M. und Berlin) angeflogen. Die Lithuanian Airlines fliegt im Sommer (26.3. – 29.10.) täglich Vilnius–Frankfurt am Main–Vilnius. Außerdem vom 29.4. bis 9.9. samstags Vilnius–Palanga–Frankfurt–Palanga–Vilnius. Dafür müssen Sie für ein Hin- und Rückflugticket im Spartarif zwischen 890 und 1500 DM hinblättern. Vom 27.5. – 9.9. gibt es samstags Charterflüge Palanga–Frankfurt–Berlin/Schönefeld–Palanga. Außerdem gibt es in der Sommersaison dreimal wöchentlich (montags, mittwochs, freitags) Flüge von Berlin/Tegel nach Vilnius, die Sie 594 – 1511 DM beim Hin- und Rückflug im Spartarif kosten, und samstags Charterflüge von Palanga nach Hamburg sowie die Charterkombination Vilnius–Palanga–Münster–Hannover–Palanga–Vilnius.

Lithuanian Airlines erreichen Sie am Frankfurter Flughafen, Terminal 2, Halle E, Gebäude 149, Zimmer 5318, Postfach, 60549 Frankfurt am Main, ℡ 069/694579, 694580, Fax

694596. Abfertigung in Frankfurt am Main: Terminal 2, Halle D, Schalter 808/814, Flugscheinverkauf Terminal 2, Halle E, Schalter 824/825.

In Berlin: Reservierung und Flugscheinverkauf Flughafen Tegel, Haupthalle, Lufthansa Airport Center, Schalter B1/05a, ℡ 030/88756127-28-29, Fax 030/88756130.

*Lufthansa* fliegt seit 1992 nach Vilnius, zur Zeit täglich von Frankfurt am Main. Ein Hin- und Rückflugticket kostet in der Business Class 2240 DM, in der Economy Class ab 1019 DM bei Super-Flieg-&-Spar (7 Tage Vorausbuchungspflicht, Ticket muß bei Buchung bezahlt werden, Flugschein 3 Monate gültig, Wochenendregelung: Rückflug frühestens am Sonntag nach Reiseantritt) oder 1259 DM bei Flieg & Spar (dieselbe Wochenendregelung, aber keine Vorausbuchungspflicht und Umbuchung vor Reiseantritt möglich, Flugschein 6 Monate gültig) oder mit dem teuren Excursion Tarif zu 1531 DM mit offenem Rückflug (auch Wochenendregelung enthalten). Dazu kommen Flughafengebühren: 6,50 DM für Deutschland und 14 DM für Litauen. Lufthansa-Reservierung: ℡ 01803/803803.

In jeder baltischen Hauptstadt ist die Lufthansa auch mit einem Flughafenbüro und einem City-Büro vertreten. Für Vilnius: City-Büro: Gedimino 37, ℡ 223147/154, 165/092, Fax 223149, geöffnet Mo – Fr 9 – 19 Uhr, Sa 9 – 14 Uhr. Vilnius Flughafen: ℡ 290160, 636049, Fax 637699, Mo – Fr 10 – 17 Uhr, Sa geschlossen, So 10 – 15 Uhr. In Panevėžys: Laišves aikšte 26, ℡ 30675, Fax 35889. In Kaunas: Daukanto 21, ℡ 209749, Fax 209749, geöffnet 9 – 18 Uhr. Hier hilft man Ihnen auch bei Hotelbuchungen, Reisearrangements, Autovermietungen, Geschäftsreisen. Lufthansa Reservierung und Flugplanauskünfte in Deutschland: ℡ 01803/803803, täglich 5.30 – 23 Uhr zum Regionaltarif.

Check-in bei Lufthansa-Flügen mindestens 45 min vor Abflug. Übrigens hat Lufthansa auch spezielle Angebote für junge Leute unter 25 Jahren und Studenten unter 27 Jahren. Dazu finden Sie Infos im Lufthansa »Up'n away«-Heft. Dann geht es im Sommer nach Vilnius immerhin schon ab 765 DM. Die Lufthansa-Broschüren »Happy Days« sowie »Special« vermitteln immer interessante Urlaubstips, und in »Fly & -Save« finden Sie wertvolle Spartips. Lufthansa fliegt auch ab Linz, Wien, Salzburg, Innsbruck, Graz und von neben Frankfurt am Main fast allen anderen deutschen Flughäfen.

Seit 1995 fliegt auch die *British Airways* von Berlin, Düsseldorf, Friedrichshafen, Köln/Bonn, München, Stuttgart, London nach Vilnius, dienstags und donnerstags, mit Zwischenlandung in Berlin. Sie ist bisher die einzige Airline, die Berlin-Tegel und Vilnius im Linienflug direkt verbindet. Die kostenlose Telefonnummer des Generalagenten der British Airways: ℡ 0130/2580. Buchung bei British Airways oder im IATA-Reisebüro. Das Ganze ab 590 DM als Spar- und Einführungspreis.

Ab dem Winter 1997/98 fliegt *Lauda Air* einmal täglich von Wien in eine der baltischen Hauptstädte, also im Wechsel nach Vilnius, Riga, Tallinn.

Wollen Sie an die litauische Ostseeküste, sind Sie mit der Flugverbindung der *Air Lithuania* von Hamburg nach **Palanga** gut beraten. Täglich startet diese kleine Maschine, ein ATR-Jet. An drei Tagen in der Woche fliegt sie weiter nach Kaunas. Buchung über Reisebüro *Potugalia*, ✆ 040/50751466. In Litauen können Sie sich an die sehr freundliche *Aero Service Group (ASG)* wenden, die die Tickets der Air Lithuania vermittelt und auch den einzigen Shuttle-Bus zum Flughafen Palanga hat.

Die größere litauische Fluggesellschaft *Lithuanian Airlines* fliegt im Sommer außer Frankfurt a. M. auch noch andere deutsche Flughäfen an sowie Palanga. Information und Buchung in Deutschland über ✆ 069/694579, 694580 auf dem Frankfurter Flughafen bzw. 030/887561-27/-28/-29 auf dem Flughafen Berlin-Tegel; in Litauen über ✆ Klaipėda 230409 und Vilnius 756260. Samstags gibt es von Mai bis September einen Charterflug der Lithuanian Airlines von Hamburg nach Palanga.

Im Sommer gibt es Charterflüge der Lufthansa nach Palanga.

**Wie kommen Sie in Vilnius vom Flughafen in die City?** In Vilnius kostet ein Taxi in die City etwa 10 US$ (Fahrzeit 15 Minuten), alle 15 Minuten verkehrt auch ein Bus für 2 Lit (Fahrzeit 25 Minuten). Der Vilniusser Flughafen wurde in den letzten Jahren aufwendig modernisiert, seit 1994 gibt es ein modernes Abfertigungsgebäude, wo das Einchecken bequem ist. Auf dem Flughafen finden Sie die *Vilniusser Bank*, ✆ 669481, *Autovermietungen*, ✆ (Avis) 733226, natürlich *Zoll* und *Duty Free Shop*, auch einen *Blumenladen*. In der neuen Halle befindet sich der Sitz verschiedener Fluggesellschaften und Reisebüros, im Entstehen sind Catering-Möglichkeiten. Parken können Sie direkt vor dem Flughafengebäude kostenfrei und unbewacht sowie etwas abseits bewacht und gebührenpflichtig (dem Parkplatzschild mit dem Geldaufdruck folgen): 1 Stunde für 2 Lit, 24 Stunden für 10 Lit, Preise für mehrtägiges bzw. mehrwöchiges Parken sind Verhandlungssache.

**Was bietet der Flughafen Palanga?** Momentan noch nicht sehr viel, doch der Umbau und die Modernisierung läuft. Die Abfertigungsseite ist bereits rekonstruiert, auf die Fertigstellung einer Heizung ist zu hoffen. Im Winter können Wartezeiten zur Eiszeit werden. Bei Glatteis kann es passieren, daß Start und Landung nicht möglich sind, dann gibt es einen Bustransfer zum Flughafen Kaunas. Besonders kompliziert ist die Weiterfahrt von Palanga nach Klaipėda. Öffentliche Busse verkehren zu den Flugzeiten nicht. Zum Flughafen hin können Sie natürlich ein Taxi nehmen, das kostet von Klaipėda 45 – 50 Lit. Bei der Ankunft ist es Glückssache, ob Sie ein Taxi vorfinden, normalerweise stehen hier keine. Dann gibt es noch den Shuttle-Bus der Aero Service Group Klaipėda. In deren Büro in Klaipėda können Sie sich für den Transfer anmelden, das kostet 10 Lit, zu bezahlen beim Fahrer, Abfahrt Reisebüro der ASG Klaipėda in der Janonio-Straße, andere Abfahrts- oder Abholpunkte sind Verhandlungssache. Auf dem Flughafen Palanga ist diese Transfermöglichkeit (noch) nicht ausgeschildert, wenden Sie sich an die nette Dame, die Sie direkt beim Ausstieg in Empfang nimmt, oder steuern Sie auf dem Vorplatz auf einen Minibus zu, der so ausschaut, als könnte er das Shuttle sein. Der Bus kann Sie in Palanga absetzen, Haltepunkte sind Verhandlungssache, offiziell verkehrt er bis zum ASG-Büro Klaipėda.

### Weitere Verbindungen

Die *Austrian Airlines* fliegt montags, mittwochs und freitags von Wien nach Vilnius. Interessant sind auch die Kombinationsflüge mit der *Finnair*, einem Partner der Lufthansa beim »Punkte-Sammeln«. Hier gibt es auch Prämien auf Fährtickets der Silja Line. Die Finnair bietet günstige Flugkombinationen über Finnland, insbesondere Helsinki, nach Vilnius. Der Flug von Helsinki nach Vilnius dauert 1 Stunde 20 Minuten. Neben zahlreichen deutschen Flughäfen sind auch Kombinationen mit Wien und Zürich möglich.

*Finnair Deutschland:* ✆ 069/242525-0, Wien ✆ 0222/5875548, Zürich ✆ 01/2211460, Vilnius ✆ 619339.

Zwischen den einzelnen baltischen Staaten wurden auch zahlreiche Flugverbindungen eingerichtet. So zum Beispiel fliegt die *Estonian Air* täglich von **Tallinn/Estland** nach Vilnius: Hessenring 32, 64546 Mörfelden-Walldorf, ✆ 06105/206070, Fax 206078 und in Vilnius auf dem Flughafen, Ebene 2, Rodunes 8, ✆ 261559, Fax 260395.

Nach **Riga/Lettland** fliegt Sie zum Beispiel die *Baltic International:* Riga Airport ✆ 207543, 207643 oder Büro Brivibas-Straße 54, ✆ Riga 201612, 201614. Büro Pils-Platz 4, ✆ Riga 327296.

## Mit dem Zug oder Bus

Von und nach Berlin gibt es den *St. Petersburg-Expreß* mit Kurswagen nach Vilnius und Riga/Lettland als einzige Direktverbindung ins Baltikum. Zusätzlich können Umsteigeverbindungen ab Warschau/Polen genutzt werden. Von dort erreichen Sie Vilnius. Bis 23.5.98 verkehrt der D 299 von Berlin-Lichtenberg nach Vilnius, Abfahrt 23.03 Uhr, Ankunft 21.07 Uhr am nächsten Tag. Der D 298 fährt um 16.06 Uhr in Berlin-Lichtenberg ab und erreicht Vilnius um 11 Uhr. 1997 kostet ein Ticket für eine Hin- und Rückfahrt in der 2. Klasse nach Vilnius 195 DM, in der 1. Klasse 300 DM. Der Zug besteht nur aus Schlafwagen, daher braucht man eine Bettkarte. Die kostet in der 2. Klasse ab 29 DM, in der 1. Klasse ab 50 DM, abhängig von der Kategorie. Auskunft der DB unter ✆ 19419.

Zusätzlich können Umsteigeverbindungen ab Warschau genutzt werden. Hier ein Beispiel: Der EC41 fährt 8.19 Uhr in Berlin Hbf ab, ist 14.44 Uhr in Warschau, von da geht es

22.07 Uhr weiter, und Sie sind dann 0.07 in Kaunas, zurück ab Kaunas 5.30 Uhr, an Warschau 14.30 Uhr und ab 16.31 Uhr – dieser EC40 bringt Sie 22.51 Uhr nach Berlin-Hbf zurück. Weitere Auskünfte: ℡ 030/20723 533, Fax 29724125.

Nach über 50 Jahren setzt die Deutsche Bundesbahn im Sommer auch erstmals wieder den *Baltic Expreß* als Charterzug von Berlin nach Kaunas über Riga ein.

*Autokraft* Kiel bietet eine **Busverbindung** an, eine billige, wenn auch strapaziöse Alternative. Von Kiel fährt der Bus über Hamburg, Berlin, Riga, Pärnu nach Tallinn und zurück zweimal wöchentlich: donnerstags und samstags von Tallinn nach Kiel (14 Uhr ab, 21 Uhr am nächsten Tag an) und sonntags und dienstags von Kiel nach Tallinn (14.15 Uhr ab, 23 Uhr am nächsten Tag an). Das kostet hin und zurück von Berlin nach Riga 250 DM, nach Tallinn 300 DM, von Kiel nach Riga 310 DM, nach Tallinn 360 DM. Darin sind zwei Gepäckstücke enthalten, jedes weitere kostet 15 DM, ein Fahrrad 30 DM (nach telefonischer Absprache). Ermäßigungen für Kinder und Gruppen. Im Winter nur einmal pro Woche. Buchung über *Autokraft GmbH*, Postfach 1326, 24012 Kiel, ℡ 0431/666366. ℡ im Bus: 0171/2229888. Dieser Linienverkehr wird stark frequentiert, deshalb rechtzeitige Buchung empfohlen. Von Lettland/Estland können Sie dann nach Litauen den schnellen Trans-Baltikum-Bus nutzen, oder Sie nehmen die Fahrräder und Campingutensilien mit und starten zur länderübergreifenden Fahrradtour.

Busreisen vermittelt auch die *Deutsche Touring Gesellschaft*, Römerhof 17, 60486 Frankfurt am Main. Reservierungen und Informationen unter ℡ 069/790355, Fax 7903219. In Litauen: Busbahnhof Savanorja-Straße 5, Panevėžys, ℡ 003722/63325, Fax 39995.

Von Berlin nach Kaunas oder Panevazys zweimal pro Woche, Abfahrt 19.10 Uhr, Ankunft in Litauen am Mittag des folgenden Tages. Auch von anderen Großstädten. Preise hin und zurück zwischen 250 und 300 DM.

## Reisen für Aktive – organisiert & individuell

Das Land ist ideal für Fahrradtourismus, die Seen und Flüsse phantastisch für Wassersportler, natürlich auch das Meer, die Wälder und Felder laden zum Wandern und Spazieren ein. Man muß sich allerdings darauf einstellen, daß es keine Infozentren und keine Ausleihstationen für Sportgeräte oder Fahrräder gibt, und daß die Campingplätze nicht sonderlich komfortabel ausgestattet sind. Man muß alles Nötige selbst mitbringen und ideenreich bei der Organisation sein. Wem das zu unsicher ist, dem empfiehlt es sich (noch), alles von Deutschland aus mit einer der im folgenden genannten Reiseagenturen zu planen. Für die Zukunft bleibt auf ein Netz von kompetenten Ansprechpartnern vor Ort zu hoffen. Um die momentane Lage zu verdeutlichen, möchte ich den Manager der litauischen Reiseagentur »Delta« (eine der wenigen sehr guten) zitieren: »Die Sportstätten und -zentren verfügen nicht über Leute, die ausreichend Fremdsprachen beherrschen, sind zur Zeit noch schlecht organisiert, nicht gewöhnt, Anfragen zu bearbeiten und ihr Produkt zu verkaufen. Ich glaube, daß die Zeit noch kommt, aber im Moment ist es für den Kunden viel sicherer, solche Leistungen über eine Reiseagentur zu buchen.«

## Fahrradtourismus

Das ganze Land ist flach bis hügelig, Höhenunterschiede von mehr als 300 m sind nicht zu überwinden – also ideal für Radfahrer. Spezielle Mountainbikes und Bergradlerfähigkeiten sind also nicht erforderlich. Ein stabiler Rahmen, breite Bereifung und eine Gangschaltung sind wegen der Schotter- und Sandpisten jedoch empfehlenswert. Das haben sich zahlreiche Reiseveranstalter zunutze gemacht, die individuelle Radreisen mit genügend Freiraum anbieten, sowohl mit dem eigenen mitgebrachten Rad als auch mit Leihrädern. Fragen Sie vorher nach dem technischen Standard der in Litauen vorrätigen Leihräder, meist sind sie ohne Gangschaltung.

In den Touristenzentralstellen gibt es zwar schon Fahrradausleihen, aber nur im Sommer. In Palanga und Nida/Kurische Nehrung sind diese auch halbwegs ausgeschildert, in anderen Orten fehlt jeder Hinweis auf Ausleihmöglichkeiten. Ich habe daher so viele Ansprechpartner wie möglich in den Ortskapiteln genannt. Sollten Sie sich entschließen, individuell organisiert zu radeln oder mit Auto oder Wohnmobil individuell zu reisen und die Fahrräder einzupacken, dann unbedingt für jeden nur denkbaren Fall Ersatzteile mitnehmen. Lose Teile wie die Luftpumpe oder Lenkradtasche sollten nicht unbeaufsichtigt bleiben, nachts das Rad notfalls mit aufs Hotelzimmer oder ins Zelt nehmen. Ein gutes Fahrradschloß, lang genug, um das Rad irgendwo festzuschließen, sollten Sie in jedem Fall mitnehmen.

Nützliche Tips für die Gepäck- und Werkzeugtaschen sowie Reparaturtips für Notfälle finden Sie unter vielen anderen in dem Sachbuch »Fahrrad-Reisen« aus dem Verlag Peter Meyer Reiseführer.

### Fahrradfahren

In den Kurorten an der Küste finden Sie die meisten Radwege (Kurzstrecken). Einige Kurorte sind ganz für den Autoverkehr gesperrt, dort bietet sich das Fahrrad an. Der wohl beste Radweg ist der zwischen Palanga und Šventoji am Meer entlang. Einer, der wirklich nur als Radweg vorgesehen ist und idyllisch direkt an den Dünen durch schattigen Kiefernwald verläuft; er hat auch viele Strandzugänge. Ansonsten können Sie eigentlich alle Landstraßen gut mit dem Rad befahren und den von mir beschriebenen Routen folgen. Manchmal führen parallel zur Landstraße Radwege. Erlebnisreich ist es, Südlitauen, vor allem den Nationalpark Aukštaitija, mit dem Fahrrad zu durchstreifen. Infozentren der Nationalparks bieten Fahrräder an.

*Reitmöglichkeiten gibt es meist bei Privatleuten wie der Familie Jovarienė in Užpaliai*

### Reiten

Ihre Reitausrüstung können Sie unbesorgt einpacken, Pferde gibt es in den Nationalparks, auf der Nehrung und bei Palanga, dort auch begleitete Reitausflüge. Hier stehen Reitplätze zur Verfügung, noch interessanter ist es, die Landschaft zu Pferde zu erkunden, selbst im Winter. Ein Ausritt auf der verschneiten Kurischen Nehrung kann idyllisch sein.

Traditionsreich sind die **Pferderennen** im Winter am *Sartai-See* (Aukštaitija). Ansonsten finden sie in Litauen vielerorts auch Anbieter für Kutschfahrten, siehe Ortsbeschreibungen.

## Wassersport und Angeln

Die Seen der Aukštaitija, die Seenplatten um Zarasai und Trakai sowie der Plateliai-See in der Žemaitija laden zum Bootfahren und Segeln ein. Segelzentren gibt es auf der Kurischen Nehrung, zum Beispiel in Smiltynė. Die Hotels und Pensionen in allen Orten auf der Nehrung vermitteln Ihnen Boote. Bekannt für die Vermittlung von Segeltörns ist das »Nemunas«-Hotel Šilutė im Memelland und das Segelzentrum am Plateliai-See in der Žemaitija sowie das an der Wasserburg Trakai. Selbstverständlich auch mit Skipper möglich. Hier können Sie auch jederzeit Einheimische fragen, ob sie Ihnen ihr Boot vermieten, die Verständigung mit Händen und Füßen wird schon klappen.

Viele Flüsse bieten sich für Kanuten an, es empfiehlt sich dann, das eigene Boot mitzunehmen. Allerdings sollte man sehr geübt sein, nicht, was wilde Gewässer betrifft, sondern in der Orientierung, denn Wasserwanderkarten sind noch nicht erstellt worden, wenngleich die Aukštaitija und Dzūkija über viele ideale Wasserwanderflüsse und Seen verfügt. Ich bemühe mich, Routen zu nennen, doch auch hierbei ist der Anschluß an eine Reiseagentur empfehlenswert, von der Sie dann auch Boote zur Verfügung gestellt bekommen oder denen Sie Ihr eigenes mitgebrachtes Boot gegen einen vereinbarten Preis überlassen können, so daß Sie den

Rücktransport sparen und Ihre Tour noch auf andere Weise fortsetzen können.

Die meist ruhigen Wandergewässer sind auch gut für Reisen mit Kindern geeignet. In den Strandvororten von Klaipėda (Melnragė, Giruliai) und in Palanga sind von Saison zu Saison mehr Ausleihstellen für Wassersportgeräte zu finden, wenngleich kein hoher Standard zu erwarten ist.

Angeln ist der Volkssport der Litauer, sommers wie winters. Mit Ihrer Angelausrüstung im Gepäck finden Sie überall an den schönen Seen und Flüssen sowie am Kurischen Haff ein Plätzchen. In den Naturschutzgebieten ist ein Angelschein notwendig (Adressen im Ortsteil). In Reservaten ist Angeln untersagt. Vielleicht entscheiden Sie sich für Eisangeln im Winter, dann Filzstiefel und dicke warme Sachen einpacken – und wenn Sie eine Eisangelausrüstung nicht selbst mitbringen können, wenden Sie sich in einem der Fischerorte auf der Nehrung an einen Fischer, der Ihnen sehr gern weiterhilft und aus dem privaten Fundus ausleiht. Allein sollten Sie sich sowieso nicht aufs Eis wagen, auch wenn es noch so dick und tragfähig aussieht – es gibt tückische Stellen; jeder Fischer vor Ort wird Ihnen gern behilflich sein.

### Strände & Strandwanderungen

Litauen lebt nicht nur von seinen Seen und Wäldern, sondern besonders auch von seinen Stränden. 99 km langer, puderfeiner, fast unberührter Sandstrand an der Küste. Viele Kilometer unbebauter Strand auf der Kurischen Nehrung. Wo finden Sie das sonst noch? Keine Gefahr, auf erholsamen Spaziergängen mit anderen Menschen zu kollidieren oder beim Strandtag in den Toleranzbereich eines fremden Strandplatzes einzudringen. Es ist zu jeder Jahreszeit wunderbar, hier zu entspannen. Im Winter bieten der vereiste Strand, die verschneiten Dünen, das Meer mit kleinen Eisbergen und die Küste mit den aufgetürmten Eisschollen eine ganz besondere Szenerie. Kilometerweit oft kaum Menschen. Die Strandabschnitte der größeren Urlaubsorte wie Palanga und Klaipėda-Giruliai sind zwar im Sommer sehr belebt, jedoch nicht übervölkert. Und nur wenige Meter außerhalb finden Sie selbst in der Hochsaison einsame ruhige Plätzchen am Meer. Litauer bauen keine Strandburgen, sondern lassen sich in einer Kuhle in den Dünen nieder. Respektieren Sie auch die manchmal getrennten Frauen- und Männerstrände. Mit Fkk oder »oben ohne« werden Sie ebenfalls negativ auffallen. Das Wetter ist wechselhaft und nicht immer warm genug zum Baden. Begeben Sie sich doch einfach auf Bernsteinsuche – vielleicht werden Sie ja fündig. Auch schöne Muscheln kann man finden.

Romantisch kann eine Strandwanderung sein, beginnen Sie in Klaipėda-Giruliai und wandern in nördliche Richtung, vorbei an der Steilküste von Karklė – der einzigen in Litauen – bis Palanga oder sogar noch weiter bis Šventoji. Oder eine Dünenwanderung in Nida? Vergessen Sie dabei nie, ein kleines Picknick mitzunehmen.

### Bälle & Ballons

Sowohl in Vilnius als auch in Klaipėda und anderen größeren Städten gibt es **Tennisclubs;** Hotels offerieren ihre Plätze.

Kein Wohnviertel ohne Basketballkorb. **Basketball** – das ist der Nationalsport in Litauen. Ohne Basketball ist Litauen nicht denkbar. Namen wie Marčiulionis, Sabonis, Chomičius, Kurtinaitis gingen bereits um die Welt. Das sind die Bronzemedaillengewinner der Olympiade von 1992. Heute spielen die meisten in ausländischen Mannschaften. Und sie werden von den ersten Millionären des Landes gesponsort. Ihr Geld setzen die meisten jedoch wieder für Litauen ein; eröffnet ein neues Restaurant oder Hotel, so gehört es nicht selten einem Basketballspieler. Das ist zum Beispiel beim »Emilia«-Restaurant in Klaipėda der Fall wie auch beim »Šarūnas«-Hotel in Vilnius. Šarūnas Marčiulionis gründete außerdem einen Fond zur Unterstützung einer Basketballschule in Vilnius und zur Behandlung schwerkranker Kinder. Wie Basketball-fanatisch die Litauer sind, beobachten Sie am besten, wenn ein wichtiges Spiel im Fernsehen läuft: die Straßen sind leergefegt.

**Ballonfahren** gehört zu den neuesten Sportarten im Baltikum und erfreut sich immer größerer Beliebtheit. In Vilnius gab es sogar schon ein Fest der Ballonfahrer. Aktuelle Anbieter entnehmen Sie bitte den Informationen aus Ihrem Hotel und den »... in your pocket«-Heften.

## Sportreiseveranstalter

*Litauen-Reisen* von Hildegard Willoweit organisiert auch Radreisen (siehe Adressenliste).

*CVJM-Reisen* bietet informative Reisen für das gesamte Baltikum. Zu Wasser, zu Fuß und mit dem Rad, auch Urlaub auf dem Biobauernhof oder im Gruppenhaus für geschlossene Gruppen. Postfach 410154, 34114 Kassel oder Im Druseltal 8, 31131 Kassel, ✆ 0561/3087300, -313, Fax 37437.

*Baltic Tours* hat sich auf das Baltikum und Nordostpreußen spezialisiert und neben den normalen Flug-, Bahn- und Busreisen auch Trekking und Flußwanderungen im Programm. Hier bekommen Sie ein auf Ihre speziellen Wünsche zugeschnittenes Reiseprogramm, auch Sport- und Jagdreisen, Fahrradtouren, Erlebnisreisen für Fallschirmspringer, Kanufahrer, Segler, Segelflieger. Auskünfte bei: Baltic Tours, Beim Strohhause 26, 20097 Hamburg, ✆ 040/241580, Fax 040/246463.

*Nida-Reisen Leipzig* bietet Ihnen Litauen zu Fuß, individuell zusammengestellte Programme, Studienexkursionen, ökologische Reisen, Radtouren durch Südlitauen, Radtouren quer durch Litauen mit eigenem oder Leihrad, Kanutouren in der Aukštaitija mit eigenem oder ausgeliehenem Faltboot (eigene Fahrräder und Boote werden kostenlos befördert), Winterurlaub mit Skilanglauf und Eisangeln, Kuren in Druskininkai und, und, und ... Nida-Reisen Leipzig, Uwe Hartung, Bernhard-Göring-Straße 152, 04277 Leipzig, ✆ 0341/3065150,

-152, Fax 3065153. Preiswerte, sehr interessante Reisen, ab 700 DM für zwei Wochen in einem Komforthotel.

*Turistinė agentūra* – last but not least noch ein kompetenter Ansprechpartner in Litauen: die dem Deutschen Reisebüroverband angeschlossene Delta-Touristik-Agentur in LT-3000 Kaunas, Laišves al. 85 – 4, ℗ (aus Deutschland) 00370/7/205896, Fax (aus Deutschland) 00370/ 7/229471. Robertas Cyvas spricht Deutsch. In jeder Saison führt Delta mehrere Radreisen durch Litauen durch, diese können auch für Kleingruppen und Einzelreisende organisiert werden. Kleinbusbegleitung für Gepäcktransport und Pannenhilfe möglich. Die Fahrräder können auch vor Ort zur Verfügung gestellt werden. Des weiteren Angebote für Reiten, Wassersport, Heißluftballonfahrten. Für Kanufreunde gibt es Kanu- und Paddelbootwanderungen auf ruhigen Wanderflüssen, Übernachtungen im Zelt. Insgesamt reicht das Delta-Angebot von klassischen Reisen (Städterundreisen, Küstenreisen, Flug, Bus) über Studienreisen (»Das Baltikum im Umbruch«) bis zu thematischen Reisen wie: »Die evangelische Kirche im Baltikum«, »Auf den Spuren des römischen Papstes«, »Ostern bei den Balten« und Besuchen in den einzelnen Nationalparks, Radeln an der Küste und durch Südlitauen. Nicht zu vergessen die Schüler- und Jugendreisen, Messe-, Geschäfts- und Individualreisen.

### Jagen

Bei der Planung einer Jagdreise ist Ihnen *Hubertus-Internationale Jagd-, Golf- und Touristikreisen Dr. Ruisinger* behilflich: Rotebühlstraße 83, 70178 Stuttgart, ℗ 0711/611818, -19, Fax 611823. In der sanften Hügellandschaft mit den vielen Laubwäldern gibt es Reviere mit einer beachtlichen Stärke an Rotwild. »Hubertus« übernimmt auch die Organisation der Anreise, Übernachtung in den Jagdgebieten, Transfers, Dolmetscherbegleitung vom Grenzübergang an und notwendige Zollformalitäten. Gewehre können gemietet werden. Weitere litauische Ansprechpartner in den Ortskapiteln.

## Studienreisen

*Klingenstein & Partner,* Tal 48, 80331 München, ℗ 089/29005050, Fax 19005030. Partnerbüros in Köln, Stuttgart, Wien und Zürich.

*Lernidee-Reisen,* Dudenstraße 78, 10965 Berlin, ℗ 030/7865056, Fax 7865596. Reisen in Kleingruppen durch die interessantesten Städte des Baltikums.

*Ventus-Reisen,* Krefelder Straße 8, 10555 Berlin, ℗ 030/3932031, Fax 3995587.

*Frankfurter Studienreisen,* Niederhofheimer Straße 26, 65704 Hofheim bei Frankfurt, ℗ 06192/28833, Fax 25291.

### Angebote für Kunstinteressierte

Besonders die Kurische Nehrung bietet wunderschöne Motive für Maler. Auch viele litauische Künstler können Sie unterwegs mit der Staffelei antreffen. *Litauen-Reisen* in Würzburg (siehe Adressenliste) bietet Malkurse in Litauen an, hier erhalten Sie auch Informationen über Künstler. Anregungen können Sie auch dem Erlebnisbericht »Nida-Nidden-Neringa. Erinnerung und Gegenwart« von Archibald Bajorat entnehmen (Verlag Amžius, Vilnius 1995), der als Maler die Kurische Nehrung bereiste und in diesem Buch neben seinen Erlebnissen auch auf der Nehrung entstandene Zeichnungen veröffentliche.

*Delta-Reisen Kaunas* (Seite 296) hat Musik- und Kulturreisen im Programm, das heißt Reisen zu Musik- und Folklorefesten, Reisen nach dem Motto »Litauen durch Kunst kennenlernen«.

Auf kulturellem Gebiet ist auch *Nida-Reisen Leipzig* (siehe Vorseite) aktiv: es gibt thematische Reisen zur Architektur, zur Mythologie, zu religiösen Wallfahrtsorten, zu Volksfesten Litauens ebenso wie spezielle Mühlenreisen, Touren zu entlegenen Künstlerhöfen, Reisen unter dem Motto »Litauische Gegenwartskunst« und sogar Arbeitsurlaube für Wissenschaftler und Künstler.

## Weitere Reiseveranstalter

Außer den bereits genannten Spezialreiseveranstaltern bieten die im folgenden genannten Reisebüros einen Komplettservice: Auskünfte, Tickets oder Buchungen sind dort erhältlich.

*Banktouristik*, Uferstraße 24, Postfach 67, 61137/61131 Schöneck, ☏ 06187/4804-48, Fax 4804-35. Ein Spezialveranstalter für Gruppenreisen (ausschließlich). Baltikum-Rundreise.

*Ebden-Reisen*, Ahornstraße 10 d, 35428 Langgöns, ☏ 06403/74117, Fax 72953.

*Hein-Reisen*, Zwergerstraße 1, 85570 Neubiberg, ☏ 089/6373984, Fax 6792812. Vor allem Ostpreußen/Memelland-Reisen, Bustouristik.

*Litauen-Reisen*, Judebühlweg 40, 97082 Würzburg, ☏ 0931/84234, Fax 86447.

*LITA Shipping GmbH*, 24149 Kiel, Ostuferhafen 15, ☏ 0431/209760, Fax 201395. Küste, Kurische Nehrung, Vilnius, Radwandertouren, Pkw- und Bus-Rundreisen. Flugbuchungen.

*Mare Baltikum Reisen*, Schopstraße 7, 20255 Hamburg, ☏ 040/494111, Fax 4905977.

*Ost-Reise-Service* bietet Reisen mit Kurleistungen an: Arthur-Ladebeck-Straße 139, 33647 Bielefeld, ☏ 0521-142167, Fax 0521-142555.

*Rautenberg-Reisen*, Postfach 1909, Blinke 8, 26769 Leer, ☏ 0491/929703, Fax 0491/929707. Insbesondere Kurische Nehrung, Memelland, Litauen-Rundreisen, Baltische Hauptstädte, Bustouren.

*Schnieder-Reisen*, 22765 Hamburg, Harkortstraße 121, ☏ 040/3802060, Fax 388965. Hat 32seitigen Farbkatalog »Baltikum«, erstmals auch eine Fahrradreise an die Kurische Nehrung.

*Transocean-Tours*, 28195 Bremen, Bredenstraße 11, ☏ 0421/3336-0, Fax 0421/3336200. Kreuzfahrten.

*Wolters-Reisen*, eine Unternehmensgruppe der TUI, Postfach 1151, 28801 Stuhr/Bremen, ☏ 0421/8999-0, Fax 801447.

# REISEPRAXIS IM LAND

*Damit Sie sich vor Ort immer schnell und leicht zurechtfinden, sind auf den folgenden Seiten einige allgemeine Information zusammengefaßt, sei es zum Thema Telefonieren, Autofahren, Unterkunft oder – für jeden ganz wichtig – Essen und Trinken.*

## Uhr- & Öffnungszeiten

Es gilt *osteuropäische Zeit:* mitteleuropäische Zeit plus eine Stunde. Auch im Baltikum gibt es die Sommerzeit, so daß die Zeitdifferenz ganzjährig eine Stunde beträgt.

In den *Geschäften* geht es morgens erst spät los, dafür ist aber abends länger und oftmals an Wochenenden geöffnet. Die Geschäfte sind montags bis freitags meistens von 10 oder 11 Uhr bis 18 oder 19 Uhr offen, samstags bis 16 Uhr. Manchmal ist mittags für eine Stunde, etwa 14 – 15 Uhr, geschlossen.

Souvenirläden haben sporadisch auch sonntags geöffnet, gerade in den Touristenzentren an der Küste und in Vilnius. Große Supermärkte arbeiten rund um die Uhr (ein nächtlicher Sicherheitsdienst würde doch nur Geld kosten), kleinere bis 20/21 Uhr. Auch Tankstellen bieten häufig 24-Stunden-Service.

Die *Museen* sind in der Regel montags und dienstags geschlossen.

### Feiertage

Die offiziellen Feiertage sind: 1. Januar: Neujahr, 16. Februar: Unabhängigkeitstag, Ostern, 6. Juli: Nationalfeiertag, 1. November: Allerheiligen, 25./26. Dezember: Weihnachten.

Feiertag heißt nicht unbedingt, daß die Geschäfte geschlossen haben. Es gibt (bisher) keine Gesetze, und wer will, öffnet seinen Laden. Die Litauer haben an diesen Feiertagen arbeitsfrei, aber es ist weit verbreitet, daß ein solcher Feiertag herausgearbeitet, also ein anderer freier Tag, zumeist ein Samstag, geopfert werden muß. Deshalb sagen viele: »Dann können wir auch gleich am Feiertag arbeiten.«

## Post & Telefon

**Briefe** von Litauen nach Deutschland frankieren Sie mit 70 Cent oder Luftpost 1 Lit, Karten kosten 50 Cent (1995), mit inflationär steigenden Preisen ist zu rechnen. Es ist ratsam, Wichtiges als *Registruotas* (Einschreiben) zu senden. Die litauische Post ist ein Abenteuer für sich, vor allem bei der Abwicklung von **Päckchen** und **Paketen** fühlt man sich um Jahrzehnte zurückversetzt. Päckchen (bis 2 kg) werden von den Postangestellten selbst eingepackt, Pakete müssen in weißes Leinen eingenäht oder als Holzkiste versandt werden.

**Telegramme** sind wesentlich preiswerter als in Deutschland, **Faxe** dagegen relativ teuer. In allen größeren Städten gibt es moderne Kopier- und Faxbüros. Auch die Hotels bieten oft Faxservice an. Ein Fax kostet meist wenigstens 33 Lit, dann 11 Lit pro Minute. Fax- und **Telefon**verbindungen können in Litauen viel Geduld er-

## Vorwahlen

**Nach Litauen:** 0037 – Ortsvorwahl (ohne die erste 2 bei alten Vorwahlnummern) – Teilnehmernummer.
**Für Deutschland:** 8 – langer Ton – 0049 – Ortsvorwahl ohne Null – Teilnehmernummer. Österreich 0049, Schweiz 0041.

|  | Vorwahl innerhalb Litauens | Vorwahl aus dem Ausland | Auskunftsstellen |
|---|---|---|---|
| Druskininkai | 8-233 | 33 | 51222 |
| Kaunas | 8-27 | 7 | 222222 |
| Klaipėda | 8-261 | 61 | 52222 |
| Kretinga | 8-258 | 58 | 52222 |
| Nida | 8-259 | 59 | 52222 |
| Palanga | 8-236 | 36 | 52222 |
| Panevėžys | 8-254 | 54 | 22222 |
| Plungė | 8-218 | 18 | 52222 |
| Prienai | 8-249 | 49 | 52222 |
| Šiauliai | 8-214 | 14 | 52222 |
| Šilutė | 8-241 | 41 | 52222 |
| Tauragė | 8-246 | 46 | 52222 |
| Ukmergė | 8-211 | 11 | 52222 |
| Vilnius | 8-22 | 2 | 622222 |

### Notrufe und Hilfsdienste

Feuerwehr: 01; Polizei: 02
Rettungsdienst: 03
Anmeldung des Ferngespräches: 07

Auskunft (Fernamt): 05
Telegraph: 06
Telefoninformation: 09

fordern. Nervend ist auch die ständige Änderung der Telefonnummern, wenngleich dies dem Fortschritt dient: das ganze Netz wird auf das digitale System umgestellt. Aktuelle Änderungen der Telefonnummern und Vorwahlen erfragen Sie am besten im Hotel oder in den Telefonauskunftsstellen.

Von öffentlichen Telefonzellen können Sie kostenlos Ortsgespräche führen, Ferngespräche nur in Litauen und innerhalb der baltischen Staaten: dafür die 8 wählen und auf den langen Dauerton warten. Es kann sein, daß Sie das mehrmals versuchen müssen. Erst nach dem langen Freiton die Ortswahl wählen. Auch dann sind Sie gegen einen Abbruch der Verbindung nicht gefeit. Ferngespräche ins westliche Ausland sind nur über Privatanschlüsse, Hotels oder Telegraphenämter (meist der Hauptpost angeschlossen) möglich. Auch gibt es immer mehr Privatfirmen, die Ferngespräche anbieten. Die billigste Variante ist immer noch das Telegraphenamt, hier geben Sie der Angestellten Ihre gewünschte Telefonnummer und Sprechzeit an, setzen sich auf die Wartebank, bis Sie endlich aufgerufen werden und Ihnen eine Kabine zugewiesen wird. 1 Minute von Litauen nach Deutschland zu telefonieren kostet 5 Lit und 79 Cent. Nach Ende der bestellten Sprechzeit wird ohne Diskussion abgebrochen, sind Sie noch nicht fertig, beginnt die Prozedur von Neuem. Vorteilhaft ist, daß alle Telegraphenämter rund um die Uhr geöffnet haben. Das gilt auch für die Telegrammannahme.

## Sicherheit

Sie leben in Litauen nicht mehr oder weniger gefährlich als in jedem anderen europäischen Land. Tragen Sie größere Wertgegenstände wie Fotoausrüstungen nicht allzu offen mit sich herum, auch nicht zu viel Bargeld – was leichter gesagt als getan ist in einem Land, das kaum Schecks oder Plastikgeld akzeptiert. Bescheiden aussehende Taschen, verdeckt getragene Brustbeutel oder Gürteltaschen, die getrennte Aufbewahrung wichtiger Dokumente und deren Kopien – wie in jedem anderen Land sollten Sie daran denken. Sollten Sie öffentliche Verkehrsmittel benutzen, dann Handtasche oder Tagesrucksack vor dem Körper tragen – das Gedränge in Bussen ist groß, und manchmal ist es gar kein absichtlicher Diebstahl, einfach ein Herunterreißen von der Schulter in der Menschenmasse.

Etwas Verlorenes wiederzufinden, heißt großes Glück zu haben. Fundbüros gibt es nicht. Wer etwas findet, »privatisiert« es zumeist. In einem unauffälligen Klein- oder Mittelklassewagen erregen Sie heute kein Aufsehen mehr, diese gehören zum normalen Straßenbild, und die organisierten Kriminellen sind wählerisch geworden: bevorzugt werden große deutsche Limousinen gestohlen. Für die Laien unter den Autoknackern genügt eine Lenkradkralle zur Abschreckung. Ansonsten hilft Ihnen keine noch so gute Garage und Alarmanlage; haben sich Profis einmal Ihren Wagen ausgepickt, schaffen sie es, alle Hindernisse zu überwinden. Ein sicheres Anzeichen, daß Ihr Wagen auf der Diebstahlliste ganz oben steht, ist ein gestohlener Tankdeckel. Profis benutzen ihn, um Nachschlüssel zu fertigen. Dann hilft leider nur noch: sofort nach Hause.

Hier wie überall gilt: nichts offen im Wagen liegen lassen, was zum Einbruch verleiten könnte. Überall in den Städten gibt es bewachte Parkplätze, eine sichere Abstellmöglichkeit für jedes Fahrzeug. Sie können hier stundenweise oder mit einem 24-Stunden-Ticket zu erschwinglichen Preisen parken. Die meisten Hotels bieten eigene bewachte Parkplätze oder Garagen. Letztere sind oft sündhaft teuer, sollte es in der Nähe jedoch keinen anderen bewachten Parkplatz für die Nacht geben, empfehle ich, den Preis zu akzeptieren. Häufig werden Sie von der Polizei angehalten, auch wenn kein Verkehrsverstoß vorliegt – es sind Routinekontrollen, unter anderem, um Autodiebstahl vorzubeugen und aufzuklären. Zeigen Sie Führerschein und Kfz-Schein, und die Sache ist in Ordnung.

### Diplomatische Vertretungen
Wenn Sie Hilfe brauchen, wenden Sie sich an: *Deutsche Botschaft Vilnius* (Wilna), Sierakausko 24/8, 2600 Vilnius, ✆ 650272. Der Botschafter ist zur Zeit Reinhard Kraus – Botschafter und Musiker, der mit vielen ausgezeichneten Konzerten in Litauen zu überraschen versteht.

## Medizinische Hilfe
Von jedem Telefonapparat unter der Nummer 03. Immer gilt: Arztkosten am besten vorher aushandeln und in Devisen bezahlen, dann wird manch zusätzliches »Mittelchen« locker gemacht. Rechnung nicht vergessen – diese sind unüblich im Baltikum, Vordrucke gibt es meist nicht. Um die Kosten von Ihrer Versicherung erstattet zu bekommen, müssen Arztrechnungen mindestens den Namen des Arztes, des Patienten, den Krankheitsbefund, ärztliche Leistungen (am besten auf englisch oder deutsch), das Datum und den Betrag in Landeswährung angeben. Auf Rezepten muß außer Namen, Datum, Stempel und Medikamente-Bezeichnung die Unterschrift des Arztes stehen. Immer eine Versicherung mit Krankenrücktransport abschließen und so schnell wie möglich ausfliegen lassen, damit die weitere Behandlung nach Deutschland verlagert wird. Hilfe durch die Deutsche Botschaft.

In Vilnius haben Amerikaner 1994 eine moderne (und entsprechend teure) **Privatklinik** eingerichtet: *Baltic-American Medical & Surgical Clinic* im Vilniusser Universitätskrankenhaus Antakalnio, Antakalnio 124, 2020 Vilnius/Litauen, ✆ 764085, 742020. An Wochentagen 9 – 17 Uhr, Grundkosten 125 US$. Amerikanische und gutausgebildete litauische Krankenschwestern und Ärzte.

## Einkaufen
Litauen ist sicher kein Einkaufsparadies, kann jedoch zur Fundgrube für alle werden, die sich für Kunst, Antiquitäten und Bernstein interessieren.

Darüber hinaus reicht die Auswahl von Leinen und Webarbeiten bis hin zu Leder und Keramik. Auch wenn das Angebot noch manchmal vom Kitsch der Sowjetzeit überschattet wird – wer sucht, der findet.

### Das Gold des Baltikums: Bernstein
Etwas, was Sie an jeder Ecke finden: Bernstein – *das* Mitbringsel aus dem Land an der Bernsteinküste. Die Meinung, Bernstein sei Schmuck für alte Leute, wird jeder als überholt betrachten, der sich intensiv mit diesen außergewöhnlichen Stücken beschäftigt. Immerhin ist Bernstein ein Stück reine Natur, vor Jahrmillionen aus Harz entstanden. Die Masse an Bernsteinangeboten läßt den Wert des einzelnen Stücks oft nicht sofort erkennen. Allzuoft verunzieren auch kitschige Fassungen seine Schönheit. Doch bei längerem Hinschauen entdeckt man wundervolle Steine – allein die Farbschattierungen und Einschlüsse sind wie ein Kunstwerk.

Im Tertiär, vor 50 – 60 Millionen Jahren, wuchsen auf dem Territorium

*Geschnitten oder am Stück: Wer bei der Suche selbst kein Glück gehabt hat, kann in Palangas Souvenirgalerien das versteinerte Harz als großen Klumpen oder filigranes Schmuckstück erstehen*

der heutigen Baltikumküste Fichtenwälder, deren Harz unter dem Einfluß der Klimaerwärmung zu tropfen begann. In der Sonne schmolzen die Tropfen, wurden hart und nach langem Liegen im Boden zu Bernstein. Dadurch sind auch die Einschlüsse von Insekten und Pflanzenteilen zu erklären, die den Bernstein so wertvoll machen. Es gibt Tropfen, Linsen, Kugeln, einzigartige Farbabstufungen von braun über grünlich, bläulich bis hin zu rötlich und dem seltenen Weiß. Viele schöne Exemplare davon bekommen Sie entlang der Bernsteinküste und in ganz Litauen zu kaufen. Ohne einen Bernstein können Sie aus dem Bernsteinland nicht nach Hause kommen.

### Antikes

Vor allem in Vilnius können Sie sich einen ganzen Tag lang nur in Antiquitätengeschäften oder in Antiquariaten vergnügen, und es wird nicht langweilig. Auf solchen Streifzügen kann man so manches kostbare alte Stück erstehen, sei es nun eine Münze, Silberbecherchen oder ein Grammophon. Eventuell notwendige Ausfuhrbescheinigungen kann Ihnen jedoch nur das Zollamt ausstellen. Alle anderen sind ungültig.

### Kunst

Im Sommer sind die Bürgersteige voller Künstler, die ihre Werke anbieten: Grafiken, Skulpturen, Gemälde, Aquarelle ... Sie haben eine schier endlose Auswahl. In Klaipėda sollten Sie nach Bildern von Fedjajew Ausschau halten – einem »etwas anderen« Klaipėda-Maler. Die Verkaufsausstellungen in der *Russischen Galerie* Vilnius bieten ebenfalls immer etwas Neues, künstlerisch Interessantes oder Besonderes. In den großen Kunstläden erhalten Sie auch automatisch Ausfuhrbescheinigungen für den Zoll. Interessant sind die Verkaufsausstellungen auf den Straßen der Vilniusser Altstadt und in Palanga. Viel Kitsch ist dabei, doch auch manches Talent. Künstleradressen finden Sie in den Ortsbeschreibungen.

### Handarbeiten

Die Balten verarbeiten gern Leinen, Wolle, Leder zu hübschen Lederbüchlein, Tischdecken in den verschiedensten Ausführungen, handgestrickten Decken, Westen, Socken etc. Litauischen Weberinnen können Sie in Vilnius in der *Žydų*, 2 – 10 (Seitenstraße der Stiklių-Straße) zuschauen: die originelle und originale Weberei versteckt sich hinter buntbemalten Fensterläden. Die Weberinnen öffnen sporadisch, Sie können sich auch anmelden unter ✆ 0122/625586. Gürtel, Schärpen und ähnliches bekommen Sie dort frisch vom Webstuhl.

Immer etwas Besonderes bietet Jovita in ihrem kleinen Lädchen im *Smeltė-Klub* am Museum für Schmiedehandwerk in Klaipėda, Sonderwünsche werden auf Bestellung erfüllt. Nicht zu vergessen: Korbwaren und Keramiken, die Sie gut und günstig auf Märkten kaufen können.

## Fotografieren

Zwar ist es heute nicht mehr wie zu Sowjetzeiten verboten, zum Beispiel Bahnhöfe zu fotografieren – dennoch rate ich zu Zurückhaltung beim Fotografieren militärischer oder strategisch wichtiger Objekte, auch wenn sie ungenutzt scheinen, dazu gehören wie überall außer Verkehrsknotenpunkten auch Brücken. Zurückhaltung bitte auch bei Aufnahmen von Menschen und Mißständen – die Leute fühlen sich oft getroffen, beschämt. Am besten vorher fragen. Filmmaterial für Reisen übers Land nehmen Sie am besten reichlich mit. In den Großstädten sind viele Fotoshops auf Lizenz der großen Marken aus dem Boden geschossen, die alles für den allgemeinen Fotobedarf anbieten, aber für Spezialisten wird es schwer. Sie können in Litauen auch ohne Bedenken Ihre Farbfotos entwickeln lassen, die Technik kommt von den bekannten großen Marken und unterscheidet sich nicht von unserer hiesigen Schnellentwicklungstechnik. Sehr schwierig wird es beim Schwarzweiß-Fotografieren. Schwarz-weiß-Filme bekommen Sie eventuell in Vilnius zu kaufen, die Entwicklung erhalten Sie nur, wenn Sie einen Fotografen persönlich kennen und dieser gerade entsprechendes Papier vorrätig hat.

## Mit dem Auto durch Litauen

Die Unabhängigkeit, die Ihnen das Auto gibt, ist gerade im Baltikum sehr wichtig und läßt Sie die touristisch oft noch unzureichend erschlossenen Regionen auch abseits der großen Zentren gut entdecken. Das eingepackte Picknick inmitten einer romantischen Flußlandschaft wird zum Genuß und eine Nacht im Zelt oder Wohnmobil an einem idyllischen See unvergeßlich. Wo Sie wollen, packen Sie Ihre Fahrräder aus. Das Hotelnetz ist zwar nicht deckend, aber in den Ortskapiteln dieses Buches finden Sie genügend Hinweise für Auto & Hotel. Außerdem ist Litauen ja klein und die Entfernungen sind nicht groß, so daß Sie die Möglichkeit haben, komfortabel in Klaipėda, Palanga, Kaunas oder Vilnius zu übernachten und von dort aus Ausflüge ins Landesinnere zu unternehmen. Mit den öffentlichen Verkehrsmitteln schaffen Sie das als Eintagesausflug kaum, es gibt zwar viele Busverbindungen, aber schwierig sind die Kombinationen.

### *Fahrverhalten*
Die Balten zeigen gern, was in ihren Autos steckt, egal ob hypermodern oder schrottreif. Ein Auto ist Prestigeobjekt. Man lasse ihnen den Stolz und sich auf das Kräftemessen lieber nicht ein. Ansonsten gestattet der Verkehr trotz rasant gestiegener Zahl der Autos das geruhsame Genießen der Landschaft.

Anmerkung: Meine Hinweise auf Gefahren sind ausführlich, damit Sie sich im richtigen Moment im geeigneten Maße vorsichtig verhalten können, sollten Sie aber keineswegs von einer Autoreise durch Litauen abschrecken. Ich bin mit Unterbrechung zwei Jahre lang mit einem relativ neuen Kleinwagen, in gutem Zustand, durch Litauen gereist, zehntausende Kilometer, ohne Probleme. Es wurde nichts gestohlen oder aufgebrochen – allerdings lag auch nie etwas offensichtlich im Auto herum, es war immer mit einer Lenkradkralle versehen und, wenn möglich, auf einem bewachten Parkplatz geparkt. Bei der einzigen Panne halfen freundliche Litauer und ersetzten meine defekte Benzinpumpe mit der eines Ladas. Ein sorgloses Reisen per Auto durch Litauen ist ohne Weiteres möglich.

### *Straßenzustand*
Die Straßenränder sind meist unbefestigt, Mittelstreifen fehlen oft auf den Landstraßen. Die größeren Orte sind durch asphaltierte Straßen miteinander verbunden, auf dem Land trifft man oft auf Schotterstraßen. Lassen Sie sich von letzteren nicht abschrecken, führen doch gerade die in die landschaftlich schönsten Gegenden; eine gute Schotterstraße ist meist besser als eine mit unerwarteten Schlaglöchern gespickte asphaltierte. Langsames Fahren ist bei den Bodenwellen auf sandigen Straßen geboten. Ein Geländewagen ist nicht nötig, ein guter (nicht gerade neuer) Klein- oder Mittelklassewagen ideal. Er sollte nicht zu tief liegen, das ist auch für die Auffahrt auf die Autofähre von Klaipėda auf die Kurische Nehrung wichtig.

In den Ortskapiteln und Routen beschreibe ich den Straßenzustand möglichst genau, so daß Sie die Tour entsprechend Ihrem Wagen, Fahrvermögen und Gemütszustand einschätzen können, außerdem weisen die

Routenkarten befestigte und unbefestigte Straßen aus. Sollte der Straßenzustand in Ausnahmefällen wirklich nur etwas für Leute mit Spaß am Gelände sein, wird bei den Routen darauf hingewiesen. Gut ausgebaut ist die Autobahn A 1 zwischen Klaipéda und Vilnius, eine fast schnurgerade 300 km lange zweispurige asphaltierte Strecke. Für alle Straßen gilt, besonders natürlich für Landstraßen: Vermeiden Sie, wenn irgend möglich, eine Fahrt bei Dunkelheit. Weder Schilder noch Straßen oder Orte sind beleuchtet, und eine Orientierung ist fast unmöglich.

### Verkehrsvorschriften

Von November bis März muß inner- und außerhalb der Ortschaften auch am Tag mit Licht gefahren werden. Zweiradfahrzeuge müssen immer mit Abblendlicht fahren. Es besteht Anschnallpflicht, was von der Polizei auch streng kontrolliert wird. Oft treffen Sie auf Kreisverkehr, der Verkehr im Kreisel hat stets Vorfahrt. Die Promillegrenze liegt bei 0,0. Geschwindigkeitsüberschreitungen können ein tiefes Loch in Ihren Geldbeutel reißen. Sie werden direkt auf der Straße angehalten und abkassiert. Vorsicht: Polizisten nutzen die Unwissenheit der Ausländer oft aus und stellen das Drei- und Vierfache der normalen Strafen in Rechnung. Der einzige Schutz ist – vor allem, wenn man der Sprache nicht mächtig ist – es gar nicht erst so weit kommen zu lassen. Innerorts gilt 60, außerorts 90, auf Autobahnen 110 km/h. Wer seinen Führerschein noch nicht zwei Jahre lang besitzt, darf maximal 70 km/h fahren. Bei Unfällen stets die Polizei verständigen. Wenn Sie ohne ersichtlichen Grund von der Polizei angehalten werden, ist das eine Routinekontrolle; die Polizisten wollen dann häufig lediglich Zulassung und Führerschein sehen, manchmal auch den Paß. Das dient der Vorbeugung und Aufklärung von Autodiebstahl. Polizeinotruf 02, Unfallrettung 03.

### Straßenhilfsdienste

Auf den Autobahnen stehen zwar Sprechsäulen, diese funktionieren jedoch nicht immer, schon gar nicht ist mit einem litauischen Straßenhilfsdienst zu rechnen. Litauer lösen Pannen mit der Do-it-yourself-Methode und sind sehr erfinderisch. Es ist ratsam, jede noch so primitive Nothilfe anzunehmen, um bis zur nächsten Stadt und Werkstatt zu kommen. Lassen Sie Ihr kaputtes Auto möglichst nirgends unbeaufsichtigt stehen; sonst ist es eine Einladung zum Abmontieren nötiger Ersatzteile. Geplant ist die Zusammenarbeit mit dem österreichischen Automobilclub ÖAMTC (auch für ADAC-Mitglieder), außerdem gibt es eine deutschsprachige Notrufnumer beim litauischen Automobilclub LAS: ✆ 02/352186 in der Sommersaison, aber nur Mo – Fr 9 – 18 Uhr. Der ADAC-Euro-Schutzbrief kann helfen, Pannenhilfekosten und Abschleppen werden bis zu 200 bzw. 300 DM erstattet, günstig ist der Ersatzteilversand über Expreßpaketdienste. Das funktioniert sehr gut, und Sie haben innerhalb von 2 – 3 Tagen nach Ihrem Anruf beim ADAC

München Ihr Ersatzteil – genaue Versandadresse angeben. Detaillierte Werkstattrechnung dann zu Hause beim ADAC einreichen (in Litauisch ausreichend, wird vom ADAC übersetzt, Adresse siehe Seite 101).

### Beschilderung

Problematisch ist die zum Teil unzureichende Ausschilderung in dünn besiedelten Gebieten, deshalb sollte man unbedingt eine detaillierte Straßenkarte dabeihaben. Empfehlenswert sind die vor Ort erhältlichen dreiteiligen Karten »Lietuvos keliai« und alle Neuerscheinungen (siehe Seite 99). Es kann vorkommen, daß die Karte nicht mit der Realität übereinstimmt. Dann heißt es: Orientierungssinn einschalten und nicht verzagen. Ich habe mich um möglichst genaue Routenbeschreibungen bemüht, so daß Sie auch zurechtkommen, wenn mal wieder ein Straßenschild dem Diebstahl zum Opfer gefallen ist, denn diese sind begehrtes Diebesgut, Metall ist ein teures Handelsobjekt. Damit ist auch das Fehlen einiger Gullideckel zu erklären. Einfach alles, was aus Metall ist, Buchstabenlettern und ähnliches, wird abmontiert und im Metallhandel zu Geld gemacht.

### Benzinversorgung

In den letzten Jahren sind in den größeren Städten und an den Autobahnen Tankstellen aus dem Boden geschossen, die Zeit der Benzinengpässe und Schlangen ist vorbei. An neuen modernen Tankstellen bekommen Sie auch das bessere 95- und 98-Oktan-Benzin, oftmals auch Bleifrei 95 E, seltener 98 E. Bleifrei ist an allen Litofinn- (ursprünglich Neste)-Tankstellen zu haben, diese sind an den Autobahnen und in den größeren Städten vertreten. Auf dem Land gibt es – wenn Sie überhaupt eine offene Tankstelle finden – meistens nur das 76- oder 92-Oktan-Benzin, ersteres sollten Sie der außerordentlich schlechten Qualität wegen meiden. Achten Sie bei längeren Touren im Landesinneren unbedingt darauf, daß Sie vollgetankt losfahren (Verfahren und Umwege einkalkulieren), und nehmen Sie einen gefüllten Benzinkanister mit.

An den modernen »N«- und Litofinn-Tankstellen können Sie auch mit Kreditkarten bezahlen. Außerdem gibt es hier meist ein Bistro, Ersatzteile und Öl, manchmal sogar eine Reparaturwerkstatt. Alle »N«- und Litofinn-Tankstellen sind rund um die Uhr geöffnet, außer Litofinn Marijampolė und Panevėžys: 7 – 22.30 Uhr.

Litofinn/Neste finden Sie in: *Vilnius:* Erfurto 41; Ukmergės 11; Trimitų 22; *Kryžkalnis* (A 1, 108 km von Klaipėda entfernt Richtung Vilnius): Kreuzung mit Riga-Sovetskas-Autobahn; *Marijampolė:* an A 226 Richtung Kaunas; *Panevėžys:* an Autobahn M 12. Informationen zur aktuellen Erweiterung des Tankstellennetzes erhalten Sie beim ADAC. Infoblatt »Baltische Staaten« anfordern.

### Maut & Parkgebühren

Die Orte auf der Kurischen Nehrung und Palanga (inklusive Šventoji) sind im Sommer für den Autoverkehr gesperrt, es sei denn, man bezahlt einen Obulus für jede Einfahrt. Bei Falschparken oder fehlendem Passierschein kommt die »Kralle« zum Einsatz, dann sitzen Sie fest und es beginnt die endlose Suche nach dem zuständigen Polizisten und das teure Einlösen des Autos. Parkplätze (auch bewacht) gibt es ausreichend an den Stadtgrenzen, Näheres in den Ortskapiteln. Für die Kurische Nehrung ist am Kontrollposten vor Juodkrantė eine Mautgebühr von 50 Lit. pro Auto und Fahrt zu entrichten, diese dient dem Erhalt des Naturschutzgebietes. Sie ist nicht für die russische Seite gültig, dort muß bei Grenzübertritt extra bezahlt werden. Auch für jede Einfahrt in die Altstadt von Vilnius ist eine Gebühr zu entrichten: 1 Lit.

### Parken

Parkscheinautomaten sind nicht vorhanden, in Litauen wird noch manuell kassiert. Überall gibt es öffentliche bewachte Parkplätze. Schilder mit dem Parkplatzzeichen und Münzaufdruck weisen den Weg. Auf diesen Plätzen können Sie zum Teil stundenweise parken, meistens gilt Ihr Parkticket jedoch 24 Stunden und kostet im Durchschnitt 5 Lit pro Tag. Manchmal sind die KFZ-Papiere für die Eintragung in die »dicken Bücher« des Parkplatzwärters nötig. Besonders in der Altstadt von Vilnius werden Sie von Kindern angesprochen, die vorgeben, Ihr Auto bewachen zu wollen und Geld verlangen. Ob Sie in diesem Fall Geld oder Süßigkeiten geben, ist Ihre persönliche Sache, mit einer wirklichen Bewachung ist jedoch nicht zu rechnen. Bettelei sollte bei Kindern ansonsten keinesfalls unterstützt werden. Manchmal bieten Kinder auch an, Ihr Auto zu waschen: passiert das auf einem bewachten Parkplatz, können Sie frei entscheiden, ob Sie das Angebot annehmen oder nicht (10 Lit sind ausreichend), passiert es zum Beispiel vor dem Vilniusser Kaufhaus, sollten Sie lieber Geld geben, ansonsten riskieren Sie ein agressives Vorgehen gegen Ihr Auto. Kontrollieren Sie gegebenenfalls vorm Verlassen des Parkplatzes, ob unter den Rädern Nägel liegen.

### Leihwagen – ein teurer Spaß

Die weltweit bekannten Autovermieter haben auch im Baltikum Fuß gefaßt; auf Flughäfen und in den großen Hotels wurden Filialen eröffnet. Leihwagen werden mit und ohne Chauffeur angeboten. Allerdings sind sie oft sündhaft teuer. Bequem ist das Angebot von AVIS: einen Wagen in Estland oder Lettland leihen und zum Beispiel in Vilnius wieder abgeben oder umgekehrt. Dieses Netz reicht sogar bis Weißrußland. Adressen in den Ortskapiteln.

### Grenzübergang nach Königsberg

Während es kein Problem ist, den großen bekannten Grenzübergang von Litauen ins Königsberger Gebiet bei *Sovetsk* (Tilsit) zu überwinden – die Abfertigung geht hier sehr schnell –, kommt es umgekehrt immer zu größeren Problemen: Auf der russischen Seite ist eine sehr lange Schlange, freches Vorbeifahren hilft nichts, das macht die Grenzbeamten äußerst unmutig; eigentlich hat man nur eine Chance, wenigstens nach Stunden (und nicht erst nach Tagen oder gar nicht) über die Grenze zu kommen, wenn man sich einen Platz kauft. Was das heißt? Stellen Sie sich ans Ende der langen Autoschlange; es dauert keine 5 Minuten, und man klopft an Ihr Fenster und verkauft Ihnen einen vorderen Platz für etwa 20 US$. Die Autos vor Ihnen wollen also keineswegs alle über die Grenze, nein, es sind die neuen »Businessmen«, die sich jeden Tag in die Schlange einreihen (die so nie kürzer wird) und dann ihren Platz verkaufen. Gut vorbereitet kann man sich durchaus auf diesen Deal einlassen, die Grenzbeamten wissen Bescheid und verdienen sicher auch ihre Prozente daran. Wollen Sie jedoch dieses Geschäft vermeiden, dann fahren Sie durch Sovetskas durch und zum Grenzkontrollpunkt *Sudargas*, der auf russischer Seite *Nemanskoje* heißt. Wartezeit hier durchschnittlich 1 Stunde.

## Öffentliche Verkehrsmittel

Das **Busnetz** ist weitgefächert. Außer den normalen *Linienbussen* gibt es auch *Expreßbusse*. Alle großen Städte sind oft durch 1 – 2stündige Busverbindungen miteinander verbunden. Einziger Vorteil: es ist sehr billig. Ansonsten braucht man viel Geduld und Nerven: rechnen Sie nicht mit Komfort, Pünktlichkeit oder gar freundlichem Service. Auch der technische Zustand läßt allzuoft zu wünschen übrig. Reifenpannen gehören zum Programm. Innerhalb der Städte verkehren zunehmend kleine *Sammelbusse,* eine gute Alternative zu den meist überfüllten und technisch veralteten O-Bussen und Autobussen.

Das **Eisenbahnnetz** ist nicht so weitgefächert wie das Busnetz, aber auch mit dem Zug können Sie die größeren Städte erreichen. Für Züge gilt ebenfalls: stellen Sie keine zu hohen Anforderungen an Komfort und Service. Ein Hoffnungsschimmer: Vilnius und Klaipėda sind durch einen *Expreß-Zug* verbunden, der mit fünf Stunden Fahrzeit schneller ist als der Bus.

Aktuelle Bus- und Bahnfahrpläne entnehmen Sie den »... in your pocket«-Reiseführern, die Sie vor Ort erhalten. Eine besondere Empfehlung: Die neue Buslinie von Tallinn über Riga nach Vilnius und zurück. Täglich um 9 Uhr morgens geht es in Vilnius los, und innerhalb von 12 Stunden sind Sie in Tallinn – und das für nur 39 Lit; Gepäckversicherung eingeschlossen.

## Taxis

Taxifahrer am Flughafen sind Meister im Erfinden phantastischer Preise. Ansonsten sind Taxis ein bequemes und für westeuropäische Verhältnisse zumeist preiswertes Fortbewegungsmittel, auch auf längeren Strecken. Eine Fahrt mit einem alten Wolga ist ein lohnendes landeskundliches Erlebnis – eine Fahrt im modernen Wagen garantiert dreimal so teuer. Taxis findet man an allen Verkehrsknotenpunkten. Sie sind mit einem Taxischild gekennzeichnet. Die Taxameter sind noch nicht auf die neue Währung umgestellt, meist sowieso defekt. Der

## Ökologisches

Die politische Umbruchbewegung im Land ist immer auch eine Bewegung der Grünen gewesen, Umweltschutzparteien etablierten sich in Litauen schnell. Die Mangelwirtschaft hatte etwas Gutes: sehr viel wird wiederverwendet, wenig weggeworfen. Zum Beispiel wird jeder Litauer mit eigenem Verpackungsmaterial einkaufen gehen, mit einem Glas für die Grietenele (Sahne), einer Tüte für den Fisch usw. Als Ausländer gewohnt, alles automatisch ver- und eingepackt zu bekommen, steht man dann schon mal hilflos im Laden: mit einem Stück Käse in der bloßen Hand. Ein zuviel an Verpackung möchte ich keineswegs befürworten, manchmal (in den älteren Läden und kleineren Städten) fragt man sich natürlich nach Hygienevorschriften, wenn Waschpulver neben einem unverpackten Hühnchen und Wurst ohne Papier aus der Hand verkauft wird. In modernen Supermärkten kann man das andere Extrem erleben, jedes Brötchen wird einzeln in Plastik verpackt. Mit der Öffnung zum Westen kommt auch jede Menge Verpackungsmüll ins Land. Für dieses Problem müssen die Litauer erst noch sensibilisiert werden. Auch tut mehr Selbstbewußtsein bezüglich der zum Teil wirklich guten Qualität einheimischer Produkte not.

Das wohl größte ökologische Problem ist und bleibt der Atomreaktor in der Aukštaitija. Trotz massiver Proteste wurde er unter der ehemaligen Sowjetregierung mitten in den schönsten Nationalpark gebaut – ein Affront. Übrigens: er heißt zwar Ignalina, Sie finden ihn jedoch nicht in der gleichnamigen Ortschaft. Ein gutes Versteckspiel: er steht über 100 km entfernt in Visaginas – der eigens für die Arbeiter des Kernkraftwerks erbauten Stadt – in der Nähe der Grenze zu Weißrußland, in einem herrlichen Seengebiet.

Reisen und Naturschutz – das bringt Uwe Hartung mit *Nida-Reisen Leipzig* unter einen Hut (Adresse siehe Seite 110). Können Sie bei der Waldpflege oder dem aktiven Schutz der Dünenreservate nicht selbst Hand anlegen, besteht auch die Möglichkeit zu spenden – für die Finanzierung praktischer Maßnahmen des Naturschutzes in Litauen, für Abfallvermeidung und -recycling, für den Aufbau eines Informationssystems für die litauischen Nationalparks: Spendenkonto: 8411816, BLZ 86020086 bei der Bayrischen Vereinsbank Leipzig, Empfänger: Haus der Demokratie Leipzig e.V., Stichwort: Naturschutz in litauischen Nationalparks. Auch Sachspenden sind möglich in Form von Waldbaumsamen, Faltbooten, Fahrrädern ... Fordern Sie bei Nida-Reisen Infoblätter an. Oder abonnieren Sie deren »Sanduhr«-Zeitung, die ständig Aktuelles zur Ökologie in Litauen enthält. Zum Beispiel in 4/95 den interessanten Artikel »Tourismus ganz öko?« oder Neues zum großen Naturschutzprojekt auf der Kurischen Nehrung, das auch eine Ökosiedlung beinhaltet.

Preis sollte vorher ausgehandelt werden. Es ist durchaus üblich, ein Taxi auf der Straße anzuhalten

## Unterkunft

Das Angebot an guten Hotels ist noch relativ begrenzt. Empfehlenswert ist eine Vorabbuchung. Westlichen Standard gibt es nur in Vilnius, allerdings auch zu westeuropäischen Preisen. Ansonsten sind Service und Komfort oftmals noch auf dem ehemaligen sowjetischen Niveau stehengeblieben – ein Hoffnungsschimmer sind die Joint ventures und kleinen Privathotels. Folgen Sie diesem Reiseführer (siehe Ortskapitel), entsprechende Hinweise vor Ort fehlen allzu oft. Und halten Sie die Augen offen, monatlich entsteht Neues. Ein Netz von Campingplätzen ist im Aufbau begriffen, eine organisierte Zimmervermittlung gibt es noch nicht, dafür sind Bed & Breakfast-Angebote im Kommen.

## Hotels

In der Hauptstadt Vilnius gibt es eine relativ große Auswahl an Hotels mit internationalem Standard. Auch kleine gemütliche Privathotels eröffnen zunehmend, außer in Vilnius auch in Klaipėda und Kaunas. In Provinzstädten und auf dem Lande wird es schwieriger. Die Kleinen versuchen die guten Frühstücksbüffets der Internationalen nachzuahmen, »Schwedischer Tisch« ist in, leider weiß man nicht überall so recht, was darunter zu verstehen ist. Die älteren Hotels, die noch nicht modernisiert sind, werden Ihnen als Alternative zum normalen Zimmer ein »Lux« anbieten: Manchmal besteht der Unterschied zum normalen nur in einem Zweitzimmer mit Sitzecke und Fernseher, dann kann man sich den Aufschlag sparen; doch oftmals ist das Lux das einzig Bewohnbare – erwarten Sie keinen wahren Luxus. Aus diesem Grund ist es ratsam, sich erst einmal verschiedene Zimmer zeigen zu lassen, vor allem auch die sanitären Anlagen zu sondieren. Für einen längeren Aufenthalt in der Vor- und Nachsaison empfiehlt sich ein kleiner leistungsfähiger Heizlüfter. Erkundigen Sie sich vorher, ob das Hotel über eine eigene Heizungsanlage verfügt, dann ist es nicht von der staatlichen Versorgung abhängig und somit warm (das ist nur selten der Fall). Übernachten Sie im Winter in einem der zum Teil zu Hotels umgebauten Sanatorien, werden Sie es übermäßig warm haben.

Leider fehlt es an Reklame, oft gibt es nicht einmal ein Schild mit dem Hotelnamen. Bei unausgeschilderten Hotels/Pensionen versuche ich daher, die Anfahrtswege möglichst genau zu beschreiben. Immer gilt: wenn Sie ein Haus sehen, das hotel-/motelverdächtig ausschaut, gehen Sie rein ... vielleicht haben Sie ja Glück und gerade eine Perle der litauischen Hotellerie gefunden.

Außer Hotels empfehlen sich in den Kurorten wie Palanga und Druskininkai **Sanatorien** zur Übernachtung. Wenn ein Flügel nicht sowieso als Hotel genutzt wird, dann ist man dennoch meist gern bereit, Ihnen ein Zimmer zu vermieten. Eine allgemeine Regel gibt es nicht, es ist personal- und die Preise sind inflationsabhän-

*Oft gute Wahl: Privatzimmer (hier der Fam. Nausėda in Klaipėda)*

## Privatzimmer

Hoffen Sie keinesfalls auf »Zimmer frei«-Schilder, so flexibel ist man im Baltikum noch nicht. Die im Buch genannten Reisebüros und Info-Zentren der Nationalparks geben gern Auskunft zu aktuellen Privatvermietern. Diese sind meist auch

gig. Die Sanatorien haben manchmal besondere Frühstücksräume für die Hotel-Gäste, oftmals ist sogar Vollpension inbegriffen. Früher war dieser Luxus der Nomenklatura vorbehalten. Manchmal müssen Sie sich an die Frühstückszeiten der Kurgäste anpassen, und gibt es nur die Möglichkeit zu einem Frühstück im Massenbetrieb, dann empfiehlt sich ein selbstzubereitetes Frühstück oder eines außer Haus.

Die meisten Hotels deklarieren ihre Preise jetzt in Litas, ansonsten finden Sie DM- oder US$-Angaben in den Hotelbeschreibungen. Der Preis kann je nach Entscheidung des aktuellen Managements von dem im Buch angegebenen abweichen und kann, wie z. B. das Kaminzimmer im Idabasaar in Vilnius, je nach Qualität bis zu 800 Lit betragen – das sind zwei Monatsgehälter eines litauischen Lehrers. Man sollte stets Valuta und Lit ausreichend einstecken haben, so ist man für alle Eventualitäten gewappnet.

preiswert. Bed-&-Breakfast-Angebote sind im Entstehen und empfehlenswert als Alternative zum Hotel. Viele Anbieter vermieten Wohnungen oder Familienunterkünfte für das ganze Baltikum: *Baltic Bed & Breakfast* bietet Unterkünfte in englischsprechenden Familien im gesamten Baltikum, auch touristische Angebote: Raekoja plats 17, EE-0001 Tallinn/Estland, ✆ 2/445104, Fax 313666 (Buchung auch für Litauen).

Die wohl umfangreichsten und besten Angebote in verschiedensten Städten des Baltikums bietet Ihnen: *Bed & Breakfast* der Rasastra Ltd. von Urve Ansmann (100 m vom Tallinner Hafen): Vermittlung von Unterkünften in baltischen Familien; durchschnittlich 15 US$ pro Tag; Sadama 11, EE-0001 Talinn, ✆ 2/602091, Fax 601415; Buchung auch in Helsinki unter ✆ 358/0/8779493 und Fax 8779278; Tallinner Büro geöffnet täglich 10 – 18 Uhr. In beiden Buchung auch für Litauen.

FHS *Family Hotel Service Network* sei an dieser Stelle auch genannt – es kann über 400 Unterkünfte in Familien und separaten Wohnungen im Baltikum inklusive Litauen vermitteln, ab 10 US$ pro Person und Nacht, meistens im Stadtzentrum: Mere puistee 6, EE-0001 Tallinn, ✆ & Fax 2/441187; in Helsinki: ✆ & Fax 358/4020505.

In Litauen können Sie sich auch an die Filialen von LITINTERP wenden: Vilnius, Bernardinų 7 – 2, ✆ 223850, Fax 223559; Kaunas, Kumelių 15 – 4, ✆ & Fax 228718; Klaipėda, Šimkaus 21 – 8, ✆ 216962, Fax 219862.

## Camping

Wenn Sie durch die Lande fahren, finden Sie oftmals ein Campingplatz-Schild am Straßenrand. Das heißt in den meisten Fällen schlichtweg »Platz«, mehr nicht. Über eine Bewachung (die sowieso nur in der Sommersaison, wenn überhaupt, zu erwarten ist) sagt das nichts aus. Die Qualität ist unterschiedlich, rechnen Sie nicht mit funktionierenden sanitären Anlagen. Im Schnitt zahlt man pro Nacht 10 US$.

Im Allgemeinen gilt: Sie können überall zelten oder Ihr Wohnmobil parken, außer in den Nationalparks – dort nur auf den ausgeschilderten Plätzen. Sehen Sie in der Nähe ein Haus oder Menschen, so fragen Sie dort um Erlaubnis. Ausreichend Trinkwasser und etwas Verpflegung sollten Sie immer dabei haben. Gut ausgestattete Campingplätze erwähne ich in den Routenbeschreibungen.

## Essen und Trinken

Genüsse in den Restaurants der Metropolen, ein gut gefüllter Picknickkorb oder ein reich gedeckter Tisch bei Einheimischen – verhungern werden Sie in Litauen sicher nicht.

## Restaurants

Bis zu einem Stern im Guide Michelin ist es für die litauischen Restaurants noch weit, doch gerade in den großen Städten ist eine Reihe sehr guter Restaurants entstanden und man hat sogar die Qual der Wahl. Fast jede Woche eröffnen neue Lokale, viele mit schmackhafter europäischer Küche, einige auch mit baltischen Nationalgerichten. In den Großstädten gibt es ein paar chinesische, italienische und andere Nationalitäten-Restaurants – manchmal allzu sehr an dem einheimischen Geschmack ausgerichtet, um »original« zu sein. Chinesisch heißt dann einfach nur scharf, und zwar superscharf. Im Landesinnern wird es schwieriger mit der Auswahl, dort stoßen Sie oft noch auf Restaurants der »alten Garde« und kommen ob der Zusammensetzung des Gerichts schon mal ins Zweifeln, und Ihr Magen könnte rebellieren.

In den neu etablierten Restaurants der Großstädte gehören fremdsprachige Speisekarten und Weinkarten zum guten Ton. Anderswo müssen Sie sich (meistens) durch die Karte in der Landessprache kämpfen, was nicht ganz einfach ist, zumal auch der Kellner oft nicht weiß, was hinter dem blumigen Namen steckt. Oder was erwarten Sie von einem Fleischgericht mit Namen »Tulpe«? Abhängig vom Koch verbergen sich dahinter verschiedene Gerichte – wenn Sie heute dasselbe bestellen wie gestern, können Sie durchaus etwas anderes auf dem Teller haben. Fragen Sie den Kellner, was er empfiehlt, hören Sie meist schlichtweg ein aussagekräftiges »Fleisch« oder »Fisch«. In den großen Hotels und Restaurants sind die Kellner gut trainiert, meist im Ausland ausgebildet. In den kleinen jedoch fehlt es oft an gatsronomischer Sachkenntnis. Es kann sogar passieren, daß Sie eine Kellnerin bei einem Trinkgeld ungläubig oder gar entsetzt anschaut; gehen Sie diskret damit um.

Die Bezeichnungen für Restaurants weichen von den deutschen etwas ab: Eine *Baras* ist keine Bar, sondern ein Restaurant, in einer *kavine* bekommt man ebenfalls warme reichhaltige Speisen. Das traditionelle Café, ein nettes Bistro oder Pub gibt es nur in der Hauptstadt, ein Bier- oder Weinkeller ist äußerst selten.

### Lebensmittel

Supermärkte oder kleinere Geschäfte mit einem breitgefächerten Angebot an westeuropäischen wie einheimischen Lebensmitteln gibt es vor allem in Vilnius, Klaipėda und Kaunas. Bezugsscheine und vergitterte Fenster gehören der Vergangenheit an. Selbstbedienung ist der neue Trend. Die Preise – abgesehen von einheimischen Produkten – bewegen sich auf westeuropäisches Niveau zu. Das Leben im Baltikum wird teurer. Aber Sie müssen ja nicht das Gleiche wie zu Hause einkaufen. Im Gegenteil: dem Land und Ihren Urlaubserfahrungen wird es gut tun, wenn Sie zu einheimischen Produkten greifen.

### Essen unterwegs

Für gewohnte Genüsse sollten Sie bei Touren übers Land einen Vorrat dabei haben. Auf den Märkten *(turgus),* die Sie in jeder Stadt finden, können sie sich dafür mit frischem Obst und Gemüse, auch mit Räucherfisch eindecken. Auf der Kurischen Nehrung in Litauen bekommen Sie phantastischen Fisch – packen Sie ein Besteck und Servietten in die Tasche, damit Ihnen nicht umsonst das Wasser im Mund zusammenläuft und Sie den Fisch direkt zu Füßen der Hohen Düne verspeisen können. Im Herbst sitzen Litauer mit ihren gerade frisch gesammelten Pilzen am Straßenrand, vor allem in Südlitauen. Sie können diese kaufen, wenn Sie Vertrauen in offizielle Angaben haben, die von keiner Gefahr durch Radioaktivität aus der Tschernobyl-Katastrophe sprechen. Oder setzen Sie sich zu den Litauern ans Feuer, oftmals grillen sie die Pilze direkt am Waldrand auf Picknickplätzen. Am Straßenrand reizen auch die Schaschlikbratereien – doch Vorsicht: Observieren Sie zunächst den hygienischen Zustand und glauben Sie nicht, daß Sie für den relativ hohen Preis auch einen ganzen Schaschlik bekommen.

### Getränke

Bekannt (im Land) ist der litauische Sekt »Alita«, der aus *Alytus* am Nemunas kommt. Er ist, wie so vieles Litauische, meist sehr süß für unseren Geschmack. Als Geschenk eignet sich der »Goldene«, sehr schick verpackt in einem Karton, natürlich in Gold. Überhaupt werden Sie mit einem trockenen Wein als Mitbringsel aus Deutschland einem Litauer keine Freude machen, nehmen Sie lieber einen süßen Likör oder etwas Hartes, Hochprozentiges, das eine sehr große Rolle in Litauen spielt. Kaufen können Sie Alkohol in speziellen Läden oder in Supermärkten. Die Auswahl ist so groß wie fast bei keinem anderen Produkt. Wenn Sie Alkohol im Geschäft kaufen – Vorsicht: es ist nicht immer drin, was draufsteht, es wird viel gepanscht.

In Restaurants bestellen Sie nach Gramm, also etwa 200 g pro Glas bei Sekt, 50 g bei Schnäpsen – das sind für uns große Mengen, in Litauen werden Sie ungläubig angeschaut, wenn Sie geringere Mengen ordern, der Kellner würde dann dreimal nachfragen, ob er auch wirklich richtig verstanden hat. Das Angebot ist westeuropäisch, nur bei sehr guten Weinen hapert es. Es gibt auch einheimische Biere – fragen Sie danach. Sie stehen viel zu selten auf den Getränkekarten der Restaurants, der Glaube, alles, was aus dem Ausland kommt, sei besser, ist weit verbreitet, und das Selbstbewußtsein für gute litauische Waren muß sich erst noch aufbauen. Historiker sagen, daß schon im 11. Jahrhundert in Litauen Bier gebraut wurde, und zwar in der Aukštaitija. Im 16. Jahrhundert wurde bereits in die Nachbarländer exportiert. Der Großfürst Litauens und König von Polen Sigismund August gab deutschen Einwanderern Privilegien zum Bierbrauen. Aus die-

*Zu Besuch bei einer litauischen Familie*

sen langen Traditionen heraus ist es nicht verwunderlich, daß 1892 in Utena eine Brauerei gegründet wurde, die der berühmten Karlsberger von 1847 in nichts nachstand. Heute ist sie eine Aktiengesellschaft und kann im europäischen Maßstab sehr gut bestehen. Bis nach Australien wird heute das Bier aus Utena exportiert.

### Zu Gast bei Einheimischen
Auch wenn es für die Einheimischen immer schwerer wird, mit den geringen Gehältern die steigenden Lebenshaltungskosten zu bezahlen, der Tisch für Gäste ist stets mehr als reichlich gedeckt. Sie haben auch keine Chance abzulehnen. Ob Sie wollen oder nicht, man legt Ihnen bzw. schenkt Ihnen nach, ein noch so striktes Nein wird immer als Ja verstanden. Man ißt mehrere Gänge, oft fettig, wenig gewürzt. Getrunken wird Hochprozentiges oder Süßes. Frauen stehen dabei den Männern meist nicht nach. Lediglich, wenn Sie vorgeben, herzkrank zu sein oder Autofahrer sind, wird das Nein zu Alkohol akzeptiert.

## Spezialitäten
Die litauische Küche ist geprägt von vielen Völkern, die im Laufe der Jahrhunderte hier ihre Spuren hinterließen. Gegessen werden viel Fleisch und Kartoffeln, wenig Obst und Gemüse. Eintöpfe und Suppen kommen häufig auf den Tisch. Am bekanntesten sind der *Borschtsch* oder die kalte *Rote-Beete-Suppe*. Als Delikatesse gilt Sauerampfersuppe. Lachs und geräucherten Fisch bekommen Sie in hervorragender Qualität. Auf den Märkten können Sie vor dem Kauf erst einmal ein Stück Räucherfisch probieren. Überall beliebt sind gratinierte Pilzgerichte, Suppen und Gemüsesalate mit Mayonnaise oder saurer Sahne, diese fehlen auf keiner Speisekarte und auf keinem Tisch bei Einheimischen, wenn Gäste kommen.

Es gibt keine »typisch litauische« Küche. Als Nationalgerichte kann man in Litauen am ehesten die *Cepelinai* (Kartoffelklöße mit Fleisch- oder Quarkfüllung) oder die ebenfalls aus Kartoffeln hergestellten herzhaften *Kugelis* (entfernt verwandt mit dem rheinischen Döppekuche, Kartoffelscheiben im Ofen gebacken) bezeichnen. Zu allen Gerichten wird Brot gereicht. Beliebt ist neben Pilzgerichten auch Geflügel. Zum Beispiel *Kiewer Kotelett* – paniertes Hühnerfleisch. *Suktiniai* sind litauische Rouladen. Gut sind auch *Eskalope* und *Karbonade* – Fleisch, das entfernte Ähnlichkeit mit Steak bzw. Schnitzel hat.

In einem Land an der Küste erwartet man selbstverständlich Fischspezialitäten. Kaufen können Sie frischen Fisch jedoch nur auf Märkten und an Imbißständen. Gute Restaurants bieten eine leckere Auswahl an Fischgerichten – wenn Sie Glück haben, ist Lachs oder Kaviar sogar preiswert. Aber: Nicht einmal in der Hafenstadt Klaipėda gibt es ein spezielles Fischrestaurant.

Bestellen Sie im Restaurant einen Salat, ist er oft mit viel Mayonnaise und Reis versetzt, das Grüne fehlt leider. Ihren Bedarf an Vitaminen decken Sie am besten auf dem Markt mit Obst und Gemüse.

> **Kurische saure Grütze**
>
> Sie kochen 300 g Gerstengrütze mit 2 Litern Wasser weich, geben dann etwas Salz und 3,5 Liter süße Milch dazu, lassen alles nochmals aufkochen und gießen die Grütze in eine Terrine.
> Nun gießen Sie unter Rühren 1,25 Liter saure Milch und 3 Eßlöffel sauren Schmand hinzu. Die Grütze ißt man heiß oder läßt sie in einem kalten Keller säuern.

Gewürze sind fast unbekannt. Oft wird sehr fettig gegessen – für manche eine Berechtigung zum Nachspülen mit Alkohol.

Zum Dessert sind sehr süße Sachen beliebt, Torten und Törtchen mit Eiweiß oder buntem Gelee. Lecker ist die selbstgemachte Schlagsahne *(grietinele)* mit Früchten. Auch gebratene Bananen mit Schokolade werden gern als Nachtisch angeboten und halten meist, was sie versprechen. Und für Leckermäuler empfehle ich köstliche *Blynai* – ein Nationalgericht im gesamten Baltikum: Eierkuchen, die mit Äpfeln, Quark, Bananen oder Fleisch gefüllt sind. Blynai sind köstlich und bereiten keine Magenprobleme.

Mehr aus der baltischen Küche erfahren Sie im »Baltischen Kochbuch« von Brigitte von Samson-Himmelstjerna (Verlag Harro von Hirschheydt, Hannover-Döhren).

### Borschtsch

Eine Suppe aus Roter Beete. Sie brauchen 1 – 1,5 kg Beete, 60 g Fett, 80 g Mehl, 2 – 2,5 Liter Wasser oder Brühe, Salz, etwas Essig, 2 Eßlöffel sauren Schmand oder Buttermilch. Die Beete wird ungeschält weichgekocht. Das Fett erhitzen, Mehl dazurühren und nach und nach mit heißer Brühe oder Wasser ablöschen. Hat diese Suppe gekocht, gibt man nach und nach die geschälte und in Stifte geschnittene Beete dazu und schmeckt mit Salz, Essig und saurem Schmand oder Buttermilch ab, ohne nochmals aufkochen zu lassen, da sonst die Farbe verblaßt.

Der russische Borschtsch dagegen besteht aus Suppenfleisch, Weißkohl und Beete. Kohl wird in Litauen beim Borschtsch ausnahmsweise mal nicht verarbeitet (in der Regel), auch wenn es sonst ein äußerst beliebtes Gemüse ist.

### Kolduny

Auf einer litauischen Nationalkarte fehlen nie Kolduny. Man ißt sie mit geschmolzener Butter als selbständiges Gericht oder als Beilage oder Einlage zu einer Suppe.

So geht's: Sie schütten 250 g Mehl auf ein Backbrett, geben in eine Vertiefung ein Ei, ein Achtel Liter Wasser sowie etwas Salz und kneten alles gut durch – bis der Teig nicht mehr klebt. Aus 300 g gehacktem Schweinefleisch, 1 – 2 Eßlöffel Bouillon, Pfeffer, Majoran, Salz machen Sie eine Fleischfarce. Der Teig wird dann dünn ausgerollt. Auf den Rand werden halbe Teelöffel von der Farce gelegt, darüber schlagen Sie den Teig und stechen mit einem Likörglas Halbmonde aus. Die so entstandenen Kolduny, etwa in der Form von Ravioli, die sehr klein sein müssen, werden in Salzwasser oder in einer Suppe etwa 2 Minuten gekocht und dann mit oder ohne Suppe serviert.

Aus der russischen Küche kennen Sie vielleicht die ähnlichen *Pelmeni,* hierzu gehören meist noch Pilze.

### Blynai

Sie gibt es im Baltikum in verschiedenen Variationen: mit Quark, Äpfeln, Fleisch oder Bananen, der Phantasie sind bei der Füllung keine Grenzen gesetzt – für mich sind sie das leckerste litauische Gericht, vor allem eine der wenigen vegetarischen Alternativen. Sie brauchen 400 – 500 g Mehl, 1 Liter Milch, 3 – 4 Eier, Salz und Fett zum Braten. Das Mehl in eine Schüssel schütten und die Eier dazurühren, Salz zugeben, die Milch nach und nach unterrühren. In einer großen Pfanne dünne Pfannkuchen backen. Diese werden dann zweimal zusammengeklappt und mit Zucker und Saft gegessen. Oder Sie füllen Sie mit Obst, Quark, Marmelade oder eben auch mit Fleisch – im süßen Fall gehört noch eine Schokosoße darüber. Sehr lecker. Bei Füllungen einen dickeren Teig bereiten.

Eine zweite Form von Blynai besteht aus Weizenmehl und Hefe und manchmal noch Eiern – diese werden sehr heiß serviert, sind klein und rund und werden mit Schmand, Butter, Hering oder mit Kaviar gegessen, eine sehr leckere Variante, die ich Ihnen unbedingt empfehlen kann.

# KLAIPĖDA

GESCHICHTE & GEGENWART

NATUR & KULTUR

REISEPRAXIS

KLAIPĖDA

PALANGA & ŽEMAITIJA

KURISCHE NEHRUNG & NEMUNAS

KAUNAS & DER SÜDEN

VILNIUS & DIE AUKŠTAITIJA

# KLAIPĖDA, DAS TOR ZU LITAUEN

*Dort, wo das Wasser des Kurischen Haffs auf die Meereswellen trifft, befindet sich die litauische Hafenstadt Klaipėda, das geschichtsträchtige Memel.*

Viele junge Leute werden Sie bei Ihrem Spaziergang an der *Danė*, dem sich durch Klaipėda schlängelnden Flüßchen, bemerken. Sie sind vielleicht auf dem Weg zur erst 1991 gegründeten Universität, zur traditionsreichen Pädagogischen Hochschule oder kommen aus dem Konservatorium der Stadt. Sie bringen Leben in die alten ehrwürdigen Gemäuer. Alte Gemäuer ... davon sind nur wenige erhalten geblieben. Klein und bescheiden zeigt sich die Altstadt am linken Danėufer. Sie besticht durch die Schlichtheit ihrer Fachwerkhäuser. Zu Fuß auf dem Weg durch die Altstadt werden Sie bald feststellen, daß der älteste Grund und Boden der Stadt, gelegen zwischen dem heutigen künstlichen Flußbett der Danė, dem Theaterplatz, der Brückenstraße *(Tiltų)* und der Großen Wasserstraße *(Didžioji vandens)* keineswegs die ältesten Gebäude aufweist. Dieser Teil der Stadt wird auf das 13. Jahrhundert datiert und hat viele Kriegswirren und Brände miterlebt, die die Bebauung vollständig vernichteten. So stammen die heutigen Gebäude aus dem 18. – 19. Jahrhundert.

Das kleine Stück Land an den Gestaden des Baltischen Meeres erlebte und erlitt viel im Laufe der Jahrhunderte. Es ist fast unmöglich, diese wechselvolle, oft tragische Geschichte vollständig nachzuzeichnen, aber Ausgrabungen am alten Burgberg eröffnen uns Teile der Historie. Archäologische Funde lassen das Leben der *Kuren*, eines westbaltischen Volksstammes, der einst den Landstrich besiedelte, wieder aufleben. Überlieferungen aus der Geschichte des alten Klaipėda sind auch in isländischen Sagen sowie alten Manuskripten aus dem dänischen Königreich zu finden.

Feuer, Kriege, Pest, Hungersnot wüteten in der Stadt. Sie brannte 1540 ganz nieder, und 1854 vernichtete ein Feuer nochmals einen Großteil der Stadt. Auch die meisten Speicher fielen den Flammen zum Opfer. Heinrich Schliemann, der spätere Entdecker Trojas, hatte damals seine Warenspeicher in Klaipėda am Kurischen Haff. Doch die waren zufälligerweise zur Zeit des Großbrandes fast leer: seine Schiffe, die Güter aus Amsterdam brachten, hatten sich verspätet. Sonst wäre wohl ein Teil des Warenkapitals Schliemanns vernichtet worden. Ob wir dann heute etwas von Troja wüßten? An die trojanische Geschichte und Schliemann erinnert heute noch ein Relief im *Schmiedehandwerksmuseum*. Dionysas Varkalis hat es nach hartnäckigem Kampf mit Stadt und Bürokratie eröffnet. Von ihm stammt auch der historische Teil der Ausstellung in der Gemäldegalerie. Diesem engagierten Historiker und Ethnographen hat die Stadt sehr viel Wissen über die eigene Geschichte zu verdanken. Von Schliemanns und anderen Speichern, die sich als Kette am Haff entlangzogen, sind heute nur noch Zeichnungen erhalten, zu sehen im *Museum Klein-Litauens*. Nur zwei von den Warenspeichern sind am Ufer der Danė übriggeblieben. Und diese befinden sich wie viele andere Gebäude Klaipėdas in bedauernswertem Zustand, heruntergewirtschaftet vor allem in der sowjetischen Zeit. Positiv ausgedrückt: Nur wenige Städte in Europa gibt es, wo Sie 100 – 200 Jahre alte Häuser finden, mit versteckten Innenhöfen, Kopfsteinpflaster, unverändert, unberührt von jeglicher Modernisierung. Doch an vielen Ecken künden Baugerüste von Neuanfang. Und rechts und links der Danė riecht es immer öfter nach frischer Farbe. Die Banken sind die Vorreiter; ihre schmucken renovierten Fassaden zieren vor allem die Marktstraße. Sollten Sie irgendwann einmal zuviel haben vom geschäftigen Treiben der Stadt, dann gehen Sie am Samstag oder Sonntag um 11.45 Uhr zur Hauptpost, um das wunderschöne Interieur zu bewundern; und dann treten Sie hinaus ins Freie und hören Glocken ... beruhigende Klänge ... das Glockenspiel vom Turm des neogotischen Gebäudes, das litauische Meister allwöchentlich um die gleiche Zeit zum Klingen bringen. Oder mieten Sie im Hafen ein Boot und fahren Sie hinaus aufs Haff, am Naturwunder Kurische Nehrung entlang, und lassen Sie sich von den Wellen schaukeln – dort, wo sich Kurisches Haff und das Baltische Meer vereinen.

*Klaipėda am »Curischen Haff« in einer Ansicht des 17. Jahrhunderts*

## Zwischen Glanz und Zerfall

Klaipėda ... Jahrhunderte einer reichen Geschichte schweben über den Dächern der Stadt. Es ist schwer für uns, sich vorzustellen, wie sie in ihrer Jugend aussah, wer in den Fachwerkhäusern lebte, wer die Schiffe im Hafen be- und entlud und in den Speichern arbeitete, wessen Schritte durchs alte Rathaus an der Danė hallten, wessen Stimmen im Konservatorium erklangen.

*Tiefster Winter am alten Leuchtturm von Klaipėda (hist. Aufnahme Anfang 20. Jh.)*

Alles begann an der Mündung der *Danė* ins Kurische Haff. Unweit dieser Stelle an der Küste erbaute *Eberhardt von Zein,* Vize-Oberhaupt des Livländischen Schwertritterordens, eine Holzburg. Das war 1252 – das offizielle Gründungsjahr des heutigen Klaipėda. Die Ordensleute nannten den Ort *Memelburg* oder *Memel* und gaben ihm damit den Namen des litauischen Flusses *Nemunas* (Memel). Er fließt 50 km entfernt ins Haff und dann in der Nähe von Klaipėda in die See. Heute ist er mit seiner romantischen Flußlandschaft ein lohnendes Ausflugsziel von Klaipėda aus. Die Stadt hatte immer eine doppelte Benennung: Memel – von den deutschen Rittern des Schwertbrüderordens – und den baltischen Namen Klaipėda. Der litauische Sprachforscher K. Būga führte Anfang des 20. Jahrhunderts die Benennung Klaipėda auf zwei kurische Wörter zurück: *kliepo* – der Laib bzw. *klaips* – das Brot und *eda* – essen. Die Sprache der Kuren ist mit der der alten Pruzzen (Preußen) sowie mit dem heutigen Lettisch und Litauisch verwandt.

1258 erhält die Stadt Lübecker Stadtrecht. Die Burg der Schwertbrüder wird ständig von heidnischen Kuren, Semben und Žemaiten angegriffen, oft eingenommen und zerstört. Schließlich, als sich der Livländische Orden nicht länger gegen das erstarkende litauische Großfürstentum wehren kann und mit dem Deutschen Orden zusammengelegt wird, geht die Memelburg 1328 an den Deutschen Orden über. 1410, als die litauisch-polnischen Verbände den deutschen Ritterorden bei Tannenberg schlagen, bleibt Memel trotzdem im Besitz des Kreuzritterordens. Nach dem Melner Frieden von 1422 beruhigt sich die Lage um Memel allmählich, und die Stadt wendet sich Handwerk und Handel zu. Sogleich findet sich auch die Konkurrenz ein: die Hansestädte Königsberg und Danzig tun alles, um die Entwicklung Memels als Handelsstadt zu behindern. Hinzu kommen verheerende Feuersbrünste. 1540 brennt Memel bis auf die Grundmauern nieder. Nur langsam erholt sich die Stadt davon. 1629 fallen Memel und das umliegende Memelland an die Schweden, die sich hier sechs Jahre halten. Zwischen

1709 und 1710 rafft die Pest 3000 Bürger dahin. Die Stadt wird von keinem Leid verschont.

Kaum hat sich das Leben wieder normalisiert, die ersten Manufakturen waren gerade gegründet, da beginnt der Krieg mit Rußland. Memel wird 1767 fast ohne Widerstand von den Land- und Seetruppen des russischen Generals Fermor eingenommen. Die Russen bleiben fünf Jahre. Einige Monate lang ist der später berühmte Feldherr Aleksander Suworow – damals noch ein junger Major und Graf – Stadtkommandant.

Während der Napoleonischen Kriege, als Berlin an die Franzosen fällt, ist Memel provisorische Hauptstadt Preußens: der König Friedrich Wilhelm III. und seine Frau Luise haben hier 1807 – 1808 ihre Residenz. Über die schöne, kluge Luise gibt es viele Erzählungen und auch manche Legende. Auch Alexander I. hat angeblich nur Augen für sie, als er am 2. April 1807 nach Memel kommt. Der russische Zar hält pompösen Einzug in die Stadt, wird vom König empfangen und drei Tage lang bewirtet. Nicht nur die Königin Luise liebt die Umgebung Memels sehr. Die herrliche Landschaft, insbesondere die Kurische Nehrung, beginnt immer mehr Naturfreunde und Künstler anzuziehen. Sie begründen den Ruhm des Landstrichs. Einige Jahrzehnte lang ist Memel ein enormer Aufschwung vergönnt. Doch 1854 vernichtet die bis heute letzte große Brandkatastrophe einen Großteil der Stadt. Das Feuer bricht in einem der zahlreichen Speicher am rechten Danéufer der

*Das Klaipėda von 1913: Das Dané-Ufer mit den alten Speichern (rechts) und der einstigen Börse (heute Zentralplatz)*

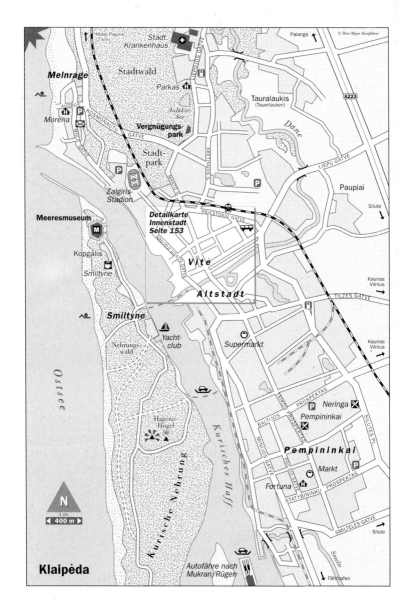

Altstadt aus, so daß nur wenige erhalten bleiben.

Nach dem Ersten Weltkrieg stellt der Versailler Vertrag von 1919 Memel und das Memelland unter französische Verwaltung. Als im Jahr darauf Polen die Hauptstadt Vilnius besetzt, heizt sich die nationalistische Stimmung stark auf. 1923 verjagen litauische Aufständische die französischen Truppen. Klaipėda und das Memelland – von Deutschen und Litauern beansprucht – werden von Litauen annektiert. Nach längeren Verhandlungen mit den Alliierten erhält das Memelgebiet seine volle Autonomie. Am 25. August 1925 tritt die Memelkonvention in Kraft. Viele Menschen aus Groß-Litauen wandern zu. Das Deutsche Reich unterstützt die Memelländer gegen die litauische Verwaltung. Am 22. März 1939 erzwingt es die Rückgabe des Memellandes. Kurze Zeit später beginnt der Zweite Weltkrieg. Am 28. Januar 1945 zieht die Rote Armee nach heftigen Kämpfen in Klaipėda ein. Ganz Litauen wird von der Sowjetunion annektiert. Die Stadt bleibt bis 1987 für Ausländer geschlossen, da sich hier viele militärische Anlagen, darunter Raketenstationen, befinden. Nur mit einer speziellen Genehmigung darf ein Ausländer Klaipėda betreten. Seit dem 11. März 1990 und der Unabhängigkeitserklärung Litauens ist sie mit 220.000 Einwohnern (davon 65 % Litauer) die drittgrößte Stadt der Republik Litauen und der einzige große Seehafen des Landes.

Viele und Vieles hinterließ(en) in Klaipėda, das seinem 750jährigen Jubiläum entgegensieht, Spuren. Jedes Jahrhundert prägte auf seine Weise das Stadtbild, und, wenn das Älteste auch nicht mehr vollständig erhalten ist, so sind doch viele Gebäude heute Architekturdenkmäler, so wie die schönen Jugendstilhäuser in der Lindenstraße *(Liepų)*. Dort, wo alles begann, am Burgberg, befindet sich heute der Fähranleger. Viele Menschen strömen hierher, um einen kleinen Ausflug übers Haff nach Smiltynė zu machen – vielleicht zum Meeresmuseum, vielleicht zum Strand, in die Kiefernwälder oder weiter hinein in den Nationalpark Kurische Nehrung. Denn auch das ist Klaipėda: Natur und Meer.

## Ein Rundgang durch die Altstadt am linken Daneufer

Begeben wir uns nun auf einen ein- bis zweistündigen Rundgang durch die Altstadt von Klaipėda am linken Daneufer, die 1969 in ihrer Gesamtheit zum Kulturdenkmal erklärt wurde und heute nach und nach rekonstruiert wird.

Klaipėda bestand historisch aus zwei Teilen, der Burg und der Stadt. Doch Burg oder Burgruinen werden Sie vergeblich suchen. Wenn Sie am Fähranleger hinter der Danėbrücke in der Žvejų gatvė stehen und nach Südosten schauen, entdecken Sie einen kleinen Hügel – das **Gelände der ehemaligen Burg.** Es darf nur mit einem speziellen Passierschein betreten werden und steht Archäologen für Forschungen zur Verfügung. Pläne, daraus ein großes Open-Air-Museum zu machen und auch das Gelände entlang der Danė und dem Haff mit all seinen Speichern historisch genau zu rekonstruieren, scheitern bisher an der Hafenverwaltung, die das Gebiet beansprucht, und an ungelösten finanziellen Problemen.

Burg und Stadt entstanden auf den Inseln zwischen den Flußarmen der alten und der neuen Danė. Die heutige Danė fließt durch ein künstlich geschaffenes Flußbett, ursprünglich floß sie dort, wo wir heute auf der Großen Wasserstraße spazieren (Didžioji vandens). Die Gehöfte der ersten Bewohner scharten sich um die Burg, die immer wieder erweitert und befestigt wurde. Die Burg, Wälle, Gräben,

*Die Danėbrücke führt direkt in die Altstadt hinein*

Schanzen und Stadttore verliehen Klaipėda den Eindruck einer düsteren, geschlossenen Festungsstadt.

Überqueren wir nun die Pilies gatvė (Burgstraße), die Verlängerung der Danėbrücke, und gehen hinüber zum **Platz Karlskronos aikštė,** an dem geübte Souvenirhändler, meist überteuert, ihre Ware feilbieten. Der (nach Grund und Boden) älteste Stadtteil liegt vor Ihnen. Er zieht sich geradeaus an der Danė entlang bis zur Tiltų gatvė (Brückenstraße), der Verlängerung der zweiten Danėbrücke, und nach rechts über den Teatro aikšte (Theaterplatz) bis zur Didžioji vandens (Große Wasserstraße). Da sich Memel als eine Stadt der Handwerker und Kaufleute etablierte, wurde auch seine Architektur und Struktur von diesen Gewerben geprägt. Fachwerkbauten und Speicher bestimmen das Bild. Straßennamen wie Schmiedestraße (Kalvių gatvė), Bäcker- (Kepėjų gatvė), Schlosser- (Šaltkalvių gatvė), Fleischer- (Mėsininkų gatvė) oder Fischerstraße (Žvejų gatvė) bekunden, daß hier Gewerbetreibende dieser Berufsgruppen gewohnt haben. Aus strategischen Gründen durften sie ihre Häuser bis zum 17. Jahrhundert nie aus Mauerwerk bauen, damit die Holzhäuser bei einem Angriff schnell in Brand gesetzt werden und man sich in die Burg zurückziehen konnte. Daher gibt es in der Stadt keine Bauten im gotischen oder Renaissancestil. Der historische Wert der Altstadt liegt in der Eigenart ihrer Struktur: 1408–1410 plante der Lokator J. Laukau aus Danzig das Altstadtviertel. Zwei Achsen – die *Turgaus gatvė* (Marktstraße) und *Tiltų gatvė* (Brückenstraße), die breiter als die anderen Straßen sind, bilden mit ihren Schnittlinien den Kern, um den herum sich rechteckige Viertel ordnen. Auf alten wie neuen Stadtplänen ist diese Komposition gut nachzuvollziehen, auch am Modell Klaipėdas, das Sie im Klein-Litauen-Museum finden. Der Aufbau der Stadt erleichtert Ihnen die Orientierung.

Wenden wir uns nun nach rechts in die **Teatro gatvė** (Theaterstraße). Links das Restaurant *Zarija*, das nach seiner Renovierung gerade wieder eröffnet wurde. In den Häusern entlang der Teatro sind neue Geschäfte entstanden, die zum Bummeln einladen. Die Theaterstraße führt Sie zum **Teatro aikštė**. Der Theaterplatz erhielt erst im 19. Jahrhundert seine heutige Gestalt. Der frühere Gebäudekomplex bestand aus Theater, Speichern, Geschäften und Wohnhäusern. Die Architektur war sehr schlicht. Ein Komödienhaus bestand schon um 1775, es befand sich hinter dem jetzigen Theater etwa an der Stelle des Hotel/Café *Astra*, wo Sie litauische Spezialitäten wie Cepeliniai oder Blyni probieren können. Im 19. Jahrhundert wurde der heutige Theaterplatz Neuer Markt genannt. Hier wurde 1819 ein festes Theater erbaut, das 1854 abbrannte. Auf seinen Ruinen steht seit Ende des 19. Jahrhunderts das heutige *Dramatische Theater*. Theaterkarten sind sehr preiswert, und das Innere des Theaters lohnt einen Besuch. Das Programm, das auf zwei Bühnen präsentiert wird, umfaßt auch Kleist und Schiller – allerdings in sehr eigenwilligen Inszenierungen. Das Foyer schmückt ein leise plätschernder Springbrunnen, in der ersten Etage finden Sie das Café. Nach dem Krieg stand nur noch die Fassade des Theaters, unter großem Aufwand wurde sie originalgetreu rekonstruiert. Bis 1982 wurde der moderne Anbau fertiggestellt. An diesem Koloß sind Sie schon in der Žvejų-Straße entlanggelaufen; von dieser Seite bietet er keinen besonders schönen Anblick. Übrigens lohnt sich auch ein Spaziergang am Abend, wenn das Theater hübsch angestrahlt wird, und die Ruhe der Altstadt sich so richtig genießen läßt. Vor dem Dramatischen Theater steht der **Simon-Dach-Brunnen** mit dem berühmten Standbild des »Ännchen von Tharau«. Mit ihm ist eine lange Geschichte verbunden.

Um den Simon-Dach-Brunnen herum ist es im Sommer sehr belebt, Reisebusse spucken Touristen aus, Händler tummeln sich mit ihren Souvenirständen und ziehen Ihnen das Geld aus der Tasche, Straßencafés laden zum Verweilen ein. Empfehlenswert sind an der Südseite des Theaterplatzes die Kunstgewerbeläden *Marginiai* und *Taravos Anikė* mit ihrem umfangreichen Angebot an litauischer Kunst, Bernstein, Keramik, Holzschnitzereien, Leinen. Im Marginiai ist die Chance groß, eines der Klaipėda-Bilder von Fedjajew zu finden. Fedjajew ist für mich persönlich der interessanteste Klaipėda-Maler –

*Lesen Sie bitte weiter auf Seite 143*

Am 18. November 1989 kamen viele deutsche Touristen zur Wiedereinweihung des Denkmals »Ännchen von Tharau«, Taravos Aniké, nach Klaipėda. Nach einem Entwurf des Architekten Vytenis Mazurkevičius war das Kopfsteinpflaster des Theaterplatzes erneuert worden. Neuaufgebaut und verankert wurden auch der Springbrunnen aus Granit und der Denkmalsockel. Und darauf wurde das neue Ännchen von Tharau als Freundschaftswerk von Litauern und Deutschen enthüllt. Wer war dieses Ännchen von Tharau? 1605 wurde in Memel Simon Dach geboren. Er besuchte hier die Grundschule, später die Domschule in Königsberg, wo er 1626 als »Simon Dachius Memeleusis Borussus« in die Matrikel der Universität eingetragen wurde. Er studierte Theologie und alte Sprachen, hatte später den Lehrstuhl für Poesie inne. In Königsberg blieb er bis zu seinem Lebensende 1659. In weit über tausend Gedichten besang er Feierlichkeiten der Königsberger Gesellschaft. Das wohl berühmteste davon ist das »Ännchen von Tharau« – zumindest wird ihm dieses ostpreußische Mundartlied zugeschrieben. Er soll es während einer Hochzeit im Königsberger Dom 1636 geschrieben haben. Vom Königsberger Dom-Organist Heinrich Albert vertont, wurde es sogleich zum Volkslied und fand Aufnahme in zahlreiche Liederbücher. 1778 übertrug es Johann Gottfried Herder ins Hochdeutsche.

*Wie Gerda zum Ännchen wurde*

Ännchen – Anna Neander, die 1619 in Tharau (heute Wladimirowo, 30 km von Königsberg) geboren wurde – war früh verwaist und heiratete 1636 den Pfarrer Portatius, der in Laukischken/Kreis Labiau (heute Saransk/Polessk im Königsberger Gebiet) sein Amt innehatte. Ihre Hochzeit im Königsberger Dom inspirierte Simon Dach zum Gedicht. Anna verlor ihren Mann nach 10jähriger Ehe, überlebte zwei seiner Amtsnachfolger und starb verarmt im Alter von 70 Jahren bei ihrem ältesten Sohn, einem litauischen Pfarrer in Insterburg (heute Tschernjachowsk). Sie führte gewiß kein so rosiges Leben, wie es ihr Jugendbildnis und die Hochzeit erwarten ließen.

Aus Verehrung für den bekanntesten ostpreußischen Dichter der Barockzeit begann man in Klaipėda/Memel, Spenden für ein Simon-Dach-Denkmal zu sammeln. In Form einer »Ännchen«-Skulptur, geschaffen von dem Berliner Bildhauer A. Kühne, wurde dieses 1912 auf dem Theaterplatz eingeweiht. Den Sockel zierte ein Bronzerelief des Dichters. Modell für die Ännchen-Skulptur stand die damals 14jährige Tochter des Dünenmeisters von Smiltynė (Sandkrug): Gerda Schieweck-Koch.

Die Statue wurde zum Wahrzeichen der Stadt. Sie verkörpert nicht nur die besondere Grazie dieses Mädchens, in ihr wurde auch ihrem Mann, Johannes Portatius, und dem Sohn Friedrich – hervorragenden Vertretern des litauischen Schrifttums – ein Denkmal gesetzt. Während des Zweiten Weltkrieges wurde der Springbrunnen vom Theaterplatz entfernt und auf dem Libauer (später Sieges-) Platz aufgestellt. Nach dem Krieg mußte Ännchen Platz für einen Panzer machen und wurde auf den Schrottplatz geschafft. Das brisante Material darüber wurde erstmals am 25. Mai 1988 in der Zeitung »Tarybine Klaipėda« veröffentlicht. Nach zahlreichen Zuschriften gab es keinen Zweifel mehr am Wiederaufbau des Denkmals. Es wurde ein litauisch-deutsches Gemeinschaftswerk. Die Stadt Klaipėda zeichnete für den Springbrunnen verantwortlich und deutsche Seite um den Initiator Heinz Radziwill für die Statue und Gedenktafel für Simon Dach. In Deutschland wurde ein Verein »Ännchen von Tharau« gegründet. 1989 fand die feierliche Wiedereinweihung des Denkmals mit der wiederum von einem Berliner Künstler, dem Bildhauer Harald Haacke geschaffenen neuen »Ännchen«-Figur statt. Die heute weit über neunzigjährige Gerda Schieweck-Koch, die der Einladung zur Einweihung aufgrund ihres hohen Alters nicht mehr folgen konnte, lebt heute sehr zurückgezogen in Norddeutschland.

Auskünfte zum Ännchen von Tharau erhält man unter ✆ 06131/611706.

> Fortsetzung von Seite 141

seine Gemälde heben sich sehr von den oftmals etwas kitschig erscheinenden Bildern seiner Künstlerkollegen ab.

Am Theaterplatz beginnt die **Turgaus gatvė**, Marktstraße, belebt vor allem durch Banken- und Geschäftsverkehr. Sie war die erste gepflasterte Straße in Memel. Alle größeren litauischen Banken haben hier eine Filiale. Alle Banken befinden sich in Architekturdenkmälern aus dem 19. Jahrhundert: Turgaus 1, ein Gebäude der Neorenaissance aus dem Jahre 1858 (bis 1923 die Königliche Bank), Turgaus 9, die ehemalige Memeler Bank von 1907, und Turgaus 17. 1924 gab es übrigens schon 14 Banken in Klaipėda/Memel.

Bemerkenswert ist, daß im alten Klaipėda – im Gegensatz zu anderen litauischen Städten – die Märkte nicht auf Plätzen, sondern in verbreiterten Straßen abgehalten wurden. (Der Theaterplatz und frühere Neue Markt wurde erst in der zweiten Hälfte des

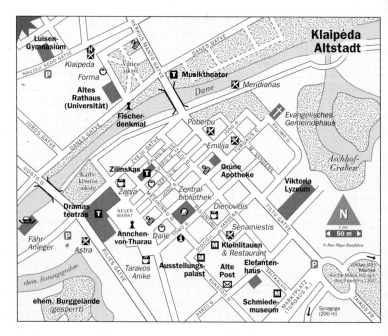

19. Jahrhunderts zum lebendigen Marktplatz.) Es empfiehlt sich, einen Blick in den Kunstgewerbeladen *Dailė* zu werfen (Turgaus 7, ℂ 15777, täglich außer Mo und So 10 – 14 und 15 – 19 Uhr), der eine reiche Auswahl an Leinen, Keramik, litauischer Kunst, Schmuck und natürlich Bernstein zu bieten hat.

Nordwestlich der Marktstraße befindet sich in der Kurpių gatvė, Schusterstraße, das erste kleine Privattheater *Žilinskas* in einem rekonstruierten Lagerhaus aus dem 19. Jahrhundert mit roter großer Torpforte. In dem angeschlossenen *Theaterrestaurant* auf der ersten Etage »spielen« nach der Vorstellung einige Schauspieler Kellner. Wollen Sie bei Kerzenschein und in angenehm ruhigem Ambiente Ihr Dinner genießen, noch dazu preiswert – dann empfehle ich Ihnen dieses Restaurant sehr, auch ohne vorherigen Theaterbesuch. Schon die Inneneinrichtung ist sehenswert. Einfaches Essen, mit Liebe zubereitet. Abends ab 21 Uhr (außer Mo) spielt hier eine gute Jazzband. Es darf getanzt werden, man trifft sich.

Mit diesem Gedanken an ein interessantes Abendprogramm setzen wir unseren Stadtrundgang fort, Sie können der Kurpių noch ein Stück folgen und dann parallel dazu die *Kepėjų gatvė* Bäckerstraße, zum Theaterplatz zurückspazieren, um einen Eindruck von dem sehr einfachen Fachwerk Klaipėdas, von Resten alter Kontore und Innenhöfe zu erhalten. Dort, wo die Kepėjų von der Pašiuntinių-Straße rechtwinklig gekreuzt wird, steht auf einem kleinen Platz eine dekorative Skulptur von dem Bildhauer A. Basas mit Darstellungen der Traditionen und Sitten der Einwohner Klaipėdas. In dieser Gegend, zwischen dem Theater, der Danė und der alten Burg mit der heutigen Schiffswerft, erstreckte sich früher der Fischmarkt.

Gehen Sie dann in die schmale Jono gatvė, Johannisstraße, hinein, die parallel zur Kurpių, Kepėjų und Turgaus verläuft. Sie ist eine der ältesten Straßen der Stadt und führte einst als zentrale Achse von der Burg zur Stadtkirche aus dem 13. Jahrhundert. Die Johanniskirche war die prachtvollste der Stadt und wurde im Zweiten Weltkrieg vollständig zerstört. Das, was Sie in Vilnius übermäßig finden, nämlich Kirchen, werden Sie hier auf Ihrem Stadtrundgang vermissen.

Versäumen Sie nicht einen Besuch im *Muschel- und Bernsteinschmucklädchen* in der Jono gatvė – da, wo das Seepferdchen am Eingang hängt. 1995 eröffneten Mutter und Tochter dieses Geschäft mit originellen Schmucksachen. Während die Mutter sich auf die Verarbeitung von Muscheln spezialisiert hat, fertigt die Tochter hübschen Bernsteinschmuck. So gelangen wir über die Jono auf die **Tiltų gatvė**, Brückenstraße. Die einstige Friedrich-Wilhelm-Straße ist heute eine belebte, verkehrsberuhigte Geschäftsstraße. Folgen Sie der Jono weiter geradeaus und überqueren dabei die Tiltų, so gelangen Sie zum evangelisch-lutherischen **Gemeindezentrum** (Pylimo 2, ⓒ 15265), etwas rechts halten. Anstelle der zerstörten Johanniskirche gab es hier zu Sowjetzeiten ein Einkaufszentrum, doch dieses ist nun ebenfalls dem Verfall preisgegeben. Unweit davon liegt also das Gemeindezentrum, in dem jeden ersten Sonntag im Monat Gottesdienste in deutscher Sprache abgehalten werden. Ursprünglich gab es in der Altstadt drei große Kirchen, die zugleich die architektonischen und vertikalen Akzente setzten: die Johanniskirche für die deutschen Bürger, die Jakobskirche für die Litauer und die reformierte Kirche. Alle drei brannten 1854 nieder, wurden nach einem Projekt des Architekten F. W. Stüller wieder aufgebaut und dann im Zweiten Weltkrieg erneut zerstört. Jetzt sind sie nur noch im Modell des Klein-Litauen-Museums wiederzufinden. Nur eine, die *Kirche Maria Königin des Friedens* (Marijos Taikos Karalienes) wurde nach der Stalinzeit aus Spendenmitteln neu erbaut. Sie steht in der Rumpiškes-Straße 6, die Sie über den Taikos prospektas erreichen, der in die neuen großen Wohnviertel außerhalb der Altstadt führt. Als diese schlichte Kirche 1960 endlich fertig war, wurde sie in einen Konzertsaal umfunktioniert. Erst seit 1988 dürfen hier wieder Gottesdienste abgehalten werden. Drei neue Kirchen sind heute noch im Bau, alle in den Wohngebieten von Klaipėda.

Auf dieser Seite der Jono erwartet Sie auch noch ein sehr gutes Restaurant: *Emilia*.

**Zurück zur Tiltų.** In dem Haus mit der Fußgängerpassage war einst die Städtische Sparkasse (1915). Dieses Haus ziert eines der drei noch erhalten gebliebenen Stadtwappen mit Kinder- oder Engelsmotiven (ein weiteres konnten Sie bereits am Theater sehen). Entsprechend heißt das im Haus neu eröffnete Café/Restaurant *Po herbu* (Unter dem Wappen). Das Café ist das beste der Stadt für einen Snack zwischendurch und bietet Leckeres für den kleinen und großen Hunger. Das angeschlossene Restaurant lockt mit seiner eleganten Atmosphäre und läßt keine Wünsche offen. Sehr zu empfehlen.

Folgen Sie der Tiltų gatvė zur **Danė** (Dange), die die Grenze zur Neustadt markiert (vergleiche Stadtrundgang Neustadt). Bis zum 19. Jahrhundert bildete die Danė einen wichtigen Hafen. Schon in den Ordensverträgen werden Brücken über die Danė erwähnt, doch im 17. – 18. Jahrhundert wurde die neue Danė von nur einer einzigen Brücke überspannt. Am Theater war damals nur eine Fähre in Betrieb. Erst 1829 wurde die zweite Brücke erbaut, die damalige *Karlsbrücke*, in der heutigen Pilies, wo Sie Ihren Stadtspaziergang begonnen haben. Ab 1874 gab es dann noch eine dritte, die Eisenbahnbrücke (Bogenbrücke). Schauen Sie von der Danėbrücke in der Tiltų nach rechts, so fällt ihr Blick auf einen alten *Dreimaster*, der fast das Einzige ist, was hier in Klaipėda an eine Hafenstadt erinnert. In ihm verbirgt sich das rustikale Restaurant *Meridianas*. Sehr hübsch sind im Sommer die Freisitze am Danėufer. Vor der Danėbrücke nach links gelangen Sie in die Žvejų-Straße, am linken Danėufer entlang wieder zum Karlskronos aikštė-Platz, dem Ausgangspunkt unseres Altstadtrundgangs. Hier am Danėufer befanden sich die staatlichen und städtischen Lager: die Waagen und Stapelhäuser. In der ersten Hälfte des 19. Jahrhunderts wurden die Speicher aus Stein gebaut: Žvejų 8 und 8a, heute warten Sie auf ihre Renovierung. Die meisten Speicher bestanden aus roten Ziegeln und wiesen eine komplizierte Architektur auf. Einige der wenigen alten Kontore finden Sie auch noch am Fähranleger für die Fähren nach Smiltynė (Sandkrug). Aus deutscher Zeit sind sogar noch verblaßte Aufschriften erkennbar, so an der Backsteinfassade des ehemaligen Raiffeisen-Lagerhauses. Mit einem Spaziergang am linken Danėufer entlang oder einer Tretbootfahrt auf der Danė und einem Blick auf die kleinen Segelboote können Sie hier Ihren Altstadtrundgang beenden.

Wenn Sie noch Muße zum Weiterspazieren und noch eine weitere Stunde Zeit haben, können Sie Ihren Stadtrundgang ausweiten – Sie gehen dann die Tiltų in südöstlicher Richtung weiter, das heißt von der Danė wieder zurück, bis zur Ecke Tiltų/Turgaus-Straße, wo die älteste Apotheke der Stadt, die **Grüne Apotheke**, steht. Sie wurde 1677 von Jakob Jung gegründet und ist wieder im alten Stil erstanden. In einer kleinen Ausstellung werden dort Apothekerutensilien aus vergangenen Jahrhunderten zur Schau gestellt. Biegen Sie an der nächsten Ecke rechts in die Tomo-Straße ab und wählen dann nach links eine Verbindungsstraße zur Didžioji Vandens: da alles so schön parallel und rechtwinklig verläuft, gibt es viele Varianten. In der Tomo 7 finden Sie eine interessante *Fotogalerie* mit einem netten Café im 1. Stock. Im 18. Jahrhundert ließen sich auf der linken Seite der ehemaligen Danė, da, wo jetzt die Große Wasserstraße Didžioji Vandens ist, die Gerber nieder. Es entstand die sogenannte *Friedrichstadt*, die man zusammen mit den anderen Altstadtvierteln mit Schutzwällen umgab. Einst gab es drei Tore, die in die Stadt führten, keins davon ist erhalten geblieben: das Steintor, das Mühlentor und das Brückentor. Als die Stadtmauer erweitert wurde, kamen noch das Holzwassertor und das Libauer Tor dazu. Die Viertel der Friedrichstadt sind aufgrund früherer Privilegien großzügiger bebaut. Hier wurden in den Höfen Gärten angelegt. Der einzige rechteckige Platz der Friedrichstadt wurde Anfang des 18. Jahrhunderts geplant und ist heute der *Zentralmarkt*.

In der *Didžioji Vandens* stoßen Sie auf das **Klein-Litauen-Museum** (siehe unter Museen). Es befindet sich in Nummer 4, einem Wohnhaus aus dem 18. Jahrhundert aus gelben holländischen Ziegeln. Es zeigt wertvolle archäologische Funde aus dem alten Klaipėda, dokumentiert Traditionen der Bürger der Stadt, erzählt die Geschichte Klein-Litauens und der Litauer im deutschen Memelland/Ostpreußen. Wie schon erwähnt, finden Sie hier auch das Modell der Stadt

*1989: barocke (Fachwerk)Häuser warten auf ihre Renovierung*

Memel zu Anfang des 20. Jahrhunderts. Dieses zeigt Ihnen die noch nicht zerstörte Stadt mit all ihren alten Kirchen und Straßen. Vor dem Klein-Litauen-Museum gibt es einen großen Platz: diese Grünfläche sollte einmal verglast werden, um den Blick in darunter liegende Ausgrabungsstätten zu öffnen und den historischen Teil des Museums noch zu erweitern. Dieses Projekt scheiterte jedoch an fehlenden finanziellen Mitteln. Am Platz fällt Ihr Blick auf das *Café-Restaurant* – es war lange Zeit das einzige Restaurant der Stadt, das sich nicht im dunklen Keller oder hinter dicken Vorhängen versteckte, sondern große helle Fenster mit Blick nach draußen hatte. Für uns eine Selbstverständlichkeit, für Litauen eine große Neuerung, galten doch früher Restaurants als »verboten«, sie wurden von der Sowjetregierung nicht gerne gesehen, um Versammlungen zu verhindern. Heute können Sie hier gepflegt und preiswert zu Mittag essen, werden freundlich und schnell bedient. Zum Beispiel ein Lachsbrot als Vorspeise und Kalamaris als Hauptgericht? Leckermäuler bestellen Blynai mit Quark und Bananen und dazu eine Extra-Portion Grietinele (Sahne) mit Früchten (Obuoliai).

An der Ecke zur Aukštoji gatvė, Hohe Straße, thront das riesige Gebäude des **Ausstellungspalastes** *Parodų rumai,* der zur Zeit renoviert wird. In diesem Stadtteil um die Aukštoji sind noch einige Fachwerkbauten erhalten geblieben, so der ehemalige Speicher in Nr. 3, der heute Ausstellungszwecken dient. Folgen Sie weiter der Aukštoji, auf der zwei sehr schöne Kunstgewerbeläden und die Alte Post zu finden sind. Die **Alte Post** hat in Nr. 13 ihren Sitz, sehenswert ist ihr Interieur mit Bronzearbeiten des Kunsthandwerkers V. Karčiauskas. Hier können Sie Ihre Briefe mit Sonderstempeln mit dem Motiv eines alten Postwagens versehen lassen. Am Ende der Aukštoji geht's links hoch in die *Daržų* Gartenstraße, wo Sie eines der bekanntesten alten Fachwerkgebäude Klaipėdas finden, das **Elefantenhaus,** Nr. 10. Die Fachwerkbauten Klaipėdas zeichnen sich durchweg durch Einfachheit und schlichte, norddeutsch inspirierte Architektur aus und sind weniger dekorativ als andernorts. In der Šaltkalvių, Schlosserstraße, rechts finden Sie das **Schmiedehandwerksmuseum,** dessen Besuch ich Ihnen sehr empfehlen kann (siehe unter »Museen«). Nach dem Besuch des Museums folgen wir der Šaltkalvių weiter und gelangen zum **Markt.** Hier auf dem Turgaus-Platz herrscht ein buntes Treiben. Auf der Freifläche sowie in der Halle versuchen sich Blumenverkäufer in großartigen Arrangements zu übertreffen, hier erhalten Sie frisches Gemüse und Obst sowie Fisch oder auch die begehrten handgeflochtenen Körbe. An der Südseite des Marktes (von der Šaltkalvių rechts runter) finden Sie einen hübschen *Fachwerkkomplex,* der dem Mabre-Handelskontor gehört, eine der ersten rekonstruierten Ecken der Altstadt. Er beherbergt Lebensmittelgeschäfte, unter anderem ein mit sehr leckeren frischen Brot- und Backwaren, ein kleines Café mit Terrasse sowie das Hotel *Mabrė* – ein Minihotel mit nur einem Apartment, kein Vergleich mit der großen exklusiven »Schwester« in Vilnius. Hier, im Süden des Zentralmarktes am Mabrė-Komplex, gibt es auch einen (oft überfüllten) Parkplatz, Sie erreichen ihn von der Pilies-Straße aus. Achtung: aufgrund des starken Verkehrs auf der Pilies ist Linksabbiegen hier fast unmöglich.

*Architekturdenkmäler in Klaipėdas Altstadt (Aukštoji gatvė)*

An der Nordseite des Marktes befindet sich ebenfalls ein großer Parkplatz (siehe praktische Infos), und dort verläuft die uns schon bekannte Tiltų-Straße. Sie trifft hier an der großen Kreuzung auf den breiten Taikos prospektas, die Chaussee, die in die neuen Wohnviertel Klaipėdas führt. Hier beginnt nach rechts die **Sinagogų**, Synagogenstraße, welche zum jüdischen Gemeindezentrum führt. Hier um den Markt herum war einst auch das jüdische Viertel des alten Klaipėda.

## Rundgang durch die Neustadt am rechten Danėufer

Nach schlichter Fachwerkkunst in der Altstadt am linken Danėufer wenden wir uns nun der sogenannten Neustadt zu und spazieren durch das Klaipėda am rechten Danėufer. Das sind die ehemaligen Vorstädte, die später dem zentralen Teil der Altstadt angeschlossen wurden und dann ein neues Stadtzentrum bildeten. Mitte des 19. Jahrhunderts begann sich hier das administrative Zentrum zu formieren. In den historischen Quellen werden Anfang des 15. Jahrhunderts schon die Große und die Kleine Vitte erwähnt. Das Fischerdorf **Vitte** entwickelte sich bis zur Mitte des 19. Jahrhunderts zu einer industriellen Vorstadt, die 1856 der Stadt angegliedert wurde. Der älteste Teil der Neustadt ist *Krumamiestes* (Büschestadt), die sich östlich der ehemaligen Börsenbrücke erstreckt. Ende des 18. Jahrhunderts begann man mit dem

*Lesen Sie bitte weiter auf Seite 152*

## Jüdisches Leben in Klaipėda

Es war nicht leicht für die Juden, in der Stadt Memel ansässig zu werden. Seit den Kreuzritterkriegen wurden Sie von deutscher Seite diskriminiert. Es gab sogar Zeiten, in denen ihnen das Recht genommen wurde, in der Stadt zu übernachten. Jedesmal, wenn sie durch die Stadttore fuhren, mußten sie eine Sondersteuer bezahlen. Erst im 18. Jahrhundert bot sich einigen Juden die Möglichkeit, in der Stadt seßhaft zu werden. Im 19. Jahrhundert nahm die Zahl der Einwanderer stetig zu. Im Jahre 1810, nach der Verabschiedung eines neuen preußischen Stadtgesetzes, das die Ansiedelung der Juden in den Städten nun auch in relativ liberalerem Sinne regelte, wohnten in Klaipėda 30, noch 1828 lediglich 54 Juden, damals gab es bereits eine jüdische Synagoge. 1867 wurden 887 und 1880 schließlich 1214 Juden gezählt.

Im 20. Jahrhundert wohnten sie im Bezirk Friedrichstadt am Marktplatz. Dieser Bezirk wurde zu ihrem kulturellen und religiösen Zentrum. Um den Friedrichsmarkt herum gab es einige Synagogen, Schulen, rituelle Bäder, koschere Geschäfte, den Friedhof. Die Juden kamen aus verschiedenen Ländern nach Memel, in der Stadt blieben sie immer eine nationale Minderheit. Die Entwürfe für ihre Häuser stammten von Baumeistern Klaipėdas, eigene Bautraditionen brachten sie, außer für religiös-rituelle Gebäude, nicht mit. Am Wall, neben dem ehemaligen Steintor, wurde im 19. Jahrhundert das *jüdische Krankenhaus* gebaut. Es steht bis heute und ist jetzt eine Poliklinik. *Synagogen* sind nicht erhalten geblieben. In Stadtplänen aus dem 19. Jahrhundert wird eine Synagoge an der Ecke Galimo Pylimo (Letzte-Wall-Straße) – Synagogenstraße erwähnt. In Stadtplänen aus dem 20. Jahrhundert wird in der Galimo Pylimo noch eine andere Synagoge genannt, eine weitere große in der Daržų (Gartenstraße). Erst 1939, als die Deutschen die Stadt annektierten und in der Folge Judenpogrome stattfanden, wurden die Synagogen niedergebrannt.

Als Beispiel des kultivierten Miteinanders sei der jüdische Kaufmann Wiener erwähnt, der ein so angesehener Bürger der Stadt war, daß er auf seinen Wunsch hin das Recht auf eine Grabstätte auf dem bürgerlichen Friedhof (heute Skulpturenpark) zugesprochen bekam. So wurde er als einziger Jude auf dem Stadtfriedhof in der Trilapio (Dreiblätterstraße) beerdigt. Die Bürger errichteten auf seinem Grab ein prächtiges Pantheon. Dieses wurde 1974–75 gemeinsam mit allen anderen Gräbern dem Erdboden gleichgemacht; eine traurige

Aktion der Sowjetzeit. Reste geretteter alter Backsteingrabkapellen wie schmiedeeiserne Grabkreuze können Sie heute nur noch im Schmiedemuseum Klaipėda sehen.

In der Grižgatvio 6 steht bis heute das Gebäude der *Altstädtischen jüdischen Schule* von 1851. Leider fehlen der jüdischen Gemeinde Mittel zur Rekonstruktion bzw. finanzkräftige Mieter. Selbst die Gedenktafel wurde Opfer der Metall-Händler. Das heutige *Jüdische Gemeindezentrum* finden Sie am Ende der Sinagogų-Straße rechts (zwecks Kontakten an Nelly Fayn wenden, Stellvertreterin der jüdischen Gemeinde, 5800 Klaipėda, Žydų skrarsgatvės 3 oder über den Vorsitzenden Aron Aronstam, © 93758). In die das Gelände umgebenden Mauern sind alte Grabplatten eingelassen. Hier befand sich der jüdische Friedhof. Ein Mahnmal erinnert an all die Opfer der Stalin- und Hitlerzeit. Nicht nur Juden kommen hierher, um ihrer zu gedenken, sondern viele – alle, die im Menschen den Menschen, nicht die Nationalität und Religion schätzen. Das Gebäude beherbergt eine Bibliothek und eine Hebräisch-Schule, in der Erwachsene und Kinder unter anderem *Ivrit* lernen, und es gibt einen Saal für Konzerte, Veranstaltungen und Ausstellungen.

Das kulturelle Leben ist sehr reich, es gibt viele Initiativen. Doch auch hier fehlen an allen Ecken und Enden finanzielle Mittel, zum Beispiel zum Aufbau eines jüdischen Museums. Material wird schon einmal fleißig gesammelt. Bisher reichte das Geld nicht einmal zur Feststellung der Anzahl der Mitglieder der heutigen Jüdischen Gemeinde. Es werden etwa 400 Juden geschätzt, nach letzten Zählungen 358 (1993), 1988 sollen es noch 668 gewesen sein, das waren 0,2 % der Bevölkerung der Stadt. Litauische Juden gibt es fast keine mehr, sie wurden Opfer Stalins und Hitlers (Seite 27). Die heutigen Juden stammen aus Rußland, Weißrußland und der Ukraine, sie kamen in der Zeit der Sowjetunion auf Arbeitssuche hierher bzw. wurden versetzt. Sehr viele von ihnen wollen inzwischen nach Israel auswandern. Die Lebensbedingungen für Juden in Litauen sind nicht gerade leicht, zumal viele Litauer sie ungerechtfertigterweise mit dem Attribut »kommunistisch« versehen.

Am 23. September werden im Jüdischen Gemeindezentrum Klaipėda Flaggen mit Trauerbändern gehißt. An diesem Tag wurden in Paneriai Hunderte Vilniusser Juden umgebracht. In Klaipėda begann die Schoah am 22. März 1939 mit Errichtung der Hitlerherrschaft. 8000 Juden soll es vor diesem Tag in Klaipėda gegeben haben. Und dann – dann waren die Straßen bis zum Pajūris-Geschäft am Rande der Altstadt mit Fetzen jüdischer Bücher übersät.

*Fortsetzung von Seite 149*

Bau der Langen Straße, jetzt Herkus-Manto-Straße. Sie führt stadtauswärts als Zentralachse nach Melnragė, Giruliai, Palanga und dann auf die Landstraße nach Libau, Lettland, daher der ursprüngliche Name. 1770 wurde auf dem ehemaligen Gänsemarkt die Lindenallee angelegt, heute Liepų gatvė. Diese beiden Straßen formten das Zentrum der Neustadt.

Beginnen wir unseren zweiten Rundgang unweit dem Ausgangspunkt des ersten, an der Brücke am Smiltynė-Fähranleger, die die Verlängerung der Pilies-Straße ist. Auf der linken Seite wird die Danėbrücke von der *Uosto,* Hafenstraße, fortgesetzt. Hier wurde 1862 der Komplex für Gericht und Gefängnis errichtet, damals der wichtigste architektonische Akzent der Hafenstraße, heute *Stadtpolizeiamt.* Parallel zur Danė führt die Danėstraße vorbei am bronzenen, 1971 von Kazys Kisielius geschaffenen **Fischerdenkmal** zum ehemaligen Leninplatz – doch Lenin steht hier schon lange nicht mehr. Dieser Platz mit dem Musiktheater, dem Hotel Klaipėda und dem ehemaligen Magistratsgebäude im Westen (Danės 17) bildet heute den Mittelpunkt der Neustadt. Noch im 18. Jahrhundert wurde am Danėufer die *Börse* erbaut, 1856 umgebaut und vergrößert. Sie war die Manifestation des Aufstiegs. Darin befand sich ein großer Saal mit wertvollen Skupturen, Gemälden, Porträts der Monarchen und Kaufleute. Anfang des 20. Jahrhunderts wurde sie »Industrie- und Handelspalast«

genannt, leider jedoch im Zweiten Weltkrieg zerstört. Was geblieben ist, ist ein freier Platz mit der ewigen Flamme. Noch 1989 patrouillierten hier bewaffnete Sowjetsoldaten, und mit vier Panzern bewachten sie Tag und Nacht das Lenindenkmal. Aber schon im August 1991 wurde es abtransportiert, der Leninplatz nennt sich nun **Platz der Hoffnung** (Vilties aikste). Die Börse selbst sehen wir nur noch auf alten Karten. Von hier aus haben Sie einen schönen Blick auf die Tiltų-Brücke (Börsenbrücke), hinüber in die Altstadt zur Passage unter dem Stadtwappen und zum alten *Windjammer*. Er liegt heute als Restaurant östlich der Brücke am Kai – bis 1979 diente er als Schulschiff der Marineschule, das die Stadt 1954 aus Finnland erhielt.

Bis zum 19. Jahrhundert gab es nur wenige Verwaltungsgebäude in Memel. Der Bau des **Rathauses** wurde Ende des 16. Jahrhunderts beendet, doch als es niedergebrannt war, begnügte man sich mit bei Kaufleuten angemieteten Häusern. Nach und nach wurde das Rathaus im Haus des damaligen dänischen Konsuls Lork eingerichtet, rekonstruiert 1875–77. In disem Haus wohnten während des Napoleonischen Krieges König Friedrich Wilhelm III. und Königin Luise. Viele wertvolle Gemälde gab es im Haus, Geschenke von Kaufleuten zumeist, so Rossmälers Porträt »Georg von Klingenbeck« aus dem 16. Jahrhundert, Dueglers »Napoleon, Zar Alexander und Friedrich Wilhelm III. – Treffen am Memel-Fluß bei Tilsit«, Kügelgens Porträt von »König Friedrich Wilhelm III.« und »Königin Luise«. Das Gebäude des alten Rathauses ist heute administratives Zentrum der Universität Klaipėda, die dort 1991 eingerichtet wurde. Seine Fassade ziert eines der drei noch erhaltenen Stadtwappen. Nach dem Großen Brand von 1854 errichtete die Stadt neben dem Rathaus ein Feuerwachgebäude mit Turm, leider wurde es während der Bauarbeiten des Hotels »Klaipėda« 1981 abgerissen, nur die Turmuhr ist heute noch im Uhrenmuseum zu sehen. Hinter dem Hotel steht ein Haus aus gelben Ziegeln – die Jungenschule, das *Luisengymnasium* von 1891. Es hatte die erste Wasserleitung der Stadt.

Schon immer gab es in Klaipėda viele Wirtschaften, zu denen stets die Gebäude des *Krugs* (Schenke), die Ställe und die Brauereien gehörten. 1825 gab es in Klaipėda fast 70 Wirtschaften. Infolge der Konkurrenz verringerte sich ihre Zahl schnell. Manche kleine Krüge des 18. Jahrhunderts entwickelten sich zu großen Hotels, so das Hotel *Victoria* aus dem 19. Jahrhundert, das sich gegenüber dem Hotel Klaipėda befindet. Das einst renommierte Hotel und prachtvollste Haus der Stadt hat seinen einstigen Glanz verloren und ist ein einfaches Büro- und Geschäftshaus.

Nach einem Spaziergang um den Platz herum begeben wir uns nun in die Liepų, die Lindenstraße. Sie zweigt hinter dem *Musiktheater* ab. Im 19. Jahrhundert gestattete man den reichsten Kaufleuten und Industriellen, hier ihre üppig ornamentierten Wohnhäuser und Villen zu bauen, wodurch die Straße eine der schönsten der Stadt wurde. 1802 wurde sie zu Ehren des russischen Zaren Alexander I. in Alexanderstraße umbenannt. 1896 stand am Beginn der Straße ein Denkmal für Wilhelm I., wie noch auf zahlreichen alten Stadtaufnahmen zu sehen ist. Die Architekten von Klaipėda wurden von allen Kunststilen mit Ausnahme des romanischen beeinflußt. Besonders deutliche Spuren hinterließ in der Neustadt der Jugendstil, der Anfang des 20. Jahrhunderts erblühte. Die Häuser Liepų 10, 7 (heute Fond des Klein-Litauen-Museums), 12 (ehemaliges Kaufmannshaus, heute Uhrenmuseum) und 23 bezeugen das. Der markanteste Bau in der Liepų ist das 1893 erbaute neogotische **Hauptpostamt.** Jeder Besucher gerät ins Staunen, wenn er die außerordentlich gut rekonstruierte filigrane Innenmalerei sieht. Der Besuch lohnt sich einfach zum Schauen und Staunen, auch wenn Sie die Postdienste nicht in Anspruch nehmen wollen. Aus dem Turm, der 42 m hoch ist, führte die Telefonleitung durch die ganze Stadt. Nach dem Zweiten Weltkrieg wurde der Turm rekonstruiert, und 1987 wurden 48 im thüringischen Apolda gegossene Glocken in den Turm gehängt. Samstag und sonntagmittags kann man Glocken-Konzerte hören. Im Juli jeden Jahres organisiert man Glockenmusikfestivals.

Zu erwähnen ist auch noch das Ensemble der **Gemäldegalerie** *(Pavelksių galerija)* in der Liepų 33 (siehe auch unter Museen), wo es auch eine ethnographische Ausstellung mit

*Das barocke Stadtwappen an der Fassade des Rathauses*

Funden aus Klein-Litauen/Memelland und vielen alten Fotos gibt, auf denen Sie all die historischen Sehenswürdigkeiten sehen, die heute leider nicht mehr im Stadtbild existieren. Dahinter erstreckt sich der **Skulpturenpark** mit über 100 Skulpturen moderner Kunst, geschaffen von litauischen Bildhauern. Erst seit 1979 ist hier ein Park, vorher befand sich an dieser Stelle der Städtische Friedhof, der zu den schönsten Friedhöfen des

19. Jahrhunderts zählte. In einer Nacht- und Nebelaktion wurde er von dem ehemaligen Sowjetregime dem Erdboden gleichgemacht. Die einzig erhaltene Grabstätte ist die für die Aufständischen von 1923. Die ehemalige Friedhofskapelle von 1938 ist heute eine orthodoxe Kirche.

Gehen wir die Liepų wieder ein Stück zurück bis zur Ecke der Kristijonas Donelaitis-Straße, früher Parkstraße, Nummer 4. Hier befindet sich der im Jugendstil erbaute Komplex des **Staatlichen Konservatoriums**, des ehemaligen Königin-Auguste-Viktoria-Lyzeums. Auf dem benachbarten Donelaitis-Platz steht das Denkmal für Kristijonas Donelaitis (1714 – 1780), den Autor des Poems »Jahreszeiten«. Im Konzertsaal finden Orgel- und Kammermusikkonzerte statt, manchmal (ein- bis zweimal jährlich), meist in der Adventszeit, gastiert hier auch der deutsche Botschafter Reinhardt Kraus, ein hervorragender Bratschespieler. Litauer sind begeisterte Musiker, und jedes Konzert wird zum Erlebnis, doch auch der Konzertsaal selbst ist sehenswert.

Gehen wir die Donelaitis-Straße in nördlicher Richtung, fällt links ein massiver Bau im neogotischen Stil auf. Das ist ein ehemaliges Lehrerseminar, heute die *Pädagogische Fakultät* der

Universität Klaipėda. Ihren Rundgang durch die Neustadt können Sie nun mit einem Bummel auf der **Manto**, der größten Geschäftsstraße von Klaipėda, beenden. Sie gibt Ihnen einen Eindruck von einer echten litauischen Einkaufsmeile – Geschäfte, in denen zumeist alles zu haben ist, vom Waschmittel bis zum Herd, auch schon einige spezialisierte Geschäfte, die von neuen, martkwirtschaftlichen Zeiten künden, Wechselstuben, Bistros, wo man zumeist Einheimische trifft, und natürlich viele Lebensmittelgeschäfte.

## Museen
### *Von hoher Kunst: das Museum für Schmiedehandwerk*

Waren Sie schon einmal auf einem litauischen Friedhof? Wenn nicht, sollten Sie es unbedingt nachholen. Sie sind nicht nur stumme Zeugen der reichen Geschichte des Landes, sondern auch in künstlerischer Hinsicht interessant. Schmiedeeiserne Kreuze, Gitter, Pforten … beeindruckende Beispiele hervorragender Schmiedekunst. In die Herstellung und Ausschmückung der Grabdenkmäler haben die Schmiede den Schönheitssinn ihrer Vorväter und ihre Naturverbundenheit gelegt. Heute sind einige der alten Gitter in einen Baum hineingewachsen, im wahrsten Sinne des Wortes mit ihm verwachsen.

Die litauische Sitte, Grabmäler zu setzen, ist auf die vorindoeuropäische Zeit, die Megalithkultur, zurückzuführen. Die baltischen Traditionen entwickelten sich nicht gleichmäßig, wie Sie auf den Friedhöfen in den unterschiedlichen Landesteilen leicht feststellen können. Aus Groß-Litauen stammen hohe Holzkreuze mit Metallverzierungen, Holzsäulen mit Christus- und anderen Heiligenfiguren unter einem Dach, wie sie oft am Wegesrand anzutreffen sind. Für die Region Klaipėda waren kleinere aus Brettern geschnitzte Grabmäler, die sogenannten *Krikštai,* typisch. Sie sind nur noch auf dem alten Friedhof in Nida (Nidden) auf der Kurischen Nehrung erhalten. In keinem anderen europäischen Land findet man solche archaischen Grabmäler, die mit baltischen Ornamenten, mit den Symbolen der Sonne, des Mondes, heidnischen und Naturmotiven verziert sind. Doch auch von dieser Kunst wurde vieles vernichtet im Laufe der Geschichte.

Dem Ethnographen *Dionyzas Varkalis* ist es gelungen, alte Kreuze, Gitter und Pforten zu restaurieren, historische Dokumente zu sammeln und in einem Museum zu vereinen. 1979 erhielt er endlich die Genehmigung, in der alten Schmiede in der Šaltkalviu ein Museum für Schmiedekunst zu eröffnen. Unter den Ruinen des Museumsgebäudes fand er Überreste der alten Schmiede von *Gustav Katzke,* auch alte Werkzeuge, einen Blasebalg und Schmiedeherd. Katzke war ein angesehener Künstler Klaipėdas. Die in seiner Werkstatt geschmiedeten Kreuze zierten viele Friedhöfe in der Umgebung.

Das Museum zeigt heute im Erdgeschoß Gegenstände aus der alten Schmiede von Katzke und im 1. Stock schmiedeeiserne Kreuze: einmal die

*Kreuze des ehemaligen Friedhofs: sie befinden sich seit 1974 im Schmiedekunstmuseum*

Metallsonnen an den Holzsäulen Groß-Litauens und zum anderen die mit Blumen und Gräsern geschmückten Metallkreuze Klein-Litauens. Jedes ist ein Kunstwerk und ganz individuell gestaltet. Es gibt keine zwei gleichen Sonnen. Die Motive aus der Pflanzenwelt, die das Muster der geschmiedeten Metallgitter bilden, sind lebendige Meisterwerke.

Schmiedearbeiten aus dem Alltagsleben sind im dritten Saal zu sehen. Dort finden Sie auch das Relief mit Motiven Trojas, das an Schliemann und seine Speicher in Klaipėda erinnert, sowie alte Wetterfahnen, die nur für die Hafenstadt Klaipėda typisch waren. Und im Hof ist eine funktionierende Schmiede zu sehen, in der Sie dem Meister Varkalis bei der Arbeit zuschauen können. Einiges davon finden Sie in der Verkaufsausstellung im Erdgeschoß. Am Eingang kommen Sie an einem Rondell aus Kreuzen vom alten Friedhof Klaipėda vorbei. 1994 waren bereits zwei deutsche Familien hier, die die Namen ihrer Verwandten darauf wiederfanden; die sentimentale Seite dieser wertvollen Sammlung.

Nach dem Museumsbesuch lohnt es, den einen oder anderen Friedhof zu besuchen, zum Beispiel in Karklė am Steilufer oder den großen Zentralfriedhof hinter Šventoji (Schild »Kainės«).

Museum für Schmiedehandwerk *(Kalvytės muziejus),* Šaltkalvių 2, ℂ 214559, geöffnet täglich außer Mo 11 – 19 Uhr. Eintritt 1 Lit, Kinder 60 Cent.

## Museum Klein-Litauens

In den Stadtrundgängen fand es oft Erwähnung: hier steht das Modell des alten Klaipėda, auf dem Sie sehr schön die einst vorhandenen Kirchen und die städtebauliche Planung erkennen können, hier sind Funde aus den archäologischen Arbeiten auf dem alten Burggelände zu sehen, hier können Sie das einstige Panorama des Danėufers mit all seinen Speichern sehen. Die gesamte Geschichte Klein-Litauens, der Region um Klaipėda, können Sie in diesem Museum nachvollziehen (siehe auch Seite 74). Alte traditionelle Haushaltsgegenstände, Ausgrabungsfunde von der Steinzeit an, Karten und Trachten zeugen von der Historie, der Entwicklung und dem einstigen Glanz der Hafenstadt. Didžioji vandens 6 (Altstadt), ✆ 210600/10860. Außer Mo – Di 11 – 19 Uhr. Eintritt 2 Lit.

## Uhrenmuseum (Laikrodžių muziejus)

Auf zwei Etagen ticken hier Uhren aus mehreren Jahrhunderten, auch die Uhr des alten Feuerwehrturms aus der Neustadt. Liepų 12, ✆ 2/13694, 13531. Täglich außer Mo 12 – 17.30 Uhr. Eintritt 2 Lit, Kinder 1 Lit.

## Gemäldegalerie

Litauische und ausländische Künstler. Keine Gemälde von Weltbedeutung, aber für örtliche Verhältnisse eine bemerkenswerte Sammlung. Auch deutsche Beschriftung. Sonderausstellung (die ständig erweitert wird): *Privatsammlung von Dionyzas Varkalis* in der Gemäldegalerie Klaipėda (Taikomoji Dailė Klaipėdaos Kraste) zur Kunst des Gebietes um Klaipėda im 19. und 20. Jahrhundert. Sein Name ist schon oft gefallen, und jeder gebildete Klaipėda-Bürger kennt ihn: Dionyzas Varkalis ist nicht nur ein Meister der Schmiedekunst und Leiter des Schmiedemuseums, sondern auch Historiker und Ethnograph mit Leib und Seele, der diese Sammlung zu Kunst und Geschichte der Region Klaipėda zusammenstellte. Seit 1987 gibt es diese Sonderausstellung in der Gemäldegalerie. Es ist interessant, vor oder nach einem Stadtrundgang anhand der vielen hier aufgestellten Postkarten zu sehen und zu vergleichen, wie das Klaipėda der Jahrhundertwende aussah. Eine typische deutsche Stadt. Schicke Kaufmannshäuser, die prachtvolle Börse an der Danė, die Kuranlagen in Giruliai und Smiltynė. Zu sehen ist ein Fischer-Amulett, so wie es jeder Fischer am Hals trug, Meißner Porzellanfiguren, sogar ein einmaliges Stück: eine der 200 Figuren, die zum 200jährigen Jubiläum der Porzellanmanufaktur Meißen hergestellt wurden (1910); Gewürzbehälter, Flaschen, Geschirr aus alten Memel-Haushalten, viele mit weiß-blauer Malerei. Viel Jugendstil, Bronze- und Silberarbeiten.

Liepų 33, ✆ 213319. Täglich außer Mo 12 – 17.30 Uhr. Eintritt 2 Lit, Kinder und Studenten 1 Lit. Am Mittwoch Eintritt frei.

## Skulpturenpark

Spazieren Sie durch den Skulpturenpark nicht nur, um die modernen Werke litauischer Künstler zu betrachten, sondern unter historischem Gesichtspunkt: Beginnen Sie in der Liepų-Straße am Hauptweg, der links vor der orthodoxen Kirche in den Park führt. Er durchzieht schnurgerade den Park und endet auf der anderen Seite auf der Daukanto-Straße. Man braucht etwas Phantasie, um sich vorzustellen, daß diese Fläche einmal der Städtische Zentralfriedhof war. An der Stelle, wo heute die orthodoxe Kirche steht, war die Friedhofskapelle. Links vom Hauptweg waren die sehr kunstvoll angelegten Gräber der reicheren Oberschicht. Hier lag auch das Grab des jüdischen Kaufmanns Wiener. Auf einer kleinen Anhöhe wurde ihm ein prachtvolles Pantheon errichtet. Das Fundament ist heute noch sichtbar: gehen Sie etwa in der Mitte des Hauptweges neben dem neuen Denkmal ein paar Schritte auf die kleine grasbewachsene Anhöhe hoch, dann sehen Sie die Reste des Sockels. In der Mitte des Parks finden Sie das einzig erhaltene Denkmal des alten Friedhofes, den ehemaligen Grenzstein von Nimmersatt (Nordgrenze des Deutschen Reiches). Das Denkmal wurde für die Gefallenen von 1923 errichtet. 1923 wurde Klaipėda/Memel an Litauen angeschlossen. Bevor Sie auf die Straße stoßen, sehen Sie rechts in den Bäumen eine Schneise. Hier soll angeblich ein Graben mit Opfern des KGB sein, die auf unmenschliche Art und Weise verscharrt wurden. Es gibt Augenzeugenberichte, aber noch kein aufgearbeitetes dokumentarisches Material. Am Ende des Parks links: hier führt eine kleine Allee zur ehemaligen schwedischen Botschaft, heute Krankenhaus und Medizinische Schule. Sie kommen da auch an einer Grabkammer vorbei, deren historischer Ursprung noch ungeklärt ist.

## *Praktische Informationen*
### Verkehr

**Autowerkstatt:** *Klaipėdos Autoservisas:* Šilutės plentas 50 – bei Audi. Alle Marken. Deutschsprechender Chef Vitas. ✆ 241735, Fax 240941.

**Taxi:** ✆ 007.

**Flugbuchungen** über *Aero-Service-Group,* Janonio-Straße, Eingang Hofseite. Hier wird Ihnen auch ein Transferbus zum Flughafen Palanga angeboten.

**Parkplätze:** In der Žveju gatvė (Fischerstraße) gegenüber dem Smiltynė-Fähranleger befindet sich ein bewachter Parkplatz, dem Sie Ihr Auto für 5 Lit/Tag anvertrauen können.

An der Ecke Turgaus aikštė (Marktplatz) – Tiltų-Straße bzw. an der Ecke mit der Galimo pylimo-Straße ist auch ein großer Parkplatz (unbewacht, kostenlos); da Sie durch die Altstadt nicht fahren dürfen, erreichen Sie ihn am besten über die Pilies-Straße, die Sie von der Danėbrücke aus Richtung Neringa/Sovetskas geradeaus fahren, und zwar bis zum Kreisverkehr, im Kreisel den drittletzten Abzweig rechts raus, die kleinste der abzweigenden Straßen. Das ist die Galimo pylimo. Und genau diese führt Sie zum Parkplatz am Markt/Nordseite.

**Tankstellen:** Neste, Litofinn: Šilutės plentas 113, täglich 24 Stunden offen, sehr modern, mit Shop und Bistro, auch 95 E bleifrei. Am Stadtausgang Richtung Šiltuė-Sovetskas.

Ein Stück weiter stadtauswärts ist rechts gleich noch einmal eine sehr moderne Tankstelle: »N« mit Bedienung und kleinem Shop. Von Litofinn nur 500 m entfernt, zumeist etwas billiger. Am Šilutės plentas wird zudem eine Shell-Tankstelle gebaut. Die anderen in der Stadt verteilten litauischen Tankstellen werden modernisiert.

**Mietwagen:** Im Hotel Klaipėda in der Neustadt gibt es eine AVIS-Autovermietung, außerdem Vermittlung von **Flug- und Fährtickets** und Fahrkarten für verschiedene Verkehrsmittel.

**Bahnhof:** Priestoties 7, ✆ 214614. Haupteingang geschlossen, Tor links zwischen Alt- und Neubau benutzen. Zuerst zu den Gleisen, dann in die Bahnhofshalle. Reservierungen: Taikos 107, ✆ 29356 und 231215.

**Busbahnhof:** Nähe Bahnhof. Butku Juzes 9, ✆ 214863, Buchung ✆ 211434 – gebuchte Fahrscheine zwei Tage vorher abholen.

**Fähren:** Internationale Fähren siehe »Reisepaxis«. Fähre nach Smiltynė (Sandkrug): Hafen an der Alten Burg. Žvejų 8, ✆ 212224, im Sommer Überfahrt alle 30 min, im Winter stündlich, Auto 4 Lit, Passagier 40 Cent.

Wenn Ihr Auto tief liegt, nehmen Sie lieber die große Autofähre: Nemuno 8, auf der Minijos stadtauswärts Richtung neue Wohngebiete, Šilutė-Sovetskas, Ausschilderung »Neringa« folgen. ✆ 212224 und 239796 (Information). Verkehr nur im Sommer.

## Unterkunft

Ähnlich wie in anderen litauischen Städten liegen die Hotelpreise weit über dem Niveau des Service, an außergewöhnlichen Luxus ist nicht zu denken. Auch kann es im Winter immer wieder zu Wasserproblemen kommen. Fragen Sie am besten bei der Reservierung oder in Ihrem Reisebüro nach, ob die Wasserversorgung und Heizung sichergestellt ist. Das Heizungsproblem ist besonders an kühlen September- und Oktobertagen akut, wenn die zentrale Heizung noch nicht eingesetzt ist.

*Lūgnė:* Lūgnė ist eine gelbe Wasserrose (auch als Mümmel-Rose – vom Memelfluß – bekannt), auf dem Gobelin am Eingang ist sie zu sehen. Neueröffnung von 1995 – endlich hat Klaipėda eine wirklich empfehlenswerte Adresse. Das einstige Gästehaus der Bauorganisation wurde von Grund auf renoviert und ist heute nicht wiederzuerkennen. Direkt im Zentrum, an der Nordseite des Zentralmarktes gelegen, hell, modern und komfortabel ausgestattet – alles, was man von einem Hotel in einem Land, das im Hotelwesen noch in den Kinderschuhen steckt, erwartet. Und das »Lux« hält, was sein Name verspricht. Es besteht aus 2 Zimmern mit Telefon und Fernseher, Schreibtisch, Kühlschrank, Geschirr. Es gibt auch Schlafzimmer mit getrennten Betten. Dezent und geschmackvoll sind die Zimmer, der Frühstücksraum und das Restaurant eingerichtet. Galimo pylimo 16 (Nähe Markt), ✆ 214238, Fax 214578, 21 Zimmer. EZ 200 Lit, DZ 300 Lit. Besser ausgestattete Apartments kosten für 1 Person 400 Lit, für 2 Personen 450 Lit. VISA-Karten werden akzeptiert. Das Hotel gehört der Erdölgesellschaft, die auch das »Lineja« in Nida und das »Pajūris« in Giruliai besitzt. Die Managerin des Hotels hat eine Traumkarriere gemacht, so wie sie wohl nur in einem Land des Umbruchs möglich ist: von der Arbeiterin über Putzfrau mit Nebenjob Lehrerin zur Hotelmanagerin. Und sie versteht ihr Fach. Das *Restaurant* (11 – 23 Uhr) ist auch für die Öffentlichkeit zugänglich.

*Astra:* Eine Hotelüberraschung: von außen sieht man nicht, wie hübsch es innen ist. Zentrale Lage am Fähranleger, sehr hell, grün-weiß gehalten, angenehme Atmosphäre; weiße handgearbeitete Möbel. Nehmen Sie ein Zimmer mit Blick aufs Haff (Nr. 8 – 11), Reservierung erforderlich. Sauna. Pilies 14, ✆ & Fax 216382, 12 Zimmer, DZ mit HP 160 Lit, Apartments mit HP, 2 bis 3 Zimmer 200 bis 380 Lit. EC, MC, VISA akzeptiert.

*Mabre:* Das Mabre-Handelszentrum am Markt bietet ein einfaches Apartment in einem der restaurierten Fachwerkbauten der Altstadt. Das Apartment ist gemütlich, auch wenn die Möbel nicht die modernsten sind, verfügt über Telefon, Fernseher, Kaffeemaschine, Kühlschrank. Eingang durchs Café, es gibt keinen eigenen Hoteleingang, auch von außen keine Hotel-Ausschilderung. Skerdejų 12, ✆ 210638, Fax 219197, 1 Apartment, keine Kreditkarten. Parkplatz im Hof (im Preis inklusive). Das DZ mit Frühstück kostet 200 Lit, akzeptiert werden auch gern (sogar lieber) 50 US$.

*Klaipėda:* Ich will das Hotel, das (zu) oft als bestes Haus in der Stadt bezeichnet wird, nicht vergessen. Der 1985 errichtete Backsteinbau ist schon lange nicht mehr der »neueste und modernste der Stadt« – alle vorab genannten Hotels haben ihm diesbezüglich etwas voraus. Das Klaipėda beherbergt vor allem Reisegruppen, leidet unter Warmwasserproblemen und hat außer seiner guten zentralen Lage an der Danė und dem sehr guten Service-Angebot nichts Besonderes zu bieten. Die guten Service-Angebote können Sie auch als Besucher in Anspruch nehmen: Zeitungskiosk mit deutschen Zeitungen, Wechselstelle, Massage, Café, Bar mit Panoramablick, Reisebüros mit Fährticket-Verkauf. Vorteilhaft ist der bewachte Parkplatz am Haus. Das vielgepriesene Showprogramm im Restaurant ist eine Striptease-Show, auch wenn sie als solche nicht ausgewiesen wird. Hochhaus mit 400 Betten: 45 EZ, 155 DZ, 15 Lux (für 2 Gäste), 3 Apartments (für 2 Gäste). Naujoji Sodo 1, ✆ 219960, 216971 (Reservierung), 217324, Fax 253911. Jedes Zimmer hat Bad oder Dusche, Telefon, Fernseher mit Satellitenprogramm. Die Preise: EZ 160 Lit, DZ 240 Lit, Lux 300 Lit, Apartment 400 Lit. Lux heißt in diesem Hotel: Schlafzimmer und Wohnzimmer, beide mit Schlafmöglichkeit, 2 Gäste können zu dem oben genannten Preis im Lux übernachten. Visa, Mastercard, Euroschecks werden akzeptiert. Vom Hafen zum Hotel: Bus 18, vom Busbahnhof und

Hauptbahnhof Bus 8 bis Bushaltestelle »Aikštė«.

*Prūsija:* Regina und Vladimir, zwei Armenier, führen dieses kleine Familienhotel in zentraler Lage. Das Personal spricht Deutsch. Hübsches Stadthaus, gepflegte Zimmer mit Telefon. Sehr gute Alternative zum großen Hotel Klaipėda (nur wenige Meter entfernt), wenn Sie dem Massenbetrieb entrinnen wollen. Das angeschlossene Restaurant bietet zwar eine reichhaltige Speisekarte, aber keine gute Qualität. Šimkaus 6, ✆ 255963, Fax 254377, 7 Zimmer. EZ 160 Lit, 3-Bett-Zimmer 200 Lit, Preise inklusive HP. Apartment 320 Lit. Keine Kreditkarten. Nutzen Sie den bewachten Parkplatz am Hotel »Klaipėda«.

### Bed & Breakfast und anderes

Wenn Ihnen ruhige Privatatmosphäre etwas außerhalb des Zentrums lieber ist, empfehle ich Ihnen ein **Privatzimmer** in einer sehr hübschen Villa. Ruhige Lage, schöner Garten. *Antanas Nauseda,* Viršutinė 18, ✆ 213263, die dem Bahnhof am nächsten gelegene Übernachtungsmöglichkeit. Ab 35 DM (er legt die Preise in DM fest, akzeptiert aber auch den Lit-Gegenwert) bekommen Sie hier ein Zimmer.

Nähe zu einheimischen Familien bietet auch Bed & Breakfast, in Klaipėda über Lintinterp-Meja, Šimkaus 21–8, ✆ 216962, Fax 25863/13771, und natürlich über die im allgemeinen Teil genannten Bed & Breakfast-Vermittlungsbüros.

Wenn Sie motorisiert sind oder die litauischen Minibusse (Sammeltaxis) nicht scheuen, lohnt es auch, eine Übernachtung **außerhalb des Zentrums** in Erwägung zu ziehen.

*Fortuna:* Kleine Pension in einem ruhig gelegenen Reihenhaus, 10 Minuten vom Stadtzentrum. Saubere Zimmer mit Telefon und Fernseher. Bequem, einfach und gemütlich, familiäre Atmosphäre. Minibar und Wäscheservice. Es gibt hier 8 Zimmer: 2 Lux (bestehend aus 2 Zimmern) zu 293 Lit, 3 EZ zu je 140 Lit, 2 besser ausgestattete EZ zu 200 Lit, 2 DZ zu 180 Lit mit Frühstück. Sehr günstig ist der mit Videokamera bewachte Parkplatz. Nebenan ist ein kleines Restaurant (11 – 23 Uhr). Poilsio 64, ✆ 275242, Fax 277280.

*Vetra:* Etwas ungünstig hinter dem Delfinas-Markt (Taikos prospektas) gelegen, das heißt verdeckt vom Marktgetümmel. Aber innen hübsch. Alle Zimmer verfügen über Telefon, Fernseher, Videos können Sie ausleihen. Im Erdgeschoß gibt es 10 Betten, 1 DZ kostet 200 Lit. Auf der 1. Etage sind die Zimmer einfacher: 60 Lit/DZ, hier gibt es 17 Zimmer, 2 davon sind Dreibettzimmer für 75 Lit. Keine Kreditkarten. Wählen Sie eines der renovierten, modernen Zimmer mit Telefon. Besonders schön Nr. 13, die in diesem Fall – was das Zimmer betrifft – Glück bringt. Taikos 80a, ✆ 254801, 17 Zimmer. Bewachter Parkplatz am Markt in der Taikos-Straße. Restaurant im Hotel 20 – 4 Uhr, mit Programm.

Beide Hotels sind mit den Minibussen in Richtung Taikos prospektas zu erreichen (2 Lit Pauschalpreis), sagen Sie dem Fahrer, er soll am Delfi-

*Frühling in Klaipėdas Gärten (Privatzimmervermittlung Fam. Nausėda)*

nas-Markt (Turgus) halten. Um zum Vetra zu gelangen, müssen Sie dann von der Hauptstraße den Markt überqueren (300 m). Zum Fortuna ist es weiter, da müssen Sie hinter dem Markt in das Viertel mit den Einfamilienhäusern hineinlaufen, 10 – 15 Minuten. Sie können zum Fortuna auch einen Minibus in Richtung Minijos-Smiltėlės gatvė nehmen und auf der Minijos-Straße auf Höhe Statybininkų-Straße aussteigen. Auch dann ist es noch ein großes Stück zu laufen: in die Statybininkų hinein und links in die Poilsio, 15 – 20 Minuten Fußweg. Übrigens: diese Hotels sind unter den Einheimischen meist unbekannt und sie können keine genaue Wegbeschreibung geben – also Taxi oder genauen Stadtplan. Meine Zeitangaben rechnen das Suchen nicht mit ein.

*Parkas:* An einem romantischen See vor den Toren der Stadt. Einfache Zimmer, aber man kann sich wohlfühlen. Eine preiswerte Alternative zu den ständig steigenden Hotelpreisen in der Innenstadt. Während des Baus ging das Geld aus, und so sind Sauna und Schwimmbad noch nicht fertiggestellt, auch nicht die Familienzimmer im obersten Stockwerk. Aber ein sehr gutes Restaurant gibt es und hoteleigene Garagen (10 Lit pro Nacht). Am Nordrand des Stadtparks, 10 Minuten vom Zentrum und von der Küste. Liepojos 7 (an der Ortsausfahrt nach Palanga, Verlängerung der Manto-Straße vom Stadtzentrum stadtauswärts), ✆ 298883, Fax 211451. Noch keine Kreditkarten, EC geplant. 22 Zimmer. Großer Bankettsaal, der auf Bestellung auch bewirtschaftet wird. DZ mit Dusche zu 140 Lit (mit Fernseher) bzw. 120 Lit (ohne Fernseher), EZ zu 100 Lit (mit Fernseher), Lux zu 220 Lit (das sind drei Zimmer mit Bad), im Dachgeschoß mehrere Familienzimmer (noch im Bau), alle Preise inklusive Frühstück.

## Cafés und Restaurants

Außer den erwähnten Cafés und Restaurants sind folgende empfehlenswert:

*Restaurant Žilinskas* in einem schlichten Fachwerkbau in der Nähe des Theaterplatzes, im Erdgeschoß befindet sich ein Privattheater, rechts die Treppe rauf führt zum Restaurant.

Originelle Inneneinrichtung, einfaches Essen, sehr gut und preiswert. Für ein Kaviarbrot als Vorspeise (Sumuštinis su ikra), Kalmaris (Tintenfisch) als Hauptspeise, ein Gläschen Sekt (200 g) und ein Eis (ledai) mit Nüssen bezahlt man zu zweit 40 Lit. Kurpių 1, ✆ 219010. Täglich 12 – 3 Uhr, Mo/Di Jazz.

*Dienovidis:* Grün dekoriertes Restaurant-Café in der Altstadt, hervorragend geeignet für einen Lunch-Stop. Wunderbare Blynai (Eierpfannkuchen) mit Quark und – je nach Köchin – echter leckerer Schlagsahne; bestellen Sie dafür: Blynai su varške (oder auch su bananai) und grietinele. Auch die Lachsbrote (Vorspeise) Sumuštinis su Lašisa sind gut. Essen Sie das zu zweit und trinken dazu einen Orangensaft und einen Kaffee, so bezahlen Sie 23 Lit. Ein hervorragendes Preis-Leistungs-Verhältnis. Galinės 16, ✆ 259126. 9 – 22.30 Uhr.

*Fotogalerija:* Originelles Café mit Galerie in der Altstadt. Schon das Zuschauen bei der Zeremonie der Kaffeezubereitung (türkisch) ist interessant. Tomo 7. 10 – 23 Uhr außer So/Mo. Eine Tasse Kaffee 1 Lit.

*Emilija:* Exzellentes Restaurant in der Altstadt, das dem Basketballspieler Algimantas Želnis gehört. Für ein Dinner mit Lachsbrot oder Hering mit Nüssen (silkė), mit Suppe (Syltinys) und Brötchen (bandelė), Hühnchenfilét (vištiena) in Weinsauce (vyno padaže) oder Krabben»finger« (krabų lazdeles) mit Käse (su suris), einem Bier (alus) oder Saft (sultys) und als Dessert ein Eis (ledai) mit Früchten (asorti) und Sahne (grietinele) sowie Kaffee (kava) zu zweit finden Sie 68 Lit auf der Rechnung. Da kann man es sich in jeder Hinsicht munden lassen.Turgaus 23. ✆ 257937. 10 – 24 Uhr.

*Po herbu:* Eines meiner Lieblingsrestaurants: »Unter dem Wappen« – historisches Gebäude mit einem der drei erhaltenen Stadtwappen an der Fassade. Zwei Teile: Bistro-Café und Restaurant. Das Bistro-Café ist das beste der Stadt für einen Snack zwischendurch und bietet Leckeres für den kleinen und großen Hunger. Das angeschlossene Restaurant bietet eine elegante Atmosphäre, umfangreiche Speisekarte und perfekte Bedienung. Ich empfehle Ihnen Hering (silkė) oder einen Salat (salatos) mit Pilzen (grybai) als Vorspeise, ein Fischgericht (žuvis) oder Hühnchen mit Nüssen als Hauptgang, dann noch einen Kaffee und das zu zweit – dann kostet es 72 Lit. Und Sie haben hervorragend gespeist. Tiltų 1, ✆ 215707. Täglich 12 – 24 Uhr.

*Meridianas:* Von außen recht attraktiv, dieser alte Dreimaster. Drinnen kann man Pech haben mit langsamer, unfreundlicher Bedienung und lauwarmem Essen. Einfach, rustikal. Danė krantinė/Danėufer. ✆ 216851. Täglich 12 – 16, 18.30 – 1 Uhr.

*Bistro im Hotel Klaipėda:* Naujoji sodo 1, 12 – 23 Uhr.

*Antika:* Hier speisen Sie unter einem weißen Kellergewölbe bei klassischer Musik. Liepų 12. ✆ 217075. Täglich 11 – 23 Uhr.

*Puriena:* Wenn Sie einmal mit vielen Einheimischen essen wollen. Etwas kitschig eingerichtet und sehr einfach, aber gut für einen schnellen Lunch, freundliche Bedienung. Außerordentlich preiswert. Viele Litauer kommen in der Mittagspause hierher. Sukilelių 11. Kein Telefon. Täglich 8.30 – 22 Uhr, Sa – So 12 – 21 Uhr. Nähe Theaterplatz.

*Taravos Anikė:* ein nettes Terrassencafé mit Blick auf das Ensemble am Theaterplatz und einer Tasse Kaffee fast direkt zu Füßen des Ännchen. Sukilelių 8 – 10. Täglich 10 – 22 Uhr, So 14 – 22 Uhr.

*Altstadtrestaurant:* in der Nähe des Klein-Litauen-Museums in einem Innenhof, folgen Sie den Schildern mit der Aufschrift Senamiestis (Altstadt, so heißt das Restaurant). Selten ist ein Restaurant in Litauen so gut ausgeschildert. Etwas dunkel, aber nett und gemütlich. Bier vom Faß. Obstsaft und dazu Salat und Blynai oder Hühnchenfilét (vištieno filey) kostet rund 15 Lit. Bažnyčių 4, Ecke S. Jokuzio leidykla, ℂ 2/36197, 15761. Täglich 12 – 24 Uhr.

*Lūja:* Eine Empfehlung fürs Abendessen. Elegantes Restaurant mit Musikuntermalung, die machmal etwas laut wird. Dem kann man vorbeugen, wenn man sich in der Nische hinten rechts plazieren läßt. Umfangreiche Speisen- und Spirituosenkarte, auch in Englisch. Ein Schild am Eingang weist auf die Kleiderordnung hin: Krawatte muß nicht unbedingt sein, aber Jeans sind nicht willkommen. Diese Forderung ist etwas übertrieben, denn Restaurants wie »Vaiva« oder »Po herbu« haben das gleiche Niveau und kommen auch ohne solch ein Schild aus. Hier wird es schon etwas teurer: Beluga-Vorspeise, Borschtsch-Suppe, Karbonade, Lachs (Lašisa), gebratene Bananen, Prosecco, Kaffee mit Zitrone – alles zu zweit: 130 Lit. Allerdings sind die Weine nicht immer gut gekühlt. Manto 20. ℂ 214645, Fax 259473. Täglich 12 – 24 Uhr.

*Vaiva:* Schräg gegenüber vom »Lūja«, auch in der Manto, in einem ehemaligen Kino neben der Bank. Ein sehr feines, exclusives Restaurant. Vom ehemaligen Kino-Klotz außen nicht abschrecken lassen. Helles, in orange-weiß gehaltenes Interieur. Professionelle, aufmerksame Bedienung. Großes Angebot an Fisch und Meeresfrüchten. Leise Klaviermusik. Eines der besten Restaurants der Stadt. Mehrsprachige Speisekarte. Achtung: Auštres marinotes sind keine Austern, sondern Miesmuscheln. Das »Vaiva« ist zwar kein spezielles Fischrestaurant, aber hier gibt es den besten Fisch der Stadt, von Aal über Krebs bis zu dem wirklich leckeren Zander in polnischer Sauce. Für ein Menü zu zweit bezahlen Sie ab 90 Lit aufwärts, aber es lohnt sich. Im Sommer Terrasse – doch innen ist es angenehmer als in der lauten Manto. Draußen präsentieren sich die neuen Aufsteiger mit ihren Handies. Manto 11. ℂ 217075. Täglich 12 – 24 Uhr. Visa, Diners werden akzeptiert.

*Metų Lakai* (»Jahreszeiten«): Im Sommer lockt die Terrasse mitten im Skulpturenpark, die wenigen Plätze sind dann oft nicht ausreichend. Innen etwas spartanisch und dunkel. Fragen Sie die Köchin nach der Empfehlung des Tages. Donelaičio 6a/an den Tennisplätzen. ✆ 216710. Täglich 12 – 23 Uhr.

*Vokiečiu Baras* (»Deutsche Bar«): Deutsch ist die Speisekarte sowie die Spargelcremesuppe und das Schweinesteak mit Spargel (Spargel ist übrigens Litauern völlig unbekannt). Die Qualität macht Höhen und Tiefen durch. Kontrollieren Sie die Preise auf der Rechnung vor allem bei den Spirituosen, hier habe ich es am häufigsten erlebt, daß die Rechnungssumme manipuliert wurde. Auch als »Wintergarten« bekannt, da es das einzige Restaurant mit verglastem Anbau ist. Im Sommer große, schöne Terrasse. An einem kalten Herbsttag einen Tee mit Rum, dazu eine Soljanka und Zander (sterkas) mit Krabben»fingern« (krabų lazdeles), ein Gläschen Sekt (200 g) und Kaffee, dafür zahlen Sie 75 Lit zu zweit. Daukanto 24. ✆ 217979. Täglich 10 – 24 Uhr.

*Astra:* Helles, schönes Restaurant mit sehr freundlicher Bedienung im gleichnamigen Hotel. Litauische Spezialitäten: Cepelinai, Blynai. Nähe Fähranleger und Theaterplatz. ✆ 216420, 250232. Täglich 12 – 20 Uhr (im Winter nur für Hotelgäste).

*Pizzeria:* Gute Pizza gibt es im Bistro an der Litofinn-Tankstelle, Šilutės plentas/Ortsausfahrt Šilutė-Sovetskas.

*Gaststätte:* An der Šimkaus-Straße in Richtung Daukanto liegt rechts ein kleines Restaurant; einfach, unscheinbar und namenlos. Hier gibt es gute litauische Koldunai. Im Sommer auch eine kleine, bescheidene Terrasse draußen. Bitten Sie die Kellnerin nett, daß Sie auch draußen warme Speisen bekommen. Als Ausländer glaubt man Ihnen, daß Sie nicht am Geschirr interessiert sind. Ich selbst habe es mit eigenen Augen miterlebt, wie die Kellnerin Gläser gerade noch retten konnte, bevor sie in der Tasche eines Vorbeigehenden verschwanden.

*Pemininkai:* Versteckt im Neubauviertel am großen Taikos prospektas. Gut, aber völlig überteuert. Treff der Neureichen der Stadt. Taikos 81a, südöstlich der Altstadt. ✆ 230580, 230595. Täglich 12 – 18, 19 – 1 Uhr.

*Vyturis:* 1993 noch das beste der Stadt, heute überflügelt von den vorgenannten neuen Altstadtrestaurants. Altmodische kühle Einrichtung, aber freundliche Bedienung. Es ist ein litauisch-deutsches Gemeinschaftsunternehmen, was sich in der Speisekarte aber nicht niederschlägt. Das Cordon bleu ist sehr gut. Dieses zusammen mit einer Lachsvorspeise, einem Ananassaft und gebratenen Bananen als Dessert kostet Sie für zwei 25 Lit, ein wirklich sehr ziviler Preis, allerdings müssen Sie dafür in die Wohnviertel der Litauer fahren. Folgen Sie der Smilteles gatvė in Richtung Šilutė-Sovetskas, an der letzten Ampel vor der Litofinn-Tankstelle (Kreuzung mit Šilutės plentas) rechts: Laukininkų 13. ✆ 229791, 29735. Täglich 12 – 18, 19 – 1 Uhr.

Zuletzt noch ein gutes Restaurant, das etwas abseits der bisher erwähnten Wege liegt, im Gebäude des Stadtrates: *Trio.* Gute schnelle Küche. Ein Kiewer Kotelett (Hühnchen-Roulade gefüllt), einen Krabbensalat (krabų salatos), ein Eis mit Schlagsahne (ledai su grietinele), einen Saft, einen Tee (arbata) und Amaretto (50 g), das zu zweit: 47 Lit. Vilties 12. ℘ 211836. 9 – 23 Uhr. Nördlich der Neustadt an der Universität.

## Ausgehen

*Dramos Teatros:* Schauspielhaus, Dramatisches Theater. Eintrittskarten sind preiswert. Jeweils ein Stück pro Saison. Theaterkasse täglich außer Mo 11 – 14 und 16.30 – 19 Uhr. Teatro 2. ℘ 217878, 212589.

*Žilinskas-Theater:* Das erste Privattheater der Stadt. Gespielt wird meist jeden Donnerstag, 18.30 Uhr. Oftmals auch gute Gastspiele. Klein, private Atmosphäre. Jurpių 1. ℘ 219010.

*Klaipėdos filharmonija, Philharmonie:* Plakate mit aktuellem Programm am Haus. Danės 19, am Musiktheater (gleiches Gebäude, Seiteneingang). ℘ 213959, 217296.

*Musikinis Teatras, Musiktheater:* Für Opern- und Operettenfreunde. Danės 19, am Zentralplatz. ℘ 216260.

*Konzertsaal des Konservatoriums:* Optisch und akustisch sehr schön. Das aktuelle Programm entnehmen Sie Plakaten an Litfaßsäulen und am Konservatorium. Donelaičio 4. ℘ 256495, 293642.

## Einkaufen

*Jūros Dovanos:* Der einzige Laden in Litauen, der originellen Muschelschmuck anbietet. Ergänzung und Alternative zum weitverbreiteten Bernsteinschmuck, den Sie an jeder Ecke kaufen können. Doch selbst im Bernsteinschmuck hat dieses Geschäft den anderen einiges voraus: geschmackvolle Verarbeitungsideen, wie Sie sie selten finden. Der außergewöhnliche Laden gehört der Muschelschmuck-Künstlerin Joana Martinkienė. Ihre Tochter fertigt den Bernsteinschmuck. Sehr preiswert. Kepėjų 8a (Altstadt, Nähe Theaterplatz). ℘ 218692. Mo – Sa 10 – 18 Uhr.

*Tautodailės Galerija:* Herrlicher Bernsteinschmuck, Leinen, Korbwaren. Aukštoji 5. ℘ 217289. Täglich außer So 9 – 13, 14 – 18 Uhr.

*Marginiai:* Kunstgewerbeladen an der Südseite des Theaters. Bernstein, Holz, Leinen, Gemälde. Teatro 3. ℘ 259803. Täglich außer Mo und So 11 – 14 und 15 – 19 Uhr.

*Taravos Anikė:* Interessantes Angebot an litauischer Keramik, Leinen, litauische Kunst, Bernstein, Holzschnitzereien. Sukilėlių 8 – 10. ℘ 217308. Täglich außer So 10 – 14 und 15 – 19 Uhr, Sa 10 – 18 Uhr.

*Forma:* Sehr interessante Glaskugeln und Lederbüchlein. Modernes litauisches Kunsthandwerk, Leder, Glas und andere außergewöhnliche Sachen; etwas versteckt hinter dem Hotel Klaipėda. Linker Seiteneingang, dann durch zwei Glastüren und nach links – immer durchgehen, es lohnt sich, das versteckte Lädchen zu suchen. Danės 17. ℘ 215777. Täglich außer So 12 – 19 Uhr.

*Bohema Galerija:* Moderne Kunst und Keramik. Aukštoji 31. ℘ 216508. Täglich außer So und Mo 11 – 14, 15 – 18 Uhr.

*Baroti Galerija:* Kunstgalerie. Bažnyčių/Daržų 10. ℘ 215236, 252948. Täglich außer So 11 – 13, 14 – 18 Uhr.

*Museum für Schmiedehandwerk*

*Dailė:* Reiche Auswahl an Leinen, Decken, Bernstein, Gemälde. Turgaus 7. ✆ 215777. Täglich außer So – Mo 10 – 14, 15 – 19 Uhr.

*Galerija Pašiuntinių:* Täglich außer So 10 – 13, 14 – 19 Uhr.

*Anike:* Blumenladen am Teatro aikšte 7, ✆ 51528, täglich geöffnet. Ingrida und ihre Kolleginnen fertigen Ihnen sicher das hübscheste Blumenarrangement der Stadt.

Vor allem für frisches Obst und Gemüse sowie Räucherfisch empfehlen sich die **Märkte:** *Zentralmarkt* in der Altstadt zwischen Tiltų und Pilies und der zweite große Markt, am Taikos prospektas – von der Tiltų stadtauswärts, vorbei an »Naktione«, auf der gleichen Straßenseite (rechts, von der Altstadt kommend). Es beginnt früh am Morgen und endet am späten Abend, Blumenverkauf bis nachts, genaue Öffnungszeiten gibt es nicht.

*Naktigone:* Einkaufen wie daheim. Großer Supermarkt, nur mit Wachpersonal. Teuer, aber es gibt alles unter einem Dach. Parkplätze vor dem Haus. Das Beste: 24 Stunden geöffnet. Am großen Taikos prospektas, der vom Zentrum in die Neubauviertel Klaipėdas führt.

*Kampas:* Kleiner, aber auch gut bestückt, mit kleinem Bistro. Liepų 20. Täglich außer So 9 – 19 Uhr.

**Ofenfrisches Brot:** Brotfabrik mit Verkauf: Viršutinė 32, Mo – Fr 8.30 – 19 Uhr, Sa 8.30 – 17 Uhr, So 8.30 – 4 Uhr.

## Nützliches

**Russisches Visum:** Sollten Sie sich erst vor Ort in Litauen für einen Ausflug ins Königsberger Gebiet entscheiden und in Bonn noch kein russisches Visum gekauft haben, dann haben Sie noch eine Chance beim Russischen Konsulat in Klaipėda. Aber nur im Notfall, es ist sicherer und schneller, alles vorher in Bonn zu erledigen. In Klaipėda wenden Sie sich an das *Russische Generalkosulat* in der Janonio 24, ✆ 299674. Abholung der Anträge (Formulare) und Annahme der ausgefüllten Anträge (mit 4 Paßbildern und 40 US$ – Preis schwankt aus undurchschaubaren Gründen) Mo – Di, Do – Fr 10 – 13 Uhr; Abholung der fertigen Visa ab vereinbartem Termin Mo – Di, Do – Fr 15 – 17 Uhr, Mi geschlossen. Rechnen Sie mit Schlangen und manchmal unfreundlichem Personal und bringen Sie viel Zeit mit.

**Banken:** Auf der Turgaus-Straße, Nähe Theaterplatz, reiht sich eine Bank an die andere. Die eine nimmt auch Kreditkarten (Eurocard ist die Gängigste), die andere auch Traveller-Schecks, die nächste auch Euroschecks; keine alles, aber das Richtige findet man. Die Mittagspausen liegen versetzt, so daß zumindest zum Bargeldtausch immer eine offene Bank zu finden ist. Wechselstellen für Bargeld überall in der Stadt, auf der Manto-Straße und auf den Märkten auch spätabends und frühmorgens.

**Stadtrundgänge:** *Reisebüros Eurika-Tours:* Alle aktuellen Informationen, individuelle Programmgestaltung, deutschsprachig. An Laima wenden. Puodžių 20 – 1a. ℗ 253375, 19973. Fax 218578.

*Ost-West-Reise-Service* im Hotel Klaipėda, Zimmer 108. ℗ und Fax 254354.

Private Reiseführer, auch zu speziellen historischen, kulturellen, botanischen o.a. Fragen in Klaipėda und Umgebung: über *Laima Kaubrienė*, ℗ 222597.

### Gesundheit

**Apotheke:** *Mabre-Apotheke,* Skerdėjų 12. ℗ 219218.

*Apotheke-Vaistine,* Turgaus 22. Mo – Fr 9 – 19 Uhr, Sa 10 – 18 Uhr, So geschlossen.

**Krankenhaus:** *Miesto ligonine,* Kretingos pl. 97. ℗ 256243, 17214. Verlängerung der Manto stadtauswärts, Richtung Palanga.

### Post & Telefon

**Sonderstempel:** Auf der Alten Post (Senasis Paštas) in der Altstadt. Aukštoji 13. ℗ 215931. Täglich außer So 10 – 14, 15 – 18 Uhr.

**Vorwahl:** Klaipėda inklusive Smiltynė: 8-langer Ton-261-innerhalb Litauens oder Fernamt 8-194, 8-195. Vom Ausland nach Litauen: -370. Dann für Klaipėda 6.

Von Litauen ins Ausland: 8-langer Ton-10-Landesvorwahl ohne 0 (Deutschland 49). Nach Riga: 8-langer Ton-0132. Nach Tallinn: 8-langer Ton-0142. Achtung: Seit 1995 muß allen alten Telefonnummern durch die Umstellung auf das digitale System eine 2 vorangestellt werden. Damit hat Klaipėda durchweg 6stellige Nummern. Die Hauptpost in der Liepų 16 vermittelt alle Gespräche; 24-Stunden-Service, auch für Telegramme und Faxe.

**Kopieren und Faxen:** So nach und nach öffnen private Copy Shops und Faxbüros, im Durchschnitt kostet eine Kopie 30 – 40 Cent und ein Fax nach Deutschland Minimum 33 Lit. Außer der Hauptpost ist Faxen und Kopieren möglich bei der *Firma Balco* im Kino Capitol, Erdgeschoß links, Manto-Straße. Mo – Fr 10 – 18 Uhr, Sa 10 – 14 Uhr. Daiva ist sehr freundlich, Sie können Ihr Fax auch im Büro lassen, wenn die Verbindung nicht sofort steht und Sie nicht warten wollen, Ihr Auftrag wird zuverlässig erfüllt.

### Sport

**Fliegen:** Haben Sie Lust auf einen Rundflug über Klaipėda oder auch über die Žemaitija, dann wenden Sie sich an den *Aeroklub Klaipėda*. Der Präsident (spricht etwas Englisch) zeigt Ihnen gern die Motor- und Segelflugzeuge und organisiert einen Rundflug. Herr Algimantas Skurdenis ist zugleich Dekan der Technischen Fakultät der Universität Klaipėda: Bujunų 17. ✆ 295522. Privat: ✆ 250590. Sie können hier auch Ihren Flugschein machen. Erwarten Sie keine hochmodernen Maschinen – bei meinem ersten Probeflug klopfte mir schon etwas das Herz, aber das ist wohl gerade das Spannende und Interessante. Rundflüge in AN-2: ✆ 254414.

**Tennis:** Im Mažvydo-Skulpturenpark. Hinter dem Restaurant »Metų Lakai«. ✆ 270642, 13312.

**Wassersport:** Wassertreter gibt's im Sommer an der Danėbrücke, Altstadt, neben dem Meridianas-Dreimaster.

## *Ausflüge nach Norden*
### Das Seebad Melnragė

Fahren Sie auf der Hauptachse der Klaipėda-Neustadt, der Manto-Straße, stadtauswärts in Richtung Palanga. Rechterhand liegt das sogenannte »kleine Dorf«, früher das einzige Stadtviertel, in dem Eigenheime gebaut werden durften. Die Manto geht hier in die Kretingos-Chaussee über. Linkerhand liegt der Stadtpark mit schönen Spazierwegen und im Sommer mit einem Vergnügungspark für die Kinder. An der Kreuzung vor dem Park folgen Sie dem Schild »Giruliai« nach links. Sie kommen durch schönen Wald mit einladenden Spazierwegen, überqueren auf einer Brücke die Eisenbahnlinien und fahren immer geradeaus hinein nach Melnragė, die Straße endet kurz vor dem Strand auf einem kleinen Parkplatz. Oder Sie nehmen den Bus 4 oder 6 oder eines der kleinen Sammeltaxis. Sie könnten auch einen längeren Spaziergang durch den Stadtpark nach Melnragė unternehmen, vom Zentrum 4 km.

Melnragė, auf deutsch *Mellnragen*, ist eine kleine Fischersiedlung, die 1946 an Klaipėda angeschlossen wurde und heute Strand- und Erholungszone der Städter ist. Die in den schriftlichen Quellen des Deutschen Ordens erwähnten Wälder um Klaipėda herum wurden im Laufe der Zeit für den Schiffs-, Haus- und Burgbau vollkommen abgeholzt. Erosion und vom Meer herangewehter Sand begruben Felder und Weiden unter sich, weshalb 1809 per Verordnung der Küstenstreifen bepflanzt wurde. Schließlich (bis 1830) bewaldete man den gesamten Küstenstreifen vom Leuchtturm bis zur »Holländischen Mütze« nördlich von Giruliai. Wohlhabende Kaufleute waren die ersten Investoren, die Erholungsgebiete Klaipėdas etablierten sich bereits im 19. Jahrhundert. 1835 gab es erstmals Satzungen für die Seebäder bei Klaipėda. Dazu gehörte auch Melnragė. Mitte des 19. Jahrhunderts wurde eine Promenade angelegt, die von der Stadt bis zum alten Gutshof Tauerlauken und zur Mole führte. Auf alten Postkarten können Sie den Glanz dieser Seebäder mit ihren schmucken Villen und Ziergärten noch erahnen.

Der **Strand** in Melnragė ist sehr schön, breit, feinsandig. Spazieren Sie am Strand links – 500 m –, so kommen Sie zur Mole, auf dieser können Sie bis zur Spitze entlanggehen. Linkerhand das Hafengelände. Hier können Sie die Einfahrt der Fähren beobachten, eine sehr gefährliche Einfahrt von der offenen See ins Haff. Wie gefährlich, sieht man an dem deutschen Frachter bzw. dessen Resten, die noch an der Molenspitze aus dem Wasser ragen. Das Wrack sollte geborgen werden, doch auch das Bergungsschiff trieb im Sturm ab. Auf der anderen Seite der Hafeneinfahrt sehen Sie die Kurische Nehrung und die Südmole im Ortsteil Smiltynė (Sandkrug). Die Molen wurden gebaut, um die Hafeneinfahrt gegen Schwemmsand zu schützen: 1733 die südliche Mole (Süderspitze) und 1834 die nördliche Mole, die später nochmals verlängert wurde.

Zurück an der Straße, spazieren Sie in die Seitenstraße vor dem *Hotel-Restaurant Morena* rechts (vom Strand kommend) hinein und kommen zum Leuchtturm und am Ende der Straße zur Erdölgesellschaft »Nafta« Klaipėda, die Eignerin verschiedener Hotels ist und oft für Schlagzeilen sorgt, so mit dem Plan des Baus eines Terminals bei Šventoji, Küste (Seite 197).

Der Leuchtturm wurde 1796 nach einem Entwurf des Architekten S. Liliental gebaut. Er steht unweit der Nordmole. 1874 wurde seine Außenseite mit den rot-weißen Quadraten versehen, weshalb er *Roter Leuchtturm* genannt wird. Bis heute ist er fast unverändert. Er ist 29,2 m hoch und 16 Meilen weit zu sehen.

### Unterkunft & Essen

*Hotel Morena*, Sommerhaus, 200 m zum Strand. Audro 8a, ✆ 298456, 298111 (Reservierung), 17 Zimmer, 160 – 220 Lit, DZ. Hier können Sie auch gut essen: eine nette kleine, wenn auch etwas dunkle Wirtschaft.

**Vorwahl:** Für Melnragė gilt die gleiche Vorwahl wie für Klaipėda: 8-langer Ton-26.

**Telefonauskunft** 09.

## Sand & Wald in Giruliai

Herrlicher Strand, Meer, Kiefern- und Birkenwald, Ruhe, frische jodhaltige Luft, das alles finden Sie nur wenige Minuten vor den Toren Klaipėdas. Giruliai ist die größte Erholungszone Klaipėdas, 7 km nördlich vor der Stadt. Die Anfahrt wie Melnragė, aber bevor Sie nach Melnragė hineinfahren, müssen Sie rechts den Abzweig nach Giruliai nehmen. Die Anfahrt ist herrlich, der Wald bildet über der Straße einen Tunnel. Im Frühling duften die frischgrünen Birken, im Herbst leuchten hier Blätter in allen Gelb-, Grün-, Braun- und Rottönen. An der Straße nach links sind zwei Parkplätze ausgeschildert, die direkt hinter den Dünen liegen, ruhige Strandzugänge.

Von drei Seiten ist Giruliai, zu deutsch *Försterei* genannt, von Wald umgeben, der im 19. Jahrhundert von Kaufleuten angelegt wurde und heute auch unter Naturschutz steht, wie ganz Giruliai ein botanisches und zoologisches Schutzgebiet ist. Auf der vierten Seite erstrecken sich der lange, breite, weiße, feine Sandstrand und die Schutzdüne. Die schlimmen Stürme von 1993 zerstörten viel von der Dünenanlage, was jetzt in langwieriger, mühevoller Arbeit wieder aufgebaut wird.

Als Kurort ist Giruliai seit 1863 bekannt. Da wurden die ersten reich verzierten Villen gebaut, bis 1923 gab es 17 der hübschen Holzvillen. In der Sowjetzeit kamen viele Ferienheime von litauischen Firmen hinzu, die Villen wurden zu Kinderferienlagern oder Sanatorien umfunktioniert. Noch bis heute gibt es hier das Kindersanatorium *Smiltéle,* Wochenkindergärten und ein Säuglingsheim. Die einst wunderschönen Villen sind oft dem Verfall preisgegeben, da die Firmen kein Geld für notwendige Renovierungen haben oder nicht mehr existieren.

### *Anfahrt & Praktisches*

Nach Giruliai bringt Sie der Bus Nr. 6 oder eines der Sammeltaxis. Der Bus hält auch an den vorgenannten Parkplätzen, und im Sammeltaxi rufen Sie einfach »Stop«. Sehr schön ist auch ein Spaziergang von Melnragé am Strand oder durch den Wald. Melnragé und Giruliai sind durch einen herrlichen Waldweg verbunden, auch gut geeignet für eine Radtour. Er führt parallel zur Straße bzw. zum Strand mitten durch den Wald. Der Hauptzugang zum Strand ist von der Hauptstraße an der Kreuzung links, rechts führt die Straße hinauf zum Sanatorium »Pajuris«. An diesem Strandzugang ist ein großer Parkplatz, und im Sommer gibt es Imbißstände. Geradeaus geht's weiter durch wunderbaren Wald in Richtung Karklé, auch hier finden Sie noch einige Strandzugänge, und links beginnt auch der Dünenkammweg nach Karklé. Möglichkeiten zum Spazieren und Radfahren gibt's um Giruliai en masse. Rechts hinauf (am Schild »Pajuris«) kommen Sie ins Dorf Giruliai und zu einer Grillbar – sollten Sie Appetit auf Hähnchen verspüren.

**Wassersport:** Geräte werden im Sommer am Strand von Giruliai ausgeliehen.

**Vorwahl:** Für Giruliai gilt die gleiche Vorwahl wie für Klaipéda: 8-langer Ton-26 (innerhalb Litauens) und vom Ausland: -370-6-.

**Auskunft** 09.

### *Unterkunft & Essen*

Der Platz links an der Auffahrt zum Sanatorium-Hotel Pajuris ist ein *Campingplatz,* doch ohne sanitäre Anlagen. Unbewacht. Zur Übernachtung empfehle ich Ihnen sehr das ehemalige Santorium *Pajuris*. Es wurde jetzt zum Teil als Hotel umgebaut. Sehr ruhige Lage, idyllisch im Wald. Großzügige Zimmer. Ideal im Winter, das Haus ist mit Sicherheit geheizt. Es ist ein angenehmes Gefühl, aus dem Winterwald von Giruliai, von den schneebedeckten Dünen und dem vereisten Strand in die Wärme des Hotels zurückkehren zu können. Ich habe hier manchen Wintertag verbracht und war stets vollauf zufrieden. Es gibt hier auch eine sehr schöne neue Sauna und ein modernes

Schwimmbad – diese sind aber überteuert: jeweils 100 Lit pro Stunde. 800 m zum Strand. 75 Betten. Rechtzeitig reservieren, da im Sommer viele deutsche Reisegruppen hier sind. Buchen können Sie mit Frühstück, HP, VP, für die Hotelgäste gibt es einen Extra-Frühstücksraum. 180 Lit EZ, 215 Lit DZ, Apartments für 1 – 3 Personen 280 – 360 Lit, alles inklusive HP. Slatio 18a, Galinio pylimo 16, Giruliai, ✆ 290154 (Rezeption), 290137. Fax 290142.

Das Hotel verfügt über ein ausgezeichnetes *Restaurant,* das sogar eine Tour von Klaipėda aus wert ist: modern, gemütlich, mit umfangreicher Speisekarte, die auch hält, was sie verspricht. Probieren Sie das Panevėžio Filét und die Blynai mit Kaviar (su ikra). Sehr lecker. ✆ 290082, 290012, 290157. Täglich 18 – 2 Uhr.

## Leben und Sterben in Karklė

Und nun noch eine ganz besondere Empfehlung: Stellen Sie Ihr Auto in Melnragė oder in Giruliai auf dem großen Parkplatz ab und wandern Sie am Strand entlang nach *Karklė* (Karkelbeck). Karklė ist ein unscheinbares kleines Fischerdorf zwischen Klaipėda-Giruliai und Palanga und auf vielen Karten gar nicht erst verzeichnet. Es hat jedoch alles zu bieten: eine nette kleine Pension, ein exclusives Restaurant, herrlichen Wald, Dünen, einen Dünenkammweg, Möglichkeiten für Radler und vor allem einsamen Strand und die einzige und sehr schöne Steilküste Litauens. Auf das nächste Stückchen Steilküste treffen Sie erst wieder in Lettland auf der Fahrt von Liepāja nach Ventspils und dann wieder in Estland bei Ontika vor Narva-Joesuu. Der Blick vom Meeresstrand das Steilufer hinauf ist phantastisch. Hier sind Sie oft völlig allein am Strand und finden idyllische Ruhe, schöne Steine, Muscheln und vielleicht zwischen dem Seetang sogar ein winziges Stück Bernstein. Dieser Strandspaziergang von Giruliai nach Karklė lohnt sich wirklich; rechnen Sie zwei Stunden, mit Verweilpausen und einem Picknick am Strand etwas mehr.

Wenn Sie die Steilküste passiert haben, achten Sie rechts auf einen kleinen Weg nach oben, nicht ausgeschildert, aber gut zu sehen. Er führt Sie ins Dorf, durch ein ehemaliges »Pionierlager« hindurch. Sie können nach einer Stärkung im *Restaurant Karklė* den Weg am Strand auch bis Palanga fortsetzen, doch dazu brauchen Sie schon mehr Kondition – prinzipiell könnten Sie die gesamte litauische Meeresküste am Strand entlanglaufen. Wenn Sie ins Dorf zur Hauptstraße gelangt sind, halten Sie sich links. Etwa 200 m die Straße entlang, dann sehen Sie rechts ein respektables Landhaus, das sich in Größe und Bauweise von den Fischerkaten abhebt, davor ist ein Parkplatz, auf dem meist große Wagen stehen. Hier also ist das Restaurant Karklė, ✆ 8, 240, 41101, 12 – 22 Uhr, das nicht zu Unrecht für sein leckeres, einfallsreiches Essen bekannt ist. Sie werden jedoch nirgendwo ein Schild finden, ein Name existiert überhaupt nicht und die Leitung beabsichtigt das in Zukunft auch nicht zu ändern. Man kennt es (oder nicht), die Gäste, die einmal da waren, kommen wieder, sagt das Management und ist an keiner Werbung interessiert. Das ausgezeichnete Essen im Restaurant hat seinen Preis, und zu zweit müssen Sie für ein dreigängiges Menü mit einem der wirklich sehr guten Fischgerichte mit etwa 100 Lit rechnen. Mit dem Auto fahren Sie von Giruliai die von Klaipėda-Melnragė kommende Straße weiter geradeaus (nicht rechts hoch zum Pajūris-Sanatorium und nicht links runter zum Strand). Achtung: überraschende Vorfahrtsregelung. Diese Straße führt Sie direkt nach Karklė hinein, dann sehen Sie das Holzschild »Žilvitis« (links geht es über den Sportplatz und durchs Pionierlager zur Steilküste und zum Strand runter), nach 200 m geradeaus sehen Sie rechts das Landhaus mit dem Restaurant. Eingang zum Restaurant von der Parkplatzseite. Auch mit den Fahrrädern ist es eine lohnende Tour von Klaipėda oder Giruliai aus, die Straße ist nicht stark befahren, und von Melnragė bis Giruliai können Sie auf dem parallel zur Straße durch den Wald führenden Rad- und Spazierweg radeln; zwischen Giruliai und Karklė können Sie auch rechts in den Wald hineinfahren und auf dem Dü-

*Gebetsstock am Wegesrand*

nenkammweg bis ins Fischerdorf gelangen. Eine wunderbare Tour. Einen halben Tag sollten Sie für Karklė einplanen. Die bereits genannte Landstraße ist asphaltiert und geht hinter dem Dorf in eine Schotterstraße über, diese führt Sie über das ehemalige *Nimmersatt* (Nemirseta) – bekannt als nördlichster Grenzpunkt des ehemaligen Deutschen Reiches – nach

Palanga. Wir sind also in dem letzten Zipfel des ehemaligen deutschen Gebietes, und so wie Klaipėda als Memel, Melnragė als Mellnragen, Giruliai als Försterei bekannt war, so trug auch Karklė einen deutschen Namen: Karkelbeck. Historisch interessant ist der alte *Friedhof,* der ebenso wie die Steilküste einen Besuch lohnt. Er versteckt sich oben auf der Steilküste, und angesichts des Meeresrauschens und seiner idyllischen Lage ist man fast geneigt zu sagen: hier möchte man seine letzte Ruhe finden. Die heute noch erhaltenen Gräber datieren bis in die 40er Jahre zurück, der Friedhof selbst ist älter. Sie finden hier noch einfache alte Holzkreuze, angegriffen von der Witterung, mit zahlreichen deutschen Namen darauf.

Gehen Sie davon aus, daß in Karklė nichts ausgeschildert ist, so auch nicht der Kammweg, den ich Ihnen als Alternative zum Rückweg am Strand empfehlen möchte. Der Weg beginnt am Südrand des Dorfes im Wald, folgen Sie von der Landstraße einem Sandweg rechts (in Richtung Giruliai), der oben auf der Steilküste entlang, durch den Wald bis kurz vor Giruliai führt, wo er wieder auf die Landstraße trifft. Für die, die abseits der Stadt in einem Fischerdorf Urlaub machen wollen, gibt es eine kleine Familienpension: das Haus der *Familie Bučys.* Von Klaipėda-Giruliai auf der Landstraße kommend, nehmen Sie an den blauen Briefkästen links den Weg, er führt Sie zum Haus der Familie Bučys. Sie vermietet preiswerte, gemütliche Zimmer. Herr Bučys ist Fischer und nimmt Sie auch gern zum Fischen mit. Hier können Sie auch für längere Zeit ein Apartment mieten. Links hinter dem kleinen Fischerhaus neben der Pension beginnen schöne Waldwege, auch ein Weg zum Friedhof und zum Dünenkamm. Postanschrift: Petras Bučys, Kalotes pastas, Karklė kaimas, Klaipėdos rajonas. Direkt in der Pension gibt es kein Telefon – reservieren können Sie über Maria in Klaipėda, eine Freundin der Familie Bučys – ✆ Klaipėda-293650 (spricht Deutsch). 5 Zimmer mit Dusche und WC, ab 25 DM (die Familie legt die Preise in DM fest, da die meisten Feriengäste Deutsche sind, akzeptiert natürlich auch den Lit-Gegenwert).

# PALANGA & ŽEMAITIJA

GESCHICHTE & GEGENWART

NATUR & KULTUR

REISEPRAXIS

KLAIPĖDA

PALANGA & ŽEMAITIJA

KURISCHE NEHRUNG & NEMUNAS

KAUNAS & DER SÜDEN

VILNIUS & DIE AUKŠTAITIJA

# DIE LITAUISCHE BERNSTEINKÜSTE

*Den Charme, der von einem Kurseebad mit nostalgischer Patina überlicherweise ausgeht, besitzen auch Palanga sowie die übrigen Orte der litauischen Bernsteinküste. Hier allerdings, wo sich außer Grafen und Gouvernaten auch bolschewistische Bonzen im Sand aalten, gesellt sich noch ein anderer interessanter Farbton hinzu, der uns an die Zeitgeschichte erinnert.*

## Der alte Kurort Palanga

Es war im 19. Jahrhundert, als Palanga die Aufmerksamkeit des Grafen Tiškevičius auf sich lenkte. Er war begeistert von dessen Lage, ließ sich ein Schloß bauen und holte die ersten Kurgäste und Urlauber hierher. Auch in Zukunft sollte sich Palanga als Feriendomizil großer Namen etablieren. Vieles war nur der Nomenklatura der Sowjetunion zugänglich. Von Breschnew bis Brasauskas … die Liste ist lang. Um die Jahrhundertwende gehörten viele Künstler und Intellektuelle zu den Besuchern. Sie kamen, um am legendären Bernsteinstrand oder im Schloßpark Ruhe und Erholung zu finden und die angenehme gesunde Seeluft zu genießen. Was ist heute von diesem über viele Jahrzehnte so gefragten Feriendomizil übrig? Als das seit 1824 in Besitz der Grafenfamilie Tiškevičius befindliche Palanga 1856 in die Hände des Enkels der Tiškevičius fiel, begann die rasante Entwicklung des Ortes. Er veranlaßte den Ausbau des Hafens und den Bau der 400 m langen Landungsbrücke. Diese konnte ab 1892 von den Feriengästen genutzt werden, um einen Blick aufs weite Meer zu werfen oder um von dort die Sonnenuntergänge zu erleben. Graf Tiškevičius, Anhänger eines unabhängigen Litauens, nahm sich auch das Vorkaufsrecht für das Land und bestand auf dem Verbleib der Kleinbauern, die es besiedelten. Damit konnten die Bauernaufstände von 1863 zerschlagen werden. 1886 erschienen in der Zeitung »Le Monde« erste lange Listen mit Namen bekannter Urlauber Palangas. Palanga stieg zu einem der beliebtesten Erholungsorte der Litauer, Polen und Russen auf. Graf Tiškevičius gelang es, die Popularität Palangas noch weiter zu steigern. Durch geschickte Grundstücksverkäufe an den europäischen Adel entstand der südliche Teil der Stadt. Spazieren Sie heute entlang der Basanavičiaus gatvė und Darius ir Girėno gatvė, finden Sie viele alte, reich mit Holzschnitzereien verzierte Villen, so die *Anapilis*-Villa sowie die Villa *Jūros akis* (Meeresauge) in der Basanavičiaus-Straße, die *Kastytis*-Villa in der Mickevičiaus-Straße 8 und die alte Villa *Romeo ir Džuljeta* in der Birutė-Allee. Auch das Kurhaus in der Vytauto-Straße gehört dazu.

Dem finanzstarken Grafen hat Palanga auch das wunderbare Schloß zu verdanken, in dem sich heute das *Bernsteinmuseum* (Seite 200) befindet. Es wurde 1897 am Birutė-Hügel (Seite 192) erbaut. Um das Schloß herum entstand der Park, der noch heute mit seinem vielen Grün, dem Rosarium, dem Schwanenteich und hübschen Spazierwegen Anziehungspunkt für die Besucher Palangas ist. Im *Rosarium* steht die Marmorskulptur »Rebecca«. Nach der Auswanderung der Familie Tiškevičius 1940 ins Ausland wurde im Schloß ein Schriftstellerhaus eingerichtet, dann 1963 das Bernsteinmuseum. Damals war es das einzige seiner Art in der Welt, wenngleich mit 472 Exponaten noch sehr klein – heute sind es 25.000. Seitdem wurde das Schloß mehrmals renoviert, das letzte Mal 1982. Bis 1893 gab es im Park auch einen *jüdischen Friedhof*. An seiner Stelle befindet sich heute der »Berg der Jugend«, eine Tatsache, an der man die wechselvolle Geschichte Litauens ablesen kann. Sowohl hinter dem Birutė-Hügel als auch in den Wäldern Richtung Šventoji wurden Juden noch nach dem Zweiten Weltkrieg erschossen, hier am Birutė-Hügel gibt es aber weder einen Friedhof noch ein Denkmal. Auf dem »Berg der Jugend« steht heute die Skulptur »Der Schütze« des Bildhauers Seite Šarapovas und des Architekten A. Knyva, geschaffen nach dem Sternzeichenmotiv.

Doch blicken wir noch weiter in die Geschichte Palangas zurück. Unweit des heutigen Bernsteinmuseums

*Abendstimmung überm Meer*

wurden 1962 bei archäologischen Ausgrabungen etwa 20 Gräber freigelegt, die unter anderem römische Münzen, Metall- und Bernsteinschmuck, Silber und Buntglas enthielten. Vieles davon stammt aus dem zweiten und dritten Jahrhundert. Die Ausgrabungen zeigten, daß Palanga in vorgeschichtlicher Zeit eine ziemlich große Siedlung gewesen sein muß. Aus den Silber- und Messingfunden und vor allem aus den Silberwaagen, die nachweisbar aus anderen Gegen-

*Der hochwohlgeborene Eustachijus Tiškevičius (1814 – 1873)*

den stammen, schlossen die Archäologen auf sehr regen Handel, wahrscheinlich Bernstein gegen Messing. Viele der damaligen Einwohner waren aber auch Handwerker und Fischer. Eine Legende versucht, den Namen der Stadt so zu erklären: Die Fischer hatten ihre Häuser so nahe am Meer gebaut, daß die Wellen bei Sturm ihre Fensterbretter erreichten. Und Fensterbrett heißt auf litauisch *palangė*. Andere leiten den Namen von *langas* – litauisch für Fenster ab. Palanga – das Fenster zum Baltischen Meer. Die erste Erwähnung dieses Namens ist auf den dänischen König Waldemar I. zurückzuführen, der 1161 die Festung Palanga eroberte.

Bis hinein ins 20. Jahrhundert lebten die Leute von Handel, Fischfang und der Bernsteinverarbeitung, die seit der Mitte des 17. Jahrhunderts in Palanga bekannt ist, und von der Landwirtschaft. Es gibt sogar Hinweise auf Seeräuberei. Mit der Entwicklung Palangas zum Kurort Ende des 19. Jahrhunderts kamen Einkünfte aus dem Dienstleistungsgewerbe und der Vermietung von Ferienhäusern hinzu. Palanga lockte in seiner langen Geschichte viele an, zumeist Schweden und Dänen. Sie handelten mit Bernstein, Honig, Rauchwaren und versuchten, sich hier anzusiedeln. Im 13./14. Jahrhundert waren es die Kreuzritter, gegen die sich die Einwohner des Fischerdorfes Palanga verteidigen mußten. 1251 eroberte der Livländische Orden Klaipėda, und das gleiche Schicksal ereilte auch Palanga. Die teutonischen Fürsten des Deutschen Ordens, die im 14. Jahrhundert ihre Position in Preußen festigten, wollten beide Ländereien vereinigen und die Landbevölkerung christianisieren. Damit befand sich die Žemaitija (Westlitauen) von der Mitte des 13. Jahrhunderts an ununterbrochen unter dem Einfluß des Deutschen Ordens. Erst nach dem Friedensvertrag vom Melno-See 1422 mußte sich der Deutsche Orden zurückziehen. 1427 gilt als das Jahr, in dem Palanga endgültig an Litauen überging.

Bedeutsam für die Entwicklung des Fischerdorfes war der Handel mit Gdansk und Riga und anderen Ostseehäfen. Im 15. – 17. Jahrhundert war Palanga der wichtigste Hafen Litauens. 1600 erhielt es das Recht, Basare abzuhalten, sowie 1639 das Recht, Märkte und Messen zu veranstalten und in den freien Handel mit Königsberg, Gdansk und Riga einzusteigen. Nachdem Palanga das »Magdeburger Recht«, das Privileg des freien Handels, erhalten und sich somit unabhängig von Feudalherren gemacht hatte, wurde dieses auch auf das kleine Šventoji (Seite 195) übertragen. Denn der Hafen an der Mündung des Flüßchens Šventoji war ein Dreh- und Angelpunkt für die Stadtpolitik. Die Erweiterung des Hafens Palanga und der Hafenneubau in Šventoji führten im 17. Jahrhundert zu einer starken Konkurrenz mit Liepāja und Riga. Diesen gelang es durch ein Komplott mit den Schweden im Jahre 1701, den Konkurrenten Palanga auszuschalten und seine Hafenanlagen zu zerstören.

Im 19. Jahrhundert brachte die Familie Tiškevičius den neuen Aufschwung und verlieh Palanga, das auf deutsch *Polangen* genannt wurde, den Glanz einer Kurstadt. Jedoch, die Geschichte geht weiter. Viele der alten Villen und Holzhäuser fielen im 20. Jahrhundert sowjetmodernen Bauten zum Opfer, das, was erhalten blieb, bedarf zum großen Teil dringend der Renovierung. In Sowjetzeiten wurde vor allem auf der Daukanto- und Kęstučio-Straße neu gebaut. Hier finden Sie bis heute noch Betonklötze, zahlreiche Ferienheime litauischer Firmen sowie die Ferienhäuser der Nomenklatura, zum Beispiel die Breschnew-Villa (Seite 189). In den 70er Jahren wurde der Nordteil der Stadt gebaut, die Region Vanagupė mit verschiedenen Kurzentren und mit dem »Linas«, einem Schwimmbad mit warmem Meerwasser. Palanga wuchs zum Kurzentrum der ehemaligen Sowjetunion heran. Nur Privilegierte schafften es, einen der begehrten Plätze in den Santorien und Hotels zu erhalten, doch das waren immerhin einige Tausend pro Saison. Dem normalen Urlauber war sogar die Einfahrt in die Stadt verboten. Der große Einbruch kam nach der »Wende«: Hotels und Pensionen verwaisten, Cafés und Restaurants wurden geschlossen, dem Verfall preisgegeben, Firmen hatten keine Mittel mehr zum Erhalt ihrer Ferienhäuser. Heute befindet sich Palanga in einer Phase der Umgestaltung, lohnende Objekte werden privatisiert, renoviert, neu eröffnet. Der Prozeß vollzieht sich schleppend, aber er schreitet voran. Jede Sommersaison bringt eine neue Perle hervor. Oder umgekehrt: Geschäfte, Restaurants, Hotels öffnen, florieren und sind plötzlich nach kurzer Zeit wieder geschlossen. Über die Gründe mag spekuliert werden: vielleicht eine wirtschaftliche Fehlkalkulation, vielleicht zu hohe Forderungen der litauischen »Mafia« ... Ich versuche, bei meinen Empfehlungen solche Übernachtungs-, Verpflegungs- und Einkaufsmöglichkeiten zu nennen, die bereits über längere Zeit bestehen und die Sie bei Ihrem Besuch in Palanga bestimmt noch finden können. Ein Patentrezept gibt es zwar nicht, doch Sie können gewiß sein: Wenn das Empfohlene nicht mehr existiert, dann gibt's an der nächsten Ecke etwas Neueröffnetes. Glücklicherweise sind die privaten Investoren mutig. Und für Sie als künftige Palanga-Besucher kann es eigentlich nur schöner werden. Entdecken Sie selbst, was jährlich Tausende von Kurgästen anzieht ... außer den Moorbädern und Schlammpackungen, für die Palangas Sanatorien bekannt sind.

### *Palanga – autofreie Stadt*

Ausgangspunkt für Ihren Palanga-Besuch wird sicher die 4 km lange *Vytauto gatvė* sein, die Palanga als Hauptachse von Süden nach Norden durchzieht. Sie ist bequem von den genannten Parkplätzen sowie vom Busbahnhof aus zu erreichen. Unbedingt ist zu beachten, daß Palanga im Sommer eine autofreie Stadt ist. Und das wird sehr streng kontrolliert, die Strafen für Zuwiderhandlungen sind hoch. Am Kontrollpunkt in der Kretingos gatvė werden vom 15.5. bis zum 10.9. Passierscheine für 40 Lit pro Tag verkauft. Die Regelung gilt auch nachts. Ein Tagesschein ist 24 Stunden gültig. Monatsscheine kosten 300 – 350 Lit. Bis 1994 gab es eine Schranke mit Kontrollposten in der Kretingos-Straße, nach Fertigstellung des neuen Gebäudes auf der linken Straßenseite erwartet man seit 1995, daß Sie hineingehen und den Schein kaufen; ein Schild mit der Information, daß dies notwendig ist, findet man nirgends, das Wissen wird vorausgesetzt. Geöffnet ist Tag und Nacht. Sie dürfen mit einem Passierschein dann zwar in die Stadt hinein, im Zentrum selbst trotzdem nicht auf allen Straßen fahren. An allen anderen Stadtzufahrten gibt es weder Kontrollposten, Schranken noch Passierscheinstellen. Die Versuchung ist groß, es zu riskieren und einfach so in die Stadt hineinzufahren – tun Sie es lieber nicht, ich habe sehr viele Autos mit den berühmten »Krallen« gesehen. Fahren Sie immer zur Kretingos-Straße und gehen Sie zur Passierscheinstelle.

Zur Orientierung: aus Richtung Klaipėda oder Kretinga kommend, fahren Sie sowieso auf der Kretingos gatvė; wenn Sie dann nach dem Ortseingangsschild Palanga links einen bewachten Parkplatz und rechts eine Tankstelle sehen, heißt es, noch über die Ampelkreuzung geradeaus zu fahren, dann ist das Haus für die Passierscheine direkt nach der Kreuzung links an der Ecke. Empfehlenswerter ist es, einen Parkplatz am Rande der Stadt zu benutzen. Palanga ist ein Ort der Ruhe und Erholung. Dem wird durch die Verkehrsberuhigung Rechnung getragen.

**Information:** Verkehrspolizei ✆ 57127.

## Bummel durch die Stadt

Als erholsamer Einstieg empfiehlt es sich, von der zentralen Achse **Vytauto gatvė** durch die **Jūratės gatvė** zunächst zum Strand hinunter und wieder zurück zu bummeln. Durch hübsche Grünanlagen – gesäumt von kleineren Geschäften, einfachen Bistros und Kiosken – wandernd, macht man hier zunächst Bekanntschaft mit Palangas Stadtrand-Villen, seinen bunten Holzhäuschen zwischen ehrwürdigen Bäumen und schönen Blumenrabatten. Am Strand, wo das Flüßchen *Rąžė* ins Meer mündet, haben Sie die Alternative, nach links zur Mole oder nach rechts in den Stadtwald zum Hügel **Naglis kalnas** zu laufen. Dort verführt duftender Kiefernwald, immer wieder mit Zugängen zu Strand und Meer, zu ausgedehnten Spaziergängen und Radwanderungen.

Doch wir wenden uns nun der City zu: Die *Vytauto gatvė* führt uns direkt ins Geschäftszentrum mit Kunstgewerbeläden, Straßenständen, Wechselstuben und Cafés. Das Polizeikomissariat in Nr. 102 werden Sie hoffentlich nie benötigen.

Der Virbališkės takas mit kleinen Geschäften, hübschen Blumenständen und -läden links von der Vytauto führt zum Markt und weiter, vorbei an einem Schulgelände, Sportplatz, Observatorium zur Klaipėdos plentas-Chaussee. Zwischen Virbališkės-Weg und Požėlos-Straße können Sie das alltägliche Markttreiben Palangas beobachten. Der »Turgus« ist hier jedoch viel kleiner als in Klaipėda und das Angebot nicht so groß und vielfältig. Zurück zur Vytauto. Ihr Blick wird nun unweigerlich von der roten neogotischen Backsteinkirche angezogen. Die **Mariä-Himmelfahrts-Kirche** wurde 1907 von dem deutschen Architekten E. Strandmann auf Initiative des Grafen Tiškevičius erbaut. Innen finden Sie unter anderem schöne Holzschnitzereien und Marmorskulpturen des französischen Bildhauers Mona. Der Kirchturm ragt hoch hinaus und ist bei gutem Wetter sogar von Šventoji aus zu sehen. Die Kirche ist heute ein Architekturdenkmal. Gottesdienste: Sa 9, 10.30, 12, 18 Uhr, So 8, 8.30, 18 Uhr. Gegenüber der Kirche befindet sich das *Denkmal für die Opfer des Zweiten Weltkrieges,* für die in einer kleinen Grünanlage die Ewige Flamme brennt.

Hinter der Kirche biegt nach rechts die *Basanavičiaus gatvė* ab, die zentrale Ost-West-Achse des Zentrums, auf die ich später zurückkomme. Die Vytauto führt weiter als ruhigere Geschäftsstraße bis zum Botanischen Garten. Meine besondere Empfehlung: Werfen Sie unterwegs einen Blick in die *Galerija Nr. 23,* für mich die schönste Kunstgalerie der Stadt, die ich bei jedem meiner Palanga-Be-

*Der Glockenturm der Mariä-Himmelfahrts-Kirche reckt sich überm Portal empor*

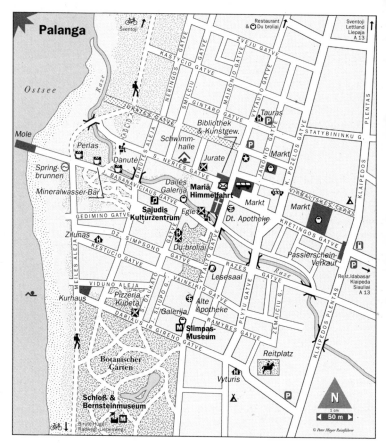

suche aufsuche. Verkaufsausstellung von Gemälden litauischer Künstler, wunderbare Keramik-Handarbeiten, Unikate, Schmuck (täglich 12 – 18 Uhr). Sehr sehenswert ist die *alte Apotheke* Nr. 33 *Sentoji Vaistinė,* ein Architekturdenkmal von 1827. In einer anderen der ältesten Apotheken Litauens, einem weiß-braunen Holzhaus (Nr. 23 a) befindet sich das **Museum Dr. Jono Šliūpo Namas.** Es ist Johnas Šliūpas (1861 – 1944) gewidmet, der von 1933–39 Bürgermeister Palangas war. Šliupas – ein Arzt, der lange Zeit in den USA lebte und als Verfechter des Atheismus galt – ist Autor der ersten litauischen Literaturgeschichte (1891). Das Museum wurde 1989 in seinem Wohnhaus eröffnet. Es hat 5 Ausstellungsräume, die verschiedenen Thematiken gewidmet sind: seinem ersten Theaterstück »Birutė und Kęstudis«, dem litauischen Geld usw. Eintritt kostenlos. 11 – 16 Uhr. Mo – Di geschlossen, ✆ 54559.

Weiterhin finden Sie an der südlichen Vytauto eine Reihe von kleinen Cafés, die im Sommer die Stühle rausstellen, den – leider sehr renovierungsbedürftigen – Konzertsaal, zahlreiche einfache Ferienhäuser, eine Bank sowie das Kino »Naglis«. Gerade in diesem Teil der Stadt öffnen von Jahr zu Jahr neue Cafés und Restaurants, sie leben eine Sommersaison lang, sind im Winter geschlossen, und im nächsten Jahr gibt's wieder andere. Die Vytauto gatvė stößt geradeaus direkt auf die Dariaus ir Girėno gatvė, hinter der der 80 Hektar große Botanische Garten der Stadt beginnt. Der Park gehörte einst zu dem Schloß des Grafen Tiškevičius, in dem sich heute das berühmte Bernsteinmuseum befindet.

Doch kehren wir zurück zur Kirche in der Vytauto gatvė und spazieren nun die Ost-West-Achse der Stadt, die **Basanavičiaus gatvė**, hinunter. Sie führt an den kleinen Flüßchen Rąžė entlang. Sind Sie inzwischen hungrig, empfehle ich Ihnen das Restaurant *Eglė Žalčių karalienė* (Queen of grass-snakes). Nr. 6, geöffnet 12 – 23 Uhr, geöffnet auch im Winter. Es bietet Platz für ein individuelles ruhiges Essen in zwei Kaminzimmern mit je 6 Plätzen und weist eine umfangreiche Speisekarte auf.

Besonders gute Fischgerichte und leckere Arten von Blynai (Pfannkuchen).

Die erste Adresse für Bernsteinschmuck befindet sich gleich nebenan: *Dailės Galerija* (Nr. 10 – 12). Schöne Bernsteine in Silberfassungen, kleine Bernsteintropfen als Kettenanhänger, originelle Schmuckideen von Monika Dailės Salonas. Die Basanavičiaus gatvė ist gesäumt von imposanten Holzvillen, einige davon aus der Tiškevičius-Zeit, so zum Beispiel die Villa *Anapilis* Nr. 39 und die Villa *Jūros akis* (Meeresaugen) Nr. 33, ein Architekturdenkmal aus dem 19. Jahrhundert, heute Rehabilitationszentrum des litauischen Gesundheitsministeriums. Sehr schön auch die Fachwerkhäuschen in Nr. 22 – 26. Viele der Villen auf der Basanavičiausstraße sind Ferienhäuser, bieten jedoch nur einfachsten Komfort, meist haben die Ferienwohnungen keine eigenen sanitären Anlagen und sind auch nicht beheizbar. Die schönsten von ihnen – ein Komplex aus mehreren Holzvillen mit hübschen Verzierungen – gehören zum Erholungszentrum *Lakštingala* (Nachtigall).

Die Ferienheime in der Basanavičiaus 43 gehören dem Priesterseminar, das diese für die nächsten 25 Jahre Behinderten zur Verfügung gestellt hat. Das romantisch aussehende gelbweiße Holzhäuschen in Nr. 21 gehört seit 1989 der Sajudis-Partei, die eine große Rolle in der litauischen Politik der Wendezeit spielte. Kurz danach gegenüber eine kleine Holzbrücke über die Rąžė und ein Fußweg am Flüßchen entlang. Die ehemals belieb-

te Luxus-Discothek im Glaspalast ist heute geschlossen und dem Verfall preisgegeben. Auch der sich anschließende frühere Restaurant-Komplex wartet bisher vergeblich auf neue Investoren. Auf der Basanavičiausstraße kommen Sie jetzt am Sanatoriumskomplex *Jūratė* mit schönen Holzhäusern vorbei. Ein Teil davon wird auch als Hotel genutzt.

Die von Kastanien gesäumte Straße stößt geradeaus direkt auf den **Strand** und die **Mole.** Die 400 m lange Mole war ursprünglich ein 150 m langer Holzsteg. Sie wurde auf Initiative des Grafen 1897 angelegt, um den Sommerfrischlern eine attraktive Promenade zu bieten. Im Winter versammelten sich dort die Fischer und warfen nachts ihre großen Netze aus.

Zerstört von heftigen Herbststürmen im Januar 1993, wird die Mole seit 1994 rekonstruiert und verlängert, um in Zukunft wieder zum Flanieren und Angeln zur Verfügung zu stehen. Viel Beton soll ihre Haltbarkeit erhöhen.

Links und rechts der Mole ist Fkk erlaubt, aber bitte getrennt: Männlein *(vyrų)* links des Piers, Weiblein *(moterų)* ein Stück weiter rechts. Die entsprechenden Schilder stehen bereis an den Dünenaufgängen. Dazwischen liegen gemischte »Textilstrände« (der größte Teil). Hier in Zentrumsnähe ist der Strand im Sommer relativ stark bevölkert, wenngleich »bevölkert« in Litauen keinesfalls heißt, daß die Sonnenhungrigen wie Ölsardinen am Strand liegen. Zu empfehlen ist sonst die ruhigere Strandgegend *Vanagupė*. Doch egal, wohin Sie sich wenden, überall gibt es pulverfeinen, breiten weißen Sandstrand.

## Verkehr
### *Anfahrt mit dem Auto*
**Von Norden** aus Richtung Lettland – Šventoji (A 13): Entweder über die von Kiefernwald gesäumte Vytauto gatvė (an der Stadteinfahrt ist es eine Einbahnstraße), vorbei am Sanatorien- und Ferienkomplex Vanagupė.

*Parken:* frühzeitig am Rande der Vytauto gatvė, noch auf Höhe der Sanatorien, oder auf dem bewachten Parkplatz in der Nähe des Vangupė-Erholungszentrums (2 Lit für 24 Stunden).

Oder über die große Klaipėdos plentas-Chaussee stadteinwärts, an der 2. Ampel: Kretingos gatvė rechts – Kontrollpunkt zum Entrichten der

Parkgebühr. Und, wenn Sie diese nicht entrichten wollen: bewachter und gebührenpflichtiger Parkplatz an der gleichen Ampel links, Ecke Klaipėdos plentas, Kretingos gatvė. 6 Lit pro Tag.

Oder die Klaipėdos plentas über die Ampelkreuzung hinaus weiter geradeaus und dann auf den nach rechts angezeigten Parkplatz, 5 Lit pro Tag. Von dort erreichen Sie bequem zu Fuß die südliche Vytauto gatvė auf der Höhe Dariaus ir Girėno gatvė. 2.

**Von Süden** aus Richtung Klaipėda: Sie fahren die Manto gatvė in Klaipėda stadtauswärts und die neue A 13 (früher A 223) in Richtung Palanga-Liepāja. An der »N«-Tankstelle (24 Stunden geöffnet) nach links – den Sinn dieses unüberlegt gebauten Linksbogens bei dem geringen Verkehrsaufkommen verstand ich als Autofahrer nie so ganz. Nach insgesamt etwa 25 km erreichen Sie das überdimensionale Ortseingangsschild von Palanga. Sie sind auf der Kretingos gatvė und kommen direkt zum Kontrollpunkt.

*Parken:* Links an der Kreuzung Klaipėdos plentas, Kretingos gatvė (gegenüber der Tankstelle) auf dem bewachten Parkplatz, 6 Lit pro Tag.

Oder: An dieser Ampelkreuzung nach links auf die Klaipėdos Chaussee einbiegen und dann nach rechts dem Parkplatzschild zu dem vorab bereits genannten großen Parkplatz auf Höhe der Dariaus ir Girėno-Straße folgen.

**Von Osten** aus Richtung Kretinga: Am genannten Linksbogen der A 13 stoßen Sie auf dieselbe; da wo Autofahrer aus Klaipėda links auf die Kretingos gatvė abbiegen müssen, fahren Sie einfach geradeaus weiter – deshalb heißt die Straße ja auch Kretingos, sie verbindet Palanga und Kretinga.

Die Preise für bewachte Parkplätze und die Palanga-Passage steigen mit jedem Jahr. Außerhalb der Monate Juni-August brauchen Sie keinen Passierschein, alle genannten Parkplätze sind zwar gebührenfrei, aber unbewacht, außer dem des Vangupė-Erholungskomplexes.

*Parken nach Passage des Kontrollpunktes und außerhalb der Saison:* Kretingos gatvė so weit wie möglich fahren, dann rechts in die Požėlos gatvė und die 2. Nebenstraße links: Jūratės gatvė. Kleiner unbewachter Parkplatz Ecke Jūratės, Vytauto. Weitere Parkmöglichkeit: Entlang der Vytauto gatvė im Stadtzentrum, Höhe Kirche und Parkplatz Ecke Vytauto, Jūratės gatvė 42, Nähe Polizeigebäude.

**Tanken:** Ortseinfahrt Palanga, Kretingos gatvė, Ecke Klaipėdos plentas, auch 95 Oktan-Benzin, 9 – 21 Uhr. An der A 13 vor der Abfahrt Palanga, auch 95 E, 24-Stunden-Service, mit Shop.

### Bus und anderes

Regelmäßige Busverbindung mit Klaipėda alle 45 Minuten sowie nach Kretinga und Liepāja mehrmals täglich. Bequemer sind die **Minibusse** (Sammeltaxis), die zwischen Klaipėda und Palanga verkehren, alle 10 – 15 Minuten im Sommer. 25 Minuten Fahrzeit, 2 Lit Fahrpreis.

**Busbahnhof:** Kretingos gatvė 1 zwischen den Vytauto- und Janonio-Querstraßen. Fahrkarten sind dort in der Wartehalle zu bekommen. ✆ 53333.

**Taxi:** Taxihaltestelle Ecke Virbailiškės takas/Požėlos gatvė, hinter dem Markt, am Busbahnhof. Nach Klaipėda kostet es 35 – 40 Lit. *Rieda* ✆ 54103.

**Flughafen:** An der A 13 Palanga stadtauswärts Richtung Šventoji – Liepāja, Lettland. Liepos plentas 1, ✆ 52066, 52234.

**Flugtickets:** Diese können Sie im Büro der *Lietuvos Avialinijos* (Lithuanian Airlines) kaufen. Kretingos 1, Ecke Vytauto-Straße, ✆ 53031, 53431, Mo – Fr 8 – 14, 15 – 20 Uhr, Sa, So 8 – 14, 15 – 17 Uhr.

**Reisebüro** *Vilnis* von Frau Stase Mazeikienė, Vytauto 80, ✆ & Fax 51894. Stadtrundfahrten, Ausflüge, individuelle Zusammenstellung von Leistungen, Organisation von Transfers, Vermittlung von Hotels in Palanga, Faxservice. Eine Filiale auch in der Sodų 28 – 8, ✆ 54579, Fax 51894.

### Radfahrer

... werden im Sommer in Palanga viele Gleichgesinnte treffen. Vor allem die Waldwege der Naglio alėja vom Zentrum in den Nordteil der Stadt sind wunderschön zum Radeln. Sie können parallel zum Strand bis hinauf nach Šventoji fahren, ein wirkliches Erlebnis, das Sie nicht versäumen sollten. Fragen Sie in einem Reisebüro auf der Vytauto oder in Ihrem Hotel nach einem Fahrradverleih. Jedes Jahr etablieren sich neue. Sie können auch von Klaipėda aus eine Radtour nach Palanga machen, dann fahren Sie am besten über Giruliai (Seite 172) und hinter Karklė auf der Schotterstraße weiter nach Palanga. Sie kommen dann auf der Klaipėdos plentas-Chaussee von Süden in die Stadt, und wenn Sie an dem bereits für die Autofahrer genannten Parkplatzschild links fahren, stoßen Sie auf die Darius ir Girėno-Straße. Ein Stück weiter geradeaus, und Sie gelangen auf die Kretingos und dort dann weiter ins Zentrum wie für Autofahrer beschrieben.

**Fahrradverleih:** Smilčiusstraße 11, ✆ 53133, 5 Lit/Tag, 10 – 18 Uhr außer Sa – So.

## Unterkunft

*Sanatorien im Vanagupė-Erholungszentrum* im Norden der Stadt. Anfahrt: Von Norden über Vytauto gatvė durch Kiefernwald. Von Süden über Klaipėdos plentas, am Zentrum, dann an Wohngebieten der Sowjetmoderne vorbei, schließlich durch Kiefernwald, nach 2 km links in die Vanagupės gatvė. Sie fahren auf große rot-weiße und gelbe Hochhäuser zu, nicht abschrecken lassen: Sie bieten Besseres, als sie von außen verheißen. Unbewachter Parkplatz vor dem Sanatorium. Bewachter Parkplatz links 200 m weiter in der Vytauto gatvė. Bushaltestelle direkt am Sanatorium. Das Sanatorium mit seinem Ferienkomplex Vanagupė gehörte schon immer zu den besten Häusern an der litauischen Bernsteinküste. Eigentlich Rehabilitations- und Kurzentrum für Gäste aus ganz Litauen. Insgesamt verfügt es über 240 Betten in 85 DZ und 2 EZ. Die 15 Luxusapartments sind sehr großzügig und zumeist antik eingerichtet, zum Teil mit Holzvertäfelung. Schöne Aussicht von den Balkonen. Sauna und Schwimmbad im Haus. Immer geheizt und mit heißem Wasser versorgt. Hinter den Sanatorien führen Spazierwege durch Kiefernwald zu den Dünen und dem nahen Strand. Der Chefarzt spricht Deutsch. Vytauto 171, ✆ 58207, 54146. Fax 58307. Ab 60 Lit pro Person, inklusive VP. Sehr reichhaltiges Essen.

Beim Ferienhaus Žagienis gibt's eine Kolduninė, wo es die Nudel-Spezialität Kolduny gibt

*Sanatorium und Physiotherapeutisches Zentrum:* Vom Vanagupė-Erholungszentrum kommend auf der Vytauto gatvė, links ein Stück weiter stadteinwärts. Etwas zurückgesetzt, gelber Ziegelbau. Bushaltestelle direkt davor: »Fizioterapinės gydyklos« (Busfahrt innerhalb Palanga 30 Cent). 5 Luxuszimmer (DZ), großzügig eingerichtet, ab 50 Lit. Solarium in Planung. Verpflegung extra bestellen. Ich rate, die Mahlzeiten außer Haus zu nehmen, wenn Sie nicht gerade am Einheitsessen des Sanatoriums Interesse haben und sich an festgelegte »Durchgangszeiten« halten möchten. Für physiotherapeutische Anwendungen wenden Sie sich an ✆ 53451, 9 – 13, 14 – 18 Uhr außer So, ✆ 56112, 56114, 56115.

*Hotel Tauras,* auf der Vytauto noch ein Stück weiter stadteinwärts. Rote Teppiche, rote Vorhänge leuchten Ihnen entgegen. Dennoch: keine Rotlichtatmosphäre. Einfach, aber sauber. Außen moderner als drinnen, aber billig. DZ für 50 Lit, Vierbettzimmer 90 Lit, Lux 100 Lit. Gintaro gatvė 36. ✆ 54437.

*Ferienkomplex der Baltija-Kette* bestehend aus *Auska* (der Breschnew-Villa), *Vyturys* und *Žilvinas.* 550 Betten in 7 Häusern. Wollten Sie schon immer einmal leben wie Leonid in Litauen? Dann wählen Sie am besten eine Ferienwohnung im Žilvinas. Die Zimmer sind so groß, daß man in ihnen Fußball spielen könnte. Manche auf zwei Ebenen. Luxuriöse Ausstattung. Beheizte Fußböden. Zentrale Lage. Ein DZ kostet 135 Lit. »Auska« wird immer noch von der Regierung genutzt, keine Vermietung an Touristen. Das »Vyturis«-Haus ist weniger komfortabel. Achtung: Parken Sie Ihr Auto nicht auf dem Gelände, auch wenn der Weg zum bewachten Parkplatz weit erscheint. Der »Žilvinas«-Komplex ist eine bevorzugte Adresse der professionellen Autodiebe. Kęstučio 26. ✆ 53876, 53810, 52057. Buchungen über Ganyklų 30, ✆ 37036, 53841, Fax 52686.

*Hotel Du Broliai.* Die »Zwei Brüder« Jankauskai sind als Besitzer der besten Restaurants in Palanga nun auch mit einem kleinen Hotel präsent. Zentrale, ruhige Lage. 10 Zimmer im Hotel, 5 Zimmer in einem privaten Haus. Alles DZ: ab 65 Lit ÜF, 110 Lit VP. Alle Zimmer haben eigenes Bad. Daukanto 15 und 19, ✆ 51270.

*Hotel Kastytis.* Mickevičiaus 8. ✆ 53507. Sehr zentral. 7 DZ, guter Komfort. Im ehemaligen Ferienheim Jūrate. Ab 120 Lit das DZ inklusive Frühstück.

**Jugendherberge:** Neries 24. ✆ 57076. 300 m zum Strand. Ab 4 US$.

**Campingplatz:** Užkanaves. ✆ 51676. An der Klaipėdos plentas-Chaussee zwischen Palanga und Klaipėda, von dieser aus dem Campingplatz-Schild folgen. Er liegt kurz hinter dem von mir empfohlenen Parkplatz. Großer Platz, man kann einfache Holzhäuschen mit Doppel-, Vierbettzimmern und Dusche mieten, 10 Lit pro Person. Nur im Sommer in Betrieb.

*Campingplatz II* an der Klaipėdos plentas in Richtung Šventoji-Liepāja. Von der A 13 kommend an der Ampel vor dem Kontrollposten rechts auf die Klaipėdos plentas und geradeaus fahren; von Norden nur der Klaipėdos plentas folgen, der Platz liegt dann auf der rechten Straßenseite. Sehr klein, nur für Zelte, im Sommer bewacht, 2 Lit pro Person.

## Restaurants und Cafés

Neben dem im Stadtrundgang genannten Restaurant *Eglė Žalčių karalienė* sind vor allem die beiden Filialen des *Du broliai* (Zwei Brüder) zu empfehlen: Daukanto Nr. 15, geöffnet das ganze Jahr über. Sie speisen hier bei Kerzenschein, und ich kann es für einen ausgiebigen Lunch wie für ein Abendessen gleichermaßen empfehlen. Eingang von hinten. ✆ 51270, täglich 10 – 22 Uhr. Ein ebenso guter Ableger befindet sich in der Vytauto 160 (Richtung Vanagupė), Ecke Druskininkų. Für mich die besten Restaurants in Palanga.

*Mineralinis Vanduro*-Mineralwasserbar: Die dürfen Sie nicht zu besuchen versäumen. In dem kleinen Haus sprudelt frisches Quellwasser, man trinkt direkt vom Springbrunnen. Basanavičiaus 48, im Sommer täglich 10 – 24 Uhr.

*Idabasar:* Das neueste und exclusivste in Palanga, eine Schwester des exklusiven Vilniusser Idabasar. Deutsche Küche. Am Stadtrand zwischen den gelben Ziegelbauten. Von Klaipėda oder Kretinga kommend, sehen Sie es rechterhand bei Ihrer Stadteinfahrt. Kretingos 57. Täglich 11 – 22 Uhr, im Sommer bis 1 Uhr. Speisekarte und Preise wie für Vilnius beschrieben.

*Pizzeria Kupeta:* Das für mich originellste Restaurant, nur in der Sommersaison geöffnet, mit skurrilem Interieur und großer Terrasse im Zentrum, Nähe Botanischer Park, Daukanto 24. Leckere Pizza. Ein Hauch Amerika. Täglich 10 Uhr bis zum letzten Gast.

*Gabija:* Vytauto 40, einfaches Restaurant. ✆ 53320, 53021.

*Danutė:* Gutes Frühstückscafé. Blynai (Eierkuchen) mit rotem Kaviar (blynai su raudona ikra). In einer hübschen alten Villa im Zentrum. Innen ist es zwar ziemlich dunkel, aber außen gibt es eine hübsche Terrasse. Sympathisch ist, daß innen nicht, wie so oft, MTV dröhnt, sondern Trickfilme im Fernsehen laufen (der Fernseher ist leider in den meisten litauischen Cafés und Restaurants obligatorisch), so daß auch Familien mit Kindern gern kommen. Basanavičiaus 28, ✆ 51571, täglich 10 – 24 Uhr.

*Café Perlas:* An der Mole, Ende Basanavičiaus gatvė Nr. 56. Unter den Einheimischen auch Aquarium genannt. 10 – 3 Uhr. ✆ 52291. Ich empfehle Blynai (Pfannkuchen) mit Bananen und Schokoladensauce, sehr lecker.

*Café Vakaris:* Vytauto Nr. 64, ✆ 53715, 52591.

## Einkaufen & Aktivitäten

Für **Souvenirs**, Bernsteine, Keramik, Leinen, Korb- und Lederwaren, also die typisch litauischen Mitbringsel, empfehle ich auf der Vytauto: *Elvika* Nr. 62 oder gegenüber *Svetaine* mit Café, *Vilbara* Nr. 59, alle geöffnet Mo – Fr 11 – 19 Uhr, Sa – So 11 – 16 Uhr.

*Graf Parodų Salė* Nr. 170, täglich 11 – 20 Uhr, hat auch eine Filiale in der Kęstučio 26. Besonders interessant Nr. 55: der Kunstgewerbeladen im Gebäude der Bibliothek. Hier gibt es originelle Keramik und Bilder litauischer Maler.

*Kunstgewerbeladen* Vytauto Nr. 49, ✆ 53959, vor allem Silber- und Bernsteinschmuck.

**Buchladen** Nr. 84, deutsche Bücher, Literatur über das Baltikum, große Auswahl an Ansichtskarten, Mo – Fr 9.30 – 14 und 15.30 – 19 Uhr.

**Supermarkt:** *LitScan-Geschäft* Nr. 64, Lebensmittel, 10 – 14.30, 16 – 19 Uhr.

**Vergnügungspark** mit Karussels, nur in der Sommersaison in Betrieb, Preise 1 – 3 Lit, Vytauto gatvė: Laufen Sie von der Jūratės in Richtung Vanagupė, dann ist er auf der linken Straßenseite, Riesenrad leuchtet schon von weitem.

**Swimmingpool mit Sauna:** Mo – Sa 9.45 – 19.40 Uhr, So 10.45 – 18 Uhr. Stündlicher Einlaß, im Winter geschlossen. Dort können Sie sich auch stärken im Restaurant *Jūratė*, 10 – 24 Uhr, tägliche Pause 16 – 17 Uhr, mit Terrasse.

**Kuren:** Palanga hat sehr viele Sanatorien, die im Zuge der Privatisierung auch ihre medizinische Ausrüstung modernisieren und Kuranwendungen anbieten – fragen Sie vor Ort nach aktuellen Angeboten. Der deutsche *Ost-Reise-Service* bietet Reisen mit Kurleistungen an (siehe Seite 112).

Kuren für Herzpatienten im *Institut Psychophysiologie & Rehabilitation*, Vydūno 4, 5720 Palanga, ✆ 52704, Fax 51535. Aktuelle Informationen finden Sie in dem »Klaipėda in your pocket«-Heft, das Sie vor Ort erhalten. Das Klaipėda-Heftchen beinhaltet auch Palanga. Preis 3 Lit.

## Nützliches
**Deutsche Apotheke:** Vytauto gatvė, gegenüber der Mariä-Himmelfahrts-Kirche.
**Telegraph und Post:** Vytauto 53. Mo – Fr 9 – 14 Uhr, 15 – 19 Uhr. ✆ 53444.
**Vorwahl Palanga:** 8-236-(innerhalb Litauens), 00370-36-(aus dem Ausland).

## *Ausflüge und Orte*
### Wanderung zum Birutė-Hügel
Das Liebespaar Eglė und Zilvinas soll uns nun auf die *Meilės alėja*, die Liebesallee, führen. Sie verläuft als Strandpromenade hinter den Dünen: vom *Café Perlas* auf der Basanavičiaus gatvė, vorbei am Kurhaus aus dem 19. Jahrhundert, kreuzt sie die Dariaus ir Girėno gatvė und geht weiter durch schönen Kiefernwald bis zum Hügel *Birutės kalnas*. Eine sehr schöne, halbstündige Wanderung als Erweiterung des Stadtrundganges.

Der Birutė-Hügel ist eine hohe Düne (20,9 m über dem Meeresspiegel), von der sich eine hübsche Aussicht aufs Baltische Meer eröffnet. In der heidnischen Zeit sollen auf diesem Hügel Priesterinnen das heilige Feuer entfacht und behütet haben. Da man bei Ausgrabungen Fundamente eines vorgeschichtlichen Observatoriums freilegte, wird der Birutėhügel als eine litauische Mischung aus »Stonehenge« und römischem Vesta-Tempel angesehen. Eine der Priesterinnen war Birutė. Großfürst Kęstutis sah sie, verliebte sich in sie und holte sie als seine Gattin nach Trakai. So wurde Birutė die Mutter des litauischen Großfürsten Vytautas. Sie war sehr beliebt und galt als Wunderheilerin. Ihre mystifizierte Figur ging in die christliche Anbetung über, weshalb es katholische Geistliche waren, die für sie die Kapelle auf dem Hügel bauten. Insgesamt gab es drei Kapellen, die letzte wurde 1857 gebaut – sie steht heute noch. Der Birutėhügel ist von großer historischer und symbolischer Bedeutung für Palanga und ganz Litauen.

### Radtour
Nehmen wir den Birutėhügel als Ausgangspunkt für eine sehr schöne Radtour. Nehmen Sie allerdings etwas gegen Mücken und ein Sonnenschutzmittel mit. Sie fahren auf der Meilės alėja vom Hügel entlang der Dünen durch schattigen Wald zum Stadtzentrum, immer weiter parallel zum Strand, die Strandpromenade entlang und durch den Strandpark, bis Sie auf die Jūratės gatvė stoßen. Auf dieser Strecke kommen Sie auf Höhe der Mole am Café Perlas vorbei, und immer gibt es nach links schöne Strandzugänge für einen Stop am Meer. Auf der Jūratės-Straße geht's geradeaus weiter in den Wald hinein. Wieder fahren Sie parallel zum Strand weiter, durch schattigen Wald. 1,5 km nach der Jūratės gatvė erreichen Sie den **Naglio kalnas,** die zweithöchste Düne nach dem Birutė kalnas. Dann fahren Sie etwas aus dem Wald heraus, vorbei

*Lesen Sie bitte weiter auf Seite 194*

# Eglė – die Natternkönigin

Es lebte einmal eine Fischerfamilie, die hatte zwölf Söhne und drei Töchter, von denen die jüngste Eglė hieß. Eglė bedeutet: die Tanne. Eines Abends gingen alle drei Töchter im Meer baden. Als sie herauskamen und sich anziehen wollten, sah die Jüngste im Ärmel ihres Kleides eine Natter. Die Älteste ergriff einen Pfahl und wollte sie töten. Da wandte sich die Natter an die Jüngste und sprach mit menschlicher Stimme zu ihr: »Bitte, liebe Eglė, gib' mir Dein Wort, daß Du mich heiraten wirst, dann werde ich selbst herauskriechen.« Eglė fing an zu weinen – wie könnte sie denn eine Natter heiraten? Aber töten wollte sie sie auch nicht, und so versprach sie, die Natter zu heiraten. Nach drei Tagen sahen die Eltern viele Nattern auf ihrem Hof herumkriechen, sie krochen ins Haus hinein und wollten mit den Eltern sprechen – diese waren zu Tode erschrocken, doch ob sie wollten oder nicht, sie mußten in die Heirat einwilligen. Die Nattern verließen den Hof und nahmen die Braut mit. Die Familie weinte sehr um Eglė. Doch als Eglė ans Meer kam, erwartete sie dort ein schöner Jüngling, der ihr erklärte, er sei die Natter aus dem Ärmel und heiße Žilvinas. Am Ufer stand ein herrlicher Palast, hier wurde die prunkvolle Hochzeit ausgerichtet. Drei Wochen lang wurde getanzt und gesungen. Im Palast gab es keine Sorgen, und Eglė gewöhnte sich schnell an das lustige Leben.

Viele Jahre vergingen, und Eglė hatte nun drei Söhne und ein Töchterchen. Diese trugen Baumnamen so wie Eglė: Eiche, Birke, Esche, Espe. Eines Tages fragte der älteste Sohn nach Eglės Eltern, er wollte sie besuchen. Oft dachte Eglė an ihre Eltern und wollte wissen, ob sie noch lebten und gesund wären. Also bat sie ihren Mann, sie besuchen zu dürfen. Doch er war nicht sofort einverstanden – drei Aufgaben sollte sie lösen. Zuerst sollte sie Seide aufspinnen – Tag und Nacht spann sie, doch es nahm kein Ende. Eine alte Frau riet ihr, die Seide ins Feuer zu werfen, sonst würde es nie ein Ende nehmen. Dann ging sie wieder zu ihrem Mann: der gab ihr ein Paar eiserne Schuhe, die sollte sie abtragen, dann dürfe sie fahren. Eglė ging über Stock und Stein, doch die Schuhe waren so hart, nichts schadete ihnen. Die Alte riet ihr wieder, sie ins Feuer zu werfen. Dann hatte sie Eglė in drei Tagen abgetragen. Doch schon hatte ihr Mann eine neue Aufgabe: sie sollte Brot backen, auf Vorrat für Gäste. Doch er ließ alle Töpfe und Schüsseln verstecken. Wieder half ihr die Alte, riet ihr, ein Sieb mit Sauerteig zu bestreichen und dann darin Wasser zu holen. So tat sie und konnte Brot und Kuchen backen. Nach getaner Arbeit verabschiedete sie sich von ihrem Mann und machte sich mit ihren Kindern auf die Reise. Der Gatte bat sie, nicht länger als neun Tage auszubleiben, dann solle sie mit den Kindern am Ufer rufen »Žilvine, Žilvine (Uferweide), Milch soll schäumen, wenn Du lebst, Blut soll schäumen, wenn Du tot bist.« Diese Worte sollte sie als ihr Geheimnis hüten.

Im Elternhaus war man hocherfreut über ihren Besuch, sie wurde so nett begrüßt und bewirtet, daß sie gar nicht merkte, wie die neun Tage vergingen, und die Eltern und Geschwister wollten nicht, daß Eglė zurückkehre. So fragten Eglės Brüder ihre Kinder aus, wie sie ihren Vater rufen könnten – sie wollten ihn selbst rufen und umbringen. Aus den Brüdern war nichts herauszubekommen, doch als sie die kleine Schwester Espe mit Ruten bedrohten, verriet sie alles. Sofort nahmen alle zwölf Brüder ihre Sensen, gingen an den Strand, riefen Eglės Mann und töteten ihn. Eglė sagten sie nichts. Als dann Eglė ihren Mann am Strand rief, schäumte Blut, und die Stimme ihres Mannes erzählte von den zwölf Brüdern, die ihn mit ihren Sensen getötet hatten. Eglė weinte bitterlich und sprach, ihre eigene Schuld erkennend, zu ihren Kindern: »Tochter, Espe, friste dein Leben, Tag und Nacht sollst Du zittern und beben, möge der Regen dich überschwemmen und die Winde Dir Dein Haar kämmen. Ihr, Söhne, werden zu starken Bäumen, trotzt dem Wetter und Waldesraunen. Ich, die Mutter, die Euch gebar, werde zur Tanne, Nadeln mein Haar.« Und so geschah es. Sie selbst wurde zur Tanne mit immergrünen Nadeln, die Tochter zur´ Espe, die beim geringsten Windstoß erzittert, die Söhne zur Eiche, Esche, Birke, den stärksten Bäumen der litauischen Wälder.

▶ *Fortsetzung von Seite 192*

am Vanagupė-Erholungszentrum, das 2 km von der Jūratės entfernt liegt. Und immer links die Dünen und das Meer, viele Strandzugänge. Dieser Radweg ist der beste in Litauen, teils sehr schöner Waldboden, teils gut asphaltiert. Im Sommer ist er auch bei den Litauern sehr beliebt. Schließlich gelangen Sie zum Ferienheim *Guboja*, das ist 3,5 km von der Jūratės entfernt.

Weiter geht es in Richtung Šventoji. Der Radweg führt teils durch schattigen Kiefernwald, teils ist es sonnig. Kurz vor Šventoji einige vereinzelte Gehöfte links und rechts des Weges, hier kann auch schon mal ein Auto kreuzen. Von rechts kommt eine Straße, das ist der Abzweig Monciškes von der Landstraße Palanga–Šventoji–Liepāja. **Monciškes** ist eine kleine Ortschaft mit einem Sanatorium, das aber fast stillgelegt ist. Von der Landstraße führt eine Schotterstraße bis zum Radweg. Auch hier immer wieder idyllische Wege zum Strand, Sie finden bestimmt Ruhe und Einsamkeit am Meer. Auf der ganzen Strecke gibt es keine Verpflegungsmöglichkeit, nehmen Sie also ihr Picknick mit. Šventoji erreichen Sie am südlichsten Punkt der Jūros gatvė (siehe dort). Wenn Sie dort angekommen sind, sind Sie 12 km geradelt (gemessen von der Jūratės-Straße an).

Diese Tour sollten Sie meiner Meinung nach unbedingt in ihren Reiseplan für die Benrsteinküste einschließen, denn auf ihr erleben Sie alles, was die Küste zu bieten hat: Meer, Strand, Dünen, Sonne, Kiefernwald, die jodhaltige Luft, Ruhe und dazu einen sehr gut ausgebauten Radweg, der auch von Kindern leicht befahren werden kann.

## Šventoji

Schauen Sie am Strand von Palanga nach Norden, liegt dort, wo am Horizont die Dünen und das Meer zusammentreffen, Šventoji – eine kleine Feriensiedlung, die im Sommer einen Eindruck von Tourismus à la Lietuva gibt und in der übrigen Zeit ein Ort der Stille ist. Eindrucksvoll sind die breiten, langen Strände aus weißem, feinen Sand und die Dünen. Sie können die 12 km von Palanga nach Šventoji per Bus, Rad oder – wenn Sie gut zu Fuß sind – wandernd am Strand entlang zurücklegen. Auf dem Weg sehen Sie schon Leuchtturm und Wasserturm über die Dächer Šventojis hinaus ragen. Hinter den Feldern liegen erste sowjetmoderne Bauten, und schließlich fällt Ihr Blick rechts auf ein Ungetüm von Riesenrad. Dahinter eine Konzertmuschel. Umschlossen wird der grüne Platz vom Fluß Šventoji. Ein hübsches Fleckchen für den einst sicher reizvollen Vergnügungspark, der heute auf öffentliche und private Mittel zwecks Wiedereröffnung wartet. Dann könnte er wieder zum Anziehungspunkt für Familien mit Kindern werden. Das reizvolle Šventoji-Flüßchen schlängelt sich weiter in den Ort hinein. Darüber führt rechts die Gubojų gatvė mit einer Brücke und weiter dahinter der Weg pašventupio kelias, rechts von ihm liegt ein kleines Wäldchen. Das Schild hier weist auf den Schutz der Pflanzen hin. Ein Stück weiter auf der gegenüberliegenden Straßenseite der Šventosios steht ein Ortsplan – überdimensional groß für diesen kleinen Ferienort, in dem die Orientierung wirklich nicht schwer fällt. Um die Ecke befindet sich gleich links in der Nummer 8 der Buchladen *Knygynas* – eine bescheidene Fundgrube für preiswertes Material über Litauen und Bernstein. 10.30 – 19 Uhr, Mittagspause ab 14.15 Uhr, Sa, So, Mo geschlossen. Gegenüber liegt ein kleiner *Markt* und ein im Sommer bewachter Parkplatz. Die 1,3 km lange Šventosios gatvė endet hinter dem Parkplatz an der Kreuzung. Nach rechts können Sie der Kopų gatvė, nach links der Jūros gatvė in die Feriensiedlungen und zum Strand bis zum jeweiligen Ortsende folgen. Die nicht sehr lange Kopų gatvė führt durch Bungalowsiedlungen und endet am Ufer des

*Sie winken ihrem Vater: Die Töchter des Fischers von Zuzana Pranaitytė*

Šventoji. Nachdem sie sich in großen Windungen am Ort entlanggeschlängelt hat, fließt hier die 73 km lange Šventoji ins Baltische Meer. An dieser Stelle führt auch eine Hängebrücke über die Šventoji zu einsamen Dünen und weiter zum Sanatorium *Energetika*. Die Litauer nutzen die zweifelhafte Brückenkonstruktion ohne Bedenken. Am Flußufer wird sommers wie winters geangelt. Die Dünen künden vom nahen Strand und Meer. Viele der bunten Holzhäuschen entlang der Kopų gatvė machen einen traurigen Eindruck, vor allem außerhalb der Saison, wenn sie mit Holz vernagelt sind. Sie gehören litauischen Betrieben, die sie an Firmenangehörige vermieten. Früher galt es als großes Privileg, hier einen Ferienplatz zu erhalten. Heute reichen die Firmenmittel nicht zur Erhaltung und Renovierung. Dahinter entstehen neue Ferienhäuser, meist aus privater Hand finanziert. Deren Fertigstellung verheißt eine Ankurbelung des Tourismusgeschäftes, schon wurden die Tennisplätze mit neuem Belag versehen. Doch die Zukunft des Ferienortes der Litauer ist ungewiß: Šventoji soll zum Erdölterminal werden. Das würde das Aus für die Feriensiedlung bedeuten. Die meist sehr einfachen und preiswerten Cafés und Restaurants entlang der Kopų gatvė sind zum großen Teil nur in der Sommersaison geöffnet: zum Beispiel *Külgrinda Café-Restaurant*, Kopų 8, ✆ 55260; *Eldija-Café*, 12 – 24 Uhr, ✆ 55590. In den anderen herrscht eine sehr herbe Atmosphäre. Überall sind sie unter Einheimischen. Spazieren Sie die Jūros gatvė weiter geradeaus. Eine hervorragende Möglichkeit, das touristische Leben der Litauer kennenzulernen, deren Bungalows mitten im Kiefernwald liegen. Nach 600 m führt rechts eine Straße zum Strand. Der dortige Parkplatz kann von Reisenden außerhalb der Saison genutzt werden. Im Sommer finden Sie hier auch zahlreiche Imbißstände. Diese sind in den letzten Jahren so zahlreich geworden, daß sie nicht nur für eine ausreichende Versorgung garantieren, sondern auch etwas von den verkommenen Hafenanlagen neben dem Parkplatz ablenken. Hier befindet sich der Hauptzugang zum **Strand,** zu dem über die Dünen ein Weg zur beliebtesten Badestelle führt. Umkleidekabinen sind im Sommer am Strand vorhanden. Dieser ist hier noch viel breiter und der Sand noch feiner als in Klaipėda und Palanga. Bei guter Sicht können Sie links den spitzen Kirchturm von Palanga und sogar die Umrisse des Schiffswracks an der Mole von Klaipėda- Melnragė sehen. Außerhalb der Saison werden Sie hier mit sich allein sein.

Spazieren Sie am Strand nach rechts, gelangen Sie zur **Mole**. Dort mündet auch die Šventoji ins Meer. Die Mole war einst eine beliebte Promenade für Urlauber, heute ist sie leider von Herbststürmen völlig zerstört und wartet auf den Wiederaufbau. Aus den Dünen ragt die lustige Plastik der drei »Fischerstöchter« der Bildhauerin Z. *Pranaitytė*. Seit 1982 steht sie dort gegenüber dem Pier.

Der Weg weiter rechts führt Sie zum Hafen, der auf eine lange Geschichte zurückblicken kann. Er begründete die Siedlung Šventoji, die 1584 erstmalig auf einer Landkarte verzeichnet wurde. Fünf Jahre später übergab König Vasa einer englischen Gesellschaft das Recht, den Hafen Šventoji auszubauen. Und im 17. Jahrhundert stellte er eine ernstzunehmende Konkurrenz zum Hafen Memels dar. Der Handel mit England, Dänemark und anderen Ländern florierte, besonders nach 1685, nachdem Šventoji das Recht zum eigenen Handel und Fischfang erhalten hatte. In seiner langen Geschichte wurde der Hafen mehrmals zerstört und wiederaufgebaut. Grundlegend erneuert wurde er im Frühjahr 1925.

Damals ist auch die nördliche Mole bis zur 7-m-Marke verlängert worden. Im Zusammenhang damit baute man die Siedlung aus. Es entstanden eine Grundschule, die Post und Wohnhäuser. Heute leben hier etwa 2000 Einwohner. Im Sommer dominieren jedoch die Urlauber. Auch wenn der Massentourismus der Sowjetzeit vorbei ist, ist Šventoji in der Sommerzeit immer von Touristen – meist einheimischen – bevölkert. Seit 1973 ist das ehemalige Fischerdorf der Stadt Palanga angegliedert. Nachdem die Tourismuszahlen nach der Wende zunächst rückgängig waren, steigen sie jetzt wieder, da es sich für Litauer in den einfachen Häusern preiswerter urlauben läßt als in Palanga. Doch wer weiß, wie lange noch, vielleicht haben Sie bald nicht mehr die herrlichen weißen, breiten Strände vor sich, sondern das Ölterminal; Proteste der litauischen Grünen halfen bisher nichts.

Würden Sie die Jūros gatvė weiter gehen, kämen Sie auch wieder in eine Bungalowsiedlung, die einen traurigen Anblick bietet mit den einst begehrten, heute halb zerfallenen Holzhäuschen sowie den zum Teil stillgelegten Bauten. Im Winter wirken die Häuschen, ohne Scheiben und zum Teil mit Brettern vernagelt, erschütternd. Bungalows – kaputt, Spielplätze – kaputt ... Vieles wartet auf Investitionen. Häufig kommt es vor, daß während des Hausbaus das Geld ausgeht, dann bleiben die halbfertigen Bauten sich selbst überlassen und ver-

*Lesen Sie bitte weiter auf Seite 201*

**B**ernstein finden Sie an vielen Orten der Welt, aber 95 % des Weltvorkommens konzentrierten sich an der Ostküste des Baltischen Meeres. Schon vor unserer Zeitrechnung galt Bernstein als Schatz und wurde als Schmuckstein verwendet, das belegen Höhlenfunde aus dem 7. Jahrtausend vor Christus. Neben Steinwerkzeugen und Knochen wurde unbearbeiteter Bernstein gefunden. Baltikum-Bernstein und solches von der Westküste Dänemarks fand man bereits bei Ausgrabungen in Ägypten und auf der arabischen Halbinsel. Über Handelswege zwischen den alten Zivilisationen und mit Karawanen gelangte er dorthin. Der Wissenschaftler Pytheas aus Massilia (dem heutigen Marseille) soll im 4. Jahrhundert vor Christus auf seiner Segelfahrt mit der »Artemis« höchst verwundert festgestellt haben, daß Bernstein für die Küstenbewohner des Baltikums so gewöhnlich wie Kohle war, und daß Kinder einfach so mit diesem Stein spielten, sogar mit dem wertvollen grauen, den die Phönizier zum doppelten Goldpreis handelten. So entstanden viele Handelswege, Schiffe fuhren die Elbe und den Rhein, den Don und den Dnjepr entlang und transportierten den Bernstein in jeden Winkel Europas. Die erste schriftliche Erwähnung fand der Bernstein im 10. Jahrhundert vor Christus auf einer Tontafel. Auch in Homers »Odyssee« wird auf den Bernstein verwiesen, er hat bei ihm verschiedene Namen, unter anderem »Elektron«. Viele sprachen ihm heilende Kräfte zu: Das litauische Gintaris bedeutet »vor Krankheiten schützend«. Plinius der Ältere (24 – 79) empfahl im 1. Jahrhundert, Kindern ein Bernsteinamulett auf die Wange zu legen, das sollte sie vor Krankheiten schützen.

Je älter Bernstein ist, desto wertvoller. Der wertvollste – auch bei Juwelieren hoch geschätzte – ist der Bernstein mit *Inklusien:* eingeschlossenen Tieren und Pflanzen. Bereits Aristoteles beschrieb, daß Bernstein durch Abkühlung entsteht und daß bei seiner Verhärtung Tiere und Pflanzen eingeschlossen werden. Die Erklärung ist einfach: Bernstein entstand vor 40 – 45 Millionen Jahren als Baumharz (vor allem der Kiefernart Pinus succinifera) – und in den Wäldern gab es viele kleine Tierchen, die in dem sich rasch verhärtenden Harz luftdicht eingeschlossen wurden, und daher ihr ursprüngliches Aussehen behielten. Verständlich, daß gerade diese von größter Bedeutung für die Wissenschaft sind. Immanuel Kant (1724 – 1804) soll einmal angesichts eines in Bernstein einge-

## *Bernstein – die Tränen der Sonne*

schlossenen Insekts gerufen haben: »Oh, wenn diese kleine Mücke jetzt leben und sprechen könnte, um wieviel reicher wäre unser Wissen über die vergangene Welt.«

In den Bernsteinen der Ostsee bzw. des Baltischen Meeres wurden 197 Pflanzenarten gefunden. Außer Flora und Fauna gibt es auch Mineralieneinschlüsse und Luftblasen. Dank der eingeschlossenen Luft kann man sogar Rückschlüsse auf die Zusammensetzung der Erdatmosphäre zur Zeit der Dinosaurier ziehen. Die Luft enthielt damals doppelt so viel Sauerstoff wie heute, nämlich 32 %. Wir sprechen von Bernstein – doch woher kommt diese Bezeichnung? In jeder Sprache hat der Name des Steins einen Bezug zu seinen Eigenschaften, ich erwähnte bereits das griechische »Elektron«, das auf der elektrostatischen Eigenschaft des Steines beruht. Poliert man Bernstein zum Beispiel mit Tierwolle, lädt er sich elektrostatisch auf und wirkt »anziehend«. Die Deutschen kannten diese Eigenschaft nicht, wußten aber, daß er brennt und nannten ihn daher Brennstein. Beim Verbrennen des Bernsteins riecht es übrigens intensiv nach Harz.

Verschiedene Bezeichnungen – verschiedene Farben; seine zahlreichen warmen Farbtöne machen den Bernstein so attraktiv. Sie variieren von hellem Gelb bis zu dunklem Braun, mit dem Alter dunkelt der Bernstein nach. Er kann auch farblos sein, milchig weiß, rot, sogar bläulich oder grünlich. Komplizierte chemische Einflüsse bewirken die verschiedenen Farben: Gelb entsteht aus der Kombination von Karbon und Oxygen, Eisen-Ionen rufen den Grünton hervor, feines

*Bernsteinschmuck aus dem Bernsteinmuseum*

Kalzit das Weiß, Eisenoxyde das Rot. In Staubform ist Bernstein immer weiß. Bernstein ist sehr weich, daher leicht zu polieren, und wenn man ihn leicht gegen die Zähne schlägt, »klingt« er – im Gegensatz zu Glas oder anderen Steinen – nicht. Bemerkenswert ist auch die Dichte des Bernsteins: 1,05 – 1,09, vergleichbar mit der des Meerwassers. Deshalb schwimmt er gerade nach Stürmen oben und wird am Strand von Palanga angespült. Hier können Sie auf die Suche gehen. Profis sind dann bereits nachts mit Taschenlampen am Strand unterwegs.

Der häufigste Bernstein ist der *Succinit* (vom lateinischen succinis), abgeleitet von der Kiefernart pinus succinifera. Dann gibt es den *Glessit,* den seltenen roten, den *Stantienit,* den fast schwarzen Bernstein (dieser Name kommt von der bernsteinverarbeitenden deutschen Firma Stantien & Becker) und viele andere.

Der tropfenförmige Bernstein ähnelt einer Träne. Daher kommt in vielen Legenden der Name »Sonnenstein«: heiße Tränen, die um Tote geweint werden. Bei Sophokles verwandeln sich Tränen geheimnisvoller Vögel in Bernstein; in litauischen Märchen gibt es die Meerjungfrau Jūratė, die sich in den Fischer Kastytis verliebte und mit ihm gemeinsam in einem Bernsteinschloß lebte. Doch der Donnergott Perkunas war nicht einverstanden mit der Liebe der beiden, er zerstörte das Bernsteinschloß, tötete Kastytis, und Jūratė weinte bittere Tränen. Und das Meer spülte ihre Tränen als Bernsteintropfen an Land sowie unregelmäßig große Bernsteinstücke – die Trümmer des Schlosses. Viele andere Legenden versuchen die Entstehung des Bernsteins zu erklären, sogar als versteinerter Kaviar mysteriöser Fische und fossiler Honig wilder Bienen wird er beschrieben. Heute gehört er zu den Glückssteinen des Monats November, wie auch der Topas.

Man sagt: ein Bernstein in der Vitrine eines Juweliers ist einfach eine Ware, ein Bernstein am Finger einer Frau ein Talisman, ein Bernstein in den Händen eines Meisters wird ein Kunstwerk. Der Bernstein hat uns auch das Geheimnis der Elektrizität eröffnet, Bernsteinlack bringt jede Stradivari zum Glänzen, Bernstein ist das Aroma eines uralten Waldes.

Wertvolle Exemplare des Bernsteins werden in den Museen in Königsberg und Palanga ausgestellt. Die Sammlung in Palanga befindet sich im Schloß des Grafen Tiškevičius. Das Bernsteinmuseum zeigt die Geschichte des baltischen »Goldes«, auch in Deutsch beschildert. 1963 wurde das Museum als Filiale des Kunstmuseums Litauens gegründet. Es begann mit 478 Exponaten, seit

1987 wird in 15 Ausstellungssälen auf 750 m² ein Einblick in die Natur- und Kulturgeschichte des Bernsteins gegeben. 25.000 Stücke, zum großen Teil mit Inklusien, gibt es hier, davon sind etwa 4500 unter großen Lupen ausgestellt. Vytauto 17, ✆ 53510, täglich außer Mo 11 – 19 Uhr (März bis Oktober) und 11 – 17 Uhr (November bis Februar). Führungen, auch in Deutsch, nach Anmeldung. ✆ 53847, 51319. Eintritt 2 Lit, Kinder 1 Lit. Ende Juli bis Anfang August auf der Terrasse des Schloß-Museums Konzerte: die Sommerserenaden mit Werken von Mozart, Haydn, Vivaldi.

▶ *Fortsetzung von Seite 197*

rotten. Die Jūros gatvė endet nach 1 km auf einem Parkplatz, dem Vilties takas. Er ist als Fahrradparkplatz ausgeschildert, die Dimensionen der Sowjetbauzeit überstiegen manchesmal die realen Erfordernisse. An diesem Platz beginnt bzw. endet der wunderbare Radweg, der parallel zu Dünen und Strand vorbei an kleinen Gehöften und später durch Kiefernwald führt und Šventoji mit Palanga verbinde. Neben dem Sanatorium führt ein schöner Weg über die Dünen wieder zum Strand.

### Anfahrt & Verkehr

**Busse** ab Palanga Busbahnhof, Kretingos gatvė. Der Busfahrplan ändert sich dreimal pro Jahr, Auskunft ✆ 53333. Etwa alle 40 Minuten fährt ein Bus von Palanga nach Šventoji und kostet 1 Lit; es verkehren auch **Sammeltaxis,** bei denen Sie ein- und aussteigen können, wo Sie wollen, das kostet 2 Lit. **Autofahrer** nutzen ab Palanga den Klaipėdos plentas, die A 13, die von Klaipėda kommt und über Palanga-Šventoji nach Liepāja, Lettland führt. Diese Straße kann auch für **Radfahrer** empfohlen werden, da sie trotz des Grenzverkehrs nicht allzu stark befahren ist und durch ein schönes Waldgebiet führt. (Parallel zum Klaipėdos plentas gibt es links einen Radweg, leider nur bis kurz vor die Tore Palangas. Er endet nach 2 km an einem kleinen Campingplatz. Danach müssen Radler den Asphalt benutzen.)

Nach etwa 11 km wird nach links die erste Abfahrt Šventoji angezeigt. In der Sommersaison (Mai bis September) sind Autofahrer angehalten, ihr Auto vorm Ort abzustellen. Im Sommer ist ganz Šventoji für den Autoverkehr gesperrt. Dazu können Sie den an dieser Abfahrt links im Wäldchen gelegenen ausgeschilderten, kostenlosen Parkplatz nutzen und die restlichen 3 km bis zum Zentrum zu Fuß gehen. Leider gibt es von hier aus keine andere Möglichkeit, als auf der öden Straße vorbei an Feldern und geschlossenen, verkommenen Kolchosen sowie halbfertigen oder stillgelegten Betonbauten bis in den Ort zu gehen. Ich empfehle deshalb, dem Klaipėdos plentas noch weitere 1,4 km bis zur zweiten Abfahrt Šventoji zu folgen. Diese fahren sie links hinein. Die Šventosios gatvė führt Sie in den Ort, und Sie parken dann rechts auf dem großen Parkplatz hinter dem kleinen Markt (im Sommer 5 Lit). Von dort ist es nicht mehr weit bis zum Strand. Šventoji ist ein Ortsteil von Palanga. Es gelten also dieselben Passierscheine wie für Palanga (Seite 182) beschrieben, die Sie am besten dort schon kaufen.

An beiden Šventoji-Abzweigen auf dem Klaipėdos plentas sowie im Zentrum des Ortes in der Mokyklos gatvė gibt es Bushaltestellen. Dort ist auch ein **Taxistand.**

### *Unterkunft & Restaurants*
Ich empfehle Ihnen, in Palanga zu übernachten und nach Šventoji einen Tagesausflug mit Rad oder zu Fuß zu machen, ebenso von Klaipėda oder Giruliai aus.

*Pension Auksinės kopos,* Jūros 61, ✆ 55192, 55179, 55365; 160 Betten im Hauptgebäude, 200 m zum Meer, mit Cafeteria, Videobar, Tennisplätzen.

*Haus Guboja,* ✆ 55196, mit 350 Betten, Grillbar, bewachtem Parkplatz. Außerhalb am Radweg Palanga-Šventoji gelegen. Geöffnet 1.6. – 15.9.

*Pension Vandenis-2,* Mokyklos 7, ✆ 55571. Ebenfalls nur einfachen Ansprüchen genügend.

Weiteres **Restaurant** in der Sommersaison: *Žilvitis,* Topolių 22a, ✆ 55661 (von der Šventosios gatvė sowie von der Kopų gatvė aus ausgeschildert). 10 – 23 Uhr. Sehr einfach. Ich empfehle ein Essen in Palanga oder Picknick am Strand.

**Vorwahl:** wie Palanga Seite 192.

**Post:** Mokyklos gatvė, Ecke Šventosios gatvė.

### Von den weißen Stränden Šventojis in den rätselhaften litauischen Wald: Būtingė

Möchten Sie den »sowohl größten als auch kleinsten« Weg und den »rätselhaftesten« litauischen Wald entdecken? Dann auf in nördlicher Richtung. Eine Eule wird Ihnen den Weg weisen. Wald- und Spazierfreunde fahren von Šventoji mit dem Rad oder Auto noch ein Stück weiter in Richtung lettische Grenze. So könnte aus dem Šventoji-Halbtagesausflug in Verbindung mit Būtingė eine Ganztagestour werden. Dazu kehren Sie zur A 13 zurück und nehmen die Richtung Liepāja. Busverbindungen bestehen ab Palanga Busbahnhof in der Kretingos gatvė: morgens (sehr früh) und abends je zwei Abfahrten, mittags eine Abfahrt. Wer den letzten Bus von Būtingė um 19.45 Uhr verpaßt, hat keine Chance mehr, nach Palanga zurückzukommen.

Hinter Šventoji führt die Straße noch idyllisch durch weiten Kiefernwald, durchsetzt von Wacholderbüschen. Einsam an der Straße liegt rechterhand eine kleine ockerfarbene evangelische *Kirche* aus dem Jahr 1824. Dort kreuzt auch noch einmal das Flüßchen Šventoji. Etwa 2 km hinter Šventoji beginnt die *Pasieno zona* (Grenzzone), jetzt sind es nur noch 4 km zur lettischen Grenze. Auch Šventoji selbst gehört schon zum Grenzgebiet, wie Sie dem Zeichen »Pasienio ruožas« (Grenzlinie) am Ortseingang entnehmen können.

Es gelten diesbezüglich jedoch keine Beschränkungen.

Die kleine Ortschaft **Būtingė** wurde genau wie Šventoji, Vanagupė und Nimersatė im Jahre 1980 Palanga angegliedert und bildet mit diesem zusammen eine Stadt. Dort, wo etwa 3 km hinter Sventoji links die Bushaltestelle »Būtingė 1« liegt (bitte nicht schon an der Kirche an der Haltestelle »Būtingė« aussteigen), befindet sich rechts der Straße der Zugang zu einem sehr schönen Waldspaziergebiet, dem *Šventosios girininkija* (Försterei Šventoji). Eine große Holzstele mit Eule und dahinter ein Wegeplan weisen darauf hin. Laufen bzw. fahren Sie den unbefestigten Weg, den Ihnen die Eule weist, in den Wald hinein. Es ist eine Sandstraße mit vielen Bodenwellen. Rechts davon verläuft noch ein schmaler Sandweg für Fußgänger und Radfahrer. Wer in den Wald will, darf sich vor der etwas wackelig aussehenden kleinen Brücke nicht scheuen. Gebaut aus einfachen Holzbalken, hielt sie bisher jeder Belastung stand, und die Litauer benutzen sie selbst mit größeren Fahrzeugen ohne Bedenken. Nach 1 km geht nach links der schmale »Takas Dideliems ir Mažiems«-Weg ab und lädt zum Spazieren ein. Sein Name bedeutet »Sowohl der Größte als auch der Kleinste«. Fahren Sie die Straße geradeaus weiter, vorbei an kleineren Sümpfen, dann der Hauptstraße und dem Holzwegweiser »Šventosios g-ja« (g-ja für girininkija, die Försterei) folgend nach links. Achtung: Nach ausgiebigen Regengüssen ist diese Sandstraße sehr schlammig und nicht zum Befahren geeignet. Immer gilt: Es gibt viele Bodenwellen (für Radler sehr unangenehm), also vorsichtig fahren.

Rechterhand lassen Sie das Dörfchen *Girininkija* liegen und fahren vorbei an Bauerngehöften über Felder in Richtung *Laukžeme*. Der Weg wird nach 2,9 km eine Einbahnstraße, die sie mitten in wunderschönen Nadelwald hinein führt. Jetzt beginnt das eigentliche herrliche Waldgebiet, für das ich Ihnen einen Rundweg von insgesamt 7 km Länge vorschlagen möchte. Nach weiteren 800 m befindet sich links ein Rastplatz, wo Autofahrer ihr Fahrzeug abstellen sollten, um den Wald zu Fuß zu entdecken. Ich empfehle ein Picknick im Wald auf einem der vielen Rastplätze. Im Wald schöne Farne, viele Beeren, Heidekraut, Fichten, zum Teil Birken, aber auch sumpfiges Gelände, Vorsicht!

Der Hauptweg streift nach 1,7 km im Linksbogen ein Gehöft. Die Besitzer haben sich hier in Ruhe und Abgeschiedenheit eine Idylle geschaffen. Hinter dem Gehöft ist eine Kreuzung, an der Sie sich nach links wenden. Diese Straße führt nach weiteren 4,5 km zum Beginn der Einbahnstraße bzw. nach 5,3 km zum Rast- und Parkplatz zurück. Auf dem Abschnitt zwischen der Gehöft-Kreuzung und dem Ausgangs- bzw. Endpunkt unseres Rundweges zweigen weitere einladende Waldwege nach rechts und links ab, und kleine nette Rastplätze laden zum Verweilen ein. Auf einen davon – 1 km nach dem Gehöft – möchte ich Sie aufmerksam machen, denn er verheißt Rätselhaftes. Von ihm zweigt nämlich rechts ein romantischer Waldweg in den *Mislių Miškas* – den *Rätselhaften Wald,* hinein ab. Vielleicht lösen Sie ja das Rätsel des Waldes? Er wurde 1981 von dem in ganz Litauen bekannten Förster *R. Kviklys* geschaffen, der den Menschen die einfache Schönheit des Waldes nahebringen wollte. Es gibt Grillplätze, und die Litauer bereiten hier gern ihren geliebten Schaschlik zu. Für Kinder gibt es Spielgeräte und Märchenfiguren aus Holz, und auf kleinen Tafeln stehen Rätselaufgaben. Gut möglich, daß Sie auf eine litauische Familie treffen, die Ihnen alles ins Deutsche übersetzen kann. Die Holzskulpturen stammen von den litauischen Schnitzern *R. Gindulis, V. Vyšniauskas, J. Uosis* und deren Schülern aus der Förstereischule Šventoji. Zurück am Rast- und Parkplatz können Wanderfreudige mit guter Kondition noch einen Abstecher geradeaus machen, wo der Holzwegweiser zur *Vandens maluna,* der Wassermühle, zeigt. Vom Ende des Rundweges sind es noch 2,9 km bis zur Landstraße Palanga–Liepāja, der Holzstele mit Eule und der Bushaltestelle Būtingė 1, unserem ursprünglichen Ausgangspunkt. Gesamtlänge des Ausfluges von dieser Stelle 12,8 km.

Sollten Sie Lust auf einen Eindruck von der abgelegenen litauischen Dorflandschaft haben, dann fahren Sie an dem vorgenannten Gehöft im Wald nicht links, um den Rundweg fortzusetzen, sondern rechts. Die unasphaltierte Straße führt Sie parallel zur lettischen Grenze nach Norden über kleine Dörfer wie Laukžemė in Richtung Skuodas. Sie sollten dazu jedoch Spaß an Geländefahrten haben, denn die Straße ist sehr sandig und mit Schlaglöchern und Bodenwellen versehen. Außerdem eine gute Karte mitnehmen, denn in dieser Gegend ist so gut wie nichts ausgeschildert.

### Unterkunft

*Sanatorium Energetika,* 5720 Palanga 2, Kuršių takas 1, 236, ℡ 55511, 55531, 55528, 55494. Auf der Fahrt von Šventoji zum Waldgebiet bei Būtingė ist Ihnen sicher kurz hinter der kleinen Holzkirche das große Energetika-Schild aufgefallen, es steht unübersehbar in der Landschaft. Dort führt Sie die Straße nach links, über Kanäle und durch sumpfiges Gebiet zum Sanatorium. Sie konnten es schon von der Hängebrücke in Šventoji aus sehen. Es liegt einsam in den Dünen, bis zum Meer sind es nur wenige Meter. Im Sanatorium kuren vor allem Patienten mit gynäkologischen Leiden, Verdauungs- und Nervenkrankheiten. Es werden auch unkonventionelle Heilmethoden angewendet. Auch dieses Santorium bemüht sich, verstärkt touristisch tätig zu sein und damit die knappen Finanzen aufzubessern. Allerdings müssen Sie hier noch mit Zimmern »im alten Stil« vorlieb nehmen, eine Übernachtung in einfachsten Verhältnissen. Es gibt 2- und 3-Bettzimmer mit Dusche. Diese kosten 10 – 40 Lit inklusive Essen pro Person. Selbstverständlich können Sie nach Absprache für 4 Lit mehr auch physiotherapeutische Anwendungen bekommen.

# DIE PROVINZ ŽEMAITIJA

*Die Žemaitija – das ist die litauische Küste mit ihren weiten Stränden, hohen Dünen, mit dem Kurort Palanga (Polangen) und der Hafenstadt Klaipėda (Memel). Doch spricht man von der litauischen Provinz Žemaitija, denkt man eher an Hügellandschaft, die sich zwischen Kretinga und Plungė, zwischen Telšiai und der lettischen Grenze erstreckt. Die litauische Region Žemaitija (Schemaiten) nimmt ein Viertel der Gesamtfläche des Landes ein. Das Bild der meist kargen Landschaft bestimmen Wald, Nebel und Regen. Und die Eichen, der heilige Baum der Žemaiten. Weiterhin typisch: geschnitzte Kruzifixe am Straßenrand und auf den Friedhöfen. Žemaitija bedeutet Niederung: von Žemas = niedrig, das bezieht sich auf den Küstenstreifen, ansonsten ist die Žemaitija ein Hügelland. Sie wird auch oft einfach als Westlitauen bezeichnet und ist eine der vier ethnographischen Regionen Litauens (Seite 65) mit einem sich sehr deutlich abgrenzenden Dialekt und eigenen Traditionen.*

Christianisiert wurde sie erst nach der Schlacht bei Tannenberg von 1410, Restlitauen dagegen bereits 1387. Die Sonne, der Mond – heidnische Symbole –, Eichen, Wasser und Nattern als Symbol für das Liebespaar Eglė und Žilvinas – das betrachten die Žemaiten als ihre Heiligtümer. Der Žemaite ist der Ostfriese Litauens, und entsprechend viele Witze gibt es über ihn. Die Menschen in der Žemaitija gelten als unnachgiebig, man sagt, sie denken langsam und sprechen wenig. Dazu gibt es eine litauische Legende; diese charakterisiert alle vier Menschen-Charaktere Litauens: Ein Teufel steckte vier Litauer in einen Sack: jeweils einen aus der Žemaitija, Aukštaitija, Dzūkija und Suvalkija. Er wollte sie in die Hölle bringen, doch ein Hahn krähte, was den Teufel erschreckte, der daraufhin alle entließ. Als Erster stieg der Aukštaite aus dem Sack, ging schnell seines Wegs (als Ostlitauer unterhält er sich wenig mit seinen Nachbarn und versorgt lieber seinen eigenen Hof), der Dzūke stieg aus dem Sack, blieb daneben stehen, und auf die Frage des Teufels, was er denn da mache, antwortete er, daß er auf seine Freunde warten wolle. Die Dzūken kommen aus Südlitauen (Gegend um Druskininkai – Birštonas), einer waldreichen, aber sonst armen Gegend, bekannt für die Freundlichkeit ihrer Menschen. Als Dritter stieg der Mann aus der Suvalkija aus, das ist die Gegend in Südwestlitauen um Marijampolė, Šakiai, Vilkaviškis mit sehr reichen Böden und sehr geizigen Menschen. Auch er blieb stehen und sagte, er wolle auf den Sack warten und dann diesen mitnehmen. Und nur der Žemaite blieb im Sack sitzen und sagte: »Der, der mich hineingesteckt hat, soll mich wieder herausziehen.«

An den 2,4 km breiten und 99 km langen Küstenstreifen mit einem interessanten Relief aus Meeresterrassen,

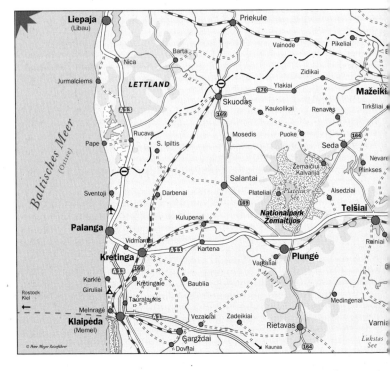

Dünen und Sandstrand schließt sich das Žemaitiner Küstenland und dann in östlicher Richtung, etwa 15 – 20 km vom Meer entfernt, die Žemaičiai-Niederung an. Überall finden Sie Kiefern- und Fichtenwälder, die reich an Pilzen, fruchtbaren Lehmböden und Sümpfen sind. Die höchste Erhebung des ansonsten flachen Landes bietet der *Medvėgalis* mit 234 m. Er liegt in der Mitte der Region zwischen Varniai und Laukuva, Kražiai. Das Gebiet 45 km östlich der Ksüte in Nordwestlitauen wurde zum *Nationalpark Žemaitija* erklärt. Sein Relief formte die Eiszeit vor 12–10.000 Jahren. Von ihr zeugen heute noch zahlreiche Findlinge und die »Samen des Teufels«, wie die immer wieder »nachwachsenden« Steine auf den Feldern von den Žemaiten genannt werden. Das Gebiet um Plokštine ist ein Naturreservat. Es wird von Fichtenwäldern, Sümpfen, kleinen Seen durchzogen. Der *Plateliai-See* ist der größte im Park mit 1205 ha Ausdehnung und 47 m Tiefe. Endemische Fische, wie der Weiße Plateliai-Fisch, leben hier genauso wie der Europäische Aal und Flußkrebse. Malerische kleine Täler

durchziehen das Hügelland, die nur nach strengen Landschaftsschutzvorschriften bewirtschaftet werden dürfen. Im Sommer ist der Nationalpark Treff für Kunsthandwerker und Austragungsort zahlreicher Folklorefestivals, so zum Beispiel Joninės, das Fest zur Johannisnacht. Auch historisch gesehen ist die Žemaitija nicht unbedeutend: zum Beispiel aufgrund der Schlacht bei Durbė 1260, die dem Livländischen Orden große Verluste brachte. Die Žemaiten kämpften hart gegen die Kreuzritter (zur Christianisierung siehe Geschichte Seite 15).

Zur Verteidigung bauten sie Erdhügel, von denen noch etwa zwanzig erhalten sind. Empfehlenswerte Ausflugsziele sind Kretinga und sein Wintergarten sowie das Franziskanerkloster, der Plateliai-See, der Botanische Garten bei Ylakiai, die skurrilen Museen von Mosėdis und Gargždele sowie der Wallfahrtsort Žemaičių Kalvarija, die Kirchen von Plungė und Telšiai.

## Kretinga

Der etwa 20.000 Einwohner zählende Ort liegt ganz romantisch an der *Akmena*. Viel Wasser und Grün prägen die Stadt und laden zum Spazieren ein. Das macht ihren großen Reiz im Sommer aus. Im Winter wirkt sie eher Grau in Grau. Die Altstadt stammt vom Ende des 18. Jahrhunderts. Sie erstreckt sich hinter dem Marktplatz, der gleich an der Hauptstraße liegt. Hauptanziehungspunkt der Stadt ist die Orangerie, in der exotische Pflanzen und Blumen den Rahmen für ein Restaurant und das landeskundliche Museum bieten. Der Weg zum Wintergarten ist ausgeschildert mit »Restaurant Pas Grafa« und »Muziejus«. Er befindet sich im Ostteil der Stadt. Auf dem Weg zum Marktplatz im Westteil passieren Sie unweigerlich das *Franziskanerkloster* aus dem 17. Jahrhundert und die 1617 geweihte katholische Kirche *Maria Offenbarung des Herrn*. Sie ist ein Sammelsurium verschiedener Stile: hohe Spitzbogenfenster erinnern an die Gotik, ansonsten herrschen barocke Stilelemente vor, Malereien und Türen aber entstammen der Renaissance. Eine vergleichbare Stilmelange bietet das Franziskanerkloster, Vilniaus gatvė 2. Die Mönche des Franziskanerklosters wurden 1945 vom sowjetischen Regime nach Sibirien verbannt, dann war das Kloster volkskundliches Museum, und seit 1988 bewohnen wieder Mönche das Kloster.

Erstmals erwähnt wurde Kretinga – der fast einzige nie von Kreuzrittern eroberte Ort in der Žemaitija – im Jahre 1253, 1609 erhielt es Magdeburger Stadtrecht. Die Entwicklung wurde durch die Lage an der preußischen Handelsstraße und später durch den Bau der Eisenbahnlinie begünstigt. 1692 kamen Bau und Gründung des Klosters dazu. In Kretinga gibt es heute auch wieder eine katholische Mittelschule. Der Name Tiškevičius (Seite 178) hat in Kretinga ebenfalls seine Spuren hinterlassen: in dem Adelssitz der Familie hat heute eine landwirtschaftliche Fachschule ihren Sitz, und des Grafen Orangerie lädt zum Verweilen ein. Die Orangerie wurde während des Zweiten Weltkrieges zerstört. 1940 war sie russischer Pferdestall, nach dem Krieg ein Düngemittellager. 1988 wurde sie renoviert und neu bepflanzt.

Gegenüber der Orangerie lebt und arbeitet die Kunsthandwerkerin *Audurtė Kastickaja,* Vilniaus 31 – 6, ✆ 54169. Sie fertigt aus Bernstein kleine und größere Bilder, macht auf Bestellung auch Kopien von Vorlagen. Aus Kretinga stammte auch der 1995 verstorbene *Anicetas Lukauskas,* Sohn des berühmten Holzschnitzers Lukauskas (und selbst Holzschnitzer), der viele Skulpturen auf dem Hexenberg in Juodkrantė (Seite 238) geschaffen hat. Auch die Holzschnitzarbeiten in der Kirche zu Kretinga stammen von seiner Hand. Zuletzt sei noch die Kunstgalerie *Meno Galerija* auf dem Rathausplatz in Kretinga erwähnt, im Gebäude des ehemaligen Kinos. Hier werden Bernstein ebenso wie Silber, Keramik, Holzfiguren, Lederarbeiten angeboten.

### Exotik in Kretinga

Lust auf einen Hauch Karibik? Den können Sie sich im Wintergarten von Kretinga um die Nase wehen lassen. In der Orangerie, neben der in Kaunas die einzige in Litauen, gedeihen wundervolle exotische Pflanzen. Im 19. Jahrhundert gehörte sie dem aus Palanga bekannten, blumenbegeisterten Grafen Tiškevičius. Folgen Sie den Vorlieben des Grafen und speisen Sie »aristokratisch« inmitten der Exotik – hier ist das Restaurant *Pas Grafa* untergebracht, das Sie keinesfalls versäumen sollten. Vom delikaten Zander über Aal bis hin zu Lachs bietet die Speisekarte eine vielfältige Auswahl. Ich empfehle Ihnen das »Pas Grafa«-Steak mit Früchten. Für 80 – 100 Lit können Sie hier mit allem Drum und Dran dinieren. Dazu spielt leise Musik.

Der Wintergarten ist ein Mekka für Hochzeitspaare. Sie pilgern hierher, um sich inmitten der tropischen Pflanzenwelt fotografieren zu lassen. Deshalb ist er vor allem am Wochenende sehr belebt.

Im gleichen Gebäude befindet sich das **Kretingos Muziejus**. Es bietet eine archäologische Sammlung sowie eine Ausstellung von traditionellen Schnitzereien und Kunstgegenständen des Grafen.

**Praktische Informationen**
Museum und Wintergarten mit Restaurant, täglich 12 – 13 Uhr, Mo Ruhetag. Vilniaus gatvė 20, 5700 Kretinga. ✆ 51366, 52782, Fax 52782. Am Wochenende Restaurantreservierung empfohlen. Eintritt für Wintergarten und Museum (auch zu zahlen, wenn Sie nur speisen wollen): 2 Lit. Achtung: Fotografieren und Filmen im Wintergarten ist sehr teuer. Parken können Sie direkt vor dem Museum, auf einem bewachten Parkplatz, der auschließlich für Wintergarten-Besucher vorgesehen ist, deshalb muß im Restaurant bezahlt werden, und nicht vergessen: Parkbon beim Kellner abzeichnen lassen.

Gute **Busverbindungen** verbinden Kretinga mit Palanga und Klaipėda. Ein Busfahrschein kostet 1,40 Lit von Klaipėda nach Kretinga, Busse verkehren ab Klaipėda: 6.30, 7.20, 8.10, 10, 10.45 Uhr, circa jede Stunde. Mit dem **Zug** kostet es 1 Lit, Züge fahren: 7.40, 8.15, 14.40, 17.20, 18.50, 22.20 Uhr von Klaipėda.

Per **Auto**: Wenn Sie Palanga auf der Kretingos gatvė verlassen haben, folgen Sie der alten A 223, heute A 11 nach Šiauliai, so kommen Sie direkt nach Kretinga. Die 10 km Straße führen Sie durch karge Landschaft, weite Felder, kleine Dörfer, unterbrochen von Wäldchen, vor allem Birkenwäldchen, die im Frühjahr frischgrün leuchten. Von Klaipėda aus kommend, nutzen Sie die Manto gatvė stadtauswärts in Richtung Palanga und folgen der Chaussee geradeaus wie nach Kretinga ausgeschildert. Auf der alten B 220 gelangen Sie durch ruhige Dorflandschaft über *Kretingalė*, dessen kleine weiße Kirche am Straßenrand leuchtet, nach 20 km nach Kretinga. Ich empfehle Kretinga als Halbtagesausflug von Palanga oder Klaipėda aus, da es keine Übernachtungsmöglichkeit gibt. Für ein leckeres Essen im Wintergarten lohnt auch ein Abendausflug.

## *Quer durch die Žemaitija*

Eine Fahrt quer durch die Žemaitija bietet einsame Dorfidylle und karge flache Landschaft ebenso wie schöne Seen und überraschenderweise auch etliche Kirchen. An vielen Orten können Sie zu den ersten ausländischen Touristen gehören, die hierher kommen. Rechnen Sie nicht mit touristisch erschlossenen Gegenden: Hotels und Restaurants kann ich Ihnen hier nicht empfehlen, die im Folgenden genannten sind äußerst einfach. Deshalb bietet sich die Fahrt durch die Žemaitija als eine lange Tagestour von Palanga oder Klaipėda aus an. Das Zelt können Sie mitnehmen, auch für Ihr Wohnmobil finden Sie einen Platz (außer im Naturschutzgebiet Plokštinė, wo Campen verboten ist), und Fahrräder sind vor allem für die Gegend um den Plateliai-See wunderbar. Am besten reisen Sie im Auto, die großen Orte wie Plungė, Telšiai, Skuodas und Mažeikiai sind zwar mit Klaipėda und Palanga durch Buslinien verbunden, doch die kleineren Orte sind nur schwer mit öffentlichen Verkehrsmitteln zu erreichen. In der Žemaitija sind es gerade nicht die großen Städte und die einzelnen Orte, die am sehenswertesten sind, sondern die Summe der »Kleinigkeiten«, die sich am besten auf einer Autotour, eventuell unterbrochen von Fahrradausflügen, entdecken lassen. Unbedingt vollgetankt losfahren, das Tankstellennetz ist sehr dünn, und wenn, dann gibt es nur 76 oder 92 Oktan-Benzin. Warten Sie nicht auf ein Bistro am Wegesrand, packen Sie am besten ein Picknick ein und lassen sich dazu an einem der schönen Seen oder Flüsse nieder.

Reisende im Frühjahr und Herbst sollten bedenken, daß die Žemaitija zu den kältesten Regionen Litauens zählt. Während in Klaipėda der Frühling Einzug hält, kann hier im Landesinnern noch Schnee liegen. Wenn an der lettischen Grenze das Tauwasser die Flüsse anschwellen läßt und zum Beispiel aus der kleinen Šerkšnė einen reißenden Strom macht, können Sie bei Žemaicilių Kalvarija in einen Schneesturm geraten.

Machen wir uns auf den Weg und verlassen Klaipėda auf der A 1 (alte A 227) Richtung Kaunas bzw. Vilnius. Kurz nach dem Abzweig Gargždai, Kretinga geht es über eine Minija-Brücke und rechts runter zum Parkplatz an der Minija. Hier können Sie 21 km nach Klaipėda ihr Frühstückspicknick in herrlicher Flußlandschaft machen und die morgendlichen Angler beobachten. Auf die Minija werden wir auf unserer Tour noch mehrmals stoßen, ihr ist auch ein Extra-Ausflug (Seite 224) gewidmet. Nach weiteren 2 km verlassen wir die A 1 in Richtung Plungė. In dem kleinen **Vėžaičiai** lassen uns halb verfallene alte Torpfeiler und Zaunreste sowie ein weißes Torhaus einen alten Gutshof erahnen. Diese Reste sind alles, was von ihm übriggeblieben ist. Alles Weitere wurde dem Erdboden gleichgemacht, und heute ist das Gelände mit Neubauten bedeckt. Wir folgen nun links der alten B 204, die (entgegen einigen Karten) durchweg asphaltiert ist. Und wieder begegnen wir traurigen Zeugnissen der Geschichte. 10 km vor sowie etwa 8 km nach **Kuliai** befinden sich jüdische Friedhöfe und Mahnmale: *Žydų Genocido Aukų kapai* sowie *Žyd. Genocido kapai* weisen die Schilder nach rechts. Im Ort Kuliai (kūlis bedeutet im Dialekt der Žemaiten Stein) ist die barocke Kirche sehenswert, die den Ort dominiert. Sehenswert davor ist die Holzskulptur eines Priesters unter der vor der Kirche stehenden Eiche mit der »Litauischen Geschichte« in der Hand. Sie erinnert an den Schriftsteller, Literaturwissenschaftler und katholischen Geistlichen *Juozas Tumas-Vaižgantas* (1869 – 1933). Hauptinhalt seiner Erzählungen sind Szenen aus dem dörflichen Leben, zum Beispiel in »Der Robinson in Žemaitija« von 1932. Vaižgantas wohnte und arbeitete von 1889 bis 1901 als Seelsorger in Kūliai. Im mittelalterlichen Litauen gab es in der ganzen Žemaitija viele Eichenwälder. Und wie schon im Einführungskapitel zur Žemaitija erwähnt, sind Eichen die heiligen Bäume der Žemaiten, da man glaubte, daß in ihnen die

Naturgötter wohnten. Als die Žemaitija 1410 christianisiert wurde, wurden die Eichenwälder abgeholzt. Man baute Kirchen, obwohl die Menschen noch bis ins 19. Jahrhundert hinein in Eichenwäldern beteten. Nur wenige Eichen sind bis heute erhalten geblieben.

Kurz vor Plungė können Sie nochmals einen Blick auf die wunderschöne Minija werfen, die sich naturbelassen durch die Landschaft schlängelt. Mit ersten Eindrücken von der Žemaitiner Dorfeinsamkeit erreichen wir nun nach insgesamt 60 km Plungė.

## Kunst in Plungė

Haben Sie schon etwas aus Leinen als Mitbringsel für daheim gekauft? Das *Linų audėjai* kommt aus Plungė. Die Kunstgewerbefabrik *Minija* hat hier ihren Sitz. Auch die beliebten litauischen Lederarbeiten haben hier ihren Ursprung. Die Vaižganto- und danach die Darius ir Girėno-Straße führen uns geradeaus durch die wenig interessante Stadt. Um die Jahrhundertwende studierte und lebte der Maler und Komponist Čiurlionis hier und besuchte die im *Schloß Gadinga* untergebrachte Musikschule. Bereits 1567 wird in den Annalen das Schloß Gadinga erwähnt, aus dem 19. Jahrhundert stammt das neoklassizistische Palais der Familie Oginski (Fürst Mykolos Oginski, 1849 – 1902). Die Anlage der Oginskis wurde 1879 vom deutschen Architekten Karl Lorenz in der damals beliebten Mischung aus Klassizismus, Renaissance, englischem Tudorstil und italienischem Palazzo errichtet. Das Gutsschloß gehört zu den schönsten Architekturdenkmälern in Litauen. 1873 – 1902 befand sich im Schloß die erste litauische Musikschule. Sie bildete die Musiker für das Symphonieorchester des Schlosses aus. Heute befindet sich hier eine Baufachschule. Hinter dem Schloß ein neogotischer Pferdestall.

Der 45 ha große *Schloßpark* erstreckt sich links der Straße hinter dem Babrungė-Flüßchen (einem Nebenfluß der Minija). Im Park gibt es sieben miteinander verbundene Teiche. Interessant ist auch »Perkūno ažuolas«, die Donnereiche mit einem Durchmesser von 1,65 m und einer Höhe von 25 m. Schloß und Park sind durchaus einen Stop wert.

### Žemaitija-Kunstmuseum

Plungė Parko-Straße 1 in Plungė. Es befindet sich seit 1994 im Palast des Grafen Mykoslas Oginski. Das Gebäude im Stil der Neorenaissance liegt romantisch am Babrungė-Fluß. Die Anlage besteht aus dem zweistöckigen Palast, geschmückt von Skulpturen, aus dem Jahre 1879, dem Park, zwei symmetrischen Gebäuden für die Verwaltung, dem monumentalen Tor im Stil der Neorenaissance im Südosten des Parkes und einem kleineren gotischen Palais mit Turm – einer Imitation des Vecchio-Palastes in Florenz aus dem 15. Jahrhundert. Heute befindet sich hier eine ständige Ausstellung mit Kunstwerken von Exil-Žemaiten, die diese Arbeiten dem Museum schenkten: Adomas Galdikas, Telesforas Valius, Vytautas Ignas, Juozas Bagdonas. Eine Gedenkausstellung für den Grafen Oginski ist in Planung. Das Museum ist täglich geöffnet außer Mo und Di von 11 bis 19 Uhr im Sommer, von 12 bis 17 Uhr im Winter. Es hat auch noch folgende Filialen:

**Gedenkmuseum für** die litauische Schriftstellerin **Julija Žymantienė-Žemaitė** (1845 – 1921) in *Bukantė*, 14 km von Plungė entfernt. Sie verbrachte hier ihre Kindheit. Seit 1965 gibt es hier das Museum.

**Gedenkmuseum für Vytautas Mačernis,** einen litauischen Dichter (1921 – 1944) in *Žemaičių Kalvarija*. Er wurde in der Nähe geboren.

**Museum der Kultur der litauischen Herrenhäuser** in *Rietavas*, 24 km von Plungė entfernt. Es befindet sich seit 1995 im Palast von Bogdan Oginski, einem Bruder von Mykolas.

**Völkerkundliches Museum Kūliai,** 20 km von Plungė.

Im Museum Plungė hilft Ihnen mit neuesten Infos weiter: Vida Turskytė (englischsprechend), denn alles ist erst im Aufbau – es ist in Zukunft noch mit vielen neuen Sachen zu rechnen.

### Weiterfahrt in den Nationalpark

Mehr Zeit sollten Sie in Plungė jedoch nicht verlieren, sondern ein Stück zurückfahren und die Stadt dann nach links (Nordosten) in Richtung *Mažeikiai* vorbei an den neuzeitlichen »Schlössern« der Plunger Oberschicht verlassen. Auf der B 164/A 222 fahren wir noch 14 km bis zum Abzweig Plateliai und biegen dann nach links ab zum größten See und dem landschaftlich schönsten Gebiet der Žemaitija, dem **Naturreservat Plokštai**. Vor 15.000 Jahren wurde es von der Eiszeit modelliert. Eine Holzstele mit einer Žemaitiner Bauersfrau begrüßt Sie im *Žemaitijos Nacionalinis Parkas*. Diese Stelle erreichen Sie mit Bussen von Plungė aus viermal täglich. Sie fahren jetzt in dichten Wald hinein. Gleich links lädt das Beržoro-Wäldchen zum Spazieren ein, rechts erstreckt sich das Naturreservat, das nicht betreten werden sollte. Bereits nach 3 km schimmert ein See durch die Bäume: der 19 ha große *Ješnalio ežeras*. Denken Sie daran, daß hier im Naturschutzgebiet Angeln verboten ist: »Žvejyba Draudžiama« (Schild).

Links in dem Haus aus Feldsteinen ist ein **Kunstgewerbeladen** untergebracht: *Paroda Pardavimas Keramika Dailės Salonas*, und daneben können Sie einem Holzschnitzer in seiner Werkstatt bei seiner Arbeit zuschauen. Nur im Sommer ist geöffnet. Sollten Sie mehr Zeit haben, lohnt ein Abstecher durch den Wald, dort wo das Schild zur »Plokštinės Poilsiavietė« weist, einem riesigen Ferienhauskomplex, dessen Komfort bisher allerdings sehr zu wünschen übrig läßt. Er ist in der Sommersaison geöffnet. Auf dem Weg dorthin streifen Sie einen hübschen Rastplatz am See mit Booten. Leider wird am Ende des 5 km langen Waldweges das Bild durch Ruinen eines ehemaligen Munitionslagers getrübt. Diese Gegensätze sind eine unumgängliche landeskundliche Erfahrung in Litauen.

Doch fahren wir die Straße weiter am Beržoro-Wäldchen entlang, so eröffnet sich vor uns nach weiteren 4 km der Blick auf den Plateliai-See. Sogleich laden auch Boote zu Wasserausflügen ein. Die hiesige Bushaltestelle heißt nach dem Wäldchen »Beržoro Girininkija« und wird ebenfalls viermal täglich von Plungė aus angefahren. Nun fahren Sie direkt am Plateliai-See entlang, an dem zahlreiche Parkplätze Ihnen ein bequemes Rasten und Spazieren ermöglichen. Oft finden wir Storchennester auf den Gehöften: fast jedes hat »seinen« Storch.

## Rund um den Plateliai-See

Idyllisch ist auch die Ortschaft **Beržoras** am gleichnamigen See gelegen. Einen – beabsichtigt – scharfen Kontrast zu der romantischen Seelandschaft stellt das Mahnmal für die Opfer des Stalinismus zur Linken dar, kurz hinter Beržoras. Eine überdimensionale große Betontreppe führt an einem Gedenkstein vorbei hinaus zum Friedhof. Kurz danach erreichen wir die Ortschaft **Plateliai,** die uns mit einer netten gelben Holzkirche begrüßt. Sie ist Sitz der *Verwaltung des Nationalparks* mit Info-Stelle für Leute, die sich mehr Zeit zum Durchwandern des Hügellandes nehmen wollen, und einer Kunstgewerbeausstellung.

In Plateliai können Sie Ihr Auto abstellen, die Fahrräder auspacken, und um den 12 km² großen See – bei guter Kondition – oder ein Stück am See entlangradeln, an dem Sie auch einen Yachtclub finden. Die Gegend ist wenig besiedelt und die 25 km lange Straße um den See wenig befahren, so daß sie für Radler empfehlenswert ist. Für Radler bieten sich immer wieder nette Abstecher an. Störend sind nur die 10 km Fahrt auf der A 11, die sich anschließen, um die Rundstrecke zu vollenden und zum Ausgangspunkt zurückzukommen. Die auf einigen Karten eingezeichnete Abkürzung am See entlang existiert nicht, was schade ist, denn die 10 km Schnellstraße sind für Radler aufgrund der hier schnell fahrenden Autos gefährlich und unangenehm. Um den See zu umrunden, müssen Sie an der Kreuzung im Norden des Sees die Richtung Alsėdzinai (die alte B 2302) einschlagen. Mutige nehmen dann links die 15,5 km Sandstraße nach Žemaicių Kalvarija, dem nächsten Stop auf unserer Tour. Am sichersten ist es jedoch, den Seeblick noch etwas zu genießen und vorbei an einsamen Gehöften zur Straße Plungė-Mažeikiai zurückzukehren. Angenehm ist, daß hier im Naturschutzgebiet die Orte mal nicht in riesigen Betonlettern angekündigt werden, sondern auf einfachen geschnitzten Holzschildern: Babrungė, Medsėdžiai, Virkšiai, Skurydai ...

Der Plateliai-See, der größte im Nationalpark, eignet sich gut für einen Extra-Tagesausflug. Er ist ideal für eine ausgedehnte Radtour oder für einen kleinen Segeltörn. Haben Sie wenig Zeit und müssen sich zwischen verschiedenen Zielen in der Žemaitija entscheiden, dann sollte er an vorderer Stelle stehen.

## Wallfahrtsort Kalvarija

Nach der Umrundung des Sees setzen wir unsere Tour auf der B 164, A 222 fort – der nächste Halt heißt *Žemaičių*

»Götterschnitzer«: In der Žemaitija werden die Holzschnitzer Dievdirbis genannt

*Kalvarija.* Nach weiteren 6,5 km (vom See aus gerechnet) sehen Sie den ersten Abzweig in die stille Ortschaft **Kalvarija,** insgesamt gibt es drei: ich empfehle den zweiten, er ist asphaltiert, die anderen sind Sand- und Schotterstraßen. Er führt über das Varduva-Flüßchen direkt auf die große über der Žemaitiner Landschaft thronende Barockkirche am Graudų-Platz zu: *Švč. Mergelis Marijos aosilankymos bažnyčica* (Kirche des Besuchs der heiligen Jungfrau Maria), die aus dem Jahre 1632 stammt, war jedoch bis ins 20. Jahrhundert ständig baulichen Veränderungen unterworfen. Erst 1992 frisch gestrichen, lassen die Witterungseinflüsse heute die Farbe schon wieder bröckeln. Wie gesagt, Sie sind hier im kältesten Gebiet Litauens.

Die Verehrung der Litauer für diesen Wallfahrtsort bröckelt jedoch nicht. Nach wie vor pilgern sie hierher und nehmen den knapp 8 km langen Leidensweg zum Kalvarienberg mit seinen 19 Kapellen, den Dominikaner einst anlegten, auf sich. Bischof *Jurgis Tiškevičius* war es, der 1639 – 1642 diese 19 Kapellen gründete. Der von ihm verliehene Name Žemaičių Kalvarija soll darauf hinweisen, daß sie der gesamten Žemaitija gehören. Die Kirche am Kalvarienberg stammt aus dem 18. – 19. Jahrhundert; 1988 weilte Papst Johannes Paul II. während seines Litauen-Besuches hier und gab ihr den Namen *Mažoji Bazilika* = Kleine Basilika. An Größe und Bedeutung kommt der Kalvarienberg jenem in der Nähe von Siauliai nicht gleich. Dennoch finden Sie auch hier überall etwas Religiöses: fahren Sie in Richtung Barstyčiai hinaus, treffen sie auf eine kleine Kapelle am Berg, unten im Dorf am Wegesrand stehen überall Madonnen- und Christusfiguren, und hinter dem Flüßchen Varduva sitzt an der ersten Ortseinfahrt auf einem Hügel eine kleine braune Holzkirche. An der Varduva-Brücke befindet sich die Bushaltestelle: bemerkenswert ist, daß dieser unscheinbare Ort Verbindungen mit großen Städten in der Žemaitija bis hin nach Kaunas und Klaipėda unterhält.

Nun wieder weiter auf der Landstraße: Kurz nachdem wir in den Kreis *Mažeikiai* (Mažeikių rajonas) eingefahren sind und die Varduva noch mehrmals überquert haben, erreichen wir **Seda**, die 1800-Einwohner-Stadt an der Varduva. In Hochwasserzeiten glaubt man, Seda liege an einem See. Biegen Sie in Seda nach rechts auf die alte B 179 ab und fahren in Richtung Telšiai. Umgeben von dichtem Fichtenwald liegt das *Schutzgebiet von Plinkšes* (Plinkšių Draustinis), Schotterstraßen führen Sie nach links und rechts zu den schönen Seen *Plinkšių ežeras*. Nach 23 km erreichen sie den alten Bischofssitz *Telšiai*.

## Telšiai

Telšiai ist eine der ältesten Städte des Landes und erstmals 1389 in den Annalen zu finden. Bekannt ist es unter anderem durch seine jüdische Hochschule geworden, die *Jeschiva*. 1873 – 1940 befand sich hier eine der größten Rabbiner-Schulen der Welt. Hier lernten nicht nur litauische Juden, sondern auch jüdische Studenten aus Europa und Amerika. Durchfahren Sie die Stadt, so stoßen Sie am anderen Ende auf den *Masčio-See,* ein hübsches Fleckchen zum Spazieren. Davor auf einem Hügel in der Lūokes-Straße eine schmucke Kirche: klein, aber fein. Von dort haben Sie auch einen wunderbaren Blick auf den See und die Stadt mit dem 1765 geweihten *Bischofsdom*. Dieser gewaltige Barockbau thront über der zentralen Respublikos-Straße. Es ist das berühmteste Architekturdenkmal der Stadt: der Dom des heiligen *Antanas Paduvietis* (1762 – 1794). Der Bischofspalast in der Birutė-Straße 30 wurde 1929 vom Architekten Wladimir Dubenezkis gebaut. Hier wirkte 1931–36 die ethnographische Gesellschaft *Alka*. 1989 wurde auch das Priesterseminar wiedereröffnet, dessen Ursprünge in das Jahr 1740 zurückgehen.

Der Telšiai-Besuch soll der Abschluß unserer Tour quer durch die Žemaitija sein; wir sind nun (mit kleinen Abstechern gerechnet) etwa 130 km gefahren und nehmen am bequemsten die Autobahn A 11 zurück nach Palanga bzw. über Kretinga nach Klaipėda. Sie sind während Ihrer Tour durch das am dünnsten besiedelte Gebiet Litauens gefahren. Ich hoffe, es war nicht zu einsam für Sie.

### Museum Alkos und Freilichtmuseum

Freilichtmuseum Alkos, Heimatmuseum Telšiai, Muziejaus 31. Es wurde 1936–38 nach dem Entwurf des Architekten Seite Stulkinskis gebaut. Heute gibt es hier 40.000 Exponate:

eine wertvolle archäologische und eine numismatische Sammlung, Volkskunst, Malerei, Bildhauerei und Grafik, darunter Kunstwerke wie P. Smuglevičius' »Agripina trägt den Leib ihres Mannes« und K. Ruseckas »Italienische Landschaft«. Künstler der litauischen Renaissance sind genauso zu finden wie holländische Arbeiten und russische, polnische, französische, deutsche Künstler. Als Vertreter der deutschen Schule finden wir hier Lucas Cranach (1472 – 1553): »Die Verehrung der Könige«, aus Österreich Joseph Ross I. (1726 – 1805): »Hirtenidylle«. Das Museum wurde vom Verband der Historiker und Kunstschaffenden »Alka« 1932 gegründet. Es war das erste von der litauischen Kulturelite gegründete Museum, für das ein spezielles Gebäude errichtet wurde. Besonders machte sich der Heimatkundler und Leiter des Museums, *Pranas Genys,* um die Erweiterung des Museums verdient. Zur Zeit ist es das zentrale Museum der Žemaitija und eines der größten des Landes. Seit 1955 werden ständig wechselnde historisch-ethnographische und archäologische Ausstellungen veranstaltet. Das *Freilichtmuseum* bildet einen eigenen Teil des Museums: 16 völkerkundlich interessante Gebäude auf drei Bauernhöfen, darunter auch eine Schmiede und Mühle.

## Busverbindungen

Von Klaipėda in Richtung Naujoji Akmenė oder Telšiai über Plateliai: 11.30, 15.25, 18.30 Uhr für 2,90 Lit, Fahrzeit 1,5 – 2 Stunden. Von Palanga nach Naujoji Akmenė über Klaipėda und Plateliai: 16 Uhr, 2 Stunden Fahrzeit, 3,90 Lit. Es gibt auch die im Text genannte Busverbindung Plungė-Plateliai über Beržoro: 6.25, 13.30, 18.25 Uhr, Fahrzeit 30 Minuten, Preis 1,50 Lit. Busverbindung Klaipėda-Žemaičių Kalvarija: von Klaipėda 13.30 und 15.20 Uhr, Fahrzeit 2 – 2,5 Stunden, Preis 6,50 Lit.

## Unterkunft & Verpflegung

Ferienhauskomplex *Plokštinė,* etwa 12 km vor Plateliai (aus Richtung Plungė kommend rechts dem Schild folgend über einen Waldweg). Das ist eine ehemalige russische Kaserne, seit 1992 Erholungskomplex. Es gibt drei zweigeschossige Gebäude mit 2 – 5-Bettzimmern und einem Speiseraum, der jedoch nur auf Bestellung für eine größere Personenzahl geöffnet ist. Der 5 km lange Waldweg von der Landstraße zum Ferienhauskomplex ist auch gut mit dem Auto befahrbar. Zu den Preisen wollte man keine genaue Auskunft geben, etwa 7 – 12 Lit pro Person. ✆ 8/218/ 48361, 48161. Es gibt hier auch ein Gestüt mit 5 Pferden. Reiten: 20 Lit pro Stunde, Pferdewagen: 30 Lit pro Stunde (4 – 6 Personen), des weiteren einen Tennisplatz und eine Sporthalle. Das in anderen Reiseführern genannte Hotel »Vilnius« gibt es nicht in Plateliai. Für 20 Lit pro Tag und Person können Sie in einem der firmeneigenen Erholungsheime am Plateliai-See übernachten, bitte vorbestellen. Verpflegung dazu kostet 15 Lit. Erholungsheim *Oruva* vom Lederwerk Plungė, ✆ 8/218/ 48315.

Eine wirkliche Empfehlung kann ich nicht aussprechen, es gibt leider (noch) kein ansprechendes Café oder Restaurant. Das ganze Jahr über haben geöffnet *Užkandinė*, *Šašlykinė* und *Po senu ažuolu* in Plateliai, *Labirintas* in Žemaičių Kalvarija. Von Juni bis August *Burė* in Plateliai. Sie alle werden hauptsächlich von Einheimischen frequentiert.

## Weitere Informationen

**Nationalpark-Verwaltung:** Plateliai, Didžioji 8 – 10, ✆ 8/218/48343 (Direktor), 48337 (Sekretärin), 48319. Verlangen Sie den Manager Giedrus Norvaišas, er spricht Englisch. Außer Informationen können Sie hier Fahrräder und Boote erhalten. Vermittlung 10 Lit. Reiten 67 US$; Unterkunft 3 – 20 US$ (der ŽNP gibt leider nur Valuta-Preise an). Es wird auch ein *Campingplatz* vermittelt, auf dem es Toiletten, Umkleideräume sowie Grillplätze in äußerst spartanischer Ausstattung gibt.

Seit Sommer 1995 gibt es auch ein **Info-Zentrum** für Touristen: Didžioji 8, Plateliai, ✆ 8/218/48378, das auch Informationsprospekte in Englisch herausgibt. Hier soll auch noch ein kleines Bistro eröffnet werden, in dem Mittagessen für etwa 15 Lit pro Person möglich sein soll. Außerdem ist ein Ausstellungssaal geplant.

**Yachtclub Plateliai:** ✆ 8/218/48131, 48261, im Ort ausgeschildert (von der Landstraße Abzweig nach rechts). Preise: Katamaran (für circa 20 Personen) 40 – 60 Lit, Boote 5 Lit, Fahrrad 5 Lit; alles pro Stunde. Im Sommer gibt es im Yachtclub auch ein kleines Café und einfache Zimmer zum Übernachten.

**Festivitäten:** In jedem Jahr zur *Johannisnacht* wird am Plateliai-See ein Folklorefestival veranstaltet. Außer Auftritten von Folkloregruppen mit Liedern und Tänzen können Sie hier Volkskünstler erleben, die ihre Werke verkaufen und ausstellen. Über das Info-Zentrum Plateliai können Sie für dieses Fest im Juni auch Übernachtungen bei Einheimischen buchen. Information zum Fest der Johannisnacht: ✆ 8/218/48378.

## Kirchentour durch die Žemaitija

Der Zufall wollte es: Ich verfuhr mich bei Dovilai, die Straßen wollten wieder einmal nicht so wie die Karte, und ich fand ein paar interessante neue Eckchen für diese Tour in der Žemaitija. Vielleicht verfahren Sie sich trotz meiner Beschreibung auch. Ihr Trost: Sie finden dann ganz sicher weitere überraschende Kleinigkeiten im Žemaitiner Hügelland. Um nicht den gleichen verworrenen Umweg wie ich zu nehmen, fahren Sie von Klaipėda aus am besten gleich die A 1 Richtung Kaunas, die Sie am Abzweig *Veiviržėnai* wieder verlassen. Das Bild, das sich mir damals bot, entschädigte für die vorherigen öden Ortschaften: man fährt direkt auf eine hübsche weiße Holzkirche zu. Das Schild *Senosios Žydų Kapines* weist zum Jüdischen Friedhof. Veiviržėnai ist wirklich ein nettes Žemaitija-Dorf, schlichte bunte Holzhäuschen säumen die Straße, das Flüßchen Veiviržas durchzieht die Hügellandschaft. Folgen Sie nun der alten B 214 in Richtung *Endriejavas*. Einsame ländliche Gegend, eine sehr sanftgewellte hügelige Landschaft. Die Straße streckenweise unbefestigt, sandig. Durch den grauen Ort hindurch geht's in Richtung Rietavas durch eine moorig-sumpfige Landschaft. Fichtenwälder wechseln mit weiten Feldern ab. Dann wieder eine Überraschung: Schon von weitem leuchten die Türme der gewaltigen Kirche zu **Rietavas**, deren Besuch Sie nicht versäumen sollten. Weiter geht es in Richtung *Kaunas*, und nach insgesamt 93 km erreichen Sie **Laukuva**. Da, wo rechts ein Schild die Ortsausfahrt *Šilalė* anzeigt, hinein, und so kommen Sie zur weißen, aus Naturstein erbauten Dorfkirche. Auch in Laukuva gibt es einen jüdischen Friedhof »Senosis Žydų Kapinės«, zu dem ein kleiner Weg führt.

Hinter Laukuva beginnt ein nicht enden wollendes Auf und Ab der ländlichen Hügellandschaft. Verpassen Sie dabei jedoch nicht den Abzweig links Richtung *Telšiai*. In der Ferne sehen Sie die höchste Erhebung der Žemaitija: den *Medvėgalio kalnas*. Kurz nachdem Sie den Kreis Telšiai (Telšių rajonas) erreicht haben, beginnt links der *Lukšio-See*. Lange fahren Sie an dessen Ufer entlang und können den phantastischen Seeblick genießen. Übrigens sind hier auch noch alte Lehmhäuser zu sehen, Zeugen der langen Historie des Žemaitiner Dorflebens. Inmitten der Seenlandschaft liegt **Varniai**, unser nächstes Ziel. Der Ort erlebte seine Blüte 1417 – 1864 als Bischofssitz. Madonnenfiguren am Ortseingang prägen zusammen mit lustigen bunten Holzhäusern das Bild des 1000-Seelen-Ortes. Rechts der Hauptstraße nach Telšiai ist ein großes Kirchengebäude in Bau; links führt der Weg Sie über ein Flüßchen zur *Šv. Petro ir Povilo Bažnyčia*, der erhabenen weißen St.-Peter-und-Pauls-Kirche von 1691. Mögen Sie Makabres, so begeben Sie sich in deren Gruft. Folgen Sie der kleinen Straße an dieser Kirche vorbei weiter geradeaus und dann links, so vollziehen Sie eine Runde durch den Ort und kommen zur schlichten, aber imposanten braunen Holzkirche *Šv. Aleksandro*, die sich hinter einem großen roten Backsteintor verbirgt.

Gleich daneben ist der Busbahnhof gelegen, und an diesem vorbei schließen Sie die Runde ab und fahren weiter in Richtung Telšiai, wobei es zwei Routen gibt: ich wähle die linke, 33 km lange über *Žarėnai*. Durch Fichtenwälder und Felder gelangen Sie nach **Žarėnai**, dessen leuchtend gelbe Kirche Sie aus dem Tal aufragen sehen. Es ist der letzte markante und sehenswerte Punkt auf unserer Tour, bevor wir **Telšiai** erreichen. Dort angelangt, haben wir etwa 150 km zurückgelegt. Und nun geht es auf der A 11 in Richtung Palanga zurück. 25 km hinter Telšiai können Sie links abfahren und Plungė noch einen kurzen Besuch abstatten. Von dort sind es noch 43 km bis Kretinga und 57 km bis Palanga zurück.

## Ausflug zum Steinmuseum

Nur einen Steinwurf weit ist es von Palanga nach *Mosėdis*. Und dort befindet sich das skurrile **Steinmuseum Litauens**. Nun gibt es in der Natur sehr viele Steine – größere, kleinere Findlinge, die Sie auf Spazierfahrten sehen können, besonders auf den Strecken durch die Žemaitija. Eigentlich nichts Besonderes. Manch einer findet es sicher übertrieben, dazu noch ein Museum einzurichten. Doch respektieren wir den Eigensinn und den Stolz der Litauer auf dieses kleine einfache Museum sowie vor allem den Fleiß des Herrn Intas, der in den 30er Jahren etwa 5000 Steine von den Feldern der Umgebung zusammentrug und sie klassifizierte. Hier im Norden Litauens gibt es schon seit Urzeiten eigenartige Steinlandschaften. Die Kultivierung und Bewirtschaftung der Felder haben sie in mühevoller Arbeit verschwinden lassen. Im Steinmuseum führt Sie ein gut beschilderter Pfad durch die Welt der Findlinge und tonnenschweren Felsbrocken, die die Eiszeit in der Žemaitija ablud, und die von dem Mosedisner Mediziner Vaclovas Intas im romantischen Bartuva-Flußtal, entsprechend ihrem natürlichen Ursprung, in Gruppen geordnet wurden. Einige stammen aus Ost-, Mittel- und Westfinnland, andere aus dem eiszeitlichen Schweden. Auf dem Gelände gibt es auch eine alte Wassermühle, Mühlsteine am Beginn des Stein-Pfades erinnern an ihre früheren Dienste. Die Mühle ist Ausgangspunkt der Ausstellung und bietet zudem eine kleine informative Schau über Gletscher. Das *Café-Restaurant Melnika kamara* ist sehr rustikal und nur in der Sommersaison geöffnet. Das Außengelände ist ganzjährig zugänglich. Sollten Sie sich weniger für eiszeitliche Findlinge, dafür mehr für einen Spaziergang durch die Natur begeistern, kommen Sie hier ebenso auf Ihre Kosten. Der natürliche Park ist nett angelegt, kleine Holzbrücken und für Mutige eine aus einem Stamm gebastelte, schmale, knorrige Brücke verbinden die Spazierwege. Und bestimmt finden Sie dort auch ein hübsches Picknickplätzchen.

### Praktische Informationen

**Steinmuseum Mosėdis:** Salantų-Straße, ✆ 8/216/56291. 1.5. – 1.10. täglich geöffnet, auch die Verwaltung und das Museum im Haus. 10 – 17 Uhr, Mittagspause 13 – 14 Uhr. Eintritt 1 Lit.

Café-Restaurant während der Saison 11 – 23 Uhr geöffnet. Das Angebot auf der Speisekarte reicht von der litauischen Spezialität Cepelinai für 2,50 Lit bis zu Braten für 7 Lit (das teuerste Gericht), also ein äußerst preiswertes Mittagessen: mit Vorspeise und Getränk 10 – 15 Lit.

## Die Fahrt nach Mosėdis

Und wie überwinden Sie die »Steinwurf-Strecke« Palanga-Mosėdis? Zuerst nach Kretinga, dort zuerst ein kleines Stück in Richtung Plungė, dann an der nächsten Kreuzung in Richtung Salantai. Die dreiteilige Straßenkarte »Lietuvos keliai« stimmt hier nicht mit der realen Straßenführung überein. Etwa 27 km hinter Kretinga wird die Straße unbefestigt, was so bleibt auf den folgenden fünf Kilometern bis zur Kreuzung mit der alten B 229. Scheuen Sie die Schotterstraße, so können Sie auch den längeren Weg über Kartena fahren. Reichlich 5 km hinter der Ortschaft Kūlupėnai kommen Sie an dem Geburtshaus von *Motiejus Valančius*, einem als Museum ausgebauten Bauernhof mit rekonstruierten Blockhäusern auf der rechten Straßenseite vorbei. Valančius, geboren 1801 in Nasrėnai, war ein Žemaitiner Bischof, der sich der Verbreitung des Katholizismus widmete. Er machte sich als Organisator des Bildungswesens verdient und genoß einen hohen Ruf als Herausgeber litauischer Bücher in Ostpreußen, die von kulturgeschichtlichem Wert sind: so zum Beispiel »Juse aus Palanga« von 1869, eine Skizze des Žemaitiner Dorflebens, oder die »Sprichwörter Žemaitijas« von 1867. Direkt vor dem Museum ist eine Bushaltestelle.

Kurz hinter *Nasrėnai* haben Sie von **Kalnalis** *(kalnas* – der Hügel) einen hübschen Blick hinunter ins Tal auf das Sie umgebende Žemaitiner Hügelland und dessen weite Felder und Wälder. Schon von weitem sieht man die alte aus Baumstämmen gebaute Holzkirche des St. Laurynas von 1777 (umgebaut 1885). Hier wurde Valančius getauft. Daneben ein Glockenturm aus Holz aus dem Jahre 1884. Viele heidnische Motive wie Nattern, Sonnenstrahlen und Mond zieren das Gebäude. Unweit liegt ein sehr alter Friedhof mit interessanten Holzgrabmalen, deren Meister Lukauskas aus Kretinga ist. Weiter auf der B 226 durch Dörfer der Žemaitija, bis es rechts nach **Salantai** abgeht. Machen Sie hier an der Kirche einen kleinen Halt – es lohnt sich. Die Kirchtürme, schon von weitem sichtbar, gehören zu der roten gotischen Backsteinkirche von 1630 in der Vilniaus gatvė. Die dezenten Farben und hübsche Ausmalung verleihen ihr Eleganz und Großzügigkeit. Altar und Kanzel sind sehenswerte Holzschnitzereien. Der 2300-Seelen-Ort Salantai liegt an der *Salanta*, einem Nebenfluß der Minija, die hier einen kleinen Stausee bildet. Eine Legende erzählt von einer Überschwemmung: Alles stand unter Wasser, und die Menschen suchten einen trockenen Ort. Plötzlich rief jemand: »Sala untai« – »Da ist eine Insel« – und so entstand der Ort Salantai. Vor dem Zweiten Weltkrieg war Salantai ein jüdisches Städtchen. Im ehemaligen jüdischen Gotteshaus wurde nach dem Krieg ein Kulturhaus eingerichtet. Von Salantai sind es bis zum Steinmuseum in Mosėdis 15 km auf der alten B 101 in Richtung Skuodas. Außer dem Steinmuseum und dem Bartuva-Tal gibt es übrigens noch drei Schutzgebiete für Steinlandschaften. Eines davon, *Šauklių*, das größte von ihnen, beherbergt Steine, die durch Zusammenstoßen und Pressen während der Eiszeit geformt wurden. Einige von ihnen enthalten schüsselartige Löcher, die in heidnischen Zeiten für Rituale genutzt wurden. Viele davon finden Sie entlang der Straße zwischen Skuodas und Salantai.

In *Šauklių* kündet die Ruine einer Kolchose von der einst florierenden Landwirtschaft. Wenn Sie Hinweisschilder auf die lettische Grenze sehen – dann sind Sie zu weit. Der Abzweig Mosėdis ist nicht an der Straße angezeigt. Achten Sie 13 km nach Salantai rechts auf einen großen Findling, der auf drei Metallspitzen steht. Das ist der Abzweig Mosėdis. Auch sehen Sie von weitem schon die blauen Kuppeln der Kirche leuchten. Nach einem weiteren Kilometer führt eine Holzbrücke Sie zum Steinmuseum »Akmenų Muziejus«; unübersehbar künden Findlinge am Straßenrand davon.

»Das letzte Läuten«: solche Medaillen bekommen die Kinder an ihrem letzten Schultag geschenkt

Die Kirche zu Mosėdis lohnt einen Besuch. Der barocke weiße Bau erhebt sich auf einem kleinen Hügel gleich neben dem Steinmuseum. Die *Bažnyčia ir Šventoriaus vartai* stammt aus dem Jahre 1783. Innen bunt und an einigen Stellen reichlich kitschig, bietet sie eine sehr volksnah gehaltene malerische Darstellung der Kreuzgeschichte.

Sollten Sie von Skurrilem noch nicht genug haben, empfehle ich auf dem Rückweg nach Palanga einen Abstecher zum **Absurditätenmuseum der Familie Orvydas.** Dazu fahren Sie von Mosėdis nach Salantai zurück und dort geradeaus in Richtung Plungė. (Die Kreuzung bei Salantai können Sie auch für einen Abstecher auf der alten B 226 zum Plateliai-See benutzen, Seite 213.) Schon 2 km nach dieser Kreuzung kündet ein Wust von Steinen, Holzkreuzen und -balken mitten auf dem Feld von der *Orvydų Sodyba*. Ein 600 m langer Sandweg führt Sie rechts zu einem kleinen Parkplatz vor dem Gehöft der Familie Orvydas. Aus der Gegenrichtung fehlt die Ausschilderung. Am Eingang begrüßt Sie ein Panzer. Um ein Bauernhaus herum gruppieren sich alte Grabsteine, Kreuze, religiöser Schnick-Schnack ... Zeugen der wechselhaften litauischen Geschichte. Weniger die »Ausstellungsstücke« – das Museum als solches ist absurd. Der Maler und Bildhauer *Vilius Orvydas* steckte seine ganze Kraft und Energie in dieses Museum und machte es bekannt. Leider verstarb er 1992 im Alter von 37 Jahren. Seitdem fehlen ein engagierter Betreiber und finanzielle Zuwendungen. Das Absurditätenmuseum ist immer geöffnet, ein ständig zugänglicher Bauernhof, kein Eintritt, Spendenfreudige stecken etwas in das kleine Kästchen. Nach einem Rundgang durch die Wirren des Absurditätenmuseums fahren wir weiter in Richtung Plungė, vorbei an Šateikiai mit seiner stattlichen rotleuchtenden Backsteinkirche. Sie erreichen nach 11 km die Kreuzung mit der A 11, wo Sie entweder nach Plungė oder rechts nach Palanga (57 km) zurückfahren können.

## Entlang der Venta ins Kamanos-Reservat

Begeben wir uns nun noch einmal auf eine große Schleife durch die Žemaitija, lassen Kretinga, Plungė und Telšiai hinter uns und entdecken die ebenfalls an Flußwindungen reiche Venta und das nordöstlich davon liegende Kamanos-Reservat. Ich beginne meine Routenbeschreibung in Telšiai, das Sie bequem und schnell auf der A 11 Richtung Šiauliai oder auf einer der vorgenannten Touren erreichen können. Telšiai ist etwa 78 km von Palanga entfernt.

Der A 11 folgen Sie vorbei an der jüdischen Gedenkstätte *Zudynių vieta* und dem Virvytė-Schutzgebiet weiter bis **Kuršėnai**, das Sie nach rund 45 km erreichen. Hier überqueren Sie erstmals die Venta. Das 13.000 Einwohner zählende Städtchen wurde im 16. Jahrhundert erstmals erwähnt und war Ende des 19. Jahrhunderts besonders für seine bunten Basare bekannt. Es liegt zentral an der Eisenbahnlinie Kretinga – Plungė – Telšiai – Šiauliai.

Fahren Sie geradeaus auf die Kirche zu, dann in Richtung *Mažeikiai, Naujoji Akmenė* auf der B 146. Das Flüßchen Ringuva setzt einen kleinen Akzent in der sonst kargen Landschaft mit ihren weiten Feldern und einzelnen Gehöften, die das so gering besiedelte Gebiet der Žemaitija charakterisieren. Endlich, 20 km hinter Kuršėnai, können wir die Flußlandschaft der Venta in vollen Zügen genießen. Besonders hübsch wirkt sie im Tal bei *Papilė*, einer ruhigen Ortschaft, in der kleine Holzhäuser und die rote zweitürmige Backsteinkirche das Bild bestimmen. Hier wurde die Venta zum *Papilės Draustinis-Schutzgebiet* erklärt. In Papilė verstarb 1864 mit 71 Jahren der Historiker und Aufklärer Simonas Daukantas, dem in der Stadt ein Denkmal (von Vincas Grybas geschaffen) und darüber hinaus in fast jeder litauischen Stadt eine Straße gewidmet ist.

In der Folge führt die Straße oft noch ganz nah am Fluß entlang, Felder und Wiesen trennen die Straße vom romantischen Flußtal, doch fehlende Parkplätze erschweren einen Zwischenstop. Kurz vor der Ortschaft Venta führt ein schmaler Asphaltweg rechts zum »Akmenų Vaisų Pansionatas«, von dem zu hoffen ist, daß es sich in Zukunft zur Herberge für die Öffentlichkeit entwickelt. In Venta zweigt eine Straße nach Nordosten Richtung Lettland ab. Der Industrieort *Naujoji Akmenė* (22 km) bietet außer Zement und seiner Funktion als Grenzort nur noch einen hübschen Botanischen Garten, der von Antanas Ciapas in den 60er Jahren mit mehr als 1000 Pflanzen angelegt wurde.

## Kamanos-Reservat

Zwischen der *Dabikinė*, die kurz hinter Venta in den gleichnamigen Fluß mündet, und der *Vadakstis*, die entlang der litauisch-lettischen Grenze fließt, liegt das Kamanos-Reservat. Es ist ein 50 km² großes Naturschutzgebiet mit dem einzig intakten Moorgebiet Litauens. In den Mooren sammelt sich Wasser und bildet in den feuchten Jahreszeiten Tümpel und Teiche. Kraniche, Schwarzstörche, Regenpfeifer und andere seltene Vogelarten sind hier zu Hause. Der Boden um die Sümpfe herum besteht aus Tonerde; die Flora wird bestimmt von Mischwald mit Koniferen, kleinwüchsigen Kiefern, verschiedenen Straucharten, Heide- sowie Blaubeergestrüpp. Die Vegetation auf dem 4 m höheren Plateau ist gekennzeichnet durch Baumwollgras und niedrige Preiselbeersträucher. Botaniker fanden 123 Moosarten.

Die nächste Ortschaft an der Venta ist **Viekšniai** – hier ist eine kleine weiße Kirche beachtenswert – und kurz danach fahren Sie hinein in den Kreis *Mažeikiai*. **Mažeikiai** selbst ist 66 km von Kuršėnai entfernt. Doch diese graue Industriestadt ist weniger sehenswert, und so nutzen wir am besten noch vor dem Ortseingang die Umgehungsstraße (die noch nicht auf allen Karten eingezeichnet ist) und biegen nach links Richtung *Skuodas*, »Nafta« ab. Wir überqueren ein Nebenflüßchen der Venta, die *Šerksnė*, die vor allem im Frühjahr durch das Hochwasser stark anschwillt, und nach weiteren 6 km einen zweiten Nebenfluß der Venta, die *Varduva*, an der sich ein sehr schöner Rastplatz befindet. Kälter wird es einem hier nicht nur beim Anblick der heruntergekommenen Kolchose von Ukrinai an der kleinen *Kvistė*, sondern auch klimatisch: Frühjahrsreisende könnten hier unverhofft von einem Schneesturm überrascht werden. Etwa 20 km nach der Mažeikiai-Kreuzung beginnt der Kreis Skuodas, und nach weiteren 8 km auf der alten B 170, B 205 geht es in die Ortschaft **Ylakiai** hinein, ein nettes Städtchen mit bunten Holzhäuschen vom Anfang des 20. Jahrhunderts. Wenn Sie links der Hauptstraße folgen, fahren Sie parallel zur Landstraße zurück und direkt auf die gotische rote *Backsteinkirche* zu, die mit ihrer Größe den zentralen Platz von Ylakiai dominiert. Die schneeweißen Madonnen- und Christusfiguren heben sich vor dem Rot der Kirche ab. Hinter der Kirche links führt eine 21 km lange Schotterstraße nach Seda und zur A 222 Mažeikiai-Plungė. Wir kehren zur Landstraße Richtung Skuodas zurück und stoßen 1 km nach der Abfahrt Ylakiai auf das Schild »J. Navidanskio parkas«, das uns rechts den Weg zum **Botanischen Garten** weist. Am Schild »Privati Nuosavybe Izidoriaus Navidanskio Parkas« können Sie noch 2 km, zwischen zwei herrlichen Seen hindurch weiterfahren und dann an der Holzstele »Žemaičių Botanikos parkas« parken. Nun liegt ei-

*Licht- und Schatten-Spiel: Farne bilden ein dichtes Dickicht*

die romantische kleine *Bartuva,* Mosėdis sowie Salantai, und in Plungė an der Auffahrt zur A 11 haben Sie insgesamt 206 km hinter sich (gerechnet von Telšiai) – eine Strekke voller Naturerlebnisse.

## An & auf den Flüssen: Radeln, Baden & Kanufahren

Wirft man einen Blick auf die Karte der Žemaitija, springen einem sofort die vielen engen Windungen der **Minija** ins Auge. Sie ist der größte Fluß der Westžemaitija und fließt unweit von Šilute in den Nemunas. Im Minija-Tal gibt es nur wenige Seen, weil der Boden nicht sehr wasserdurchlässig ist. Das führt auch dazu, daß

ne 60 ha große Parkanlage vor Ihnen, die Sie sich auf mehr oder weniger ausgedehnten Spaziergängen erschließen können.

**Skuodas** ist von hier noch etwa 20 km entfernt. Haben Sie Skuodas, das Grenzstädtchen an der Grenze zu Lettland, erreicht, nehmen Sie am besten die B 169, B 101 Richtung Plungė zur A 11 zurück. Dabei streifen Sie

die Strömung des Flusses sehr variabel ist. Nach starkem Regen kann sich die Fließgeschwindigkeit auf das 40fache erhöhen. Zwischen Kretinga und Plungė ist es schwer, an die Minija heranzukommen, es gibt praktisch keine Straße, die in der wunderschönen Flußlandschaft an ihr entlang führt. Sie ist fast völlig naturbelassen und ein Eldorado für Wasserwanderer. Alle Stellen, an denen Sie im oberen Minija-Teil direkt an den Fluß herankommen können, sind in den vorgenannten Routen beschrieben: auf der Strecke von Kretinga nach Plungė bei *Kartena* und *Aleksandravas*, auf den Strecken von Rietavas und Kuliai nach Plungė zum Beispiel bei *Stalgėnai*. Es gibt nur eine einzige längere Strecke, die es Ihnen ermöglicht, ganz nahe an der Minija entlangzufahren: zwischen Vėžaiciai und Kartena. Das ist größtenteils eine Sand- und Schotterstraße, die ich nur bei trockenem Wetter empfehlen kann, nach Regen und dem Frühjahrshochwasser ist sie im mittleren Teil sehr schlammig. Aber es lohnt sich, vor allem für Radfahrer, die die Minija-Landschaft in vollen Zügen genießen wollen. Verlassen Sie Klaipėda auf der A 1 Richtung Kaunas; stellen Sie am besten am Autobahnparkplatz der »Minijos Draustinis« (Seite 210) gut gesichert Ihr Fahrzeug ab und packen dort die Fahrräder aus. Radeln Sie am Parkplatz rechts den Sandweg bergab direkt auf die Minija (linkerhand) zu. Sie stoßen dann auf die Schotterstraße nach Kartena. Links an der Minija ist es jetzt sehr sumpfig. Das Wasser steht oftmals auf den Wiesen. Im Frühjahr leuchten gelbe Sumpfdotterblumen, und Störche genießen das satte frische Grün. Achtung an der Weggabelung: Die Straße mit 6 %iger Steigung geradeaus führt durchs Land nach Kartena, von der Minija erhaschen Sie dann gerade mal vom Hügel herab einen Blick. Ich empfehle, links die Schotterstraße weiterzufahren.

Alte verfallene, doch noch bewohnte Gehöfte, Lehm- und Blockhäuser säumen den Weg genauso wie neue Villen, eine eigenartige Mischung zwischen Ursprünglichem und Modernem. Nach 8 km stoßen Sie auf eine der schönsten Stellen auf dieser Tour: eine Schleife bietet einen herrlichen Picknickplatz. Nach 13 km Minija-Straße wird es für Autofahrer heikel, die Straße wird plötzlich sehr schmal und sandig. Radfahrer sind im Vorteil und können hier noch ein Stück weiter in die Minija-Flußlandschaft eintauchen.

Am schönsten ist es jedoch, der Minija auf dem Wasser selbst näherzukommen. Im Frühjahr oder Herbst können Sie fast 180 km per **Kanu** zurücklegen. Im oberen Teil der Minija gibt es einige Hindernisse: zerstörte Dämme, Stromschnellen mit vereinzelten großen Steinen und plötzliche unerwartete Windungen. Ein Teil der Minija ist aufgrund ihrer zahlreichen Flußschleifen auch für Flößer sehr interessant. Der Fluß fließt sehr schnell, da auf 4 km ein Höhenunterschied von 9 m überwunden wird. Problematisch ist die Organisation des Kanusportes, Sie sind auf Ihr eigenes Kanu oder auf die in der »Reisepraxis« (Seite 108) genannten Reiseveranstalter angewiesen.

### Die Akmena

Neben der Minija mit ihrer romantischen Flußlandschaft gibt es die etwas kleinere Akmena, die sich durch Westlitauen schlängelt. Eine weitere hübsche Perle in der oft kargen Žemaitija-Landschaft. Die Litauer baden übrigens mit Freude in dem Fluß. In Kretinga ist die Akmena angestaut und gibt dem grauen Städtchen einen schönen Hintergrund. Hinter Kretinga fließt sie weiter in das ehemalige Memelland und heißt dann *Danė* (Dange). Kretingalė, wo Sie einen günstigen Zugang zum Akmena-Ufer finden, war die Grenze zwischen Klein-Litauen (Memelland) und Groß-Litauen, wobei Kretingalė noch zu Klein-Litauen gehört. Kretingalė erreichen Sie 15,7 km hinter Klaipėda. Nach der kleinen weißen Kirche sehen Sie das Schild »Plikiai 8 km« und nach rechts geht eine Straße ab, die zunächst noch asphaltiert ist. Eine kleine Brücke führt über die Akmena; sie war vorher schon von der Landstraße aus zu sehen. Hier kommen Sie über die Wiese ans Akmena-Ufer. Der kleine **Strand** ist bei Einheimischen sehr beliebt zum Baden, Sonnen und zum Picknicken.

# KURISCHE NEHRUNG & NEMUNAS

GESCHICHTE & GEGENWART

NATUR & KULTUR

REISEPRAXIS

KLAIPĖDA

PALANGA & ŽEMAITIJA

KURISCHE NEHRUNG & NEMUNAS

KAUNAS & DER SÜDEN

VILNIUS & DIE AUKŠTAITIJA

# ZWISCHEN WASSER UND SAND

*Die Kurische Nehrung ist ein Naturparadies von so einmaligem Reiz,
»daß man sie eigentlich ebensogut wie Spanien und Italien gesehen haben
muß, wenn einem nicht ein wundervolles Bild in der Seele fehlen soll« –
urteilte bereits Alexander von Humboldt vor 150 Jahren.*

Diese Faszination der Naturschönheit Nehrung – geschaffen von Wind und Wasser – hat sich seit Humboldts Zeiten nicht verändert. Endlos scheint der wunderbare breite Sandstrand am Baltischen Meer und lädt zu Spaziergängen ein, genauso wie der Kiefernwald. Seit Jahrtausenden wird hier Bernstein angeschwemmt, vielleicht haben Sie ja Glück und werden fündig. Die Wanderdünen und die idyllischen kleinen Fischerdörfer am Haff mit ihren schmucken Holzhäusern haben die Jahre überdauert und das Flair vergangener Zeiten bewahrt. Die Nehrung ist für mich das schönste Stück Litauen. Die Leute erzählen hier, daß sich einst an der Stelle des jetzigen Haffs, das dreimal so groß wie der Bodensee, aber nur wenige Meter tief ist, die große Bucht eines wärmeren, salzhaltigen Meeres befand; unterseeisches Watt breitete sich aus; allmählich häufte sich auf dem Watt der Sand; der Wind türmte den Sand zu Hügeln, aus welchen Dünen, ganze Dünenketten entstanden – so wurde, vor 5 – 6 Jahrtausenden, Neringa geboren. Oder man erzählt sich die Legende von der Riesin Neringa, Tochter der Göttin Laima, die ihren Tempel auf dem Karvaičių-Berg hatte: Jahrzehnte hindurch litten die Fischer sehr unter den Stürmen, das aufgewühlte Meer riß nicht nur die Netze, sondern auch die Fischer selbst mit ihren Kähnen in die Tiefe. Das Meerwasser zwang den *Nemunas* (Memel-Fluß) zurückzufließen und die Äcker und Wiesen zu überfluten. Die Riesin Neringa sah dies und wollte den Fischersleuten helfen: in ihre große Schürze packte sie viel Sand und begann die heutige Nehrung aufzuschütten. So entstand eine ganze Kette von Dünen, ein Damm, der Nemunas und Meer trennte, den Fischern eine ruhige Bucht zum Fischen gab und die Siedlungen schützte. Die Menschen nannten die Landzunge aus Dankbarkeit nach der Riesin Neringa. Und so heißt sie bis heute: Neringa – das ist der große Ortsverbund von Juodkrantė (Schwarzort) bis Nida (Nidden) mit heute 2700 Einwohnern. Auf der Kurischen Nehrung finden der Sand der Sahara und die Kiefernwälder Skandinaviens zusammen. Dieser Sandstreifen, der Kurisches Haff und Baltisches Meer voneinander trennt, ist 98 km lang (davon etwa 50 km auf litauischer Seite), 400 m bis 4 km breit und wird bis zu 68 m hoch. Er beginnt im Süden an der

*Ungewöhnliche Perspektive:
Die Kurische Nehrung von oben.
Die gerade Seite wurde vom
Baltischen Meer geformt, »unten« liegt
Juodkrantė, »oben« verschwimmt
das Königsberger Gebiet im Dunst.*

Halbinsel *Samland* im Königsberger Gebiet und führt hinein nach Litauen bis Klaipėda. Zwischen Cranz und Nida liegt die litauisch-russische Grenze. Bei Klaipėda im Norden ist dann das Kurische Haff nur 400 m breit. Die Nehrung ist das Ergebnis der Akkumulationswirkung des Meeres und des westseitigen Windes. Wie das vor sich ging? In 2 km Tiefe unter der heutigen Nehrung sowie unter der gesamten litauischen Küste gibt es eine vertiefte Kristallbodenfläche, die Sineklise. Dieses Gebiet wurde später von Gletschern überlagert. So wurde eine Schicht von 40 bis 60 m aufgefüllt. Bei Rossitten im Königsberger Gebiet ist das noch sehr gut zu sehen. Als der letzte Gletscher schmolz, formierte sich das heutige Neringa, zuerst als Inselkette, die die Grundlage für die Kurische Nehrung bildete. Große Sandmengen wurden an der Samlandküste frei und wanderten als riesige Düne in Richtung dieser Inselkette. So formierte sich im Neolithikum vor etwa 4000 Jahren der Südteil des Sandstreifens. In der großen Düne sollen etwa 1.150.000.000 Kubikmeter Sand stecken. Sie ist durchschnittlich 40 m hoch (und damit eine der höchsten Dünen Nordeuropas) sowie 400 – 900 m, an einigen Stellen 2 km breit. Eine noch größere Fläche als die Düne nehmen die *Palwe* (Täler mit Kiefern-, Birken-, Erlenwäldern und Büschen), *Kupsten* (Gras und Reste des Altwaldes, die ein Hindernis für den Wandersand sind) und die *Schutzdüne* (angelegt von Menschenhand, um den vom Meer angespülten Sand aufzuhalten) ein. Viele Dörfer wurden unter der Düne begraben, nachdem im Siebenjährigen Krieg (1756 – 1763) fast alle Wälder abgeholzt worden waren und sie wieder zu wandern begann. Vor 200 Jahren gab es auch noch keine Vordüne zum Schutz, sie wurde im vorigen Jahrhundert auf Beschluß der preußischen Regierung aus Pfählen gebaut, um die Reisig geflochten wurde, und mit Strandhafer bepflanzt.

Die Kurische Nehrung ist mit den Namen vieler Künstler verbunden – der wohl bekannteste ist *Thomas Mann*, der hier ein Sommerhaus besaß und über die Nehrung schrieb: »... Der Eindruck war tief. Man findet einen erstaunlich südlichen Einschlag. Das Wasser des Haffs ist im Sommer bei blauem Himmel tiefblau. Es wirkt wie das Mittelmeer. Es gibt dort eine Kiefernart, Pinien ähnlich. Die weiße Küste ist schön geschwungen, man könnte glauben, in Nordafrika zu sein.« Wenn man die Nehrung kennt und Thomas Mann liest, ist man von der Übereinstimmung zwischen literarischer Schilderung und der vorgefundenen Wirklichkeit verblüfft.

## Drei Welten

Auf der Kurischen Nehrung begegnen Ihnen drei Welten: die »Wüste« der Dünen, das Wasser des Baltischen Meeres und das des Haffs sowie der Wald. Nachdem im 18. Jahrhundert im Siebenjährigen Krieg große Waldflächen auf der Nehrung unbarmherzig abgeholzt worden waren, zerstörten Erdfröste, Regen und Wind den Humus auf der abgeholzten Fläche, und der Wandersand auf der Meeresseite war nicht mehr aufzuhalten. Immer größere Waldflächen versandeten. Schließlich erreichten mehrere Wanderdünen die Fischerdörfer. Zwischen 1706 und 1846 versandeten sieben Dörfer. Insgesamt wurden 15 Dörfer auf der Kurischen Nehrung unter dem Sand begraben. Über Karwaiten, das 2 km nördlich von Preil lag, entstand ein 30 m hoher Sandhügel. Die Einwohner von Karwaiten siedelten nach Schwarzort über. Einige Male verjagten Sandstürme auch die Einwohner des alten Nidden und Sarkau, die daraufhin neue Ortschaften gründeten. Der russische Wanderer P. Rosenval bemerkte 1814: »Mehr traurige Ortschaften als hier kann man nirgendwo auf der Welt finden. Nur Sand und Wasser, kein Baum, kein Schatten, keine Trinkwasserquelle, keine grüne Wiese, die das Weiß der Sandberge unterbrechen...«.

Als der Sand die letzten Bäume und viele Dörfer unter sich begraben hatte, begann man nachzudenken, wie man der Gefahr bannen könne. 1768 wurde in Danzig ein wissenschaftlicher Wettbewerb um den besten Vorschlag zur Verhinderung der Sandwanderung ausgerufen. Diesen Wettbewerb gewann J.D. Tultiу, ein Professor der Wittenberger Universität. Er schlug die Bepflanzung der Sanddünen vor. Die Umsetzung seines Entwurfes dauerte Jahrzehnte. Zuerst mußte eine Humusschicht angelegt werden. Ein großes Verdienst kommt dabei dem Besitzer der alten Poststation in Nidden, Georg David

> **Die Krajebieter**
> So wurden die Vogelfänger genannt, die sich auf die Krähenjagd spezialisiert hatten. Der Vogelbestand muß insgesamt sehr groß gewesen sein. Ein Privileg aus dem Jahre 1656 erlaubte den Kuren zwar den Vogelfang, aber sie mußten dafür einen jährlichen Zins von einem Taler und sechs Groschen entrichten. Im Herbst, wenn die Krähen- und Drosselschwärme übers Haff zogen, fing man in den großen Fangnetzen pro Tag etwa 100 Vögel, überwiegend die großen Nebelkrähen, die die Krajebieter durch einen Biß in den Kopf töteten.

Kuvert, zu: Er bepflanzte eine riesige Fläche bei Nidden – diese Wälder sind noch heute erhalten. Große Sandflächen wurden in Quadrate geteilt und von Zäunchen aus Zweigen umgeben. Diese Sperre hielt den Sand auf, und so wurde es möglich, ihn zu bepflanzen. Am besten gedieh die *Bergkiefer,* Pinus montana. Das ist eine niedrigwüchsige, nur 2 – 3 m hohe Kiefernart mit dunklen Nadeln. Diese Kiefern kommen ursprünglich aus den Bergen Schwedens, sie vertragen die klimatischen Bedingungen auf der Nehrung und befestigen den Sand gut. Ihre Wurzeln reichen nicht tief, verzweigen sich aber bis zu 30 m weit. Sören Björn brachte die Kiefern Anfang des 19. Jahrhunderts aus Schweden mit. Ein weiteres großes Verdienst von Sören Björn: Er begann als erster im Südteil der Nehrung die Schutzdüne anzulegen, eine cirka 20 km breite Sperre. Außer ihm leiteten Krause, Hagen, Zenfleben, Ephia die Bepflanzungsarbeiten – vielleicht stoßen Sie auf den einen oder anderen Namen bei Ihrem Nehrungsbesuch. Die Befestigungs- und Bepflanzungsarbeiten auf der 98 km langen Schutzdüne wurden 1904 abgeschlossen. Nur ein Drittel der Dünen blieb unbepflanzt. 1927 – 1938 wurden nochmals 60 ha Dünen bepflanzt. Nach dem Krieg wurden die Arbeiten fortgesetzt: 50 ha bei Juodkrantė wurden aufgeforstet. Auch südlich von Nida kam noch eine riesige Fläche dazu. Noch heute wird diese Arbeit fortgesetzt, die alte Waldfläche erneuert und nach Bränden wieder aufgeforstet.

*Auf der Hohen Düne bei Nida*

## Flora & Fauna der Nehrung

Anstelle der einst üppigen Eichen-, Linden- und Kiefernwälder dominieren in der heutigen, von Menschenhand gezogenen **Pflanzenwelt** *Bergkiefern,* Pinus montana, aus Skandinavien, des weiteren an der Haffküste (wo das Süßwasser ganz an der Oberfläche liegt) Laubwälder aus *Erlen, Eichen, Birken, Weiden* und *Linden* sowie verschiedene Sandpflanzen mit sehr langen Wurzeln. Besonders bekannt ist die Sanddistel *Zunda.* An der Meeresküste und in den Dünen ist die Pflanzenwelt eher karg.

Die **Tierwelt** wird bestimmt durch Elche, Fischreiher, Nebelkrähen, Lach- und Silbermöven, Dachse, Füchse, Rehe, Hasen, Wildschweine und besonders im Frühjahr und Herbst zahlreiche Vögel, die über die Nehrung ziehen und zum Teil auf der russischen Seite in Rossitten beringt werden. Zu Anfang dieses Jahrhunderts gründete der Ornithologe Prof. Johannes Thienemann in Rossitten die erste Vogelwarte (seit 1901 gibt es dort eine Beringungsstation). Falls Sie nicht nur die litauische Seite der Nehrung besuchen, sondern auch ein russisches Visum haben und ins Königsberger Gebiet fahren, dann empfehle ich Ihnen unbedingt einen Besuch dort. Bis zu eine Million Vögel, insgesamt etwa 140 Arten, kommen an guten Zugtagen hier durch (vergleiche auch Ornithologische Station in Ventė, Seite 257). Die seltenen Fischreiher und Kormorane bilden in Juodkrantė eine Kolonie. Besonders zahlreich kommt auch die Nebelkrähe vor. Früher haben die Fischer sie in Spezialnetzen gefangen, in Fässern eingelegt und dann im Winter und Frühjahr gegessen, wenn es nicht so viel Fisch gab.

1820 wurde der letzte Hirsch auf der Nehrung erlegt, bis zum Zweiten Weltkrieg gab es noch besonders viele Elche; während des Krieges verringerte sich ihre Zahl, später konnte sie durch entsprechenden Schutz wieder vergrößert werden. Mit etwas Glück können Sie heute einen der noch 80 Elche sehen.

Auch die Fischwelt ist reich: Aale, Schleie, Zander ... bei Anglern ist das Haff seines Fischreichtums wegen beliebt. Im Winter bietet das zugefrorene Haff mit seinen Eisanglern ein einzigartiges Szenarium. Der angebotene Räucherfisch ist zu jeder Jahreszeit eine wahre Leckerei.

Wegen ihrer einzigartigen Flora, Fauna und Landschaft ist die Kurische Nehrung 1991 zum Nationalpark erklärt worden. Das bedeutet auch, daß hier jegliches Blumenpflücken, Feueranzünden, Campen im Wald usw. verboten ist. Auch die UNESCO erklärte die Kurische Nehrung zum Schutzgebiet.

## Naturverträgliches Reisen

Eines der größten Probleme für die Dünen sind die Ausflügler und Touristen, durch deren Spaziergänge eine der schönsten Dünenlandschaften Europas zerstört wird. Wenn Sie auf der Aussichtsplattform bei Nida stehen und auf die drei Dünen *Parnida, Hohe Düne* und *die Düne bei Morskoje* (Pillkoppen) im Königsberger Gebiet hinüberschauen, so sollten Sie sich deutlich machen, daß diese drei Dünen noch vor 80 Jahren dieselbe Höhe hatten. Parnida ist zum Begehen freigegeben und gleicht mit ihren nur noch 30 Metern Höhe eher einem niedergetrampelten Sandhaufen; die *Hohe Düne* ist zwar Naturreservat, aber nur wenige respektieren die Schilder, weshalb auch sie schon bis zur Hälfte abgetragen ist (40 m), die Pillkoppener Düne mißt noch 60 m.

Das im Kapitel »Reisepraxis« auf Seite 110 bereits genannte Unternehmen »Nida-Reisen« von Uwe Hartung in Leipzig befaßt sich unter anderem auch mit dem Umweltschutz auf der einzigartigen Kurischen Nehrung. Es ist der einzige Reiseveranstalter, der nicht nur Reisen anbietet, sondern sich auch um die Landschaftsentwicklung und Ökologie vor Ort bemüht. So wurde eine Projektgruppe »Kurische Nehrung« gegründet, die sich um Waldpflege, Schilfbepflanzung, die biotechnische Befestigung der Düne sowie die auch deutschsprachige Beschilderung der Wander- und Radwege kümmert. Bei einem Arbeits- und Erholungsurlaub auf der Nehrung können Sie diese Naturschutzprojekte aktiv unterstützen. Die von Nida-Reisen herausgegebene Zeitung »Zeitlupe« informiert darüber hinaus über Aktuelles zu Reisen und Naturschutz auf der Kurischen Nehrung.

## Klima

Auf der Nehrung herrscht Meeresklima vor. Der Winter ist um etwa 2 Grad wärmer als auf dem Festland, es wehen starke Westwinde, und die

Feuchtigkeit ist hoch. Auf der Kurischen Nehrung gibt es auch rund 40 Sonnentage mehr als im übrigen Litauen. Die durchschnittliche Junitemperatur beträgt 14 – 16 Grad, im Juli, August ist es 1 – 2 Grad wärmer. Einen warmen Pullover und Wetterkleidung mit Wind- und Regenschutz sollte man immer dabei haben, genauso wie Strand- und Badesachen für einen schönen Sommer.

## Die Menschen auf der Nehrung

Die ersten Siedler kamen in der mittleren Steinzeit auf die Nehrung. Zahlreiche archäologische Funde bestätigen dies. Ausgrabungen zeigen, daß auf der Nehrung Balten gewohnt haben. Es ist wahrscheinlich, daß einer der baltischen Stämme, nämlich der der **Kuren**, auch im 13. Jahrhundert, als die Ordensritter ins Baltikum kamen, die Nehrung besiedelten. Aus dieser Zeit ist erstmals in schriftlichen Quellen der Name »Neria Curoniensis« für Kurische Nehrung belegt. Im 16. Jahrhundert soll sich die Volksgruppe der *Kuršininkai* (Kursenieke – so nannten sie sich selbst) hinzugesellt haben. Diese waren keine Nachfahren der alten Kuren, sondern Einwanderer aus Lettland, dem Kurland. Mitte des 16. Jahrhunderts trugen im Norden der Kurischen Nehrung (in Nagliai, Nageln, Juodkrantė, Schwarzort, und dem Fischerdorf Smiltynė, Sandkrug) 39 – 45 Einwohner deutsche Namen; die restliche Bevölkerung setzte sich aus Litauern, Letten, Pruzzen (Preußen) und Polen zusammen. Im Südteil der Kurischen Nehrung lebten schon seit der Deutschordenszeit Deutsche. Im 19. Jahrhundert nahm die Zahl der Deutschen auf der Kurischen Nehrung weiter zu, ihre Dominanz war so stark, daß 1876 die litauische Sprache aus ostpreußischen Schulen verbannt wurde. Dies bedeutete, daß auf der Nehrung keine litauische Schule übrigblieb (bis dahin gab es eine solche in Nageln). Ende des 19. Jahrhunderts begann sich der Tourismus zu entwickeln, und wieder kamen viele Deutschsprachige hierher, auch noch nach 1923, als der ganze Nordteil der Kurischen Nehrung mit dem Memelland litauisches Autonomiegebiet wurde. Viele Fischerfamilien sprachen zu Hause Kurisch, beteten in der Kirche Litauisch, weil die Gesangbücher in Litauisch abgefaßt waren, und sprachen auf der Straße Deutsch. K. Fortreuter stellt fest, daß der Begriff »Das Volk der Kurischen Nehrung« sehr facettenreich und nicht einfach zu fassen sei.

Offensichtlich ist, daß die Einwohnerzahl hier nie hoch war. Aus Kirchenbüchern geht hervor, daß in der zweiten Hälfte des 16. Jahrhunderts auf der ganzen Kurischen Nehrung nur 800 Menschen wohnten. Im 17. Jahrhundert verringerte sich ihre Zahl auch als Folge der Sandstürme auf 350. Erst Ende des 19. Jahrhunderts, als die Sandwanderung eingedämmt war, stieg die Einwohnerzahl auf 3000.

Der langjährige Kampf gegen die Wanderdünen, das gefährliche Fischereigewerbe, die spartanische Lebensweise prägte den Charakter der Menschen: sie gelten als fromm, ver-

*Soviel Wasser und Sand: Ein Paradies für Kinder*

## Kurenkähne und anderes Typisches der Nehrung

Auf vielen Abbildungen sind sie zu sehen: die Segelschiffe mit Flachboden der Nehrungfischer wurden erstmals vor 400 Jahren gebaut. Mit diesen **Kurenkähnen** wurde bis zum Zweiten Weltkrieg und noch einige Jahre danach im Kurischen Haff gefischt. Später verschwanden sie, die Fischerei im Haff lohnt sich nicht mehr, die reichen Bestände an Lachs, Bleihe, Stör oder Aal sind durch Verschmutzung des Wassers und Überfischung stark zurückgegangen. 1993 rekonstruierten Enthusiasten aus Nida und Klaipėda einige Kurenkähne und segelten damit auf dem Haff – heute werden solche Fahrten für Touristen angeboten.

Charakteristisch für die Kurische Nehrung sind natürlich die **Dünen:** Treffender, als es *Louis Passarge* 1878 tat, kann man sie wohl kaum beschreiben: »Weder die Schneefelder der Alpen noch Kreideabhänge des Rügenschen Hochlandes gestatten eine Parallele. Im Nebelduft wasserblau und atlasglatt; von einem Sonnenstrahl getroffen aufglühend wie flüssiges Gold und zerfließend zu einem elektrischen Gelb; wenn dichte Wolkenschatten über die schillernden Flächen gleiten, tief violett; immer aber durchsichtig ätherisch, fast körperlos ... Der Sand bildet oft Flecken, Adern und Figuren, die an Marmor erinnern ...«.

Von der Landstraße führen oft kleine Wege nach rechts und links zu

schlossen, fleißig und abergläubisch. Die Eigenheiten der Volkskultur der Nehrung wurden 1944 fast völlig vernichtet: die Frontlinie näherte sich, und die Bewohner mußten nach Ostpreußen und weiter ins Land hinein fortziehen. So haben die Menschen, die jahrhundertelang auf der Nehrung lebten, diese verlassen. Der deutsche Maler *Max Pechstein* (1881 – 1955) nannte sie in seinen Erinnerungen: »ein hartes Geschlecht«. Bis 1950 gab es nur sehr wenige Einwohner auf der Kurischen Nehrung, zumeist Russen. 1951 – 1956 siedelten sich im litauischen Teil der Nehrung Litauer an. Von 1412 Einwohnern waren 16 % Alteingesessene. 1961 wurde die Stadt Neringa gegründet: der Ortsverbund aus Juodkrantė (Schwarzort), Pervalka (Perwelk), Preila (Preil) und Nida (Nidden), welches administratives Zentrum ist. Heute leben auf der Nehrung rund 2700 Menschen.

DIE MENSCHEN AUF DER NEHRUNG 235

den Dünen – bzw. der Düne, denn die Nehrung ist ja praktisch eine einzige Düne – und zum Strand. Es gibt auch zahlreiche Parkplätze am Wegesrand. Doch denken Sie an den Naturschutz und klettern Sie nicht auf den Dünen herum, jeder Schritt wirkt zerstörerisch auf die wunderschöne, empfindliche Dünenwelt. Am schönsten ist natürlich die große Düne hinter Nida.

Zum Bild der Nehrung gehören auch die vielen schmucken, oft reich mit buntbemalten Holzschnitzereien verzierten und oft blauen **Holzhäuser:** »… Im Fischerdorf findet man an den Häusern vielfach ein besonders leuchtendes Blau, das sogenannte Niddener Blau, das für Zäune und Zierrate genutzt wird. Alle Häuser … sind mit Stroh- und Schilfdächern gedeckt und haben am Giebel die heidnisch gekreuzten Pferdeköpfe.« (Thomas Mann in »Mein Sommerhaus«)

Die kunstvoll verzierten Häuser stehen fast alle unter Denkmalschutz und sind mit ihren kleinen Gärten und Brunnen sehr hübsch anzuschauen. Alle Fischerhäuser sind mit ihrer Giebelseite zur Straße hin ausgerichtet – eine Besonderheit in alten kurischen Siedlungen. Das Dach springt weit hervor – übrigens hätten die Kuren es nie mit Stroh gedeckt, sondern ausschließlich mit Schilfrohr, das ja buchstäblich vor der Tür wuchs, hier irrte Thomas Mann. Doch die Giebelkrönungen und auch das dunkle Kurenblau gehören noch heute zur Charakteristik, genauso wie die Ziehbrunnen. Die alten Kurenhäuser besaßen übrigens nie Schornsteine – der Rauch wurde fürs Fischeräuchern genutzt,

*Die historischen Kurenkähne sind heute Touristenattraktion*

zugleich hielt er das Ungeziefer im Schilfdach fern, und der ölhaltige Ruß imprägnierete die im Dachstuhl hängenden Netze

Einen Einblick in die Lebensweise der Hafffischer gibt das *Fischerhaus* in Juodkrantė.

## Die Orte auf der Nehrung
### Smiltynė (Sandkrug)

Sandkrug, ein durch das Kurische Haff von Klaipėda abgetrennter Ortsteil, auch *Süderspitze* genannt – das hat schon manchen verwirrt, denn es ist das Nordende der Kurischen Nehrung. Die Erklärung ist einfach: Smiltynė gehört verwaltungsmäßig nicht zur Gemeinde Neringa (mit Preila, Perwalka, Juodkrantė, Nida), sondern zu Klaipėda; der Festlandteil wird durch die Nordmole in Melnragė abgegrenzt, logischerweise ist das Gegenstück am Ende der gegenüberliegenden Nehrung die Südmole und das dazugehörige Land die Süderspitze.

Als Poststation zwischen Königsberg und Riga wurde Sandkrug erstmals in alten Schriftquellen erwähnt. Sand und starke Winde verhinderten, daß auch hier ein Fischereizentrum entstand. Entlang der Straße zum Meeresmuseum am Haff und nach der anderen Seite Richtung Yachthafen stehen schöne alte Villen, alle in idealer Lage, jedoch viele heute ungenutzt und leer. Selbst das hübsche Hotel im alten Kurhaus wartet noch auf neue Investoren.

Dennoch ist Smiltynė eine sowohl beliebte wie auch stille Erholungszone mit herrlichem Strand und schattigem Kiefernwald. An heißen Tagen bringt die alte Fähre bis zu 50.000 Menschen hinüber. In der Pilz- und Beerensaison schwärmen die Litauer mit großen Körben in die Wälder aus.

Ganz Smiltynė wurde zum historischen Denkmal erklärt. Die bekanntesten Attraktionen von Smiltynė aber sind wohl das *Freilichtmuseum* am Haff (immer zugänglich, kein Eintritt) und das *Meeresmuseum, Aquarium* und *Delphinarium* im ehemaligen Fort von Memel, das seinerzeit zum Schutz des Hafens gebaut wurde. Ein Schuß wurde von der Bastion jedoch nie abgefeuert.

### Juodkrantė (Schwarzort)

Juodkrantė ist der erste Ort, den Sie nach Passieren der Mautstelle erreichen, eine der ältesten Siedlungen auf der Kurischen Nehrung, 18 km von Klaipėda entfernt. 1429 wird der Ort im Zusammenhang mit Stürmen erwähnt, aber wahrscheinlich meinte man damit nicht die spätere Siedlung, sondern das Landschaftsbild: den dichten Hochwald, der vom Schilf aus schwarz aussah. *Juodas* bedeutet schwarz, *krantas* ist das Ufer. 1525 berichtet der Deutsche Orden von einem »einträglichen« Dorf. Damals lag die Siedlung 2,5 km weiter nördlich und direkt am Baltischen Meer. 1669 wurde die Lizenz zum Bau eines Amtskrugs ausgegeben, diese Schänke diente dann auch als Poststation. Die Straße wurde zur wichtigsten Poststraße zwischen Königsberg und Sankt Petersburg. 1743 wurde die Schule eingerichtet. 1774 wuchs der Ort um ein Erhebliches, als sich die Einwohner des versandeten Dorfes

*Karwaiten* im Südteil ansiedelten. Bis zum Zweiten Weltkrieg hieß dieser Teil dann auch *Neu-Karwaiten*.

1795 wurde die erste *Kirche* in Juodkrantė gebaut, und der Ort wurde Pfarreizentrum sowie Zentrum des geistigen Lebens für den Norden der Kurischen Nehrung. 1832 kam ein Pfarrhaus dazu, 1878 brannte die Kirche ab, sieben Jahre später wurde eine neue im neugotischen Stil errichtet und 1885 eingeweiht. Bis zum Zweiten Weltkrieg wurde der Gottesdienst zweisprachig auf deutsch und litauisch abgehalten. Nach dem Krieg diente die Kirche als Lager, später wurde in ihr ein Miniaturmuseum als Filiale des Vilniusser Kunstmuseums eingerichtet. 1989 erhielt die Evangelische Gemeinde die Kirche schließlich zurück. Heute finden hier auch katholische Gottesdienste statt. Sie steht unübersehbar an der Landstraße, die mitten auf der Nehrung entlangführt.

Bis Mitte des 19. Jahrhunderts blieb Juodkrantė ein unbekanntes armes Dorf, dann wurde es dank der Bernsteingewinnung und als Erholungsgebiet populär. 2250 Tonnen des »Baltischen Goldes« sollen hier gefördert worden sein. 1865 gab's das erste Hotel im ehemaligen Amtskrug, gegründet von Eduard Stelmacher aus Tilsit, und Anfang des 20. Jahrhunderts war Juodkrantė ein anerkannter Kurort mit Promenaden, schicken Villen, Bädern, Kuranstalten, Hotels und Pensionen: alte Postkarten geben uns heute noch ein Bild davon. 1909 erholen sich hier im Jahr etwa 3000 Menschen, nach dem Zweiten Weltkrieg waren es 4000 jährlich. Viele Einwohner Klaipėdas kamen und kommen auch am Wochenende mit der Fähre hierher, sei es zum Baden, Strandwandern oder zum Pilzesammeln. Heute versucht Juodkrantė, den einstigen Glanz wiederzubelen.

Sehenswert in Juodkrantė ist der **Hexenberg**. Ein schöner Spazierweg, der am Pfeil »Muziejus« rechts der Landstraße beginnt, führt über Holztreppen in den malerischen Wald hinein. Gesäumt wird der 1,5 km lange Weg von insgesamt 74 Holzskulpturen, die litauische Volkskünstler 1979–81 schufen, und die verschiedene Figuren aus der hiesigen Märchen- und Sagenwelt darstellen, vor allem Teufel und Hexen – daher auch der Name.

### Bernsteingewinnung Mitte des 19. Jahrhunderts

Im Zuge der Fahrwasservertiefung bei Juodkrantė fand man 1854/55 im Haff große Mengen Bernstein. Die Firma »Stantien und Becker« begann 1862 mit der industriellen Gewinnung des begehrten Harzsteins. 600 Leute aus dem Memelland waren damit beschäftigt. So vergrößerte sich die Einwohnerzahl von Juodkrantė. Während es 1871 genau 512 Einwohner gab, waren es Ende des 19. Jahrhunderts rund 1000. Als sich die Fördermenge verringerte, wurden die gesamten Maschinen nach Palmnicken (Königsberger Gebiet) verlegt.

### Wichtige Namen in Juodkrantė

Die Hauptstraße in Juodkrantė trägt den Namen von *Liudvikas Rėza*. Er wurde in Karwaiten geboren und schrieb als Professor an der Königsberger Universität 1799 das Gedicht »Das versunkene Dorf«, in dem er die Versandung und das traurige Schicksal seines Heimatdorfes beklagt.

1881 – 1922 wohnte in Schwarzort der Professor der Königsberger Universität, Sprachforscher, Archäologe und Historiker *Adalbert Bezzenberger* – er schrieb 1889 das Buch »Die Kurische Nehrung und ihre Bewohner«.

## Perwalka (Perwelk)

Die kleinste der vier Siedlungen der Kurischen Nehrung liegt 15 km von Juodkrantė entfernt. Gegründet von den Einwohnern von *Neu-Negeln*, deren Dorf 1836 unter dem Dünensand begraben wurde. Das alte Negeln war schon einmal Ende des 17. Jahrhunderts versandet. Nun mußten die Bewohner zum zweiten Mal vor dem Sand fliehen. Der heutige Ortsname stammt vom litauischen *perwilkti* ab: durchschleppen.

Anfang des Jahrhunderts war Perwelk noch ein kleines Fischerdorf. Erst seit vier Jahrzehnten ist es als Kurort bekannt. Angenehme Spaziergänge durch Wald und Dünen sind möglich; Sie können sich auch in eins der Fischerhäuschen einmieten. Die Dünen bei Perwalka sind nicht so gewaltig wie die bei Nida, aber auf ihre eigene Weise vielfältig und interessant und von wilder Schönheit.

## Preila (Preil)

Preila ist die jüngste Siedlung auf der Nehrung, 6 km südlich von Perwalka. Ein ruhiger, charmanter Fischerort, für Naturfreunde bestens zum Urlauben geeignet. Auch diese Siedlung wurde 1843 von den Einwohnern des alten Negeln gegründet. Sehenswert ist die Architektur der alten Fischerhäuser. Südlich von Preila befindet sich die mit 66 m höchste bewaldete Düne der Kurischen Nehrung.

## Nida (Nidden)

Nach knapp 50 km Fahrt zwischen Haff und der See ab Klaipėda erreichen Sie kurz vor der Grenze zum Königsberger Gebiet das Verwaltungszentrum von Neringa: Nidden ist nicht nur der größte, sondern auch der wohl bekannteste und touristisch besterschlossene Kurort auf der Nehrung.

1385 wurde es in schriftlichen Quellen erstmals als *Noiden* oder *Neiken* erwähnt. Die Siedlung von 1437 lag südlicher als heute, am *Grabscher Haken*. 1529 erhielt sie das Krugrecht, 1569 wird eine Kirche erwähnt. Einige Male änderte sich die Lage des Ortes: Im 17. Jahrhundert versandete er wie auch andere Dörfer. Die Einwohner siedelten in das sogenannte *Alt-Nidden* über, doch auch das versandete 1732. Danach wurde Nida an dem heutigen Platz gegründet und von einer bewaldeten Düne *(skrudynė)* umgeben, 1745 besaß Nida bereits eine Schule. Die Einwohner aus dem versandeten Dorf Nageln gründeten gleich daneben als dritte Siedlung *Purven (Purvynė)*, das schon damals den heutigen Umriß von Nidden hatte. Es erstreckt sich 2 km entlang dem Kurischen Haff. Das heutige

Nida reicht vom *Bulvikio-Haken* bis zur *Parnidder Bucht*.

Gern wird von den Einheimischen der Besuch der preußischen Königin Luise im Jahre 1807 erwähnt. Sie befand sich auf der Flucht vor der Napoleonischen Armee und übernachtete auf dem Weg nach Klaipėda im Postamt von David Kuvert. Immer wieder wird die Episode erzählt, wie die Königin Luise aus Verzweiflung über den Überfall mit ihrem Diamantring in die Scheibe ihrer Unterkunft die Worte aus einem Goethe-Gedicht ritzte: »Wer nie sein Brot mit Tränen aß, wer nie die kummervollen Nächte auf seinem Bette weinend saß, der kennt Euch nicht ihr himmlischen Mächte.«

Das Gasthaus des Postamtes brannte 1829 ab, 1862 wurde an seiner Stelle ein neues Hotel gebaut, das den Namen »Königin Luise« trug. Auch dieses fiel einem Brand zum Opfer, und dann baute es Hermann Bolde, der bekannte Hotelier Niddens, als *Hotel Jūrate* wieder auf.

Ende des 19. Jahrhunderts wurden die Dünen um Nida bewaldet, viele Kurgäste kamen, vor allem per Schiff, aus dem damals preußischen Königsberger Gebiet. 1904 wurden die Anlegestelle und die Mole errichtet. 1915 verzeichnete man 477 Kurgäste, doch schon 30 Jahre später begann ein regelrechter »Run« auf Nida, vor allem Künstler und Wissenschaftler kamen: Studenten der Königsberger Kunstakademie, Archäologen, die hier Grabungen und Forschungen durchführten sowie etliche namhafte Kunstschaffende machten Nida berühmt.

Der legendäre Gasthof von Hermann Blode hat viele von ihnen gesehen: den Expressionisten Max Pechstein, Ernst Bischoff-Culm, Karl Eulenstein, Gerhard Buchholz, Hans Kollmeyer, Ernst Mollenhauer und andere. Auch Thomas Mann wohnte im Blode-Hotel, bevor er sich entschloß, sein eigenes Sommerhaus zu bauen. Ab 1930 verbrachte er mit seiner Familie den Urlaub am Haff. Hier entstanden auch Teile seiner Romantrilogie »Joseph und seine Brüder«. Seit 1967 ist das **Thomas-Mann-Haus**, das bisher jedem Sturm standhielt, Museum (siehe unten). Ein anderer berühmter Besucher war *Lovis Corinth* – viele seiner Bilder entstanden hier, einige davon sind heute in der Pinakothek in München zu sehen.

Besonders hübsch ist die Kastanienblüte oder auch die Fliederzeit in Nida. Ansonsten sind knorrige Kiefern mit ihren schlangenartigen Wurzeln prägnant.

Sehenswert ist der alte **Friedhof** Nidas, der an der Kirche auf einer Anhöhe am Haff liegt. Altertümliche, eigenartige Friedhofskunst, wie Sie sie sonst nirgendwo finden. Im alten Volksglauben wurzelnd, stellen die Holztafeln an den Gräbern tierische, krötenhafte Urgestalten oder Vögel dar. Vögel galten als Symbole des Leides. Man glaubte, daß die Seele der Verstorbenen in eine Pflanze übergehe, deshalb war auch die Auswahl des Holzes als Material symbolisch. Die Grabtafeln werden *Krikštas* genannt, sie sind ausschließlich für Klein-Litauen – das frühere Memelland – und

### Die Frauen von Nidden

*Die Frauen von Nidden standen am Strand,*
*Über spähenden Augen die braune Hand,*
*Und die Boote nahten in wilder Hast,*
*Schwarze Wimpel flogen züngelnd am Mast.*

*Die Männer banden die Kähne fest*
*Und schrien: »Drüben wütet die Pest!*
*In der Nehrung von Heydekrug bis Schaaken*
*Gehn die Leute im Trauerlaken!«*

*Da sprachen die Frauen: »Es hat nicht not,*
*Vor uns'rer Türe lauert der Tod,*
*Jeden Tag, den uns Gott gegeben,*
*Müssen wir ringen um unser Leben,*

*Die wandernde Düne ist Leides genug,*
*Gott wird uns verschonen, der uns schlug!«*
*Doch die Pest ist des Nachts gekommen*
*Mit den Elchen über das Haff geschwommen.*

*Drei Tage lang, drei Nächte lang,*
*Wimmernd im Kirchstuhl die Glocke klang.*
*Am vierten Morgen, schrill und jach\*,*
*Ihre Stimme in Leide brach.*

*Und in dem Dorf, aus Kate und Haus,*
*Sieben Frauen schritten heraus,*
*Sie schritten barfuß und tiefgebückt,*
*In schwarzen Kleidern, bunt bestickt.*

*Sie klommen die steile Düne hinan,*
*Schuh und Strümpfe legten sie an*
*Und sie sprachen: »Düne, wir sieben*
*Sind allein noch übriggeblieben.*

*Kein Tischler lebt, der den Sarg uns schreint,*
*Nicht Sohn noch Enkel, der uns beweint,*
*Kein Pfarrer mehr, uns den Kelch zu geben,*
*Nicht Knecht noch Magd ist mehr unten am Leben.*

*Nun, weiße Düne, gib wohl acht:*
*Für und Tor ist dir aufgemacht,*
*In unsre Stuben wirst du gehn*
*Herd und Hof und Schober verwehn.*

*Gott vergaß uns, er ließ uns darben,*
*Sein verödetes Haus sollst du erben,*
*Kreuz und Bibel zum Spielzeug haben,*
*Nun, Mütterchen, komm uns zu begraben.*

*Schlage uns still ins Leichentuch,*
*Du unser Segen, einst unser Fluch.*
*Sieh, wir liegen und warten ganz mit Ruh'«*
*Und die Düne kam und deckte sie zu.*

AGNES MIEGEL (1879 – 1964)
\* jach = von jachern, japsend (umherlaufen)

*Blick auf Nida mit dem Yachthafen am Kurischen Haff*

die Nehrung typisch. Corinth zeichnete übrigens den »Friedhof von Nidden«.

Am Friedhof auf einer Anhöhe steht die kleine evangelisch-lutherische **Kirche**, Pamario 3. 1833 wurde sie in dieser idyllischen Lage errichtet.

Von der Kirche aus ist das Naturwunder Nidas und der Nehrung bereits zu sehen: Die **Hohe Düne** mit dem **Tal des Schweigens** befinden sich am Ortsausgang Richtung Königsberg. Von einmaliger Schönheit ist dieser höchste Teil der großen Wanderdüne, auch *Sklandytoių* – »Segelflieger« genannt, 68 m über dem Meeresspiegel. Oben auf dem »Gipfel« der riesigen Sandmassen fühlen Sie sich ganz groß und ganz klein zugleich. Von der Aussichtsplattform aus können Sie ihren Blick über die See, übers Haff bis hinein ins Königsberger Gebiet schweifen lassen, er verliert sich dann am grünen waldumsäumten Horizont. Auf der anderen Seite leuchten die roten Ziegeldächer von Nida.

Vom Haff im Süden Nidas führt ein steiler Anstieg hinauf, ein anstrengender, wenn auch wohl der schönste Weg, dieses Kunstwerk Düne zu erklimmen. Der Weg durch den Kiefernwald am *Urbo kalnas* steigt leichter an. Für Autofahrer und Radler: Nehmen Sie von der großen Landstraße die letzte Abfahrt nach Nida vor der Tankstelle, dann nach dem Linksbogen der Straße gleich rechts hoch, der asphaltierte Weg führt zu einem kleinen Parkplatz, dann noch einige Meter zu Fuß, und Sie stehen oben. Herrlich ist es auch, die mächtige Düne vom Haff aus auf sich wirken zu lassen – laufen Sie dazu unten am Haffufer zu Füßen der Düne weiter.

Thomas Mann: »Im Süden liegen die großen Dünen, ein wirklich sehr merkwürdiges Naturphänomen. Sie gehören zu den Hauptsehenswürdigkeiten für die Fremden und haben wohl Humboldt hauptsächlich zu seiner Äußerung veranlaßt. Sie sind eine halbe Stunde von unserem Häuschen entfernt, auf einem sehr reizvollen Weg zu erreichen, vorbei an einer Bucht, die wir Portofino genannt haben.«

Das **Kreuz** auf der Hohen Düne Nida wurde für den Bildhauer *Rimas Dugintis* aufgestellt, der sich hier am 20. Mai 1990 mit Benzin übergossen und verbrannt haben soll, als er (auf dem Weg zu einer Ausstellung seiner Plastiken in Ungarn) die Schikanen an der Grenze nicht mehr ertragen konnte.

Der **Leuchtturm** stammt aus dem Jahre 1874. Orientierungspunkt für Spaziergänge auf dem Urbo kalnas, dem Hügel, der sich im Süden Nidas erhebt. Der Urbo-Hügel liegt 51 m über dem Meeresspiegel.

## Museen auf der Nehrung

**Freilicht- und Naturmuseum Smiltynė:** Die gesamte Anlage der denkmalgeschützten Villen, die sich durch das ehemalige Sandkrug ziehen, wurde zum *Naturmuseum* erklärt. Dazu gehört auch ein *Freilichtmuseum* mit alten, schilfrohrgedeckten Fischerkaten und Schiffen wie zum Beispiel einem Kurenkahn – einem Relikt der Vergangenheit. Auf einer Anhöhe finden Sie einen *Friedhof* mit deutschen wie litauischen Grabstätten. Im Sommer Folklorekonzerte.

**Meeresmuseum, Aquarium und Delphinarium, Smiltynė,** *Jūru Muziejus, Akvariumas, Delfinariumas:* Fische des Meeres und des Kurischen Haffs, Kegelrobben und Nordseelöwen, Zierfische, Südafrikanische Seebären, Ringelrobben, exotische Bewohner von Korallenriffen, Pinguine, rund 15.000 Muscheln, Korallen ... auch Schiffsmodelle aus verschiedenen Epochen, alte und neue Anker, ein Kurenkahn mit buntem Kurenwimpel, ein altes Fischergehöft – ein umfangreicher Komplex zum Thema Meer. Wenn man Litauer hört, die in großen Worten ihr Lieblingsmuseum preisen, erwartet man wahrscheinlich mehr. In dieser Hinsicht ist das Meeresmuseum ein Zeugnis dafür, mit wieviel Liebe Kleinigkeiten gehegt werden. Die im Museum aufgewachsenen Robben werden übrigens in die See entlassen, um ihre Zahl dort zu vergrößern. Das zugeordnete Zentrum der *Marine-Kultur* befaßt sich auch mit Fragen der ökologischen Bildung. Im Delphinarium kann man Delphine aus dem Schwarzen Meer beobachten. Im Sommer auch Vorstellungen (12, 14, 16 Uhr), am Wochenende auch ein Konzertprogramm mit Delphinen. Zu erreichen mit der kleinen Danė-Fähre aus Klaipėda, vom Fährhafen gleich rechts am Haff entlang bis zur Spitze der Nehrung – oder per Pferdekutsche. Bei der Hafenein- bzw. -ausfahrt mit der Fähre von/nach Deutschland ist das Museum als runder Gesamtkomplex vom Haff aus besonders gut zu sehen.

Ganzjährig geöffnet: Juni – August täglich außer Mo 11 – 19 Uhr, Mai – September täglich außer Mo und Di 11 – 19 Uhr, Oktober – April nur Sa und So 11 – 18 Uhr. Eintritt 4 Lit, Kinder 2 Lit, Vorstellungen im Delphinarium von Mai bis September um 12, 14 und 16 Uhr kosten 10 Lit, für Kinder 2 Lit. ✆ 39119. Postanschrift: Postfach 72, 5800 Klaipėda.

**Holzskulpturenmuseum, Juodkrantė:** Ein Freilichtmuseum auf dem *Hexenberg* mit 74 Holzfiguren litauischer Sagengestalten. Arbeiten litauischer Volkskünstler. Sie ziehen sich den 1,5 km langen sogenannten »Märchenpfad« entlang durch den Wald. Ein schöner Spaziergang. Juodkrantė, Raganų kalnas, frei zugänglich.

**Museum für Geschichte von Neringa, Nida:** Eine Ausstellung (im *Fischerhaus*) befaßt sich mit dem Leben der Fischersleute auf der Nehrung in den vergangenen Jahrhunderten, eine zweite mit Handwerk, Gewerbe und dem Bernsteinabbau. Täglich außer Mo – Di 11 – 17 Uhr. Eintritt 1 Lit, Kinder 50 Cent. Naglių 4, ✆ 52372.

**Thomas-Mann-Haus Nida:** »Gut, wir fuhren also für einige Tage nach Nidden auf der Kurischen Nehrung und waren so erfüllt von der Landschaft, daß wir beschlossen, dort Hütten zu bauen, wie es in der Bibel heißt ... Wir faßten einen Hügel am Haff ins Auge und begannen, mit einem Bauplatz zu kokettieren. Als wir abreisten, hatten wir uns so weit gebunden, daß wir nicht mehr zurückgekonnt hätten, selbst wenn wir gewollt hätten ... und so bauten wir brieflich ein Holzhaus. Alles war furchtbar einfach, nur Holz und Schleiflack ... Wir kamen an und saßen auf der Veranda unseres Häuschens, als ob es schon immer so gewesen wäre.

Es ist ein Holzhaus mit Schilfdach und am blauen Giebel zwei gekreuzte Pferdeköpfe. Unten ist die offene Veranda, dahinter liegt das Eßzimmer. Alles andere sind Schlafzimmer. Nur eines im ersten Stock ist für mich als Arbeitszimmer eingerichtet. Von hier habe ich einen weiten Blick über das Wasser bis zur ostpreußischen Küste, die man aber nur selten sehen kann.«

Dieses Haus, das Thomas Mann in »Mein Sommerhaus« beschrieb und in dem er später an »Joseph und seine Brüder« arbeitete, können Sie heute noch genauso sehen und von der Veranda aus den berühmten »Italien-Blick« Thomas Manns genießen. Thomas Mann ließ das Haus 1930 mit dem eben empfangenen Nobelpreis-Geld erbauen, konnte es jedoch nur drei Sommer lang genießen, bevor er mit seiner Familie 1933 ins Exil ging. 1996 wurde die Gedenkstätte mit bundesdeutschen Mitteln restauriert. Im *Thomas Mann Kulturzentrum* sollen regelmäßig Literatur- und Lyrik-Seminare und Veranstaltungen stattfinden, die die kulturellen Beziehungen im Ostseeraum pflegen sollen.

Vielleicht treffen Sie auch den ehemaligen Direktor und Literaturwissenschaftler, Herrn Tytmonas, ein wahrer Thomas-Mann-Fanatiker, zu einem literarischen Gespräch. Das Museum steht heute unter der Lei-

*Das Holzhaus von Thomas Mann*

tung von Frau Jonušienė und ist im Sommer täglich 10 – 17 Uhr geöffnet, im Winter montags geschlossen. Eintritt 1 Lit, ermäßigt 50 Cent. Nida, Skruzdynės 17, ✆ 52260.

## Praktische Informationen

Da die Entfernungen auf der Nehrung nicht weit sind, habe ich wie bei den Museen alle Informationen zusammengefaßt und nach Orten von Nord nach Süd geordnet.

Wichtiger Hinweis: Am Abend herrscht überall Stille, die Bürgersteige werden hochgeklappt, schließlich sind Sie zur Erholung da … In Nida ist nach 22 Uhr auch das Autofahren untersagt. Die Polizei ist streng.

## Unterkunft

Insgesamt gilt: Eine Vorbestellung ist in allen Hotels ratsam. In der Sommersaison sind diese nämlich oft durch Reisegesellschaften ausgebucht, und spontan ist vor Ort nur schwer etwas zu bekommen. Sie können aber auch Einheimische ansprechen, die Ihnen eventuell ein Privatzimmer vermitteln. Es gibt kein einheitliches System bei der Abrechnung nach Zimmer- oder Personenpreis, DM oder Lit.

### In Juodkrantė

*Hotel Ažuolynas (Eichenwald):* Wunderschön und ruhig am Haff neben der Kirche gelegen. Komfortable und moderne Übernachtung im größten Hotel des Ortes, auch im Winter offen. Alle Zimmer mit Dusche, WC oder Bad, eigenes Heizsystem. Umfangreiche Serviceleistungen, deutschsprachige Veranstaltungen, großes Ausflugsangebot (nach Klaipėda, Palanga, Rusnė, Königsberg, durch das Memelland, entlang der Küste, Fischkutterfahrten auf dem Haff), Wassersportmöglichkeiten, Yachtausflüge. Auch Apartments aus mehreren Zimmern bzw. über zwei Etagen. Souvenirverkauf, Verkaufsausstellung litauischer Künstler im Haus, 3 Cafés, Bars, Restaurant mit litauischer Küche und 150 Plätzen, Konferenzsaal, Halbpension möglich. Fuhrpark (neben Taxis auch 2 Minibusse für je 8 Personen und 1 Bus für 48 Personen), Friseur, Sauna, Massage (ab 6 DM/30 min), Fahrradvermietung 5 DM/Tag. Bootsausleihe 4 DM/Stunde. Tretboot 5 DM/Stunde. Yacht (4 Plätze) 45

DM/2 Stunden, mit Abfahrt vom Hafen Nida. Taxiorganisation: 25 DM bis Nida, 20 DM bis Smiltynė mit deutsch- oder englischsprechendem Taxifahrer. Räucherfischverkauf. 10 EZ, 40 DZ, 18 Apartments, 4 Apartments mit 4 Betten und 2 Duschen. EZ mit HP 198 Lit, DZ mit HP 278 Lit, 2-Bett-Apartment mit HP 383 Lit, 4-Bett-Zimmer 759 Lit. Preise gültig vom 1.5. – 1.6. Vom 1.9. bis 1.10. alles etwa 10 DM pro Person teurer, vom 1.6. – 1.9. alles plus 20 DM. Ermäßigungen für Kinder 25 – 50 %. Zum Frühstück gibt es kaltes Buffet mit Kaffee, Tee, die HP schließt das Abendessen, ein kaltes Buffet mit Milch, Tee sowie eine warme Speise mit ein. Einmal wöchentlich kostenlose Fahrt nach Nida. L. Rėzos 54, 5870 Juodkrantė, ℡ 53318, 53310, Fax 55838.

*Hotel Gintaras (Bernstein):* Kalno 12, ℡ 53306. 25 DM pro Person.

*Hotel Santauta:* Zu viel Geld für zu wenig Komfort. Sauna, Tennisplätze. 80 Lit EZ, 160 Lit DZ, 240 Lit Dreibettzimmer. Kalno 36, ℡ 53345.

**Privatzimmer:** *Familie Kocys,* ℡ 53252, L. Rėzos 16 – 3 (Kontaktadresse in Deutschland: ℡ 04792/7155, E. Janz, Worpswede), 60 DM/Tag; 3 Zimmer, 5 Personen.

*Familie Digriene,* ℡ 53373, Jievos kalno 16 – 8 (3 DZ).

*Familie Pokonecna,* ℡ 53400, Jievos kalno 14a – 3 (2 DZ).

*Familie Kurprienė,* ℡ 53232, Jivos kalno 14a – 11 (1 DZ).

### In Pervalka & Preila

*Hotel Baldininka:* Gilt als beste Adresse im Fischerdorf Pervalka. Pervalkos 29, ℡ 56166.

*Baltija:* Höchst einfach. Nur drei von 29 Zimmern haben Bad. 20 Lit/Person. Pervalkos 12, ℡ 56150.

*Hotel Gelmė:* Unterkunft einfachster Art am Kurischen Haff. Zimmer mit Waschbecken und Kühlschrank. WC auf dem Flur, Gemeinschaftsdusche. 10 DM/Person ohne Frühstück. Preilos 9, 5870 Preila, ℡ 55109.

*Hotel Preila:* Einfaches Hotel im gleichnamigen Ort auf der gleichnamigen Straße. Preila 39, ℡ 52328.

### In Nida

*Jūratė:* Größter und komfortabelster Hotelkomplex von Nida. Man kann zwischen einem 2-3stöckigen Haus oder einem von 10 kleinen volkstümlichen Häuschen wählen. Das Hauptgebäude im Zentrum von Nida war einst das Hotel »Königin Luise«, hier alle Zimmer mit Dusche, WC und Balkon. Umfangreiche Serviceleistungen, Fahrradverleih, deutschsprachige Veranstaltungen, Organisation von Ausflügen, Bootsfahrten auf dem Haff. Friseur, Sauna, Massage. 10 Häuser, 200 Zimmer im Hauptgebäude (mit Balkon). In der Saison vom 1.6. – 1.9. EZ 140 Lit, DZ 180 Lit, 2-Zimmer-Apartment 240 Lit. Frühstück 15 Lit extra, Mittagessen 28 Lit, Abendessen 32 Lit. Ein großer Teil des Personals spricht etwas Deutsch. Pamario 3, 5870 Nida-Neringa. Reservierung empfehlenswert. ℡ 52618, 52619, Fax 51118. Das Schönste des Hotelkomplexes: das »Märchenhaus«, eine Holzvilla auf einer Anhöhe am Haff, wirklich märchenhaft. 1995 renoviert, traumhafter Blick, Ruhe ... fragen Sie danach, vielleicht haben Sie Glück und es ist frei. Hier fühlt man sich fast wie Thomas Mann in seinem Sommerhaus.

*Nidos pusynas:* in drei altertümlichen Fischerhäuschen aus Holz, direkt am Haff, 500 m zum Stadtzentrum. Zimmer mit TV, WC, Dusche, Kamin, ganzjährig beheizt. EZ mit HP 170 Lit, DZ mit Frühstück 110 Lit, mit HP 140 Lit pro Person. 4-5-Bett-Zimmer mit HP 460 Lit, Abendessen extra 30 Lit. Auch einige spartanische Zimmer, in denen man für 4 - 5 Lit (!) übernachten kann. Purvynes 3, 5870 Nida, ✆ 52221, Fax 52762.

*Hotel Auksinės kopos (Goldene Dünen):* Ruhe und gepflegte Gastlichkeit in einem bequemen Hotel. 100 m ins Zentrum, 10 m zum Strand. Auch Apartments, Zimmer mit Balkon, Terrasse. Alle mit Dusche, WC, Verkaufsausstellungen litauischer Künstler im Foyer. Restaurant mit litauischer und internationaler Küche. 88 Zimmer, EZ 52 DM mit Frühstück, DZ 42 DM pro Person, 2-Zimmer-Apartment 150 - 190 DM. HP, VP möglich, Abendessen 7 DM, Mittagessen 8 DM. Keine Kreditkarten. Organisation von Ausflügen. Sauna, Türkisches Bad, Pool. Seminarräume für 50 und 100 Personen. Kuverto 17, 5870 Nida, ✆ 629827, Fax 52947. Buchung auch über »Mono« GmbH in 2001 Vilnius, Gedimino 14, ✆ 00-370-2-629827, Fax 628530 oder »Mono« in 5799 Klaipėda, Trilapio 10, ✆ 212217, Fax 215905.

*Hotel Urbo kalnas:* Ferienheim des litauischen Schriftstellerverbandes, für alle zugänglich. In malerischer Lage mit Panorama von Meer, Haff und Dünen. 800 m zum Meer. 16 Zimmer sind auch im Winter beheizt. 18 EZ, 20 DZ, 4 Apartments, 2 Dreibettzimmer. Alle mit Bad, WC, Kühlschrank. 1 Person zahlt 35 DM mit Frühstück, 42 DM mit HP, 50 DM mit VP. Konferenzsaal für 30 - 35 Teilnehmer. Sauna. Taikos 32, 5870 Nida, ✆ 52428, 52791, Fax 52953.

*Hotel Vilenė:* Mit Apartments aus drei Zimmern über zwei Etagen mit Balkon. Exclusiv. Pajūrio 12 a, ✆ 52324, Fax 52953.

*Hotel Rūta:* Urlaub gemeinsam mit dem litauischen Präsidenten Brasauskas. Ehemaliges Ferienheim der KP Litauens. Große Räume. Sauna. 300 Betten. EZ 90 Lit, DZ 180 Lit, Apartment 180 Lit. Frühstück 10 Lit extra. Kuverto 15, ✆ 52229, 52398, Fax 52819.

## Essen und Trinken

**Juodkrantė:** *Baras,* einfach, aber freundlich. L. Rėzos 42, ✆ 53388. 10 – 23.30 Uhr.

**Nida:** Entlang der Naglių-Straße ziehen sich verschiedene kleinere und größere Cafés und Restaurants, auch an der Haffuferstraße gibt es stets neue Restaurants, Bistros, oft mit schönen Terrassen. Hier finden Sie bestimmt das Richtige für den kleinen oder großen Hunger. Im Sommer ein großes Angebot an netten Wirtschaften (jedes Jahr neue). Außerhalb der Saison Leere, nehmen Sie dann Ihr Picknick mit. Die größten Hotels und

Pensionen bieten HP/VP an. Ein richtiges Restaurant gibt es zwar nicht, aber gute Picknick-Möglichkeiten, im Sommer kleine Kneipen für einen Snack zwischendurch, sehr guten Räucherfisch an Stränden ...

*Ešerinė:* Fischerkneipe mit Haffblick, Café. Geöffnet ab 15.5. Naglių 2, ℂ 52752.

*Peteris:* Zahlreiche Fischgerichte. Restaurant im Gebäude der Hauptpost. Taikos 13, ℂ 52199.

*Nida:* Wenn Sie »speisen« wollen wie in »guten alten« Sowjetzeiten. Restaurant. Naglių 30a – 1, ℂ 52754.

*Audronaša:* Café. Naglių 14, ℂ 52333.

*Vizitas:* Schmackhaftes Essen, schnelle Bedienung. Café. Naglių 9a, ℂ 52080.

*Rasyte:* Riesige Portionen. Ltomiškio 11, 10 – 24 Uhr.

*Vyturys:* Angenehmes Essen in einem ehemaligen Fischräucherhaus. Kuverto 15, 9 – 24 Uhr.

*Vilnelė:* Familienbetrieb, alle Generationen arbeiten mit. Leckere Palatschinken. Pajurio 12, 9 – 21 Uhr (bis zum letzten Kunden).

*Seklyčia:* Winzig, aber hier gibt es den litauischen Kugelis. Lotmiškio 11, 11 – 23 Uhr.

*Užuoveja:* Paniertes Fischfilet ist die Spezialität. Skruzdynės 1, ℂ 52742, 12 – 17, 18 – 23 Uhr.

## Einkaufen

In Nida wimmelt es nur so von Straßenhändlern auf allen Wegen. Hier finden Sie garantiert das passende Stück Bernstein, ein Bild oder ein Gläschen Honig. Allerdings viel teurer als auf dem »Festland«. Meistens nimmt man gern (oder nur) DM. Der Wechselkurs ist auf der Nehrung übrigens höher als zum Beispiel in Klaipėda.

**Souvenirs:** *Kunstgewerbe:* Juodkrantė, L. Rėzos 13, ℂ 53357.

*Gintaro Galerija:* Eine wunderschöne Galerie mit reicher Bernsteinauswahl und Ausstellung von Kazimieras und Virginija Mizgiriai. Die »GG« muß man gesehen haben. Nida, Pamario 20, ℂ 52573, 52712. Fax 52573.

*Dailė:* Kunstgewerbe. Nida, Naglių 41. Täglich 10 – 12, 14 – 20 Uhr.

*Kuršis:* Nida, Naglių 31. Mo – Fr 9 – 13, 14 – 19 Uhr, Sa/So 9 – 17 Uhr.

**Räucherfisch:** Er wird in Nida an jeder Ecke angeboten: Aal, Zander, Karpfen, Barsch ... und ist unwiderstehlich lecker. Nehmen Sie ein kleines Besteck und Servietten mit – dann können Sie ihn gleich frisch in der Düne verzehren – einfach köstlich. Aal: 10 DM für 500 g, Zander 9 DM das kg.

## Anfahrt & Nützliches

Aktuelle neue Adressen finden Sie in den »Klaipėda in your pocket«-Heften.

**Fähre zur Nehrung:** In Klaipėda im Zentrum an der Danėbrücke, Ecke Pilies-Straße gibt es eine kleine Fähre nach *Smiltynė*. Sie ist im Sommer vor allem Fußgängern vorbehalten, im Winter ist sie die einzige Verbindung für Autos zur Nehrung. Alle 30 Minuten von 6.30 bis 23 Uhr im Sommer, 10 Minuten Fahrt, im Winter etwa stündlich von 6 bis 22.30 Uhr. Žvejų 8

(Hafen an der alten Burg), ✆ 212224. Parkplatz (bewacht) gegenüber.

Vor allem Autofahrern wird die große neue Fähre etwas außerhalb der Stadt empfohlen. Folgen Sie vom Zentrum Klaipėdas der Pilies-, dann der Minijos-Straße in Richtung Neringa. Sie verkehrt im Sommer halbstündlich zwischen 8.15 und 20.45 Uhr, außerhalb der Saison 8.30 – 21 Uhr halbstündlich-stündlich, im Winter leider nicht. Nemuno 8, ✆ 212224, 232279, 239796.

**Maut:** Die Nehrung steht unter Naturschutz, und der Autoverkehr soll eingedämmt werden. Deshalb muß kurz vor Juodkrantė ein Obolus entrichtet werden. Die Preise steigen jährlich und sind für Litauer unangemessen hoch. Ein Auto kostet für jede Einfahrt 50 Lit.

**Tankstelle:** Es gibt nur eine auf der Nehrung. Nida-Ortsausfahrt Richtung russische Grenze. ✆ 52670.

**Bus:** Die Autobusų stotis in *Nida* befindet sich in der Naglių 2, ✆ 52334. Die Kleinbusse fahren von Nida über Pervalka, Preila und Juodkrante nach Klaipėda, wenn genügend Fahrgäste beisammen sind. Es gibt keine festen Abfahrtszeiten.

**Fahrradverleih:** Die meisten Hotels und Pensionen vermieten Fahrräder, zum Beispiel in *Nida* im Jūrate-Hotel, Pamario 3, ✆ 52618, 52619, oder Mega-Lagen, Naglių 27.

**Sprache:** Auf der Nehrung sind Sie in einer anderen Welt, in einem Lande, in dem »das Schweigen Sprache ist« (Hans-Georg Buchholz, ostpreußischer Dichter). Thomas Mann schrieb über die Nachfolger der Kuren seinerzeit: »... Sie sind dreisprachig und sprechen Deutsch, Litauisch und Kurisch. Wenn sie Deutsch sprechen, wirken sie wiederum sehr russisch. Litauisch und Kurisch sind sehr eigentümliche Sprachen. Litauisch hat einen leichten russischen Einschlag, Kurisch soll dem Sanskrit sehr nahe stehen, so nahe wie sonst keine heutige Sprache.« Heute gilt: zwischen Juni und August ist Deutsch die Nehrungssprache, DM wird zur Hauptwährung – die Kurische Nehrung fast zur »deutschen Kolonie«.

**Wassersport:** Im Hafen von Nida und im Yacht-Club Smiltynė sowie in den größeren Hotels können Sie jederzeit Segelboote mieten, zahlreiche Segeltörns werden angeboten. In Ihrer Pension kennt man sicher auch einen privaten Bootseigner.

*Yacht-Club Smiltynė,* ✆ 291117.

*Bootsverleih Pervalka,* Pervalkos 9, täglich 8 – 11 und 17 – 21 Uhr.

*Yacht-Club Nida,* Kotmiškio 2, ✆ 52828. Yachten-Reservierung 8 – 10 Uhr.

**Post:** *Juodkrantė,* Kalno 7, ✆ 53222.

*Nida,* Taikos 15, ✆ 52525.

**Telefonvorwahl:** Für Neringa innerhalb Litauens: 8-langer Ton-259-... Vom Ausland: 00-370-59-... Achtung: Smiltynė gehört nicht zur Gemeinde Neringa, sondern zu Klaipėda und hat deshalb die gleichen Vorwahlen wie Klaipėda.

**Polizei:** *Nida:* Taikos 5, ✆ 52382 (kelių policija), ✆ 52202 (policijos komisariatas).

**Apotheke:** in *Nida,* Taikos 11, ✆ 52238 (Vaistinė). Krankenhaus (Ligoninė) ✆ 52215.

# TOUREN AM HAFF UND NEMUNAS

*Die nächsten Orte und Touren liegen in dem Teil Litauens, der einst zu Ostpreußen gehörte und vielen älteren Deutschen noch als Memelland geläufig ist. Hier, wo man auf historisch-deutschen Spuren reisen kann, lebten aber immer auch schon Litauer. Und sie bewahrten hier im sogenannten Klein-Litauen ihre ganz eigene Kultur. Klaipėda – das frühere Memel (siehe Seite 134) – war und ist das Zentrum der Region. Bis 1987 waren die Stadt und das ganze alte Memelland für Deutsche gesperrt, nun sind sie wieder für alle Menschen bereisbar. Und viele kommen nicht als Fremde, viele sind hier geboren, mußten 1944 alles hinter sich lassen und können es nun endlich wieder besuchen. Ob sie viel wiedererkennen?*

## Rückblick

Die Ureinwohner des Memellandes sind Balten. Südlich des Memel-Flusses siedeln Pruzzen, östlich Sudauer, noch weiter östlich Litauer. Nach der Unterwerfung des Pruzzenlandes durch den Deutschen Orden im Jahre 1226 und der Gründung der Mümmelburg an der Mündung der Memel, siedeln vereinzelt deutsche Bauern, in späteren Jahrhunderten auch viele vertriebene christliche Litauer, in den fruchtbaren Flußniederungen. Im 17. Jahrhundert geht das ehemalige Deutschordensland als ostpreußische Provinz in brandenburgischen Besitz über. König Friedrich Wilhelm I., König von Preußen, bietet Deutschen hier eine neue Heimat. Im 19. Jahrhundert nehmen die hier lebenden Litauer vermehrt die deutsche Sprache und Kultur an. Nach der Flucht der deutschen Bevölkerung im letzten Kriegsjahr siedeln sich seit 1945 Litauer und Russen an.

### Große Namen

Viele Künstler waren von der Schönheit der Landschaft, vor allem auf der Kurischen Nehrung, fasziniert: Simon Dach, bekannt durch das Lied »Ännchen von Tharau«, Johannes Bobrowski, Agnes Miegel, Thomas Mann, Lovis Corinth, Ernst Mollenhauer, Max Pechstein und andere (siehe Seite 234). Hermann Sudermanns Geburtshaus steht in Matzicken bei Šilutė und wird von seinem Porträt geziert. Sudermann (1857 – 1928) war der um die Jahrhundertwende meistgespielte deutsche Dramatiker; er wird als Schlüsselfigur der Literatur des wilhelminischen Deutschland bezeichnet. Paul Fechter nannte ihn den »Balzac des deutschen Ostens«. Ich empfehle Ihnen, vor oder während der Reise Sudermanns »Bilderbuch meiner Jugend« (1922) zu lesen (Ullstein Verlag), schöner und realistischer kann man das alte Memelland nur schwer beschreiben, es ist eine außerordentlich lohnende Lektüre. Der Autor schildert hier seine Kindheit in Ostpreußen, Litauen, die Bismarckzeit, ostpreußische Dörfer und prunkvolle Berliner Bankiersvillen, die trostlose Kleinbürgerlichkeit in Tilsit, Gutshöfe und noble Ostseebäder, Künstler und Kriminelle. Eine Szenerie voll plastischer Wirklichkeit fern jeder Nostalgie. Und viele Orte und Gedanken setzen sich in seinen Romanen, Dramen, Erzählungen fort: »Frau Sorge«, »Johannisfeuer« oder »Heimat« können weitere Literaturempfehlungen sein. Sudermanns schon klassisch gewordene »Litauische Geschichten« (1917, Verlag Langen Müller) sollten Sie auf Ihrer Tour zum Kap Ventė dabei haben und dann in der Erzählung »Reise nach Tilsit« lesen. Zusammengefaßt finden Sie alles im großen »Hermann Sudermann Buch«, herausgegeben von Herbert Reinoß, ebenfalls im Langen Müller Verlag.

### Der Winter 1944/45

Die russische Offensive in Ostpreußen wird vollzogen. Die Rote Armee stößt nach Schlesien und Pommern vor. Für die Deutschen im Memelland ist das zugefrorene Frische Haff (heute Königsberger Gebiet) die einzige Fluchtmöglichkeit nach Westen. Kilometerlange Flüchtlingstrecks ziehen über diesen Weg. Viele werden Opfer der Tiefflieger. Glücklich, wer ein seetüchtiges Schiff erreicht. Insgesamt zwei Millionen Deutsche werden übers Baltische Meer aus dem Memelland, Ostpreußen, Westpreußen und Hinterpommern evakuiert. An dieser Stelle sollten Erinnerungen stehen, Erinnerungen von Memelländern, die das alte Memelland kannten und jetzt versuchen, sich im neuen zurechtzufinden: Sie treffen bestimmt welche auf Ihrer Tour, lassen Sie sich erzählen, das ist am eindrucksvollsten.

### Das Memelland und die deutsche Einheit

Fünfzig Jahre nach dem Ende des Zweiten Weltkrieges wird die Sowjetregierung aufgefordert, das geheime Zusatzprotokoll zum Hitler-Stalin-Pakt von 1939 für ungültig zu erklären, in dem der UDSSR gegen Gebietskonzessionen an Hitler-Deutschland, das kurz zuvor Polen überfallen hatte, die administrative Verfügungsgewalt über Litauen eingeräumt wurde (vergl. Geschichte Seite 24ff). In Litauen finden erstmals freie Wahlen statt, 1990 erklärt die Republik ihre Unabhängigkeit. Das Memelgebiet wird von Rußland als Bestandteil Litauens respektiert. Der »Zwei-plus Vier-Vertrag« von Moskau 1990 regelt die Gebietsfragen abschließend: Deutschland erklärt, daß es keinerlei Ansprüche gegenüber anderen Staaten hat. Das ist die Voraussetzung für die Zustimmung Gorbatschows zur Vereinigung der beiden deutschen Staaten.

### Das Memelland heute

Die meisten deutschsprachigen Touristen, die man heute in und um Klaipėda trifft, sind Memelländer, die ihre Heimat besuchen, die sie 1944 verlassen mußten. Sie werden oftmals traurig mit ihren Erinnerungen vor heruntergekommenen Höfen und Dörfern stehen. Es wird viel in Erhaltung und Wiederaufbau der Kulturdenkmäler gesteckt, doch gleichen diese Bemühungen dem berühmten Tropfen auf den heißen Stein. Dennoch: das Memelland ist langsam wieder auf dem Weg zum touristischen

Anziehungspunkt, die Stadt Klaipėda und ihre schöne Strandküste, das Naturparadies Kurische Nehrung, das Kurische Haff und die Flußlandschaft des Nemunas (Memel) locken.

Das Memelgebiet ist 2708 km² groß. Geographisch erstreckt es sich von der früheren deutsch-russischen Grenze im Norden bis zu einer Linie etwa 4 km südwestlich von Nida, im Süden dem Lauf des Nemunas folgend, im Osten bis zum ehemaligen Schmalleningken, im Westen das Baltische Meer. Bei einer Tour entlang der litauischen Küste entdecken Sie wenige Kilometer nördlich von Klaipėda (Memel) das verkümmerte Dörfchen Nimerseta (Nimmersatt), die ehemalige nördliche Grenze des deutschen Reiches. Heute gehört das einst nördlichste deutsche Dorf zu Palanga (Polangen). Auf litauischer Seite gehören die früheren preußischen Kreise Memel und Heydekrug (heute Klaipėda und Šilutė) dazu, die andere Uferseite der Memel ist heute bereits russisches (Königsberger) Gebiet.

## *Tourempfehlungen*
### Von Klaipėda nach Tauragė

Sie verlassen Klaipėda auf der A 1 in Richtung Kaunas/Vilnius. Nach 58 km erreichen Sie den Kreis Šilale, *Šilas rajonas*. Die A 1 fahren Sie bis zum Abzweig Šilale, den Sie nach 72 km erreichen. Im Dorf **Balsiai** stoßen Sie auf die Kreuzung mit der B 162 und fahren rechts Richtung Šilale. Den Dorfmittelpunkt in Balsiai bildet die Kapelle auf dem kleinen Hügel. Sie kommen an einzelnen Gehöften und an einem romantischen See vorbei. Bei km 79 kommt links der Abzweig Tauragė, aber für unsere Tour empfehle ich die Landstraße weiter geradeaus, nach Šilale hinein, zu nehmen. Durch Nadelwald führt die Straße in den Ort. Rechts der Friedhof Šilale und links ein Denkmal für die 1944 gefallenen Soldaten. Rechts fließt das Flüßchen *Lokysta,* das die Stadt durchzieht, ein Uferspazierweg an ihm entlang bringt Sie zu einem kleinen Park. Das Städtchen ist geprägt von gelben Holzhäusern.

Entlang der Basanavičiaus gatvė (das ist die Straße Richtung Kvedarna) gibt es einige Geschäfte und Wechselstuben. Halten Sie sich rechts, so eröffnet sich ein imposanter Blick auf die *Kirche von Šilale:* neugotisch, aus rot-weißen Ziegeln. Auch die Innenausstattung ist sehenswert. Sie steht in der Didžioji-Straße auf einem kleinen Hügel, von dem Sie auf das Städtchen hinunterblicken können.

### Unterkunft in Šilale
*Hotel Ašutis.* Es ist äußerst einfach, doch dafür billig: ein einfaches Zimmer bekommen Sie hier ab 5 Lit, ein etwas besseres für 3 Personen ab 13 Lit. Das Hotel verfügt über 15 Zimmer, ✆ 269/51345, Basanavičiaus 4. Sie sollten 1 – 2 Tage vorher anrufen und sich anmelden.

### Tauragė – Kleine Stadt mit großen Folgen
Nun nehmen Sie die Stadtausfahrt nach Tauragė, durch die neueren Wohngebiete von Šilale. Die Fahrt führt weiter über Felder, Weiden,

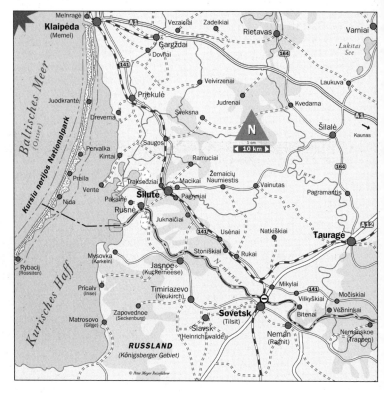

durch das Waldgebiet *Pagramančio Girininkija*. Nach 100 km erreichen Sie das Dorf **Pagramatis,** das bereits im Kreis Taurage liegt und durch das das Flüßchen *Akmene* fließt. Hier ist ein Uferspaziergang möglich. Vorbei an der gelben hübschen Holzkirche, und nach weiteren 9 km erreichen Sie das Waldgebiet *Tauragės Girininkaliai,* das zum Durchstreifen und Pilzesammeln einlädt. Rechts im Wald befindet sich eine Jüdische Gedenkstätte: *Žydų Genocido Aukų, Vieta,* eine sehr gepflegte Anlage. Ein Plattenweg führt zum Denkmal und von dort ein kleiner Waldweg weiter zu einem Gedenkstein im Wald. 1941 wurden hier 3000 Juden, Männer, Frauen und Kinder von den Hitler-Schergen ermordet – so steht es in litauischer und hebräischer Sprache auf dem Stein.

Bei km 111 fahren Sie auf der Šilales gatvė in den Ort **Tauragė,** *Tauroggen,* hinein: Das unscheinbare Tauragė hat ein Stück europäische Geschichte geschrieben: Bei Tauragė, genauer gesagt in der (nicht mehr existenten) Mühle im Dorf *Požėrūnai*, (Poscherun) traf sich am 30.12.1812 der preußische General Yorck von Wartenburg auf eigene Verantwortung mit dem russischen General von Diebitsch und schloß mit ihm die »Konvention von Tauroggen«. Das preußische Hilfskorps im Russischen Feldzug wurde für neutral erklärt, dadurch die Allianz mit Napoleon gebrochen, und Preußen trat in den Krieg gegen die Franzosen ein. Ein knappes Jahr später konnten die nun verbündeten Staaten Rußland, Österreich und Preußen dem napoleonischen Heer in der Völkerschlacht bei Leipzig die erste große Niederlage bereiten. Ein Jahr später zogen Yorck und Diebitsch in Paris ein, ein weiteres Jahr später konnte Napoleon in der Schlacht bei Waterloo endgültig besiegt werden. Kein Wunder, daß König Wilhelm III. Yorcks Vorgehen billigte und ihn 1814 sogar in den Grafenstand erhob.

Es gibt in Tauragė sowohl eine katholische als auch eine evangelische Kirche: die Etablierung beider Glaubensrichtungen ist ein Zeichen für die frühere grenznahe Lage: Tauragė war einmal Grenzort zu Preußen. Seit 1567 gab es hier ein Zollhaus. Tauragė hat eine der wenigen evangelisch-lutherischen Kirchen von Litauen. Seit 1987 schmücken ihre Fassade die Skulpturen des Reformators Martin Luther (1483 – 1546) und Martynas Mažvydas (1510 – 1563), dem Autor des ersten litauischen Buches.

Tauragė liegt als ruhiges Provinzstädtchen mit rund 12.000 Einwohnern in der Karšuva-Niederung der *Jūra*. Das Flüßchen lädt zum Spazieren ein, der Uferweg ist so gut, daß Sie hier auch Ihre Fahrräder auspacken und ein Stück den Fluß entlangradeln können.

Für die Weiterfahrt: An der großen Ampelkreuzung geht es links zurück zur A 1, rechts nach Sovetsk (Tilsit) – zur Straße, die Sie dem Nemunas näher bringt; auf sie komme ich in der übernächsten Tour zu sprechen. Für den Rückweg nach Klaipėda empfehle ich die Straße Richtung Riga, das ist die Dariaus ir Girėno-gatvė. Sie verlassen Tauragė und fahren wieder durch den Tauragė girininkaliai-Wald. Rechts verläuft parallel zur Straße ein 3 km langer Radweg. Rechts auch ein Rastplatz mit Schaschlikbraterei und schöne Waldwege. Die Litauer schwärmen hier immer zum Pilz- und Beerensammeln aus. Bei km 132 zeigt bei einer Kreuzung an einem See links ein Schild nach Šilale (32 km). Sie können aber auch weiter geradeaus bis Kryžkalnis, der Auffahrt zur A 1, fahren und von dort nach Klaipėda zurück. Hier am Autobahnkreuz Kryžkalnis gibt es eine moderne Litofinn-Tankstelle mit 95-E-Benzin und einem Bistro. Die einzige sichere Tankstelle auf dem Weg. Denken Sie auch an Proviant für unterwegs, der Jūra-Fluß in Tauragė bietet eine schöne Möglichkeit zum Rasten.

## Von Klaipėda über Priekulė nach Šilutė und Juknaičiai

Was ist sehenswert auf dieser Tour? Die ehemals deutschen Memeldörfer, einsame Dorflandschaften, weite Felder, Szenen aus dem Bauernleben, viele Störche, Pferdefuhrwerke oder Pferdeschlitten im Winter und das *Kurische Haff*. Besonders schön sehen Sie es bei Dreverna und vor allem auf der Fahrt von Kintai nach *Ventė*. Boote schaukeln auf den Wellen, im Winter eingefroren ins dicke Eis. Die Straße – schmal und gut asphaltiert – führt Sie ganz nah am Haff entlang, bis zur äußersten Spitze der Windenburger Ecke. Am Horizont die Kurische Nehrung. Eindrucksvoll dann das städtische Šilutė mit seiner protestantischen Kirche und schließlich die wunderschöne Flußlandschaft des Nemunas bei Juknaiciai.

Eine gute Karte ist für Auto- wie Radfahrer notwendig. Autotouristen sollten sich nicht vor einer Geländefahrt fürchten, alles ist mit einem normalen Kleinwagen gut zu schaffen. Auch Radler werden ihre Freude bei dieser Tour durch Memeldörfer und am Nemunas entlang haben. Mehrmals täglich verkehren Busse von Klaipėda nach Šilutė, jedoch ist es insgesamt sehr schwierig, das Memelland mit öffentlichen Verkehrsmitteln kennenlernen zu wollen, denn es lohnt kein einzelner Ort allein den Besuch, sondern nur die Verbindung der verschiedenen hier beschriebenen Orte zu einer Memellandtour. Und das ist mit Bussen nur sehr schwer möglich, da sie nicht häufig genug zwischen den Orten verkehren. Einkehr- und Unterkunftmöglichkeiten werden im Text genannt.

Sie verlassen Klaipėda auf der Šilutės plentas-Chaussee in Richtung Šilutė, Sovetskas. Tanken Sie noch einmal bei Litofinn (links) oder 400 m weiter bei »N« (rechts) auf, denn das Memelland bietet dazu außer in Šilutė keine Möglichkeit mehr. Von Klaipėda sind es 17 km bis Priekulė, am Ortseingang ist eine Tankstelle, jedoch nur mit 76 und 92 Oktan-Benzin. Die Landstraße führt durch Priekulė hindurch auf direktem Wege nach Šilutė (Heydekrug).

### Priekulė (Prökuls)

wurde erstmals 1511 erwähnt, 1948 erhielt es Stadtrecht und war 1950–59 sogar Kreisstadt, heute gehört es zum Kreis Klaipėda. Außer dem alten Ortskern mit Baudenkmälern aus preußischer Zeit gibt es hier wenig zu sehen. Fahren Sie die Klaipėdos-Straße bis zur Post, dort links in die Turgaus-Straße (Richtung Šilutė), und dann nach 200 m an der Holzstele links in die Vingio-Straße. Diese führt Sie direkt zum *Park von Priekulė*, er liegt an der *Minija*, die sich durch den Ort schlängelt. Links gelangen Sie zu einem Reit- und zu einem Kinderspielplatz. An die uralte Eiche, einst Schmuckstück des Parks, erinnert nur noch ein Gedenkstein: »Naturdenkmal – Geschützte Eiche von Priekulė«. Im Zuge der Bauernaufstände von 1863 wurden hier Aufständische gehängt. Durch den Park gelangen Sie zur Minija, die hier einen großen Bogen macht. Es gibt sogar einen kleinen Strand am Fluß.

Zurückgekehrt zum Parkplatz: In der Vingio 11 lebte die Schriftstellerin Eva Simonaitytė (23.1.1897 – 27.8. 1978), es ist das zweite Haus links vom Parkplatz. Gegenstand ihrer Erzählungen und Romane ist das Schicksal der Litauer im Memelland. Ins Deutsche übersetzt ist bisher nur ihre Erzählung »Piktschuriene« (1953). An der Turgaus gatvė liegt der Abzweig nach **Dreverna,** das 7 km von Priekulė entfernt ist; links geht es auf der Pamarų gatvė dann weiter nach Ventė.

Im Winter ist diese Fahrt sehr eindrucksvoll: aus den einsamen Gehöften und schneebedeckten Bauernhäuschen steigt Rauch ... ein Wintermärchen. Die Straße führt ganz nah am Haff entlang, im Winter sind hier Boote eingefroren. Am Ende der Straße befindet sich die Vogelwarte *Ventės Rago Ornitologinė Stotis,* wo Sie die ersten Kraniche des Schutzgebietes sehen können. An der Ortseinfahrt Ventė beginnt das Naturschutzgebiet *Nemunasdelta.* Hier ist Angeln verboten.

### Dreverna (Drawöhnen)

Der Ort wurde nach dem Flüßchen *Drawöhne* benannt, das hier ins Kurische Haff mündet. Dreverna selbst ist ein altes stilles Fischerdorf, nicht besonders sehenswert, aber es bietet einen wunderbaren Zugang zum Kurischen Haff. Früher prägten romantische Fischerhäuschen das Dorfbild, heute Wohnblocks. In vergangenen Zeiten wurden die Toten auf einem künstlich aufgeschütteten Hügel begraben, zum Schutz vor Hochwasser. Einen ähnlichen Zweck sollte der 1863–73 erbaute *Kaiser-Wilhelm-Kanal* erfüllen, der bei Lankupiai auf die Minija trifft, wo eine der größten Schleusen Europas das Frühjahrshochwasser reguliert. Das heute meist Klaipėdos-Kanal genannte Fahrwasser verband als einzig schiffbarer Weg das Meer von Klaipėda aus mit dem Nemunas, was für den Handel einst von großer Bedeutung war. Über den 24 km langen Kanal wurde die gefährliche Windenburger Ecke (Ventė) umfahren. Heute wird er als Trinkwasserspeicher von Klaipėda genutzt. Besonders schön zu sehen ist er von der Brücke auf dem Weg von Priekulė nach Dreverna. Viele Seerosen und zahlreiche Angler machen sich den heute kaum mehr befahrenen Kanal zunutze. An beiden Ufern sind sehr schöne Spazier- und Radwege. Es lohnt sich, das Auto am Straßenrand unterhalb der Brücke abzustellen und ein Stück am Ufer entlangzuspazieren oder die Räder auszupacken und am Kanal entlangzuradeln. Einen netten Picknickplatz finden Sie hier sicher auch.

Halten Sie sich gleich in Dreverna rechts, an der Pamario-Straße 6 km hinter dem Torbogen »AI Kuršmares« liegt der kleine **Hafen.** Die Fischer bieten nach Absprache Schiffstouren auf dem Haff an, Fahrten hinüber auf die Kurische Nehrung nach Juodkrantė (siehe Seite 237) oder das wohl schönste: eine Tagestour auf der Minija, dem Kanal, durchs Haff und auf Nemunas und dem Amath-Strom, einem Mündungsarm des mächtigen Memel-Flusses – eine Rundfahrt durch die vielfältige Wasserpflanzenwelt. Es gibt keine festen Angebote und keine Organisation; fragen Sie die Fischer im Hafen, meist ist auch ein alter Memelländer dabei, der noch

Deutsch spricht, und alles wird nach Ihren Wünschen realisiert. Preise nach Absprache.

Laufen Sie vom Hafen etwa 200 m die Straße weiter geradeaus, so kommen Sie zum Haff: gegenüber am anderen Ufer sehen Sie die Kurische Nehrung, Juodkrantė und die Hohe Düne … ein herrlicher Blick.

Die Hauptstraße führt Sie durchs Dorf und wieder zur Ortseinfahrt, Sie können von hier denselben Weg zurück nach Priekulė nehmen und dann über *Lankupiai* (Lankuppen) über den Klaipėdos-Kanal hinweg nach Kintai und Ventė weiterfahren, das Sie nach 48 km auf guter Straße erreichen.

Wenn Sie das Pistenfahren nicht scheuen, können Sie von Dreverna aus abkürzen, indem sie am Wasserturm von Dreverna rechts abbiegen. Diese Straße ist nicht ausgeschildert, sie führt durch den Wald nach Kintai, wo Sie dann nach 9 km auf die von Priekulė kommende Straße nach Ventė stößt. Dieser sandige Holperweg führt Sie parallel zum Haff nach Süden durch herrlichen Wald, der zuerst von Birken, dann von Kiefern geprägt ist, auch an einem alten deutschen Friedhof kommen Sie vorbei. Immer rechts halten. Im Winter ist die Piste am leichtesten zu befahren, da dann die Löcher mit Schnee gefüllt sind. Bei Regen sollten Sie sie nicht fahren. Auf diese Weise erreichen Sie ohne Umwege nach knapp 10 km:

### Kintai (Kinten)
Ein altes Fischerdorf mit dem zu Spaziergängen einladenden Kiefernwald *Kintų girininkija* – ein Holzpfeil weist darauf hin. Der Wald wurde ursprünglich ums Dorf herum angelegt, um es vor den scharfen Winden zu schützen. Die Schule im wilhelminischen Stil ist noch erhalten. Eine evangelisch-lutherische Kirche befindet sich an der Hauptstraße, Ćiulados 27. Sie wurde 1709 aus Steinen der alten Windenburg (Ventė) gebaut. In Kintai gibt es rechts von der Hauptstraße auch eine Wirtschaft: *Baras*, täglich 9 – 23 Uhr geöffnet. In etwas derbem Ambiente werden Sie hier satt für wenig Geld.

Zwei km hinter Kintai an der Straße nach Ventė befindet sich links ein alter Friedhof aus dem 19. Jahrhundert. Schmiedeeiserne kunstvolle Grabkreuze, litauische und deutsche Inschriften. Unter der großen Eiche finden Sie das Grab von Ernst Wilhelm Beerbohm und seiner Frau Emilie, geborene Mac Lean. Beerbohm (1786 – 1865) war unter anderem von 1835–44 Bürgermeister von Klaipėda. Zudem sammelte er Volkslieder und interessierte sich für Volkskunst. Er betätigte sich auch als Schriftsteller, unter anderem schrieb er auf deutsch über die Kurische Nehrung, auf der er zeitweise als Inspektor arbeitete.

Die Hauptstraße durch Kintai führt Sie geradeaus weiter nach Ventė und ins Naturschutzgebiet Nemunasdelta.

Um Kintai, Ventė, Priekulė und Dreverna herum sind noch viele deutsch sprechende Memelländer ansässig.

### Venté (Windenburgische Ecke)

ist ein Fischerdorf 7 km von Kintai, 48 km von Klaipėda entfernt, im *Naturschutzgebiet Nemunasdelta* romantisch am Kurischen Haff gelegen. Der Höhepunkt jeder Haff-Tour. An der Spitze der Landzunge steht ein Leuchtturm (1863 errichtet) und die bekannte Vogelberingungsstation. Ein Besuch der Vogelwarte ist hochinteressant, gern erklären Ihnen die Ornithologen ihre Arbeit. Im Herbst ziehen hier unzählige Vogelschwärme durch. Riesige Fangnetze im Freigelände halten die Vögel auf, die vor Ort schnell mit einem Ring ums Bein gekennzeichnet werden oder deren Erkennungsmarken identifiziert und notiert werden. Auf diese Weise können die Vogelkundler die Flugroute nachzeichnen und die Bestände einzelner Arten kontrollieren. Die Vögel – jährlich einige Zehntausende – werden sofort wieder freigelassen. Besonders imposant ist das Naturschauspiel im Oktober/November, wenn täglich Hunderttausende – gut 150 Arten – über die Nehrung hinwegziehen. Bei der Vogelbeobachtungsstation von Rossitten auf der Kurischen Nehrung (russisch-Königsberger Gebiet, Rybcij) wurden in den 50er Jahren noch 230 verschiedene Arten gezählt.

Im 14. Jahrhundert stand hier die Ritterburg des Deutschordens – die Windenburg. Sie wurde zur Sicherung der Küste gegen Überfälle der litauischen Heiden gebaut. Die 1360 erbaute Burg ging 80 Jahre später in den Fluten des Haffs unter. Aus ihren Steinen wurde um 1700 die Kirche zu Kintai errichtet. Auch die Kirche zu Venté versank in den Fluten, so daß der Pfarrer nach Kintai zog (im 15. Jahrhundert, das genaue Jahr ist nicht bekannt). Das Kap Venté oder die Windenburgische Ecke ist für die Schiffahrt äußerst gefährlich. Verschiedene im Wasser lauernde Riffs wie das *Akmene sekluna* und tückische Sandbänke wie die *Kalva sekluna* machen noch heute den Skippern zu schaffen. Sogar manch erfahrener Kurenkahn-Kapitän hat mit den Strömungen des Haffs schwer zu kämpfen. Kurenkähne zeichnen sich durch ihre flache Bauweise mit geringem Tiefgang aus. Da sie keinen Kiel besitzen, kann mit ihnen auch noch das seichte Uferwasser befahren werden. Heute werden die alten Fischerkähne fast nur noch für den Tourismus eingesetzt.

Sudermann erzählt in seiner »Reise nach Tilsit«: »Bei Windenburg freilich, wo die gefährliche Stelle ist, wo gerade bei Südwind der Wellengang aus dem breiten, tiefen Haff seitlich stark einsetzt, dort muß man die Sinne doppelt beisammen halten ...«.

Heute ist Venté ein beliebter Ausflugsort für Hochzeitspaare. Vielleicht ist Sudermanns Erzählung der Grund dafür?

**Venté Friedhof:** Nach der Ortseinfahrt links. Hier finden Sie Gräber von der Mitte des 19. Jahrhunderts bis zur Gegenwart. Typische schmiedeeiserne Kreuze Klein-Litauens sind hier zu sehen. Zum Teil deutsche Grabinschriften.

Von Venté fahren Sie dieselbe unasphaltierte Straße zum Kreisverkehr zurück und dort rechts ab nach Šilutė, das Sie von hier aus nach 16 km erreichen. Auf dem Weg durch das Augustalmoor gibt es einen Abzweig nach **Minija**, *Minge* (5 km rechts), das oft als »litauisches Venedig« gerühmt wird, doch nichts sonderlich Sehenswertes bietet. Diese Straße führt Sie durch Moorlandschaft, über den Minge-Fluß und dessen toten Arm nach Šilutė. Im Winter treffen Sie hier an der Alten Minge auf zahlreiche Eisangler. In Šilutė führt sie dann rechts die Lietuvininkų gatvė ins Zentrum.

### Šilutė (Heydekrug)

Die Kreisstadt im Memelland hat erst seit 1941 Stadtrecht. Jahrhundertelang war Šilutė als Markt bedeutsam. Hauptanziehungspunkt ist die 1926 geweihte, direkt an der Hauptstraße gelegene protestantische Kirche mit einem hohen Glockenturm. Noch heute findet hier deutscher und litauischer Gottesdienst statt. Sudermann schreibt im »Bilderbuch meiner Jugend« von seinem ersten feierlichen Kirchgang: »Ich hatte noch nie einen Saal gesehen, der bis zum Dachsparren reichte und der so lang war, daß der verhangene Tisch mit dem Kreuz und den Lichtern, der am jenseitigen Ende stand, wie Kinderspielzeug erschien, der mußte ein Saal sein. Und so viel Menschen saßen darin, wie ich sie kaum auf dem Wochenmarkt beisammen gesehen hatte. ... Ganz fernab, dort, wo alles sehr klein war, zeigte sich in einer Seitentür eine schwarze Puppe, die ging nicht, sondern glitt oder schwebte – das sah ich nicht genau – auf den verhangenen Tisch zu, der viel höher gelegen war als die Bänke, auf denen wir saßen, und stellte sich davor und fing mit dunkler, schöner Stimme zu sprechen und zu singen an.« Vielleicht denken Sie an diese Passage, wenn Sie in der Kirche stehen. Hier im alten Heydekrug lernte Sudermann bei einem Apotheker. Seine Erlebnisse der Lehrzeit hat er auf vergnügliche Weise in einer seiner Erzählungen dargestellt.

Woher der Name Heydekrug kommt? 1511 erhielt der Ort das Krug-, also das Ausschankrecht für Bier und Wein: der »Krug auf der Heyde« entstand und um ihn herum dann der Marktflecken. Der Marktplatz direkt am Ufer des Sysa zog Händler und Bauern aus der weiteren Umgebung an, deutsche Marktschreier standen neben litauischen Fischverkäufern. Von der einstigen Bedeutung des Marktes zeugen seine Größe und einige erhaltene Kaufmannshäuser. In der Nähe von Šilutė befindet sich

### Macikai (Matzicken)

der Geburtsort des Schriftstellers Sudermann, sein Geburtshaus ist heute Museum. Über dieses Gutshaus schreibt er am Anfang seines »Bilderbuches meiner Jugend«: »Der Vorderwald und der Hinterwald und dazwischen ein Gutshof, tief eingebettet in grünes Geheimnis. Auf diesem Gutshof kam ich zur Welt. Doch nicht etwa im Herrenhause ... Nach vorne hin gebaut waren zwei Stuben. Die Vorder- und die Hinterstube. Und in ebendieser Hinterstube kam ich zur Welt. In ihr verdröselte ich die Tage des ersten Traumes. Und dann waren vor der Tür drei Birkenbäume ... Zwischen diesen Bäumen gab es Rasenbänke ... Holzbänke und Tische davor, um einkehrenden Ausflüglern, die sich eines Labestrunkes bedürftig fühlten, willkommenen Ruheplatz zu bieten. Sie kamen zwar nie, diese Ausflügler, aber sie hätten doch kommen können ... ›der Mensch hofft‹, sagte meine Mutter, und das sagt sie auch heute noch, während die Franzosen als Herren des Memellandes vor ihren Fenstern spazierengehen. Zwischen jenen Rasenbänken lag mein erstes Reich«.

**Unterkunft & Essen:** Die einzige Möglichkeit zum Übernachten bietet das Hotel *Nemunas:* Modernisiertes Hotel im Zentrum von Šilutė. Interessante Schiffstouren werden angeboten. Lietuvininkų 70, Šilutė, ✆ 54219, 52345, Fax 54219. 45 Zimmer, mittlere Preisklasse.

*Restaurant* (Baras) im Kulturhaus von Šilutė. Kleine Bar in einem riesigen Raum, meist sind litauische Cepelinai im Angebot. Fahren Sie von der Straße aus Klaipėda kommend rechts über die Brücke, dort ist rechts am Parkplatz dieses einfache Lokal. 12 – 22 Uhr geöffnet.

### Juknaičiai (Jugnaten)

16 km nach Šilutė erreichen Sie Juknaičiai, das in Sowjetzeiten als Musterdorf beispielgebend sein sollte. Ehemals war es als »Sowchose 25. Parteitag der KPdSU« bekannt. Seit den 60er Jahren wurde es systematisch ausgebaut, mit modernen Häusern und einer »vorbildlichen« Viehwirtschaft (vor allem Kühe und Geflügel). Und bis heute hebt es sich mit seiner trügerischen Idylle von der litauischen Dorflandschaft ab. Zwar bröckeln auch hier ein wenig die Ziegel. Aber der Unterschied zu den oft verarmten Gehöften, zum Teil verlassenen Bauernhöfen, geschlossenen und dem Verfall preisgegebenen Kolchosen ist groß. Auf einem Dorfrundgang erleben Sie die etwas andere Dorfidylle Litauens. Auf halbem Weg rechts gelangen Sie über eine kleine Holzbrücke zum Park mit Seen und Schwänen. Alle Häuser und Gärten sind gepflegt und instandgehalten ... ein künstliches Bilderbuchdorf.

Fahren Sie dort, wo Juknaičiai linkerhand liegt, auf der anderen

*Hermano Zudermao, wie Sudermann hier heißt, kam in Macikai zur Welt*

Straßenseite rechts eine der Schotterstraßen hinunter, so kommen Sie zum *Nemunas* (Memel-Fluß), dem mächtigen, legendären Fluß, der sich nicht nur quer durchs Memelland, sondern durch ganz Litauen zieht. Von Juknaičiai können Sie ihn über Wiesen und Felder und zum Teil unbefestigte Straßen und kleinere Wege erreichen.

**Unterkunft & Essen:** *Hotel Juknaičiai:* Eines der wenigen im Winter beheizten Hotels. Auch wenn sie keine Übernachtung brauchen – werfen Sie einen Blick hinein, Sie werden überrascht sein ob des gemütlichen Wintergartens mit Palmen und Bananenpflanzen. Auch hier wurde eine Vorzeigekulisse installiert. Großzügig eingerichtete Zimmer, Sauna mit großem Schwimmbad. Bar, Kaminzimmer, ein mit wertvollen originalen Ölgemälden geschmücktes Speisezimmer, Restaurant, HP oder VP. Reservierung empfohlen, 40 Betten. Ab 40 DM inklusive Frühstück und einem sehr reichhaltigen Abendessen im gemütlichen Restaurant. 15 % Rabatt im Winter. EC, ganzjährig geöffnet. Beržu 3, 5733 Juknaičiai, Kreis Šilutės rajonas, © 41/58863, 52758, Fax 52758.

## Von Klaipėda am Nemunas entlang

Sie verlassen Klaipėda auf der Šilutė plentas-Chaussee in Richtung Šilutė, Sovetskas. Autofahrer haben an der Litofinn-Tankstelle linkerhand oder an der N-Tankstelle kurz danach rechts der Straße noch einmal vollgetankt. Mit einer detaillierten litauischen Karte versehen, begeben Sie sich auf die Tour an den Nemunas, die mit Übernachtungsmöglichkeiten in Juknaičiai und Sovetsk auch für trainierte Radtouristen sehr gut geeignet ist, wenn auch lang. Auch ein kurzer Teilabschnitt ist sehenswert. Für die Gesamtstrecke empfiehlt es sich, ein Zelt mitzunehmen, das Sie an einem ruhigen Plätzchen aufstellen können. Auch Reisende mit Campingwagen können die Route fahren und finden einen guten Stellplatz auf einer Wiese. Ausgebaute Campingplätze mit sanitären Anlagen gibt es hier jedoch nicht. Auch an eigenen Proviant ist zu denken. Fragen Sie auf einem Bauernhof, ob Sie dort das Brunnenwasser benutzen können. Die Litauer werden Sie mit offenen Armen empfangen, und sicher bleibt es dann nicht beim Brunnenwasser.

Hinter *Rimkai* fahren Sie auf die A 141 (früher A 228) in Richtung Šilutė. Nach 11 km erreichen Sie das Dörfchen *Dituva*. Jetzt eröffnet sich eine landschaftlich schöne Gegend: weite Felder und Wiesen, durchzogen von kleinen Flüßchen. Besonders im Sommer sind die naturbelassenen wilden Flußlandschaften des *Perkasas* und der *Veivirža* romantisch anzusehen. Die kleinen Brücken sind von der Bausubstanz her nicht die besten und so schmal, daß sie nur in einer Richtung zu befahren sind. Häufig versuchen eilige Fahrer das Gebotsschild »Gegenverkehr warten« zu mißachten. Von den Brücken selbst bietet sich ein wunderschöner Blick auf die ruhig dahinfließenden Flüßchen mit ihren wilden grünen Uferhängen. Vor der dritten, über die Veivirža, ist links auch ein Rastplatz, der zum Verweilen einlädt.

Achtung: Es gibt auf der Strecke sehr viele zu kreuzende Eisenbahnschienen. Der Fahrbahnzustand an diesen Stellen ist sehr schlecht, und außerdem sollten Sie nicht auf die brennenden weißen Lampen vertrauen, sondern sich lieber mit eigenen Augen vergewissern, ob die Strecke wirklich frei ist. Rote Warnlampen blinken manchmal auch noch, wenn der Zug schon seit 10 Minuten durch ist. Die Strecke bietet für Radfahrer auch positive Überraschungen: einige der wenigen litauischen Radwege. Alle in der Folge genannten sind sehr gut befahrbar, oft besser instand als Straßen. Erstmals treffen wir nach 23 km in **Vilkyškiai** auf ein Stück Radweg rechts und links der Straße. In Vilkyčiai führt Sie ein Wegweiser nach rechts in die kleine Wirtschaft *Aisyte* (12 – 24 Uhr), in der Sie in litauischem Ambiente einen kalten und warmen Imbiß serviert bekommen können. Auch in der Ortschaft **Saugos** gibt es rechterhand (ausgeschildert) ein *Dorfgasthaus* (12 – 24 Uhr außer Mo).

Im Folgenden führt unsere Straße als Allee weiter in Richtung Šilutė. Ein Stück führt durch schönen Wald. Nach insgesamt 44 km erreichen wir Šilutė, die Straße wird jetzt rechterhand wieder von einem Radweg gesäumt. In Šilutė besteht für Autofahrer noch einmal die Möglichkeit, 92er Benzin zu tanken. Aufgrund des sehr schlechten Zustandes der Straße, die kurz nach der Ortseinfahrt links mit »Sovetskas« ausgeschildert ist, empfehle ich diese doch nur geringe Abkürzung zu meiden und weiter geradeaus durch den Ort zu fahren, der Hauptstraße folgend links und immer weiter geradeaus durch Šilutė hindurch (zu Šilutė siehe Seite 260). Am Ortsausgang halten Sie sich auf der rechten, kleineren Straße. Die Richtungsangabe »Sovetskas« fehlt hier. Nach weiteren 16 km erreichen Sie **Juknaičiai** (Jugnaten), den empfehlenswerten Übernachtungsort auf der Tour entlang dem Nemunas. Es ist der einzige Ort auf der Strecke, in dem Touristen ein Hotel mit sehr gutem Qualitätsstandard finden. Es kann Ausgangspunkt für alle beschriebenen Touren im Gebiet des Nemunas sein.

Von Juknaičiai bieten sich schöne Touren an den Nemunas an. Da seine Flußlandschaft meist noch völlig naturbelassen ist, führen keine Straßen direkt bis ans Ufer, man kann ihn über Wiesen und Felder, zum Teil auf unbefestigten Straßen und kleineren Wegen erreichen. Hier kann man in den Auen zelten.

10 km hinter Jukgnaičiai erreichen wir **Žemaitkiemis** (Szameitkehmen), wo ein guter, etwa 2 km langer Radweg über *Usenai* bis zu einem kleinen Kreuzberg führt. In *Stoniškai* (Stonischken) bei km 16 haben Radfahrer noch einmal das Glück, parallel zur Straße einen Radweg benutzen zu können. Er führt 4 km bis *Rukai* (Rucken) mit seinem kleinen, ganz hübsch anzuschauenden Kirchlein. Am Samstag vor dem sonntäglichen Gottesdienst wird es meist gelüftet, so daß man einen Blick in die Kirche

werfen kann. Hier gibt es an der Straßenkreuzung auch einen riesigen, interessanten Wegweiser, er ist mit geflügelten Pferden verziert. Die Rösser weisen auf das nahe *Gut Šilgaliai* (Schillgallen) hin, ein etabliertes Gestüt. Vom ostpreußischen Landleben ist allerdings wenig übrig.

Bis Sovetsk sind es noch einmal 20 km, kurz vor dem Abzweig zur Grenze gibt es wieder einen gut ausgebauten Radweg am Wald. Er beginnt bei km 29 am Ortsausgang von *Pagėgiai* und führt bis zur Kreuzung Sovetsk, Kaunas. Der schönen Landschaft mit ihren Wäldern, weiten Wiesen und Feldern, der Störche und der Dorfimpressionen wegen ist diese Gegend für Radler und auch für Wanderer mit Rucksack und Zelt ideal. Denken Sie dabei aber an Selbstversorgung, Gaststätten sind am Nemunas selten. Um Wasser und Milch können Sie Bauern bitten. In dem Dörfchen **Mikytai** (Mikieten), an der eben genannten Kreuzung, finden Sie ein *Mahnmal*. Schauen Sie genau hin, so werden Sie feststellen, daß es nicht immer so aussah. Heute finden Sie die Gedenkschrift: »Zum Gedenken an die in den Jahren 1944–47 umgebrachten und verhungerten Einwohner Ostpreußens«, alles neu gemauert, davor ein großes schwarzes Kreuz. Es wurde vom deutschen Verein »Edelweiß« 1992 gestiftet. Das ursprüngliche Mahnmal wurde beseitigt, es war den im Krieg gefallenen russischen Soldaten gewidmet. Auf dem großen grauen Stein erkennt man noch einige Stellen, wo Tafeln entfernt wurden. Das Gedenken an diese Opfer des Krieges ist offensichtlich politischer Opportunität zum Opfer gefallen.

Reisende, die ein russisches Visum haben, können jetzt nach rechts in Richtung *Sovetskas* weiterfahren und dann ins Kaliningrader (Königsberger) Gebiet. Eine Brücke über den Nemunas führt Sie zur litauisch-russischen Grenze. Sie bekommen an der Grenze kein Visum ausgestellt (Visabeschaffung in Klaipėda siehe Seite 169). Hier befindet sich der Einstieg für die *Bobrowski-Route,* siehe Seite 272.

Wenn Sie an dieser Stelle Ihre (Halbtages-) Tour beenden und nach Juknaičiai oder Klaipėda zurückkehren wollen, empfehle ich, nicht wieder auf der gleichen Hauptstraße zurückzufahren, sondern einen zwar steinigen, doch interessanten Weg übers Land zu nehmen. Haben Sie aber Zeit für eine Tagestour, so wählen Sie in Mykitai die Richtung Kaunas, zuerst links, dann gleich den Abzweig rechts und weiter die A 114. Nach 200 m haben Autofahrer noch einmal die Möglichkeit zum Tanken von 76er und 92er Benzin. Bis Kaunas sind es jetzt noch 144 km. Sie haben auch die Möglichkeit, nach Tauragė (Tauroggen) – siehe Seite 253 – abzuzweigen. Doch wir wählen jetzt für diese Tour den Abzweig *Bitėnai* nach rechts (bei km 35 nach Juknaičiai). Der Sandweg ist gut zu befahren, außer im Frühjahr, wenn Hochwasser die flußnahen Straßen schon mal unpassierbar machen. Der Nemunas ist hier Grenzfluß, daher kann es gelegentlich Kontrollposten geben; halten Sie Ihre Ausweise und Autopapiere bereit.

Mehr als Routinekontrollen passieren hier nicht.

### Auf den Blocksberg der litauischen Hexen

Eine schöne Birken- und Pappelallee führt Sie 3 km bis zum Schild »Rambyno kalnas«. Diesem folgen Sie nach rechts. Scheuen Sie den etwas holprigen Waldweg nicht, denn er führt Sie nach 1 km an einen wirklich lohnenden Aussichtspunkt: auf den **Rambynas-Berg** *(Rombinus)*. Am Weg kündet ein kleiner Stein mit der Aufschrift »Lietuvus Rambyno Kalnas – Archeologijos Paminklas Saugomas Valstybes« von der archäologischen Bedeutung des Platzes. Hier beteten die frühen Balten am Feuer zu ihren Göttern. Gehen Sie den Hügel hinauf bis zur Spitze: ein beeindruckender Blick auf den Nemunas eröffnet sich – freilich vor allem im Frühjahr und nach Einsetzen des Laubfalls im Herbst. Einen Fußweg oben entlang der Erhebung der Steilküste können Sie sich selbst bahnen. Zwei Wege führen hinunter zum Nemunas: ein sehr beschwerlicher, steiler und – weiter rechts – ein bequem begehbarer. Sie führen zu einer idyllischen Uferstelle. Hier ist auch ein kleiner Strand. Viele Litauer nutzen den Rambynas kalnas als Ausflugs- und Picknickplatz. Im Juni werden in diesem Heiligen Hain die Feuer zur Mittsommernacht entzündet. Es findet tagsüber und abends ein Kulturprogramm statt: Lieder, Spiele und Tänze mit litauischen Folkloregruppen, und nachts wird das Johannisfeuer entzündet. Nehmen Sie Picknick, Decken und Mückenschutz mit, wenn Sie mit den Litauern feiern wollen. Es ist ein besonderes Erlebnis, die Johannisnacht hier zu feiern, so wie in den »Litauischen Clavieren« von Bobrowski beschrieben, der hier in der Nähe – in Sovetsk/Tilsit – geboren wurde. Auch in die Dramen des aus Jugnaten stammenden Vydūnas fand das mystische Fest Eingang. In »Vetra«, der Sturm, ist der heilige Rambynas-Berg Schauplatz einer Tragödie um Liebe, Treue und Tod: Auf dem Berg, der einst doppelt so hoch war, aber vom Nemunas noch immer vom Fuße her abgetragen wird, brannte ein heiliges Feuer für die litauischen Götter der Fruchtbar-

*Feste wie das Johannisfeuer bieten Gelegenheit, die alten Trachten hervorzuholen*

keit und des Glücks. Zu seinem Schutz gab es die Burg *Ramige*, die im 14. Jahrhundert Ziel der Begierde des deutschen Ritterordens wurde – unter dem Vorwand, jenes heidnische Heiligtum *Romuva* im Namen des Christentums zerstören zu müssen.

Der Held aus »Vetra« nun ist ein litauischer Adliger, der, bereits bekehrt und getauft, seinen neuen Herren treu dient. Doch als er zu seiner Burg zurückkehren will und durch den heiligen Wald von Romuva reitet, erzählen ihm schon die Waldgeister, daß seine neuen Herren seine Heimatburg zerstört haben. Der Held Mantvyda nimmt sofort den Kampf auf und sinkt bald tödlich verwundet zu Boden. Im selben Augenblick fällt ein Blitz die heilige Eiche, die unter dem nachfolgenden Donner Mantvydas Leichnam unter sich begräbt. Wahrheit und Legende vermischen sich hier natürlich. Burgruine und Altar, um die sich ebenfalls gruselige Geschichten ranken, sind zwar heute nicht mehr zu sehen, aber daß das Johannisfeuer, durch das die Jugendlichen wie die Waldgeister hindurchspringen, voller heidnischer Symbolik steckt, kann das Datum – der Geburtstag Johannis des Täufers – kaum übertünchen.

Fahren Sie nun die gleiche Straße, die Sie zum Rambynas kalnas genommen hatten, weiter, vorbei an kleinen Waldhäuschen, und nach einem weiteren Kilometer finden Sie links, etwas versteckt hinter einem Eisentor und Sträuchern, einen kleinen **Friedhof.** Die alten und neuen Gräber sind schon der Grabinschriften wegen sehr interessant: sie geben zum Teil sprachliche Rätsel auf. Auf den eisernen Kreuzen vom Ende des 19. Jahrhunderts finden Sie litauische, alte pruzzische und deutsche Namen, die Monatsnamen und Inschriften wie »Hier ruht …« sind ebenfalls zum Teil deutsch, zum Teil litauisch oder auch im alten Pruzzisch geschrieben. Auf keinem anderen Friedhof ist mir die sprachliche Mischung stärker aufgefallen. Das wohl bekannteste und für die Litauer bedeutendste Grab ist das von Vydūnas. Die Grabstätte ist sehr gepflegt, liebevoll bepflanzt, und das große lackierte Holzkreuz trägt die Inschrift »Czon ilsis Ramybej Vydūnas« (geboren 1868 VII-7, gestorben 1953 V-23). Eigentlich hieß der Philosoph und Dramatiker korrekt Vilius Storasta (Wilhelm Storost). Seine Werke sind von seiner indisch beeinflußten pantheistischen Weltanschauung geprägt. Häufig handeln sie von Schicksal und innerer Größe des litauischen Volkes, der Zeit seines Ruhms und der Leibeigenschaft sowie der vom Idealismus getragenen nationalen Erweckung.

Nach 800 m fahren Sie an der Wegkreuzung rechts und gelangen in das Dörfchen **Bitėnai** (Bitenen). Bei Bitėnai kommen Sie von der Straße aus sehr nah an den Nemunas heran und können die schöne Flußlandschaft genießen. Nach Hochwasser besteht leider die Gefahr, daß die Straße überschwemmt und der Weg somit abgeschnitten ist, das geschieht oft im Frühjahr nach der großen Schneeschmelze. In diesem Fall müßten Sie zurück, durch Bitėnai hindurch und geradeaus bis zur asphaltierten Hauptstraße, der A 228. Ansonsten folgen Sie der schönen weiten Nemunasschleife und kehren erst in **Vilkyškiai** zur A 228 zurück.

In Willkischken befindet sich gleich nach dem Ortseingang links, sehr versteckt auf einem kleinen Hügel, ein alter Friedhof. Er ist sehr verwildert, seit es am Ortsausgang einen neuen gibt. Dort finden Sie wieder das gleiche sprachliche Phänomen wie bereits auf dem Rambyno kalnas. Die Dorfkirche ist völlig kaputt, ein Beispiel des Mißbrauchs der Kirchen in der Sowjetzeit. Diese hier wurde als Silo zweckentfremdet. Nachdem Sie Vilkyškiai verlassen haben, überqueren Sie die *Jūra* und gelangen nach einem weiteren Kilometer Fahrt nach *Mociškiai*. Möchten Sie noch einmal näher an den Nemunas heran und abseits der großen Straße reisen? In diesem Dörfchen können Sie rechts den Abzweig nach *Vezininkai* (4 km) nehmen. Ein Sandweg führt Sie hier die Jūra entlang und geradeaus durch das Dorf hinunter an den Nemunas. Dazu fahren Sie in Vezininkai nicht die Hauptstraße nach links weiter, sondern geradeaus. Ein paar Schritte über Wiesen und Felder, und Sie sind wieder am Fluß. Camper finden hier auch einen Stellplatz für Wohnwagen oder Zelt. Zurück auf der A 228 erreichen Sie bald den Kreis *Jurbarko rajonas*.

Die Landstraße zieht sich weiter durch viel Wald, es sind die bedeutendsten Forste des Memellandes. Sehr oft finden Sie Rastplätze am Wegesrand. Sie durchqueren *Viešvilė*

(Wischwill), *Smalininkai* (Schmalleningken), den östlichsten Ort des Memellandes, durch den die ostpreußische Landesgrenze verlief. Diese war von 1422 (Frieden vom Melno-See) bis 1920 (Versailler Vertrag) gültig und ist damit eine der beständigsten Grenzen Europas gewesen. Hier verlassen wir das alte Memelland. 90 % der Bevölkerung Schmalleningkens sollen noch deutschstämmig sein, zum Vergleich: im Gebiet um Klaipėda sind es »nur« 50 %.

### Jurbarkas – Station zwischen Kaunas und Königsberger Gebiet

Nach 151 km Tour insgesamt erreichen Sie Jurbarkas, Sie gelangen auf der Dariaus ir Girėno-Straße in den Ort. Hier haben Sie die Möglichkeit, unsere Tour nach Kaunas für einen Trip in die russische Enklave zu verlassen. Dazu fahren Sie an der großen Kreuzung rechts über den Nemunas, was an sich schon ein lohnender Abstecher des Panoramas wegen ist. Ansonsten fahren wir an der ersten großen Kreuzung in Jubarkas geradeaus weiter in Richtung Kaunas und lassen dabei die Kirche zu Jurbarkas rechts liegen. An der nächsten Ampelkreuzung rechts finden Sie eine kleine Wirtschaft, die *Baras Liuks* – nun, Luxus ist es nicht, aber Sie erhalten hier schmackhafte kleine Speisen; Vytauto Didžioji-Straße, 10 – 20 Uhr.

Folgen Sie weiter der Hauptstraße, und Sie sehen rechts das *Hotel und Restaurant Jurbarkas*. Fahren Sie über den Ortsausgang Jurbarkas hinaus, nach Kiduliai, und dann rechts Richtung Sovetskas (78 km von hier) in

Richtung Sudargas. Sie haben nicht nur einen herrlichen Blick auf den Memel-Fluß, sondern befinden sich zudem in dem letzten litauischen Dorf vor der Grenze zum Königsberger Gebiet. Die Ortsverwaltung scheint intakt zu sein, es macht einen für litauische Verhältnisse sehr ordentlichen Eindruck. Nach 5 km kommt der Grenzübergang zur russischen Exklave. Er ist gut ausgebaut und weniger bekannt, was seinen Vorteil hat, vor allem, wenn man von der russischen Seite nach Litauen will. (Zum Grenzwechsel über Sovetsk/Tilsit siehe Seite 122.)

*Hotel Jurbarkas:* Dariaus ir Gireno 98, © 248, 51345, EZ 32 Lit, DZ 26 Lit pro Person, Lux 40 Lit für ein Bett. Sehr einfach, jedoch die einzige Übernachtungsmöglichkeit in dieser Region.

### *Von Jurbarkas nach Kaunas entlang dem Nemunas*

In Jurbarkas ist eine Litofinn-Tankstelle in Bau, die auch schon während der Bauzeit Benzin verkauft, hier haben Sie die Möglichkeit, nach den langen Touren aufzutanken.

Die Kilometerangaben für die nun folgende Tour gelten ab Hotel Jurbarkas. Nach dem Hotel folgen Sie der Hauptstraße, auf der Sie von Klaipėda–Šilutė–Juknaičiai gekommen sind, weiter geradeaus. Rechts haben Sie den Nemunas, an den Sie in der Folge so nah wie nie zuvor auf der Landstraße herankommen. Nach 8 km sind Sie in **Skursnemunė**. Hier haben Sie einen phantastischen Nemunas-Blick. Auf einem Hügel ragen die rot-silbernen Türme der Kirche in den Himmel. Daneben noch eine gelbe Holzkirche; bunte Holzhäuser ziehen sich am Hügel links entlang der Straße, ein schöner Kontrast zum Grün der Wiesen und Weiden und dem Braun der Felder.

Nach 12 km fahren Sie durch das kleine **Siline**: die Straße ist hier ganz nah am Memel-Fluß, der einen großen Bogen beschreibt. Auf beiden Seiten der Straße sind Rastplätze. Wenn Sie ein Picknick eingepackt haben, ist das die beste Gelegenheit, es beim Blick auf den mächtigen Strom, inmitten der Weiden, Wiesen und Felder zu verzehren. Sie durchqueren die Ortschaft *Raudonė* und bei km 32,7 sehen Sie kurz vor Veliuona oben auf dem Hügel einen romantisch gelegenen Friedhof. Bei km 35 in **Veliuona** können Sie über Holztreppen auch einen der Hügel erklimmen und den phantastischen Ausblick über die Landschaft genießen. Nach 42 km in **Seresživis** haben wir noch einmal eine Tankstelle »MAR« mit 95er Benzin. Bei km 44 erreichen wir den Bezirk *Kauno rajonas*. Von hier eröffnet sich ein schöner Blick auf die spitzen Kirchtürme von **Vilkija**. Vilkija erreichen Sie nach 54,3 km – von wo aus Sie noch einen (vorerst) letzten Blick auf den Nemunas werfen können. Das schönste Stück Fahrt am Memel-Fluß liegt hinter Ihnen. Ebenso schön wird es erst wieder an einigen Stellen auf der Strecke zwischen Kaunas und Druskininkai (siehe Kaunas-Kapitel).

Wölfe, die dem Handelsstädtchen einst zu seinem Namen verhalfen, müssen Sie in Vilkija (lit. *vilkas*) nicht

*Die historische Aufnahme zeigt die Kirche von Zapyškyje von den Stürmen der Zeit gezeichnet*

mehr fürchten. Daß damit vielleicht die mit Flachs, Leder, Fellen und Wachs handelnden hiesigen Kaufleute gemeint waren, ist trotz deren großen Erfolges nicht anzunehmen. Ihre Handelsbeziehungen reichten bis Danzig, Königsberg und Moskau. Die neogtische *Georgskirche* aus dem Anfang des Jahrhunderts in der Ortsmitte sowie das örtliche *Heimatmuseum* können einen Blick wert sein.

Am Ortsausgang von Vilkija gibt es eine »N«-Tankstelle. Die Straße führt jetzt vom Nemunas weg. Bei km 75,5 haben Sie einen hübschen Blick auf *Raudondvaris,* dessen weiße Kirchtürme schon von weitem leuchten, und nach 81,5 km erreichen Sie Kaunas.

Empfehlenswert ist jedoch unbedingt der Schlenker über **Zapyškis**, das sich auf der anderen Nemunas-Seite gut 17 km vor Kaunas befindet. Dort steht mit der gotischen *Vytauto-Kirche* eine der ältesten Kirchenbauten Litauens. Sie ist eine Stiftung des Fürsten Sapiega, der sie im Jahre 1566 nahe am Flußufer und in weiser Voraussicht aus Stein errichten ließ. So wurde denn auch bei einem schlimmen Nemunas-Hochwasser das die Kirche umgebende Dorf fortgespült, doch die Kirche blieb stehen. Die Dörfler erbauten ihre Häuser dann ein Stück weiter weg neu. Der kleine Backsteinbau ist im Grundriß fast quadratisch angelegt, besitzt statt eines Glockenturms ein tief heruntergezogenes Giebeldach; die rückwärtig angebaute Apsis bildet ein Sechseck; die Fassade wird durch Nischen und Blenden geschmückt.

### Fahrradfahren

Die wohl schönste **Radel-Strecke** führt von Jurbarkas nach Kaunas, durchweg ganz nah am Nemunas entlang – ein Höhepunkt. Sudermann schreibt in seinem »Bilderbuch meiner Jugend« wie folgt: »Der große Strom, der sonst ein sagenhaftes Dasein führte, da er wohl eine Meile entfernt war und von Kleinjungensbeinen niemals erreicht werden konnte ... Gegen den Ausgang des Winters hin, im Monat März, wenn die erste Schneeschmelze die weiten Wiesen zu einem uferlosen See gewandelt hat, aus dem nur hier und da ein Gehöft oder eine Baumkrone gleich Inseln herausragt, dann pflegt bei blauendem Frühlingshimmel ein kurzer, milder Frost noch einmal einzusetzen, der um die Mittagsstunde zu widersinniger Wärme wird. ... Das Eis erklang, die Risse donnerten, und so flog man hinein in die Lichterwelt.« Die ganze Strecke wird von Storchennestern gesäumt. Im Frühjahr sieht man die Störche ihre Nester ausbessern. Fast kein Gehöft ohne Storchennest, sie nutzen jeden nur möglichen Mast und Wasserturm als Bauplatz. Sogar der seltene Schwarzstorch ist hier zu finden, wenngleich nicht so häufig wie der Weißstorch. Ein Storch auf dem Gehöft gilt als Glücksbringer und soll das Haus vor Feuerschäden bewahren.

## Von Klaipėda oder Šilutė nach Rusnė

Für diesen Ausflug empfiehlt es sich, ein Fahrrad dabei zu haben, um in dem flachen Deltagebiet auf Entdeckungsfahrt gehen zu können.

Sie verlassen Klaipėda wie vorab beschrieben in Richtung Šilutė, das Sie nach 46 km erreichen. Hier geht es rechts über eine Brücke in Richtung *Rusnė* (Ruß) ab (Schild). Die Chaussee nach Rusnė ist vor allem in ihrer herbstlichen Farbenpracht schön. Im Winter dagegen erstarrt die Laubbaumallee, dann stauen sich am Nemunas bei Rusnė die Eisschollen und türmen sich zu »Eisschlössern« auf, daher die großen Betonplatten, die den Ort vor dem Eis schützen sollen. Die Überschwemmungsgefahr ist hier außerordentlich groß. Im Frühjahr stauen sich bei Treibeis am Memelstromdelta die Eisschollen, und da das Land nur anderthalb Meter über dem normalen Wasserpegel des Haffs liegt, durch das Hochwasser der Nemunas-Seitenarme Rusnė, Skirvyti und Atmata der Wasserstand aber auf das Dreifache anschwillt, ist das Dorf Rusnė im Frühjahr von der Außenwelt abgeschnitten und wird dann heutzutage per Hubschrauber versorgt. Fahren Sie auf der Neringos-Straße durch den ganzen Ort bis zum Ende, dem mächtigen Nemunas, der sich hier in zwei Mündungsarme teilt. Rusnė ist eines der wenigen erhaltenen Fischerdörfer des Memellandes. Früher florierte hier der Holzhandel, die aus Litauen kommenden Flöße wurden in Rusnė für ihre gefährliche Fahrt um die Windenburgische Ecke ins Kurische Haff neu zusammengebunden. Die deutsche Kirche in Rusnė gehört zu den ältesten im Memelland, gegründet wurde sie wahrscheinlich 1419, 1809 wurde sie das erste Mal umgebaut, nun wird sie allmählich renoviert. Daß in dem ansonsten katholisch geprägten Litauen hier wieder ein evangelisch-lutherisches Gotteshaus zu finden ist, hängt mit der Deutschordensgeschichte und der Zeit, als das Memelland ostpreußische Provinz war, zusammen.

Rusnė selbst ist der zweitgrößte Ort im Kreis Šilutė und noch hübsch erhalten. Sehr typisch: die Reiter auf den Dachspitzen der Fischerhäuser. In dieser Vielzahl findet man sie ausschließlich hier. Sie erinnern etwas an Niedersachsen. Die Häuser im ehemaligen Seirvytele (jetzt Žveju-Straße in Rusnė) stehen sogar als Kulturdenkmäler unter besonderem Schutz.

Rusnė und die Mündungsarme des Nemunas sind eine Idylle für Angler und für den Bootsverkehr. Im Sommer gibt es eine Schiffsverbindung mit der Kurischen Nehrung, Klaipėda und Kaunas. Schauen sie nach Süden, sehen Sie auf der anderen Uferseite das Königsberger Gebiet. Sudermann beschreibt in seiner »Reise nach Tilsit« den Ort auf seine ganz eigene Weise: »Nun macht der Strom den großen Ellenbogen nach Süden hin, und die Segel schlagen zur Seite ... Auf der rechten Seite kommt nun Ruß, der große Herrenort, in dem so viel getrunken wird wie nirgends auf der Welt. Vor dem Rußner Wasserpunsch fürchten sich ja selbst die Herren von der Regierung.«

Nach Ihrem Rundgang durchs Dorf fahren oder radeln Sie nun am Atmata, einem Nemunas-Arm, entlang nach Uostadvaris (hinter der Brücke rechts ab, 8 km). Es eröffnen sich herrliche Ausblicke auf die Flußlandschaft. Irgendwann geht die bisher asphaltierte Straße in eine Schotterpiste über, rechts am Ufer haben Sie schöne Picknickmöglichkeiten. Vorsicht im Sommer: Mückenplage! Unbedingt Mückenschutz mitnehmen. Schließlich kommen Sie an einem großen Fischzuchtgebiet vorbei und erreichen nach noch 4 km das Fischerdorf **Uostadvaris**. Hier, im besonders hochwassergefährdeten Mündungsgebiet, sind die Häuser auf hohe Sockel gebaut. An einer kleinen Brücke führt ein Weg zu einem Museum: eine *Schleusenstation* aus dem Jahre 1907, die Schleuse ist heute historisch-technisches Baudenkmal und nicht mehr in Betrieb. Auch der Leuchtturm von 1873 steht unter Denkmalschutz. Der Weg ist im Folgenden ein schmaler Schotterweg, ab der Linksbiegung ist er – je nach Wetterlage – nur noch schwer mit dem Auto befahrbar. Radler haben hier keine Probleme. Sie kommen durch Schilfgras hindurch bis zur Mündung des Nemunas. Der Haffblick ist überall herrlich, weit können Sie über das Delta schauen und den Wasservögeln zuhören.

Für den Rückweg: Sie kehren zum Leuchtturm zurück, und schlagen einen Weg nach rechts Richtung Süden ein. So kommen Sie noch an dem Dorf *Pakalne* vorbei, das hinter dem gleichnamigen Fluß liegt. Auch hier sind sehenswerte, denkmalgeschützte alte Fischerhäuser. Hinter dem Abzweig nach Pakalne halten Sie sich rechts, erreichen die Hauptstraße und haben links endlich wieder einmal ein Schild vor sich: »Rusnė 4 km«. In Rusnė erreichen Sie dann links die Brücke, von der aus Sie einen Blick auf den kleinen Hafen haben, hier legen die von Kaunas kommenden Schiffe an, bevor sie nach Klaipėda weiterfahren – solch eine Tour kostet 26 Lit (nur im Sommer möglich).

Juden und Litauer, Polen und Deutsche – sie alle treffen in Bobrowskis »Litauischen Clavieren« (Reclam Verlag Leipzig) friedlich aufeinander. Die Personen und die Handlung dieses historischen Romans sind frei erfunden, doch vieles können wir in der memelländischen Ge-

## *Die Bobrowski-Route*

schichte und Gegenwart wiederfinden. Eine Figur im Buch heißt beispielsweise Storost – es handelt sich um den bereits mehrmals erwähnten Dichter und Bewahrer der litauischen Volkskunst Dr. Wilhelm Storost-Vydūnas. Und Sie treffen auf viele Orte und Gebäude, die Sie heute noch auf einer Tour durchs Memelland sehen können. Mit dem Buch als Lektüre in der Tasche wird diese Route zu einem literarisch-touristischem Erlebnis ganz besonderer Art.

Bobrowski selbst, 1917 in Tilsit geboren, wuchs im Memelland auf, genau dort, wo Litauer, Polen, Russen, Deutsche und Juden miteinander lebten. Eindrücke des Zusammenlebens, Probleme in den Beziehungen der unterschiedlichen Nationen und Glaubensrichtungen verarbeitete er 1965, kurz vor seinem Tod, zu diesem Roman, der 1966 aus dem Nachlaß veröffentlicht wurde. Die Handlung spielt im Memelland im Jahre 1936. Der Gymnasialprofessor Voigt und der Konzertmeister Gawehn, beide aus Tilsit, wollen eine Oper schreiben, die sich um die historische Gestalt des Kristijonas Donelaitis drehen soll. Dieser war im 18. Jahrhundert in dem preußisch-littauischen Dorf

arbeiten zum Johannisfest und erleben das bunte Mit-, aber auch das spannungsreiche Gegeneinander der verschiedenen Volksgruppen, darunter die als Kulturverein getarnten Nationalsozialisten, die die Stimmung tüchtig aufheizen.

Im Roman werden Sie sehr viel wiederfinden, was ich in meinen Ausführungen erwähnt habe: Bob-

## *aus den »Litauischen Clavieren«*

Tolnungkehmen Pfarrer gewesen, daneben aber auch Barometer- und Thermometermacher, Dichter und vor allem: Erbauer von drei Klavieren. Diese »litauischen Claviere« lassen sich jedoch nur sehr behutsam und langsam stimmen, sie bleiben dennoch stets »leicht verstimmt«. Bobrowski wählte sie als Metapher für das schwierige Miteinander auf der Welt, das trotz aller Harmoniebemühungen immer »leicht verstimmt« bleibt. Voigt und Gawehn wollen mit ihrer Oper zu Toleranz und Harmonie beitragen, müssen am Ende jedoch angesichts nationalsozialistischen Mord und Totschlags die Vergeblichkeit ihres Wunsches eingestehen.

Zunächst begeben sie sich aber auf Spurensuche des Pfarrers und reisen mit der Kleinbahn am Vortag des Johannisfestes über die Memel nach Willkischken, um den Dorfschullehrer und Volksliedersammler Poschka zu befragen. Sie geraten dabei in die Vorbereitungs-

rowski schildert die Litauer als »ein Liedervolk, dessen Dainos jenseits aller Kriterien sind, so völlig entwaffnend mit ihren offenbaren Regellosigkeiten, und doch alle Kriterien verträgt.« Auch Historisches kommt zur Sprache: »Gawehn sagt vorsichtig: Er ist Litauer, ... und fügt ordnungshalber noch hinzu: In Willkischken ... aber Sie kennen das ja doch: Gewaltige Geschichte bis zum Schwarzen Meer, Vytautas der Große, und wenigstens Jagiello: die polnische Geschichte nur ein Ableger der litauischen, jedenfalls damals, Sie kennen das, und heiß geliebt und gepflegt, wie Versunkenes eben.« Oder zum Beispiel »... Reden über die Autonomie des Memellandes ... wie all die Jahre schon, als gäbe es die Voldemaras-Regierung in Kaunas nicht, nicht einmal die Reichsregierung dieses Herrn Hitler ....«

Die Kleinbahnfahrt Voigts und Gawehns beginnt in Tilsit und führt über die Memel: »Der

Boden hebt sich ein wenig auf die Brücke zu. Und jetzt ist man auf dem ersten Brückenteil... Unter sich, tief unten sieht, wer hinausschaut, den Strom, wer vorausschaut, das jenseitige Ufer, den sandigen Streifen erst, von dem aus die Spickdämme sich vorstrecken, dahinter das Wiesenland, endlos weit und grün.« Hier, heute an der russisch-litauischen Grenze, beginnen wir unsere Bobrowski-Tour. Diese Stelle erreichen Sie von Klaipėda über Šilutė, wenn Sie in Richtung Sovetskas fahren, hinter **Pagėgiai** rechts. Vom Grenzkontrollpunkt aus lassen wir den Blick über die Wiesen schweifen und fahren die A 226 langsam zurück.

Irgendwo ganz nah in diesen Wiesen muß Bobrowskis *Prussellen* gelegen haben, heute nicht mehr erkennbar: »Prussellen ist eine Ortschaft, schon ein Stück in den Wiesen, man erkennt nicht viel davon. Auch von hier oben nicht, vom Damm aus, wo die Kleinbahn führt, neben der Chaussee her.« Die Reisenden in der Kleinbahn müssen dem litauischen Grenzbeamten dann die Grenzkarte zeigen, erhalten ihren Tagesstempel und fahren weiter in »dieses Wiesenland« hinein, Grün in Grün, in dem die Ortschaften, die Einzelgehöfte sowieso, beinahe verschwinden, auch das langgestreckte Gewässer, das sich von Prussellen, an **Schakeningken** (*Sakininkai*) vorbei, in einem Bogen nach Süden wendet, ein früheres Flußbett der Memel. Wir sind kurz vor **Mikieten** (*Mikytai*), hier hält die Bahn länger, hier steigt, wer im Triebwagen saß, in den Pogegener Zug (Richtung Pagėgiai) um. Wir müssen heute auf der A 228 Richtung Kaunas nach rechts abbiegen und kommen nach *Limpėnai* »... aber in **Lompöhnen** – das ist nun ein großes Dorf und liegt auch an der Bahnstrecke – steigen Krauledats aus.« Dann wird die Strecke hügelig: »Es ist inzwischen hübsch auf und ab gegangen, die bekannten *Polomper Berge*, Moränenhügel, wie man in der Schule lernt, aus Gletscherschutt«, und Bobrowski beschreibt die Felder, Gärten, Gehöfte, den Flieder, Holunder, die Brunnen und Kinder und läßt die Kleinbahn schließlich in Willkischken einfahren. Das ist das heutige *Vilkyškiai*, durch das die Landstraße A 228 führt. Und hier können Sie genau den Blick auf sich wirken lassen, den Bobrowski beschrieb. Stellen Sie dazu Ihr Auto ab und gehen links etwas in die Felder hinein, auf den Hügel, die Kleinbahn muß da, links von der Straße, gefahren sein: »Willkischken ... den Blick auf das Dorf, das rechterhand liegt, verdeckt ein ziemlicher Hügel.«

Gawehn und Voigt laufen dann vom Bahnhof, der auf oder hinter dem Hügel gewesen sein muß, bis zur Chaussee – also vom Hügel hinunter zur heutigen Landstraße. Voigt möchte den Lehrer Poschka besuchen – und dessen Haus, so wie es bei Bobrowski geschildert wird, finden wir an der Dorfkreuzung. Vor der Kirche links das Wohnhaus könnte Poschkas, rechts das Schulhaus gewesen sein. In diesem Gebäude ist auch heute noch eine Schule. Bobrowski: »Hier geht es, über den Hügel hinunter, ins Dorf. Der Kirchturm sticht in die Luft. Das Haus davor soll die Schule sein, im Haus gegenüber, oben, über dem Saal von Plattners Krug, soll Poschka wohnen.« Eine Wirtschaft gibt es hier zwar nicht mehr, doch spricht man mit den Einheimischen, gewinnt man einen Eindruck von Poschkas Charakter. »Gawehn ist stehen geblieben. Er läßt den Blick über das Dorf wandern, über die verschwimmenden Umrisse der Hügel dahinter, über die Felder zur Linken, über die Sonnabendfarben: dunkles Grün, helles Gelb, rötliche Töne, ein langsam tiefer werdendes Blau.«

**B**itehnen, *Bitėnai,* ist der nächste Handlungsort: »Morgen hat der Vaterländische Frauenverein sein Jahresfest: in Bittehnen, und morgen feiern die Litauer ihren Vytautas: auf dem Rombinus. Das sind zwei grundverschiedene Dinge, und es liegen ja auch zweihundert Meter Wiese dazwischen.« Gemeint sind der Rambynas kalnas und der 24. Juni, der Johannistag. Bobrowski beschreibt den Hügel mit dem herrlichen Nemunas-Blick und dem schönen Spazierpfad zum Flußufer: »Ein finsterer Fichtenwald, der sich die Abhänge hinunter nach Norden und Nordwesten in die Ebene fortsetzt, weg vom Strom, der sich von Süden gegen den Berg drängt. Ganz oben auf dem Rombinus, in der Mitte einer kleinen Lichtung: der Stein, der Opferstein dieses gewissen Perkunos, welcher donnern kann, wie man sagt, ein heiliger Stein.« An der Nemunasschleife entlangfahrend, haben Sie einen herrlichen Blick auf diesen Kiefernwald. Eindrucksvoll schildert Bobrowski den von Bäumen etwas verdeckten Blick vom Rambynas auf den Nemunas, den riesigen Strom, der sich in den Berg »hineinwühlt«, und das Johannisfest. Er erzählt von Liedern, die zum Johannistag gesungen werden, dem »Jonei«, den Kräutern, die traditionell schon am Vortag gesammelt werden, vom Johannisbaum. Das Ende bleibt in dem Roman offen. Die Stimmung wird plötzlich gewalttätig, und auch auf den Litauer Poschka soll wegen seiner Liebe zu dem deutschen Mädchen Tuta Gendrolis ein Anschlag durch die Nazis verübt werden. Poschka steigt auf einen (imaginären?) Turm und verliert sich zwischen Traum und Wirklichkeit, Leben oder Tod ... Die Mystik, die Handlung und Schauplatz umgibt, können Sie miterleben, wenn Sie das besondere Glück haben, Ihre Bobrowski-

Tour mit dem Johannis-Fest am 24.6. ausklingen lassen zu können.

Bobrowski: »Was ist mit diesem Juni? Der Faulbaum stinkt, das es seine Art hat. Auch dieser elend blasse Strauch mit den rosa Dolden, dieser Zuckerwatte, hat zu blühen angefangen. Man schmeißt sich aufs Kreuz, längelang ins Gras ... Dann kommen die Lüfte, in dieser letzten Juniwoche, kalt und angeheizt doch, mit schlecht versteckten Gewittern ... Er ist da, der Sommer, dieser Tag ... auf diesem Ufer, auf diesem Berg ... Alle diese Farben: der Roggen gelb, die Gerste fast weiß, der Hafer noch grün. Der Mohn ist hier lila und weiß, seltener rot.«

# KAUNAS & DER SÜDEN

GESCHICHTE & GEGENWART

NATUR & KULTUR

REISEPRAXIS

KLAIPĖDA

PALANGA & ŽEMAITIJA

KURISCHE NEHRUNG & NEMUNAS

KAUNAS & DER SÜDEN

VILNIUS & DIE AUKŠTAITIJA

# KAUNAS, METROPOLE ZWISCHEN ZWEI STRÖMEN

*Die beiden Flüsse Nemunas und Neris treffen sich bei Kaunas und schmücken die »zweite« Hauptstadt Litauens mit ihren schönen Flußlandschaften. Kaunas – die Stadt mit viel Grün, mit dem »Weißen Schwan« in der Mitte, mit interessanten Kirchen, gelegen am Kaunasser Meer.*

Kaunas ist eine der ältesten Städte Litauens. Einige Quellen datieren seine Gründung auf 1030, andere auf 1140 (so der arabische Geograph Al-Idzini). Noch heute streiten Historiker über das Gründungsjahr. Für den Namen gibt es ebenfalls verschiedene Erklärungen, er könnte vom litauischen *kautis* (kämpfen) kommen. Eine Legende bezieht sich auf den heidnischen Gott *Kaunius*. Seine riesige Statue stand früher in der Altstadt am Nemunasufer: der Gott mit Pfeil und Bogen in der Hand. Ihm zu Ehren wurden 14 Baumwurzeln und 14 Sprosse verbrannt. Flößer brachten ihm Opfer dar und hofften so auf besseres Wetter. In der Chronik des 15.-16. Jahrhunderts »Großfürstentum Litauen und Žemaičius« erzählt eine andere Legende von Palemonas, der aus Rom mit drei Söhnen zum Nemunas kam. Einer von ihnen, *Kunus*, baute hier eine Burg, um die herum die Stadt wuchs. Und diese soll nach ihm benannt worden sein.

Auf alle Fälle ist die Geschichte der Stadt mit einer Burg verbunden – 1361 wurde sie erstmals in den Chroniken des Deutschen Ritterordens erwähnt. Die Ortschaft selbst ist allerdings viel älter; schon 700 – 400 v. Chr. gab es hier zwischen den fruchtbaren Flußniederungen eine Siedlung.

## Burgen und Festungen

Wiegand von Marburg hieß jener Chronist des Deutschen Ordens, der 1361 die hochgebaute Schutzburg der Siedler als erster entdeckt hatte und seine Ordensbrüder herbeirief, die die Burg im Handumdrehen einnahmen. 1362 wird die zerstörte Burg von Großfürst Kęstutis wiederaufgebaut; er nennt sie das »Neue Kaunas«. Im Jahre 1383 wird sie wiederum von Kreuzrittern eingenommen, ein Jahr später zieht der Ordensmeister Zelner in ihre Mauern ein und mit ihm viele Handwerker. Und so geht es über Jahre: die Burg wird noch ein paar Mal zerstört, wiederaufgebaut, umgebaut. Die Stadt wird mehrmals von Großfürst Vytautas an den Orden abgetreten. Erst nach der Niederlage des Ritterordens bei Tannenberg/Grunwald 1410 beginnen ruhigere Zeiten, die Burg wird Residenz des Stadtoberhauptes, bis sie im 18. Jahrhundert, vom Hochwasser der beiden Ströme unterspült, teilweise zusammenbricht.

Bedeutsam für die Stadtgeschichte ist das Jahr 1408: Großfürst Vytautas gibt der Stadt Privilegien, eigene Waagen zum Beispiel. Er lädt Handwerks- und Baumeister der Deutschen, Tataren und Karäer ein, die ihre Kunst ausüben und weitergeben sollen. Für

10 Jahre werden der Stadt die Abgaben erlassen, das Magdeburger Recht wird übernommen. Die Deutsche Hanse richtet in Kaunas, das durch den Nemunas mit dem Baltischen Meer und der deutschen Ostseeküste verbunden ist, ein Handelskontor ein. Die Waren – Pelze, Honig, Wachs, Getreide gegen flandrisches Tuch, rheinische Eisenwaren oder Fisch aus Skandinavien – gehen von hier aus per Schiff oder Fuhrwerk nach Riga, Memel und Königsberg. Im 16. Jahrhundert wird Kaunas Verwaltungszentrum, hundert Jahre später erhält es sogar das Münzprägerecht für das Großfürstentum. So wächst Kaunas, Handel und Handwerk entwickeln sich auch nach dem Untergang der Hanse, und die Stadt ist 200 Jahre lang wirtschaftlich stark.

Der Einbruch folgt mit den Kriegsstürmen der Zeit: 1701 wird Kaunas von Schweden verheert, während des Siebenjährigen Krieges (1756–63) brennen große Teile der Stadt nieder. Doch bald kommt wieder eine neue Blütezeit: 1774 machen viele Handelsleute über 20.000 Goldmünzen jährlichen Umsatz.

1795 befindet sich Kaunas unter russischer Herrschaft. Das Zarenhaus hat kein Interesse am Ausbau der wirtschaftlichen Entwicklung seiner Vasallenstädte. 1812 folgt der nächste Krieg, die Napoleonische Armee verheert die Stadt; Napoleon logiert derweil im Karmeliterkloster unterhalb der Burg. Nach dem Napoelonischen Krieg leben dezimiert durch Krieg, Hunger und Seuchen nur noch 300 Menschen in Kaunas – 1723 waren es

*Die Burg Kaunas im 14. Jahrhundert*

28.000 gewesen. Nach den Aufständen von 1831 und 1863 gegen die russische Herrschaft beginnen die Repressionen. Erst als Kaunas 1831 zu einem Gouvernementszentrum des russischen Reiches wird, lebt es wieder auf. 1868 wird ein Plan zur Erweiterung der Stadt entworfen. Vororte entstehen, 1871 wird die Neustadt mit einem gitterartigen Straßennetz angelegt, was nicht nur dem Repräsentationswunsch der Erbauer entgegenkommt, sondern nebenbei auch eine bessere militärische Kontrolle gewährleistet. 1892 wird die erste Pferde-Straßenbahn, *konkė* genannt, eröffnet, die Straßen erhalten Beleuchtung, um 1900 bauen Belgier das erste

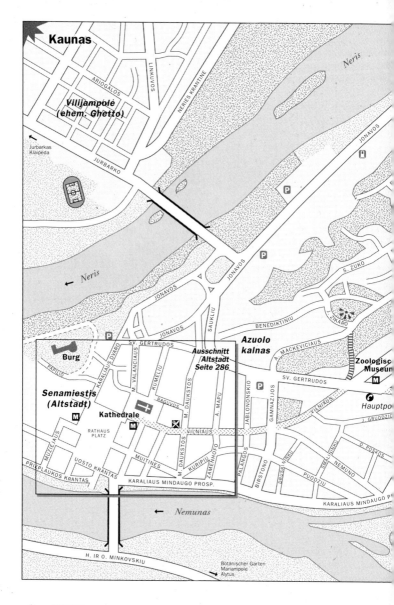

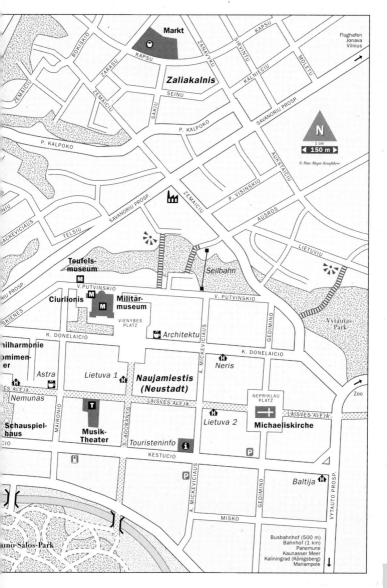

Kraftwerk. Im Jahre 1897 hat Kaunas bereits 71.000 Einwohner.

Auf Befehl Zar Alexander II. beginnt man, die Stadt quasi zur Festung auszubauen: zwölf vorgezogene Forts, jedes mit riesigen Speichern versehen und verbunden durch unterirdische Gänge, umgeben die Stadt. In der Stadt selbst dürfen aus strategischen Gründen keine mehrstöckigen Häuser gebaut werden. Die Arbeiten dauern von 1887 bis zum Ersten Weltkrieg. Rußland macht Kaunas zum wichtigsten strategischen Punkt an der westlichen Grenze seines Reiches. Dennoch kann sich die Festung Kaunas zu Beginn des Ersten Weltkrieges nicht behaupten und wird rasch von Deutschen besetzt.

### *Ein Stück Landesgeschichte*

Kaiser Wilhelm besucht Kaunas. Ihm zu Ehren wird die heutige Freiheitsallee (Laišvės alėja) *Wilhelmsallee* genannt. 1915 wird das litauische *Saulės* (Sonnen)-Gymnasium eröffnet. Als am 9.10.1920 Vilnius von Polen besetzt wird, wird Kaunas zur zeitweiligen Hauptstadt erklärt. Von nun an bis 1939 wird in Kaunas die Geschichte ganz Litauens geschrieben. Die litauischen Landtage finden hier statt, die Einführung der Währung Litas wird hier 1922 beschlossen. 1926 wird es Bischofssitz und Zentrum der litauischen Kirche. (Diese Tradition griff der Papst 1993 wieder auf und besuchte die Stadt; seinem Besuch ist es zu verdanken, daß riesige Geldsummen in die Kirchen von Kaunas gesteckt wurden, die nun in neuem Glanz erstrahlen). Die Stadt wird Kulturzentrum, erhält eine Universität, ein Opern- und Schauspielhaus, wächst und wächst, 1939 hat sie 154.109 Einwohner.

1940 besetzt die Rote Armee Kaunas. Sämtliche litauischen Kulturgesellschaften und Organisationen werden geschlossen. Deportationen beginnen. 1941 wird sie von der deutschen Luftwaffe bombardiert, während Freischärlertruppen bereits die einheimischen Juden zu ermorden beginnen. Die Deutschen richten in der eroberten Stadt ein Konzentrationslager ein und erklären das Vilijampolė-Viertel gegenüber der Altstadt zum jüdischen Ghetto. Im stärksten und daher erhalten gebliebenen 9. Fort des Zars befand sich das KZ. Bis 1944 sollen rund 100.000 Menschen in seinen Mauern ermordet worden sein, Juden aus Kaunas, aber auch aus anderen Ländern, Kriegsgefangene und Freiheitskämpfer. (Das Fort diente noch bis 1989 als Gefängnis.)

1944 erobert die Rote Armee Vilnius zurück, das wieder die Hauptstadtfunktionen übernimmt. Kaunas wird allmählich umgebaut, erhält neue Industrien. Die Stadt wächst am Nemunasufer entlang. Vor allem im Bezirk hinter dem Bahnhof am Westufer des heutigen Kaunasser Meers entsteht eine graue Fabrikzone. Auch neue Wohnviertel werden gebaut.

1982 leben hier 400.000 Einwohner, heute ist Kaunas nach Vilnius und vor Klaipėda die zweitgrößte Stadt Litauens und mit 87 % Litaueranteil die litauischste.

## Architektur und Natur

Kaunas war nicht nur offiziell Hauptstadt, sondern ist es heute noch in den Herzen vieler Litauer. Es ist ruhiger und beschaulicher als Vilnius, steht etwas im Schatten der heutigen Hauptstadt und ist doch interessant. Die Stadt beherbergt wertvolle Architektur – das sehenswerte Ensemble des Rathausplatzes in der Altstadt, die Laisvės-Allee (Freiheitsallee), den Dom – und ist eingebettet in eine schöne Landschaft: sie liegt am Zusammenfluß von Neris und Nemunas und am *Kaunasser Meer*, dem *Kauno marios*, das sich südöstlich der Stadt ausbreitet und hauptsächlich vom Nemunas gespeist wird. Die Stadt eignet sich gut als Ausgangspunkt für Touren durch diese wunderbaren Flußlandschaften.

### Die Altstadt

Die Altstadt Kaunas liegt auf der Landzunge, die von Nemunas und Neris gebildet wird, am Fuße der Burgruine. Sie ist ein guter Startpunkt für einen Stadtrundgang. Die **Burg** ist das älteste Gemäuer der Stadt, vermutlich aus dem 13. Jahrhundert. Ihr rechteckiger Grundriß lehnte sich an das Neris-Ufer an, zur Stadt hin flankierten zwei Rundtürme den Innenhof. Eine äußere Wallanlage und ein Wassergraben (er machte die Burg quasi zur Flußinsel) sollten sie zusätzlich schützen. Doch gerade ihre Lage am Fluß war ihr Verhängnis: die Neris unterspülte die Anlage und riß Türme und Nordmauer mit sich. Die sichtbaren Reste der Burg, ein stämmiger Rundturm mit Geschützanlagen und ein Tor stammen aus dem 14. und 15. Jahrhundert. Ihren heutigen Zustand verdankt sie den seit 1925 vorgenommenen Rekonstruktionsbemühungen. Seit 1964 berichtet eine im Turm untergebrachte Ausstellung über Geschichte und Rekonstruktion der Burg.

In der **Altstadt** von Kaunas finden wir Gotik- und Renaissance-Bauten dichtgedrängt auf 106 ha Fläche. Hauptakzent ist der »Weiße Schwan«, das weißgetünchte **Rathaus**. 1542 wurde es als gotischer Bau angelegt, später kamen Renaissance- und Barock-Einflüsse hinzu. Spitze und halbrunde Giebel, Pilaster mit ionischen Zierschnecken oder – weiter oben am Turm – mit Blattornamentik, mal eckig, mal halbrund, ein gewölbtes Dach, die verzierte Turmspitze und Ziergitter sind nur einige Elemente dieses Stilmixes, bei dem auch klassizistische Zutaten nicht fehlen. 1771–80 nach dem Entwurf des böhmischen Architekten Jan Mattekier umgestaltet und um eine Vorhalle mit Repräsentationsbalkon darüber erweitert, verdeutlicht das Rathaus den Übergang vom Spätbarock zum Klassizismus. Auffallend ist vor allem der 53 m hohe, die Altstadt überragende Turm, der sich mittig überm Vestibül herhebt. Für einen Profanbau eine eher ungewöhnliche Zutat, die Mattekier sogar noch um ein sechstes Element erhöhte. Früher tagten Ratsherren, Verwaltungs- und die

*Der Rathausturm blickt zur Platzmitte*

russischen Gouvernementsbeamten im »Weißen Schwan«, heute befindet sich hier das Standesamt.

Um den »Weißen Schwan« herum: der **Rathausplatz** (Rotušė aikštė) – das Herz von Kaunas. Ein Platz, auf dem auch in der Vergangenheit schon immer das Leben pulsierte. Hier standen die Stadtwaagen, hier wurde gerichtet und gehandelt. Heute besticht er als interessantes architektonisches Ensemble. In den herrschaftlichen, teilweise mittelalterlichen Häusern lebten berühmte Leute: A. Mizkewicz, A. Baranauskas und Maironis.

**Jesuitenkloster:** Mit Franziskaner-Kirche im Barockstil von 1725. Messe 17.30 Uhr, So 10.30, 12.30 Uhr. Am Rathausplatz, Rotušės aikštė. Daneben **Karmeliterkirche** von 1666.

Im Südwesten des Rathausplatzes siniert Jonas Maculevičius-Maciulis, alias Maironis (1862 – 1932) auf seinem Denkmalsockel über ein theologisches oder literarisches Problem. In dem Haus dahinter, im **Maironis-Haus**, auch *Pacas-Haus* genannt, ist das *Literaturmuseum* untergebracht. Das Haus stammt aus dem 17. Jahrhundert, wurde im 18. Jahrhundert durch Stadtrat Sirutis um drei mittelalterliche Häuser erweitert und mit einem klassizistischen Säulenvorbau versehen. Der Schriftsteller Maironis kaufte das Haus im Jahre 1909, renovierte es, lebte und arbeitete als Rektor des Theologischen Seminars von Kaunas in diesem Haus bis zu seinem Tod 1932. Er ist neben Donelaitis einer der größten Dichter Litauens, der seine Landsleute zu mehr Nationalbewußtsein anregte und dessen Bücher wegen der zaristischen Zensur überwiegend im preußischen Tilsit erscheinen mußten. Seine Lyrik wurde auch ins Deutsche übersetzt. Seine Arbeitsräume – noch im Originalzu-

*Die Aufrißzeichnung der Fassade des Maironis-Hauses zeigt die schönen Jugendstil-Details*

stand – sind zu besichtigen, außerdem eine Ausstellung zur litauischen Literatur. Rotušės aikštė 13, ✆ 201284, 206789. Täglich außer Mo – Di 10 – 18 Uhr. Eintritt 2 Lit, ermäßigt 1 Lit.

Ein gotisches Bauwerk, ähnlich beeindruckend wie die berühmte Vilniusser Annenkirche, ist das **Perkūno namas**, *Donnerhaus*, aus dem 15. Jahrhundert. Das schönste an ihm ist sein durch einen Steinfries abgesetzter, von Bögen, Fensterchen und spätgotischen Fialen gekrönter Giebel, der zur Aleksoto hin zeigt. In einer Nische im Inneren des Hauses soll im vorigen Jahrhundert bei Bauarbeiten eine Skulptur des Donner-Gottes Perkūnas aus heidnischen Zeiten gefunden worden sein, daher der Name. Aber möglicherweise hat sich in heidnischen Zeiten an dieser Stelle ein Heiligtum für den Gott des Donners befunden. Der rote Backsteinbau diente im Mittelalter wahrscheinlich einem reichen Hanse-Kaufmann als Handelskontor und Verwaltungshaus, jedenfalls besaß er keine Wohn- und Küchenräume. Später diente das Haus als Kapelle und Theater. 1964–69 wurde es renoviert und in ihm eine Abteilung des *Historischen Museums* eingerichtet. Kleine Ausstellung zur Kultur der Balten und zur Stadtgeschichte, archäologische Funde. Aleksoto 6, Eintritt 2 Lit, Kinder 1 Lit. Öffnungszeiten Di – So 11 – 18 Uhr.

Ein weiteres interessantes gotisches Denkmal nicht weit entfernt ist die **Vytauto-Kirche** am Nemunasufer. Es heißt, Vytautas habe die Kirche aus Dankbarkeit für die Rettung nach der verlorenen Schlacht gegen die Tataren bei Vorleska gebaut. Zumindest ist sie mit ihren 600 Jahren eine der ältesten Kirchen Litauens. Der rote Backsteinbau wurde als Hallenbau angelegt, sein mittig vorgesetzter Glockenturm

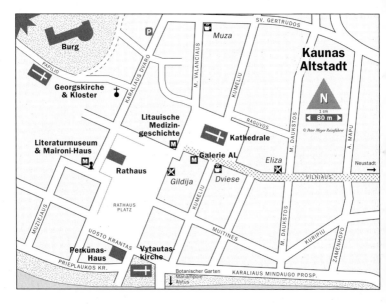

ragt wie ein einzelner Mahnfinger in die Höhe. Im Laufe der Jahrhunderte wurde er mehrfach schwer beschädigt. Es ist kein Zufall, daß sich gerade hier ein Wasserstandsanzeiger von 1877 befindet – die Kirche hat oft unter Überschwemmungen zu leiden gehabt.

In einem Gebäude aus dem 16. Jahrhundert an der Nordost-Ecke des Rathausplatzes, der ehemaligen Stadtapotheke, befindet sich das **Museum für Geschichte der Litauischen Medizin und Pharmazie**, *Medizinos ir Farmacijos istorijos Muziejus.* Hier gibt es vor allem einen interessanten Nachbau einer alten Apotheke aus dem 19. Jahrhundert mit kompletter Ausstattung zu sehen. Außerdem: Medizingeschichtliche Abteilung mit Informationen zur Entwicklung der Pharmazie in Litauen sowie Informationen zur Tätigkeit der bekannten litauischen Ärzte Basanavičiaus und Kudirka. Geöffnet Mi – So 11 – 18 Uhr, von Mai bis September nur 11 – 17 Uhr. Eintritt 2 bzw. 1 Lit. ✆ 201569, Fax 201575.

Wendet man sich vom Rathausplatz nach Nordosten, um durch die Fußgängerzone Richtung Neustadt zu bummeln, kommt man an der wuchtigen Kirche *Petro ir Povilo* vorbei. Sie ist die größte gotische Kirche Litauens und allgemein als **Kathedrale** bekannt. Sie mißt etwa 80 mal 34 m, die Höhe des Mittelschiffs erreicht die 30-Meter-Marke. Das Innere des monumentalen Backsteinbaus ist nicht weniger beeindruckend. Der basilikaähnliche Innenraum ist klassizistisch und barock umgestaltet worden, wirkt jedoch vor allem durch seine Höhe. Es gibt wertvolle Bilder von E. Andrioli, J. Zikaras und P. Kalpokas. In den Wänden und Seitenaltären sind Grabplatten von Dichtern und Bischöfen eingemauert.

## Die Neustadt

Die Neustadt von Kaunas wird von vielen als das eigentliche Zentrum betrachtet. Hauptachse ist die **Laisvės-Allee**, die sich im 19. Jahrhundert herausbildete. Damals gab es hier nur ein- bis zweistöckige Häuser, da höhere den Überblick von den Festungsbauten gestört hätten. 1920–39, in den Jahren der litauischen Unabhängigkeit, entstanden unter der Hand der Architekten M. Semgaila, V. Dubeneckis, G. Landsbergis-Žemkalnis eigenartige Häuser wie die Čiurlionis-Galerie, die Hauptpost, die Bibliothek und andere. Heute finden Sie hier viele Firmen, Behörden, Ausbildungseinrichtungen und Geschäfte.

Die Kaunasser lieben ihre Laisvės-Allee und flanieren hier gern. Doch Achtung: Auf der Laisvės ist Rauchen verboten.

Am Ende der Fußgängerzone leuchtet Ihnen das monumentale, blaue Gebäude der Kirche für den Erzengel Michael entgegen. Die (heute wieder) katholische **Michaeliskirche** ist ein beliebter Ausflugsort für Hochzeitspaare, aber ansonsten – mitten auf dem Unabhängigkeitsplatz – ein Affront aus der frühen Besatzungszeit. Sie wurde von dem russischen Architekten Benois 1891 in nur

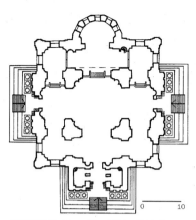

*Grundriß der kompakten Michaeliskirche*

zwei Jahren Bauzeit für die russische Garnison im byzantinischen Stil errichtet. Aus dem russischen Sprachgebrauch hat sich die Bezeichnung »russisch-orthodoxe Kathedrale« erhalten.

### Museen in der Neustadt

Grundsätzlich kosten die Museen 2 Lit Eintritt, für Kinder und Senioren nur 1 Lit; Führungen sind überall auch auf englisch möglich (10 – 15 Lit).

**Naturkundemuseum**, *Zoologijos Muziejus:* Sammlung seltener Tierarten des litauischen Zoologen T. Ivanauskas. Verfolgen Sie die Evolution: am besten von der 3. Etage abwärts. Laisvės 106, im Osten der Fußgängerzone. ✆ 200292, 229675. Täglich außer Mo 12 – 18 Uhr.

**Teufelsmuseum**, *Welnių muziejus:* »Geh' zum Teufel« – hört man das in Kaunas, dann ist es nicht unbedingt böse gemeint, das originelle Kaunasser Teufelsmuseum ist zwar etwas versteckt, aber der Weg lohnt unbedingt. Etwa 1000 verschiedene Teufel gibt es hier: in der Flasche, aus Wurzeln, aus Fell, unter der Lupe, aus Porzellan ... und es werden immer mehr. Ein höllisches Museum. Putvinskio 64, ✆ 208472. Täglich außer Mo 12 – 17.30 Uhr und vom 1.10. – 1.4. nur 11 – 17 Uhr. Oberhalb des Teufelsmuseums liegt der Žalia-Hügel mit Park, ein schöner Ort zum Spazierengehen, den man auch mit der Drahtseilbahn (siehe Seite 292) erreichen kann.

**Čiurlionis-Kunstmuseum:** 360 Arbeiten des wohl bekanntesten litauischen Malers und Komponisten (1875 – 1911). Moderne & Mystik. Dazu können Sie in einem Raum seine Symphonien hören. Putvinskio 55, ✆ 204446, 229738. Täglich außer Mo 12 – 18 Uhr.

**Militärmuseum,** *Kauno istorijos muziejus* oder *Karinis istorinis muziejus:* Ausstellung zur Militärgeschichte, Völkerkunde, Geschichte, Archäologie. 1921 gegründet, das heutige Gebäude wurde 1936 erbaut. Ein Teil ist den litauischen Flugpionieren Darius und Girensas gewidmet, die 1933, sechs Jahre nach Lindbergh, versucht hatten, mit einem Eindecker-Flieger von New York aus den Atlantik zu überqueren. Zugunsten einer verbesserten technischen Ausstattung und eines größeren Motors hatten sie auf Fallschirme und ähnlichen »Sicherheitsballast« verzichtet. Sie starben

*Die beiden Fliegerhelden frohgemut beim Abschied*

beide beim Absturz über Ostpreußen, kurz vorm Ziel. Die Absturzursache blieb ungeklärt, doch beide Flieger gelten bis heute als Helden ihrer Heimat. Di – So 11 – 17 Uhr, Eintritt 2 Lit.

## Grünes

Am linken Nemunasufer liegt ein breites, trockenes, kiefernbewaldetes Tal. Hier ist **Panemunė**, ein beliebter Erholungsort mit schönen Spazier- und Radwegen. Mit dem Schiff kann man auf dem Nemunas um den Kiefernwald herum und zur **Mergelių-Insel** fahren, der *Mädchen-Insel*. Eine Legende erzählt von drei Mädchen, die hier wohnten und in Nixen verwandelt wurden. Nach ihnen ist das *Restaurant Trys Mergelės* (Drei Mädchen) benannt. Es befindet sich am steilen rechten Ufer des Nemunas.

Ende des 19. Jahrhunderts gab es hier in Panemunė vier Forts, in denen sich die litauische Armée im Unabhängigkeitskampf gegen Rußland verschanzt hatte. Von Panemunė gelangen Sie über die Brücke weiter nach *Šančiai* und noch weiter am Nemunas entlang nach **Freda**. Šančiai entwickelte sich mit dem Bau der Eisenbahnlinie zum Industrieviertel. Freda wurde benannt nach dem italienischen Architekten Fredas, der für die Bauarbeiten am Pažaistės Kloster zuständig war. Heute befindet sich hier ein sehenswerter **Botanischer Garten**. Auf 76 ha wachsen 600 verschiedene Pflanzenarten.

Das rechte Nemunasufer ist unter anderem auch Industriegebiet: hier stehen die Brotfabrik, die Brauerei »Ragutis«, die Textilfabrik und andere. Fahren wir noch weiter am Nemunas entlang, kommen wir nach **Žaliakalnis** (Grüner Berg) – irgendwann soll hier einmal ein wunderschöner Eichenwald gewesen sein. In dem Ort liegt der *Vytautasberg* – dieses Landschaftsbild finden wir in den literarischen Werken von A. Mizkewicz wieder, weshalb hier ein Gedenkstein für den Dichter steht. In Žaliakalnis befindet sich auch der *Zoo* von Kaunas.

Am linken Nemunasufer liegt **Aleksotas**. Es gibt eine Legende über die litauische Liebesgöttin Aleksotas. Ihr gehörte das Nemunasufer, und sie gebar den Sohn Kaunas, der später angeblich die Stadt gründete. Ebenfalls am linken Nemunasufer liegt **Marvelė** mit der Landwirtschaftsakademie sowie *Lapynas*, die Fuchszucht, und der *Botanische Garten* von T. Ivanauskas. Ivanauskas, dem bekanntesten litauischen Botaniker, ist ein eigenes Museum gewidmet. Botanischer Garten, Fuchszucht und Ivanauskas-Museum gehören zusammen und sind täglich von 10 – 17 Uhr geöffnet.

## Jüdische Geschichte

Wer sich auf der Jurbarko-Brücke über die Neris begibt, kommt nach *Vilijampolė* (Slobodka), einem Ortsteil mit vielen Industriebetrieben, einer reichen jüdischen Tradition und dem durch seine traurige Geschichte bekannten *IX. Fort* (siehe Seite 43). Auch der *Alte Friedhof* der Jüdischen Gemeinde befand sich hier, heute steht an seiner Stelle nur ein Denkmal, der Friedhof befindet sich am Žaliakalnis.

Gefördert von Großfürst Vytautas waren im 15. Jahrhundert viele Juden nach Kaunas (Kovno) gekommen und hatten sich hier an der Neris angesiedelt. Als die Altstadt im 19. Jahrhundert wieder neu aufgebaut werden mußte, zogen etliche ins Zentrum um. Zur Jahrhundertwende lebten etwa 30.000 Juden in Kaunas. Heute bilden sie nur noch knapp 1 % der Bevölkerung.

Als die deutsche Wehrmacht 1941 in der Stadt einmarschiert, erklärt sie kurzerhand das gesamte Vilijampolė zum Ghetto. Alle bekannten Schikanen und Unterdrückungsmethoden wurden auch gegen die Kovnoer Juden angewandt. Im Oktober 1943 wurde das Ghetto zusätzlich zum 9. Fort (siehe Stadtgeschichte) zum Konzentrationslager erklärt und ein Jahr später niedergebrannt.

Es hat in Kaunas auch einen litauischen Schindler gegeben: *Chiune Sugihara,* der japanische Konsul von Kaunas, riskierte seine Karriere und sein eigenes Leben und rettete 6000 Juden.

Heute befindet sich im Fort eine Gedenkstätte für die Ofer des Holocaust.

Anfahrt Autobahn Richtung Klaipėda, ausgeschildert »IX Fortas«. Die Gedenkstätte ist jederzeit frei zugänglich.

## Das Freilichtmuseum Rumšiškės am Kaunasser Meer

Früher mündete hier lediglich das Flüßchen *Stieva* in den Nemunas, heute bildet der angestaute Nemunas einen See mit einer Fläche von 63,5 km$^2$. Er soll die Stadt vor Überschwemmungen schützen. Früher bestanden an dieser Stelle 45 Siedlungen, die alle überflutet wurden: in der Mitte des heutigen Sees lag das Dörfchen *Kampiškių,* und dort, wo der *Pravienos* in den See mündete, das alte Städtchen *Rumšiškės.* In Rumšiškės stand im 15. Jahrhundert eine Holzburg, unweit dieser alten Burg wurden Friedhöfe aus dem 8. – 13. Jahrhundert gefunden. Rumšiškės hatte damals sogar Stadtrecht, seine eigenartige Architektur zog Künstler wie V. Didžiokas und P. Kalpokas an. Nach der Überflutung ragte an der Stelle von Rumšiškės noch lange Zeit die Spitze des Burgberges heraus, bis auch dieser vom Wasser abgetragen wurde.

Im heutigen **Rumšiškės** am Ostende des Kaunasser Meers befindet sich eines der bekanntesten Museen des Landes, das *völkerkundliche Freilichtmuseum,* das unbedingt einen Besuch lohnt. Die Idee zum Museum wurde im Ostpreußen der Vorkriegszeit geboren und von Künstlern wie Čiurlionis, Galaunė, Žmuidzinavičius und anderen unterstützt. Es nimmt eine Fläche von 175 ha ein, von denen etwa 90 ha bebaut sind. Insgesamt umfaßt die Anlage etwa 100 Gebäude, in denen 20.000 verschiedene Exponate und 12.000 Fotos das Litauen des 19. – 20. Jahrhunderts in vier Abteilungen zeigt: Aukštaitija, Žemaitija, Dzūkija, Sūduva/Suvalkija. Hier können Sie ein Gehöft der Dzūken vom Ende des 19. Jahrhunderts genauso wie das eines reichen Aukštaiten von 1864 sehen. Das wertvollste Exponat ist ein Haus aus der Žemaitija von 1856, das einzige erhalten gebliebene seiner Art. Das Interieur der Bauernhäuser ist traditionell mit Leinen dekoriert. Hier im Freilichtmuseum Rumšiškės spazieren Sie durch die gesamte Geschichte Litauens. Im Sommer finden an Wochenenden Folklorevorstellungen statt. Auch im Winter offen, doch dann ohne Bewirtschaftung.

Rumšiškės hat noch mehr zu bieten: Fahren Sie vom Museumsareal die Straße weiter in den Ort hinein, sie endet an einem Platz mit einer wunderschönen blauen Holzkirche.

Die umliegenden Häuser sind sehr gepflegt. Von hier haben Sie einen faszinierenden Blick auf das Kaunasser Meer.

Das Kaunasser Meer ist die größte Erholungszone von Kaunas. Es gibt hier hübsche Fleckchen zum Entspannen und Wassersportmöglichkeiten. Ein »Raketa«-Boot bringt Sie sogar bis nach Nida an der Kurischen Nehrung oder Birštonas am Nemunas.

**Kloster Pažaislis:** Das sehenswerte Architekturensemble dient heute noch als Kloster, zudem werden regelmäßig Konzertabende veranstaltet. Außerdem befindet sich hier ein Teil des Ciurlionis-Museums.

Seine Benennung erhielt das Kloster vom gleichnamigen Flüßchen, das hier in den Nemunas mündet. Gegründet von K. Pacas, dem Grundsteinleger der Peter- und Paulskirche in Vilnius, wurde das Kloster 1667 – 1720 erbaut, danach oft zerstört und umgebaut. Seit 1980 steht es den Besuchern offen. Seit 1992 gehört es dem *Orden der Kasimir Schwestern.* Es befindet sich auf einer Landspitze am Nordwestufer des Kaunasser Meeres, hinter dem Bahnhof und dem Industrieviertel Petraši-unai; Kauno jūros pr. 31, ✆ 755319, 756485. Außer Mo 11 – 17 Besichtigung möglich. Anfahrt: O-Bus 4, 5, 12 oder 9 (Endstation).

Auf dem Weg dorthin kommen Sie an einem Friedhof mit Gräbern berühmter Litauer wie K. Būga, S. Kymantaitė-Ćiurlionienė, A. Žmuidzinavičius, S. Šimku vorbei (T. Masiulio-Straße).

## Verkehr

**Flughafen:** *Aerouostas*, nicht gerade ein internationaler Flughafen, sondern eine ehemalige sowjetische Militärbasis. Nur die Air Lithuania fliegt von hier. Kombinationsflüge mit Palanga–Hamburg (siehe Reisepraxis). 10 km vor der Stadt und schwer zu erreichen. Die nächste Bushaltestelle befindet sich einen halben Kilometer entfernt. Air Lithuania organisiert einen Bustransfer vom Hotel »Neris« aus.

*Air Lithuania:* Šv. Gertrūdos 7, ✆ 229706, 228176, Fax 228504. Mo – Fr 8 – 14, 15 – 20 Uhr, Sa – So 8 – 17 Uhr. Karmėlava Airport, ✆ 541400.

**Bahnhof:** Ćiurlionio 16. ✆ 221093. Reservierung: Šv. Gertrūdos 7, ✆ 292455. 9 – 14 Uhr, täglich außer So. Telefonische Vorbestellung der Tickets ✆ 292408.

**Busbahnhof:** Vytauto pr. 24 – 26. Information ✆ 201955. Reservierung ✆ 292455. International ✆ 292446.

**Schiffe:** Die *Raketa,* ein Schnellboot, fährt über Rusnė nach Nida an der Kurischen Nehrung und nach Klaipėda von der Anlegestelle Raudondvario pl. 107. ✆ 261348. Abfahrt täglich außer Mo 9 Uhr (im Sommer). Auf dem Nemunas von Kaunas nach Nida 4 Stunden, am Wochenende weiter bis Klaipėda.

**Taxis:** *Staatlicher Taxiservice:* 70 Cent/km, nach 22 Uhr 90 Cent, Bestellzuschlag 1,50 Lit. Bestellzeit 10 min. ✆ 234444, 235555, 236666, 237777.

*Private Taxigesellschaften* sind teurer: 80 Cent/km und 1 Lit/km in der Nacht sowie bei schlechtem Wetter.

*Žaibiškas Greitis*, ℂ 239880. Eine Stadtfahrt darf nicht mehr als 8 Lit kosten. Bis zum Flughafen verlangt man oft 50 US$ – ein unverschämter Preis; die Fahrt sollte im Durchschnitt 15 Lit kosten. Am besten vorher aushandeln oder Taxi über die Fluggesellschaft bestellen.

**Auto:** Kaunas liegt von Vilnius 100 km und von Klaipėda 200 km entfernt, seine günstige Lage an der A 1 macht es gut erreichbar.

**Tanken:** *Litofinn,* Ateities pl. 30b. Mit kleinem Café. *Statoil,* Pramonės pr. 18, neu und modern.

**Drahtseilbahn Žaliakalnis:** Das älteste Verkehrsmittel in Litauen. 1931 von der deutschen Firma Bell gebaut. Hier eröffnet sich ein herrliches Stadtpanorama. Ausros 6, ℂ 205882. Fahrpreis 40 Cent. Die Bahn fährt von Ausros 6 auf den Žalia-Hügel, wo sich ein schöner Park befindet.

## Unterkunft

*Perkūno Namai:* Ein modernes, privates Hotel, die wohl beste Adresse in Kaunas. Klein und gemütlich. In einem ruhigen Wohnviertel, auf einem Hügel mit Blick auf einen Eichenwald, inmitten eines Gartens mit Eichen, Birken und Kiefern. 15 min zu Fuß zum Zentrum. Das die vier Elemente symbolisierende Zeichen des Donnergottes Perkūnas, der über Erde, Himmel und Meer herrschte, finden Sie am Perkūnas-Haus wieder. Das Hotel bietet Ihnen umfangreiche Serviceleistungen, Ticketbesorgung, Autovermietung, Reiseführervermittlung, Touren nach Palanga und Nida, Angeln, Tennis, einen Safe für Wertsachen, einen bewachten Parkplatz, Faxservice, Organisation von Konferenzen, Wäscheservice, Minibar, Fernseher, Zimmerservice, detaillierte Telefonrechnungen ... was braucht man mehr? Im Haus werden ständig Bilder litauischer Künstler ausgestellt. Reservierung empfohlen. 20 Zimmer. Für die gebotene Qualität sind die Preise durchaus akzeptabel: 240 Lit für ein EZ, 300 Lit für ein DZ, mit Frühstück und allen Steuern. Perkūno al. 61. ℂ 609386, Fax 223050. *Restaurant* von 15 bis 22.30 Uhr geöffnet.

*Sandija:* Der zweite Favorit in Kaunas. Es bietet komfortable, renovierte Zimmer mit Dusche und Fernseher. Verkehrstechnisch günstig in der Nähe der A 1 Klaipėda-Vilnius, aber dennoch nicht laut gelegen. Außerhalb der Stadt, sehr gut eingerichtet. 13 EZ à 320 Lit, 2 DZ à 400 Lit, 2 Apartments à 500 Lit (für 2 Personen), jeweils inklusive Frühstück. Reservierung empfohlen. Bewachter Parkplatz. Jonavos 47. ℂ 734462, 2549-03, -66, Fax 254804. Mit Biergarten im Sommer.

Hier nun die **Stadthotels,** die weitaus einfacher und nicht sehr empfehlenswert sind:

*Baltijos:* Zentral gelegen, Nähe Bahnhof und Autobusbahnhof. Die Stadt können Sie von hier aus zu Fuß erkunden, die zweite Straße links ist bereits die Fußgängerzone, die Laisvės-Allee. 28 EZ à 70 Lit, 37 DZ à 104 Lit, 5 Lux à 117 Lit; Frühstück 7 Lit extra, 15 – 20 % Rabatt sowie VP für Gruppen möglich. Zimmer sind z.T. frisch renoviert, alle mit Dusche und Bad, Radio und Telefon, im Lux

*Das Hotel-Restaurant Perkūno Namai hält auch noch spät abends seine Türen offen*

auch Fernseher. Im Hotel gibt es auch ein ·Restaurant: 12 bis 24 Uhr, eine Sauna und einen Bankettsaal. Vytauto pr. 71. ℂ 201489, 221292 (Reservierung), 223639, Fax 201489.

*Lietuva I:* Ein kleines altes Hotel in zentraler Lage, doch zu teuer für das Gebotene. Bewachter Parkplatz und Faxservice. Nehmen Sie am besten ein Lux. 78 Zimmer und 7 Lux. EZ 160 Lit, DZ 280 Lit, Lux 300 Lit (für zwei Personen). Daukanto 2. ℂ 205992, Fax 206269.

*Neris:* Das ehemalige Intourist-Hotel, heute viele Einkaufstouristen. Spartanische Einrichtung, aber zentral. 179 Zimmer. EZ 130 – 150 Lit, DZ 180 – 210 Lit, Lux 300 – 380 Lit, inklusive Frühstück. Restaurant, Bar, Konferenzräume vorhanden. Donelaičio 27. ℂ 204224, Fax 205289.

**Bed & Breakfast:** Über *LITINTERP*, Zimmer und Apartments in der Kaunasser Altstadt, englischsprechende Gastgeber. Mo – Fr 9 – 18 Uhr, Sa 9 – 16 Uhr. EZ 60 Lit, DZ 100 Lit. Kumelių 15. – 4., ℂ und Fax 228718. Vermittelt Dolmetscher (35 Lit/Stunde) und vermietet Autos.

### Essen und Trinken

*Eliza:* Das erste und einzige französische Restaurant in Kaunas, eine willkommene Abwechslung. Sehr hübsches Café in der Altstadt (Salate, kleine Speisen) und elegantes Restaurant (Eingang durchs Café hindurch). Vilniaus 30. ℂ 2075-93, -28 (Restaurant), -20 (Café). 11 – 24 Uhr geöffnet, Visa MC/EC werden akzeptiert.

*Gildija:* Direkt am Rathausplatz in einem alten Kaufmannshaus. Verschiedene Arten von »Karbonade« (Schnitzel). Sehr preiswert: eine Lachsvorspeise (Lašiša), Karbonade und Saft erhalten Sie zu zweit für nur 21 Lit. Rotušes 2. ℂ 220003. 12 – 22 Uhr geöffnet.

*Margiris:* Sehr gut, von vielen als das Beste in Kaunas bezeichnet. Aber außerhalb auf dem Aleksoto-Hügel gelegen, auf der anderen Flußseite. Der Weg ist ausgeschildert. Modernes Interieur mit vielen Spiegeln. Kerzenbeleuchtung und Klaviermusik machen es romantisch. Leider keine Fenster, um die schöne Aussicht zu genießen. Freitag und Samstag Jazz. 12 –

15 Uhr schnelles Tagesmenü, bis 2 Uhr geöffnet. Bankettsaal für 12 – 15 Personen. Gustaičio 6. ✆ 225253, 225278. Visa, Diners, EC, MC werden akzeptiert.

*Sandija:* Exzellentes Speisen, was Geschmack und Dekoration betrifft. Weißes elegantes Dekor. Klimaanlage innen, im Sommer mit Terrasse und Biergarten. Im gleichnamigen Hotel. ✆ 266951, Fax 254804. Mo 13 – 23 Uhr, Di – So 11 – 24 Uhr.

## Einkaufen

Die meisten Souvenirgeschäfte finden Sie auf der Laisvės-Allee. Besonders empfehlenswert in Kaunas sind:

*Galerie »AL«:* Ein Ableger der gleichnamigen Galerie in Palanga. Moderne litauische Kunst. Vilniaus 22. ✆ 202655. Täglich 11.30 – 19 Uhr.

*Suvenyrai:* Kleiner Raum mit großer Angebotsvielfalt. Volkskunstarbeiten, Bernstein, Holzschnitzereien, Keramik, Strohgeflechte. Vilniaus 25. ✆ 220301, ✆ & Fax (privat, Besitzer Z. Šalna): 291695. Mo – Fr 10 – 18.30 Uhr, Sa 10 – 16 Uhr.

## Am Abend

**Mažasis Teatras:** Wörtlich *Kleines Theater* mit Aufführungen von Beckett- und Strindberg-Stücken. Daukšos 34, ✆ 226090.

**Muzikinis Teatras:** Das *Musiktheater* wurde 1892 gegründet. Zuerst standen ausschließlich Operetten auf dem Spielplan, später wurden auch Opern und Ballettaufführungen sowie litauische Musik auf die Bühne gebracht. Auch Vorstellungen für Kinder. Laisvės al. 91. ✆ 200933, 228784, Fax

*In der Galerija AL: Keramikarbeiten, Volkskunst aus Stroh, Glocken aus Ton*

*Das klassizistische Musiktheater an der Laisvės-Allee*

227787. Vorstellungsbeginn 19 Uhr, Sa, So 18 Uhr.

**Pantominos teatras:** Das *Pantomimentheater* versteht man auch ohne Litauischkenntnisse. Vorstellungen Sa, So 17 Uhr. Ožeškienės 12. ✆ 225668.

**Akademinis dramos teatras:** Das Kaunasser Schauspielhaus verfügt über eine Große Bühne auf der Laisvės-Allee 71 und eine Kleine Bühne in der Kęstučio 64. Es werden klassische und moderne Autoren gespielt. Vorstellungsbeginn 19 Uhr. ✆ 223185, 224064.

**Jazzfest:** Versäumen Sie nicht das jährliche *Internationale Jazzfestival* in Kaunas Ende April – Anfang Mai. Achten Sie auf Plakatankündigungen.

## Sport

**Fahrräder** können Sie bei LITINTERP, Kumelių 15 – 4, für 4 Lit pro Tag ausleihen. ✆ & Fax 228718.

**Boote** gibt es am Kaunasser Meer, dem Stausee, am Pažaislis-Kloster. Kauno Jūros pr., ✆ 758835.

**Ballonfahren** können Sie im Klub der Ballonfahrer. Vilniaus 22. ✆ 206692.

*Flieger* wenden sich an den Flugklub Kaunas. Daukanto 15. ✆ 734171.

**Tennis**freunde finden Gleichgesinnte im Tennisclub im *Darius ir Girėno-Sportzentrum* auf der Sporto 3.

**Schwimmer** haben sicher im Kaunasser Meer ihren Spaß, am besten in der Nähe des Pažaislis-Klosters. Dorthin kommen Sie auch mit dem O-Bus 4, 5, 9 oder 12 (Endstation).

## Nützliches

**Stadtführungen & Touren:** *Delta:* Eines der kompetentesten litauischen Reisebüros, Partner von Scan-Tours mit umfangreichem Leistungsangebot. Hotelreservierungen, Tickets, Fremdenführer, Fachprogramme, interessante thematische Touren, Sportprogramme. Laisvės al. 85 – 4. ✆ 205896, Fax 229471.

*Migrovė-Reisebüro:* In einem Haus aus dem 19. Jahrhundert, am alten Hotel »Nemunas«. Hotelvermittlungen, Fremdenführer, Transfers, Ticketverkauf. Laisvės al. 88 – 6. ✆ 207361, 209384, Fax 221090.

*Vidira:* Reisebüro, das Ihnen auch eine individuelle Tour zusammenstellt. Vermittlung von Touren an die Küste, Jagen, Angeln, Touren durchs gesamte Baltikum. Vytauto 71 – 207. ✆ 293346, 293347, Fax 221230.

**Stadtinfos:** *Kaunas in your pocket, Kaunas This Week:* Aktuelle Stadtführer (kleine Hefte zu 3 Lit) mit den neuesten Adressen. Vor Ort am Kiosk erhältlich.

**Post:** Zentralpost, Laisvės al. 102. 8 – 22 Uhr. ✆ 226220.

**Telefon:** Telefongespräche von der Zentralpost: Anmeldung an der Kasse, dann in der zugewiesenen Kabine zuerst die 3 drücken. Auslandsgespräche links vom Eingang, Telegramme rechts. Faxservice auch auf der Zentralpost. Vermittlung 8 – 195, 8 – 194 (Englisch).

*Vorwahl:* Aus dem Ausland nach Kaunas: 00-370-7-... Im Land nach Kaunas: 8-langer Ton-27-...

Auskunft 09.

## *Per Auto zum Berg der Kreuze bei Šiauliai*

Die Tour können Sie von Klaipėda, Kaunas oder Vilnius aus unternehmen. Von allen Städten aus wählen Sie zuerst die A 1 Klaipėda–Vilnius und fahren bis zum Autobahnkreuz *Kryžkalnis* (Neste-Tankstelle mit Bistro) – hier kreuzt die A 1 mit der Autobahn Sovjetsk, Tauragė–Riga. Von Vilnius sind das etwa 200 km, von Kaunas 100 km, von Klaipėda 108 km. Sie fahren in Richtung Riga weiter – eine Tour durch eine vielen ausländischen Touristen unbekannte Gegend, durch schöne Natur, vorbei an romantischen Seen und Wäldern zu dem berühmten Wallfahrtsort der Litauer, dem Berg der Kreuze, Kreuzberg, nördlich von Šiauliai.

Nach 25 km eröffnet sich rechts ein hübscher Blick über die Hügellandschaft mit der Stadtsilhouette von *Kelmė* und dem Turm seiner kalvinistischen Kirche von 1615. Nach weiteren 4 km links eine romantische Seenlandschaft mit Picknickplatz. Die nächste Gelegenheit, den mitgebrachten Proviant an einem hübschen See zu verzehren, gibt's bei km 44. Danach beginnt auch schon der *Kreis Šiauliai* (Šiaulių rajonas). 14 wunderschön gelegene Seen und 18 Stauseen gibt es hier in der flachen Hügellandschaft.

Weiter geht es nach **Šiauliai**, der viertgrößten Stadt Litauens, die den Namen »Sonne« trägt – warm wirkt die hauptsächlich aus kaltem grauen Beton bestehende Stadt dennoch nicht. Wäre da nicht der Berg der Kreuze in der Nähe – sie lohnte nicht die Fahrt. Also bleiben wir auf der Umgehungsstraße und steuern direkt den Kreuzberg an. Achtung: Am Ortsein- und -ausgang Šiauliai finden oft Routine-Polizeikontrollen statt, halten Sie die Autopapiere bereit. Weiter durch die Neubaugebiete Šiauliais, Richtung Riga halten, vorbei an der alten Windmühle – ein Exotikum inmitten all dieser Betonbauten. Immer der A 12 »Ryga« folgen, dann bei km 79 rechts den Abzweig »**Kyržių kalnas**« nehmen: links steht das markante holzgeschnitzte Schild »Meškūičių ūkis«. Folgen Sie der Straße, bis Sie rechts einen *Wald aus Kreuzen* sehen, es ist nicht zu verfehlen. Bei km 81 rechts Einfahrt zum Parkplatz. Vorsicht: Nach langem Regen ist alles sehr schlammig. Ein kleiner Weg führt Sie durch Zehntausende von Kreuzen aller Größen und Formen; die Menge ist beeindruckend. Oben auf dem Hügel eine Madonna. Die Kapelle wurde eigens für den Papstbesuch 1993 gezimmert. Kreuze – aus Holz, geschmückt mit Bernstein, in einer Flasche, bestickt, ganz einfache kleine, riesig große ... alle nur möglichen Arten und Formen. Vom hier offenbar werdenden tief verwurzelten christlichen Glauben der litauischen Bevölkerung zeugen auch die unzähligen Kreuze, die Sie überall in der Landschaft, am Straßenrand, auf vielen Gehöften sehen. Kein Wunder, daß Litauen oft auch Land der Kreuze genannt wird. Niemand weiß heute mehr, wann das erste Kreuz auf den Kreuzberg gesetzt wurde; der Hügel soll erstmals 1348 in Livländischen Chroniken als Kulpė-Burg erwähnt worden sein, als ein Ort, an dem heidnische Pristerinnen Feuerkulte feierten. Nach der Zerstörung der Kultstätte durch die Kreuzritter nahmen im Laufe der Jahrhunderte christliche Traditionen von ihr Besitz. Man nimmt an, daß nach dem niedergeschlagenen Aufstand von 1831 gegen die russische Unterdrückung hier erstmals Kreuze aufgestellt wurden. Ältere Fotografien zeigen nur auf der Hügelspitze Kreuze, heute jedoch scheint der ganze Hügel aus Kreuzen zu bestehen, allein auf der Spitze sind es 130. In Sowjetzeiten war der Kreuzberg ein großes Tabu, aber sein Geist überlebte. Litauer, die aus der sibirischen Verbannung zurückkehren konnten, dankten Gott oder der Madonna hier mit einem Kreuz. Andere Kreuze und Betsäulen stammen von Angehörigen jener Verschleppten, um für sie zu bitten. So steht der Berg auch als Symbol für den litauischen Widerstand. Am 4. April 1961 versuchten die sowjetischen Besatzer erstmals, den Berg zu schleifen. Holzkreuze wurden verbrannt, Eisenkreuze eingeschmolzen, Straßen und Wege von der Armee im Auftrag des KGB zugeschüttet, um auch ja alle Spuren zu verwischen. Doch über Nacht stellten die Gläubigen neue Kreuze auf; der Kreuzberg wurde zum Berg der Hoffnung für die Litauer. Noch mehrmals wurde der Kreuzberg dem Erdboden gleichgemacht, vernichtet werden konnte er nie. Er machte den langen Weg zur litauischen Unabhängigkeit mit; jeden Tag kommen neue Kreuze, auch von Ausländern, hinzu. Kreuze von im Exil lebenden litauischen Dichtern sind genauso zu finden wie ein Kreuz für die Natur von den Grünen aus Panevežys oder eines, das auf einer Yacht aus Baltimore hierher gebracht wurde. 1990 nahmen die Kreuze eine Fläche von ungefähr 4600 m² ein, und es werden ständig mehr ... auf dem Hügel ist schon kein Platz mehr, die umliegenden Wiesen werden genutzt.

**Tip für den Rückweg:** Wer über *Kėdainiai* nach Kaunas zurückfährt, sollte kurz vor der Kreisstadt einen Stop in **Dotnuva** einlegen. Dort kann man eine bemerkenswerte barocke Kirche besichtigen, ihr unverputzter dunkler Unterbau läßt die beiden weißen Glockentürme der Frontseite wie über der Anlage schwebend erscheinen. Der Vorgängerbau, eine von einem Kastellan und seiner schemaitinischen Frau gestiftete Holzkirche, wurde 1773–90 durch den jetzigen Steinbau ersetzt. Die neuen Bauherren vom Bernhardiner Orden fügten außerdem an seiner Längsseite zwei isoliert stehende, ebenfalls barocke Klostergebäude hinzu. Die dreischiffige Hallenkirche beherbergt fünf Altäre aus dem 19. Jahrhundert und hört auf den langen Namen »Kirche zur Gotteserscheinung der Heiligen Jungfrau Maria«.

## Tour entlang der Dubysa

Der Kreis Raseiniai befindet sich im Westteil Litauens, nördlich von Kaunas, im *Rytų-Žemaitija-Hügelland*. Bei Kryžkalnis erreicht er 167 m Höhe, im Süden liegt das Nemunas-Tal, im Südosten, an der Dubysa, die niedrigste Stelle mit 30 m über dem Meeresspiegel. Die Dubysa ist zugleich der größte Fluß im Kreis Raseinių. Sein Einzugsgebiet ist 2033 km² groß. 20 % des Territoriums bestehen aus Wald. Sagen berichten, daß auf dem Hügel, auf dem heute die Stadt Raseiniai liegt, eine hundertjährige Eiche stand, unter der das heilige Feuer brannte, es brannte nur zu Feierlichkeiten, sonst glomm es. Glimmen heißt auf Litauisch *rusenti*, und so wurde der Ort zuerst Rusene, später Raseine und Raseiniai genannt. König Midaugas erwähnt Raseiniai erstmals 1253. Nach der Taufe der Litauer wurde mit dem Bau der Kirchen zu Raseiniai und in anderen Orten des Kreises (Ariogala, Betygala, Viduklė) begonnen.

Zur Zeit der Litauisch-Polnischen Union war **Raseiniai** die Hauptstadt der Žemaitija. Sehenswert sind heute das *Dominikanerkloster*, ein *Architekturdenkmal* aus dem Jahre 1778 (Architekt L. Grincevičius), der *Raseinių-Park* und die barocke *Raseinių-Kirche* von 1782. Graf Tiškevičius ließ hier 1642 Dominikaner ansiedeln. Im 18. Jahrhundert wurde an der Stelle, an der die Holzgebäude der Kirche und des Klosters standen, die Kirche aus Stein und das Kloster im Barockstil erbaut, die heute noch zu sehen sind. Später siedelten sich in Raseiniai Karmeliter, Kalvinisten, Lutheraner und Pijore an. Das *Pijorkloster* unterhielt die beste Schule der Žemaitija. Die russische *Kirche der Dreieinigkeit* stammt aus der Zarenzeit, als alle anderen Schulen und Klöster geschlossen wurden. Sie wurde 1870 erbaut.

Ein Stück aktuelle Geschichte spiegelt sich im Denkmal *Žemaitis* von V. Grybas. 1933 wurde es aufgestellt und trägt die Worte: »Ich war Jahrhunderte wach und habe die Unabhängigkeit wiedergewonnen« – in der Sowjetzeit wurde es vernichtet, dann 1989 wieder aufgestellt.

Heimatmuseum Raseiniai, *Krasto Istorijos Muziejus*, Muziejus 3, 4400 Raseiniai. Hier gibt es 6 Säle mit Ausstellungen zur Geschichte des Kreises Raseiniai von den Anfängen bis 1940, zur Landwirtschaft, zum Flachsanbau, zur Volkskunst des 19. und 20. Jahrhunderts.

Außer der Kreisstadt Raseiniai lohnt ein Abstecher nach **Ariogala** – eine sehr alte Siedlung an der Dubysa, erstmals im 13. Jahrhundert erwähnt. Die Umgebung ist landschaftlich sehr schön, vor allem das Dubysa-Tal. Nicht unerwähnt möchte ich auch **Šiluva** lassen. Hier sind die *Basilika* aus dem späten Barock (1760–75) und die *Friedhofskapelle* (1924) sehenswert. Die Heilige Jungfrau Maria soll hier 1612 erschienen sein, und so war das Städtchen seit dem 17. Jahrhundert als Heiliger Ort bekannt. 1786 wurde die Erscheinung auch vom römischen Papst anerkannt. An der Stelle der Marienoffenbarung steht heute eine Kapelle, die *Ligonių sveikata* – die »den Kranken Gesundheit Spendende«. Erbaut wurde sie 1924; seitdem kommen Tausende Pilger jährlich hierher. Papst Johannes Paul II. weilte 1993 während seines Litauen-Besuches außer in Vilnius, Kaunas und Šiauliai auch hier.

Der Dichter Maironis war von der herrlichen Landschaft an der Dubysa besonders angetan – diese inspirierte ihn zu dem Vers: »Wie herrlich das Tal der schnellen Dubysa, die Wälder wie grüne Rauten die Hügel umringen, und auf diesem Hügel Mädchen – etwas traurig – singen melancholische Lieder.« Die Gegend um *Bernotai* und *Pasandravys* ist die Heimat Marionis. Hier verbrachte der Dichter seine Kindheit.

Hier an der Dubysa finden Sie übrigens auch eine der längsten Eisenbahnbrücken Litauens, die beide Flußufer verbindet. 1919 wurde sie von Deutschen gebaut, im Zweiten Weltkrieg gesprengt und 1948 – 1952 wiederaufgebaut. Über sie fahren heute die Züge nach Šiauliai und Sovetskas (Tilsit). In **Bernotai** befindet sich heute das *Maironis-Museum*, eine Filiale des Heimatmuseums Raseiniai (außer So 9 – 13, 14 – 18 Uhr, Sa 10 – 16 Uhr. Die wissenschaftliche Mitarbeiterin Laima Pečkaitiene spricht etwas Deutsch. ✆ 51892).

In der Ortsmitte steht ein Denkmal für den Großfürsten Vytautas. 740 Jahre ist dieser kleine Ort alt. Im 13. Jahrhundert stand hier eine wichtige Burg der Žemaiten. Historisch interessant ist auch das Städtchen **Viduklė** aus dem 14. Jahrhundert. 1421 kam Viduklė in den Besitz der Žemaiter Bischöfe. Die Kirche wurde Anfang des 15. Jahrhunderts gebaut. Ab 1579 gab es hier eine Pfarrgemeindeschule. Sehenswert ist auch das architektonische Ensemble der Kirche mit Glockenturm und Hoftor aus dem 19. Jahrhundert.

TOUR ENTLANG DER DUBYSA

# AN DEN NEMUNAS IN SÜDLITAUEN

*Ein See nach dem anderen, eine Kirche nach der anderen am Wegesrand, das ist Südlitauen – Suvalkija und Dzūkija – eines der landschaftlich schönsten Gebiete Litauens. Der Nemunas, der mächtige Fluß, der allen Litauern heilig ist, ist zugleich der größte Fluß Litauens: insgesamt 937 km lang, nimmt er bei Minsk, Weißrußland seinen Anfang, fließt 17 km an der litauisch-weißrussischen Grenze entlang und dann über 359 km durch Litauen, bis er mit mehreren Nebenarmen, die ein großes Delta und botanisches Schutzgebiet bilden, ins Kurische Haff mündet (Seite 251).*

Über eine Länge von 99 km bildet der Nemunas (Memel) die Grenze zwischen Litauen und dem Königsberger Gebiet im Memelland. Besonders schön können Sie ihn bei Kaunas am Zusammenfluß mit der Neris erleben, bei Rusnė im Memelland am Delta, auf einer Schiffstour von Dreverna aus, die auch das Nemunas-Delta streift, und per Auto oder Rad auf einer Tour von Jurbarkas nach Kaunas, einer der schönsten Nemunas-Straßen. Am romantischsten aber wird er in Südlitauen: von Kaunas über Prienai, Birštonas nach Druskininkai, hinein in den Dzūkija-Nationalpark. Im Winter friert der Nemunas zu, herrlich anzusehen doch gefährlich ist der Eisgang, im Frühjahr kann es zu riesigen Überschwemmungen kommen.

**Unterkunftsmöglichkeiten** bieten in Südlitauen die Sanatorien (vor allem in Birštonas und Druskininkai), einfach reingehen und nachfragen.

**Reisebuch und Karten:** Wenn Sie ausführliche Reisen durch Südlitauen vorhaben, empfehle ich Ihnen das speziell für Autotouristen geschriebene »Lithuania by car« in Englisch von A. Semaška, das Sie in jeder guten Buchhandlung in Litauen erhalten. Es enthält umfangreiche Ausflugsempfehlungen und Karten (auch für Aukštaitija und Žemaitija).

## Von Kaunas nach Druskininkai

Sie verlassen Kaunas in Richtung Süden bis zum Kreuz von Garliava und fahren in Richtung Prienai/Alytus.

**Prienai** ist eine kleine Ortschaft an beiden Ufern des Nemunas 30 km südlich von Kaunas mit einer sehr sehenswerten *Wassermühle* (heute Hotel & Restaurant) an einer wunderschönen Flußschleife:

*Hotel-Restaurant Revuona:* Sehr einfaches, doch romantisch gelegenes Hotel. Herrlicher Blick aus dem Lux-Zimmer. Renovierung nötig, nur Kaltwasser. 21 Zimmer. Lux 72 Lit, DZ 50 Lit. 2 – 3-Bettzimmer, alle mit WC, Dusche. Kranto 8 a, Prienai, ✆ 249, 53642.

Etwa 12 km südlich Prienais folgt **Balbieriškis.** Der Ort stand immer im Schatten von Prienai und Alytus, doch bewahrte er sich seine Beschaulichkeit und seine bunten Holzhäuschen. Mit Blick auf das faszinierende Panorama des Nemunas-Tals oder direkt am Fluß kann man prima rasten.

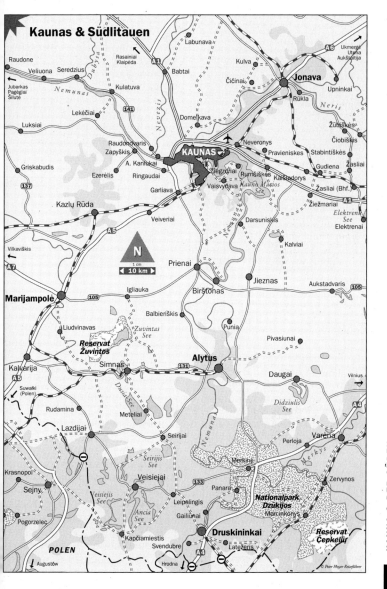

## Druskininkai, die Waldstadt

Zu *Merkinė* kehren wir später während einer Tour von Druskininkai zurück, daher überschlagen wir es vorerst und fahren gleich weiter in die südlichste Stadt Litauens ein. Druskininkai wird auch »die Waldstadt« genannt; nicht unbegründet, denn jede Straße führt hier in den schönsten Kiefernwald – oder aus unserer Tour-Perspektive: der Kiefernwald geht direkt in die Stadt über. Wir überqueren den Nemunas und fahren weiter geradeaus. Links der Straße liegt der große Komplex des Sanatoriums *Eglė*, ein richtiges »Erholungskombinat«, und Sie werden noch etliche Sanatorien entdecken: Druskininkai ist neben *Birštonas* das wohl bekannteste Kurzentrum Südlitauens, dank der guten Waldluft und seinen Mineralquellen.

*Im Heimatmuseum von Alytus*

**Alytus** ist die historische Hauptstadt der südlitauischen Provinz Dzūkija. Sie erstreckt sich an beiden Ufern des Nemunas. Als sechstgrößte Stadt Litauens und Industriezentrum zeigt sie sich dem Besucher grau und nicht sehr einladend. Hier wird der litauische Sekt »Alita« hergestellt, der eher süß ist – kaufen Sie die Muskat-Sorte, die ist am besten.

Zwischen kleinen Hügeln am rechten Nemunasufer im gleichnamigen Wald liegt rechterhand der Straße **Nemunaitis**. Die neogotische Kirche der Hl. Maria, *Šv. Marijos Gimimo Bažnyčia*, zwischen 1899 und 1904 erbaut, gilt als eine der schönsten in Litauen. Der sechs km lange Abstecher von der A 4 lohnt sich also.

Dort, wo links der (bewachte) Parkplatz zu sehen ist, biegen Sie nach rechts in die *Čiurlionis-Straße* ein, das ist die Hauptachse durch die Stadt. Sie führt von hier bis Varėna, und ist am Straßenrand mit Holzskulpturen gespickt, die zum 100. Geburtstag des bekannten Künstlers aufgestellt wurden.

Jetzt sind Sie im Zentrum Druskininkais und sehen rechts eine rote *Backsteinkirche*, links das **M.K. Čiurlionis-Gedenkmuseum:** Originale und Reproduktionen von Čiurlionis-Gemälden, dokumentarisches Material über sein Leben und Werk, im Hintergrund ist seine Musik zu hören. Hier verbrachte der wohl berühmteste litauische Maler und Komponist seine Jugend. In den beiden Häusern Nr. 41 und 41a in der nach ihm benannten Straße lebte die große Čiurlionis-Familie. Hier schrieb er auch sein symphonisches Poem »Der Wald«. Jedes Wochenende im Sommer Konzerte, unregelmäßig auch im Winter. Čiurlionis gatvė 35, 4690 Druskininkai, ☎ 51131. Täglich außer Mo 12 – 18 Uhr. Eintritt 1 Lit.

Übrigens war Čiurlionis nicht der einzige Künstler, der in der Waldstadt lebte. Auch der jüdische Bildhauer Lipschitz mochte die Holzvillen mit ihrem reichen Schnitzwerk.

Mitten im Zentrum liegt links der Hauptstraße der *Druskonis-See. In seiner Nähe die* **Kindergalerie,** *Vaikų Dailės Galerija:* Die einzige Galerie in Litauen, in der Kinder ihre künstlerischen Arbeiten ausstellen können. V. Kudirkos 9. Täglich 10 – 19 Uhr. Eintritt 50 Cent.

Über die Spazierwege rund um den See wandeln gemessenen Schrittes die Kurgäste, an der mäandernden *Ratnyčia* sieht man auf dem Trimm-dich-Pfad, »Sonnenweg« genannt, die Fitness-Suchenden mit den Armen in der Luft kreisen.

Rechts führt die Hauptstraße weiter zu der blau-weißen orthodoxen *Kirche,* geradeaus kommen Sie zum *Galija-Hotel,* das sich zur Übernachtung empfiehlt. Nun sollten Sie hinunter zum Nemunas spazieren, wo eine Uferpromenade angelegt wurde. Rechts das *Kurhaus,* dessen ursprüngliche Fassade leider zugemauert und somit verunstaltet wurde, sowjetmoderne Sanatorien und die Trinkhalle mit den Mineralquellen. Lustig anzuschauen sind die vielen kurenden Kinder, die in Gruppen alle mit dem Becher in der Hand brav zur Trinkhalle wandern.

**Girios Aidas:** Auf Initiative von Förstern wurde 1971 das erste Haus dieses eigenartigen Waldmuseums auf einem Eichenstamm errichtet, darin befand sich eine forstwirtschaftliche Ausstellung. Dieses jedoch brannte ab, und es wurde das neue Gebäude *Girios Aidas* (Waldecho) projektiert. Dort befinden sich heute Ausstellungen über die Tiere und Pflanzen des Waldes, Materialien zum Umweltschutz und zur Forstwirtschaft. In der Höhle einer alten Eiche verstecken sich Hexen, Zwerge und andere Märchenfiguren. Skulpturenpfad im Wald. Auch zwei einfache Zimmer für Übernachtungen. Volkskunst-Verkauf. Čiurlionio 102, 4690 Druskininkai, Verkehrsverbindung: Bus Nr. 3 aus Druskininkai, Haltestelle »Mišku urėdija« (Försterei), ☎ 53901, Di – So 10 – 18 Uhr, Eintritt 4 Lit.

**Varėna:** Zwei Schwesterortschaften in 5 km Entfernung. Die Altstadt an der Landstraße Vilnius–Druskininkai und ihre »jüngere« Schwester von 1862 entstanden mit dem Bau der Eisenbahnlinie Warschau-St.Petersburg. Der ältere Teil liegt am Zusammenfluß von Merkys und Varėna. Hier wurde auch der litauische Künstler M.K. Čiurlionis 10.9.1875 als Sohn eines Organisten geboren (gest. 1911).

### Unterkunft
*Galija:* Neuer moderner Bau, die beste Adresse in Südlitauen. Großzügige, saubere Zimmer und Apartments. Sehr empfehlenswert. Gemütliche

*Holz ist natürlich das vornehmliche Baumaterial im Museum des Waldes*

Dachgeschoß-Apartments mit Fernseher (3 Lit/Tag) und Turmzimmer. Bewachter Parkplatz (5 Lit pro Tag). Zimmer mit 1 Raum 60 Lit, Zimmer mit 2 Räumen 80 Lit, mit 3 Räumen 100 Lit (pro Zimmer). Maironio 5 (von der Čiurlionis-Straße geradeaus weiter, dann rechts an der Ecke), 4690 Druskininkai, ✆ 33, 52809, Fax 55100.

*Druskininkai:* Einfaches Hotel im Stadtzentrum. Ecke Taikos 12, Kudikos 13, 42 Lit pro Nacht, etwas spartanisch.

### Essen und Trinken

*Galija:* Restaurant im Keller des gleichnamigen Hotels. Das Café mit gleichem Namen ist an der nächsten Straßenecke (Richtung Čiurlionis-Straße).

*Ratnyčele:* Nettes Café-Restaurant im Zentrum von Druskininkai. Hier speisen Sie gut und preiswert. Čiurlionis 56. 11 – 23 Uhr.

## Tour durch den Dzūkija-Nationalpark

Südlich und östlich von Druskininkai liegen wunderschöne Wälder und Täler, die voller sagenhafter Geheimnisse stecken und zum Teil zu Naturschutzgebieten erklärt wurden. So zum Beispiel das **Raigardas-Tal:** 9 km von Druskininkai an der Straße nach Gardinas (Gordno) liegt dieses landschaftlich schöne Tal, das Čiurlionis zu seinem Triptychon »Raigardas« inspirierte.

Besonders schön ist aber der *Dzūkijos-Nationalpark*, durch den sich eine Rundtour über Merkinė anbietet. Die 120 km sind nur strammen Radlern mit gutem Kartenmaterial und ausreichend Proviant zu empfehlen.

Wir verlassen dazu Druskininkai in Richtung Osten (vorbei am Bahnhof und einer Tankstelle mit 95er Benzin) und fahren ins *Ratnyčins-Schutzgebiet* hinein zum Dorf **Lateżeris,** das an einem herrlichen See liegt, wo Sie campen oder Ihr Wohnmobil abstellen können. Am See gibt es Boote zu leihen. Die Ferienhäuschen rechts gehören zum Studentenlager »Lateżeris«. Folgen wir weiter der Schotterstraße B 19 durch die *Senovis-Girininkija*, eine einsame Gegend, hier ist nur Wald, kaum eine Menschenseele.

Vereinzelte Gehöfte zeigen, daß hier doch Leute leben. Bei km 35 an der Kreuzung geradeaus, über die Bahnlinie hinweg. Die weißrussische Grenze ist hier nicht weit. Die nunmehr asphaltierte Straße führt Sie durch Birken- und Kiefernwälder, bei *Rabeliai* an einem schönen See vorbei, an dem Sie Fischer, aber auch Störche und Kraniche beobachten können. Bei km 41 wird die Landstraße wieder zur Schotterpiste und wir fahren rechts. Nach insgesamt 47 km erreichen Sie **Musteika**, ein sehr hübsches Dorf, das sehr gepflegt und instandgehalten wirkt. Es liegt im Cepkeliai-Naturschutzgebiet, das am südöstlichen Rand des großen Nationalparks eine Schutzzone für Fauna und Flora des Moors bildet. Viele bodenbrütende Vogelarten lassen sich hier beobachten, etwa die seltenen braunen Moorenten, aber auch kleine Reiherarten wie die Zwergdommel, Moorhühner, Schwäne und Kampfläufer. Ein wahres Vogelparadies.

Wir halten uns jetzt wieder nördlich und kommen an einigen Fischzuchtteichen am Wegesrand vorbei; sie gehören zum Fischkombinat *Kabeliu*. Nachdem Sie eine Bahnlinie gekreuzt haben, geht's, recht ab nach **Marcinkonys** – ein idyllisches Dorf, ruhig, nett, sehr viele Starenkästen überall, gelbe Turmspitzen ragen aus dem Grün der Bäume hervor. Die Straße führt direkt zur Kirche. Ein kleiner Rundgang über Friedhof und Kirchgarten lohnt, der dörflichen Beschaulichkeit wegen.

Die Landstraße führt rechterhand in 25 km nach Varėna, wir halten uns links und fahren in Richtung Markinė (an der eingezäunten Riesenkiefer), auf einer schmalen asphaltierten Straße über das *Guba*-Flüßchen und in den Wald hinein. Nach 67 km erreichen Sie *Kasetos,* wieder ein idyllisches Dörfchen, genauso wie *Puročiai* 3 km weiter. Sie sind jetzt mitten im **Dzūkija-Nationalpark.** Rechts plätschert der *Merkys*-Fluß, ideal für eine Bootstour. Bei km 70 rechts, über die Merkys, die hier eine starke Strömung hat und durch das *Merkinės-Botanische Schutzgebiet* fließt. Bei km 84 erreichen wir die große Straßenkreuzung, die uns rechts nach Vilnius und links nach Merkinė/Lazdijai bringt. Nach 2 weiteren Kilometern sind wir in **Merkinė.** Die alte Stadt am Zusammenfluß von *Nemunas, Merkys* und *Stangė* liegt mitten im Dzūkija-Nationalpark. Auf dem Hügel über der Mündung befand sich im 14. Jahrhundert eine Ordensburg, doch reicht die Stadtgeschichte noch darüber hinaus. Einblick bekommt man im Heimatmuseum, das in der kleinen gelbweißen orthodoxen Kirche aus dem 19. Jahrhundert auf dem zentralen Platz untergebracht ist.

Links geht ein botanischer Weg ab, rechts geht es zu einem kleinen Kreuzberg und geradeaus zum *Piliakalnis.* Hier finden Sie auch einen Lageplan zum Dzūkija-Nationalpark mit einer empfohlenen Wasserwanderroute: Einstieg am *Ūla-Fluß,* Parkplatz Zervynos, die Route führt bis zum Nemunas.

Wir fahren geradeaus aus Merkinė heraus mit dem Nemunas zur Rechten, hier eröffnet sich ein wunderschöner Blick auf die Flußlandschaft. Rechts unten ein schöner Rastplatz. Auch von der Nemunas-Brücke haben Sie einen herrlichen Blick, jetzt auf die Mündung der Merkys in den Nemunas. Bei km 89 erreichen Sie das Dörfchen *Jovionys,* dann folgt ein netter Waldparkplatz und links das Dorf *Panara,* schließlich *Pubaklonis,* das wohl nur aus einem Gehöft besteht und immer geht es durch Kiefernwald, Birken säumen den Straßenrand. Bei km 102 fahren Sie durch *Zeimai,* dann 3 km später durch **Liškiava** – hier nun links rein, auf die rosa Kirche mit der großen Kuppel zu und zum Nemunas. Sie fahren direkt auf einen Hügel zu; ich empfehle, das Auto hier abzustellen und ihn über die Holztreppe zu besteigen, die Aussicht über den Dzūkija-Nationalpark ist einfach phantastisch. Nun geradeaus weiter, linkerhand schlängelt sich der Nemunas. Die Schotterpiste wird jetzt wieder Asphaltstraße, und über *Gailūnai* gelangen Sie nach Druskininkai zurück, links die Ortseinfahrt über den Nemunas.

Sie haben eine Tour durch wunderschöne Landschaft und idyllische Dörfchen hinter sich. Sollten Sie einen kalten Tag erwischt haben, so ist jetzt ein Besuch der *Arbatinė* (von arbate=Tee, sonst gibt es immer nur kavinė, von kavos=Kaffee) empfehlenswert, hier gibt es auch leckere frische Backwaren: Čiurlionis 62.

### Unterkunft und Essen

*Senoji Varėna:* Modernes Motel mit großzügigen Zimmern in der schönen Dzūkija-Landschaft. Eine gute Übernachtungsmöglichkeit auf Ihrer Tour durch Südlitauen. Mit *Restaurant,* 12 – 1 Uhr. 7 Zimmer. Vytauto 264, an der Kreuzung der Alytus-Marcinkonys und der Vilnius-Lazdijai (A 4)-Straßen, 79 km nach Vilnius, 50 km nach Druskininkai, 45 km nach Alytus. 4640 Varėna, ✆ 260/54355, 54500.

## Von Druskininkai durch das Žuvintos-Reservat

Sie verlassen Druskininkai in Richtung Nordwesten bzw. Kaunas/Lazdijai, durchqueren das Ichthyologische Schutzgebiet von *Ratnyče,* in welchem die Gewässer und deren Bewohner unter besonderem Schutz stehen, und kommen schon nach 7 km wieder an den Nemunas, ins Flußtal hinunter führen Spazierwege. Auf der Landstraße 84 geht's hinein in den Kreis Lazdijai. Die Gegend ist wieder sehr schön: blumenübersäte Wiesen, Birken, Kiefernwald. Wir fahren geradeaus weiter in Richtung Seirijai, hier können Sie den Bauern mit ihren Pferden beim Pflügen zusehen, weite Feldlandschaft, zum Teil wird es sumpfig und es blühen kräftige Sumpfdotterblumen. Wald und Feld wechseln einander ab, die Straße wird relativ schmal, Sie kommen in ein Birkenwäldchen. Bei km 33 rechts ein Jüdischer Friedhof, *Žydų kapai,* und dann links der *Seirijo-See.* Jetzt kommen Sie an drei Kreuzungen, die etwas verwirrend sind, an der ersten müssen Sie geradeaus, an der zweiten rechts, an der dritten links in Richtung *Simnas,* das ist jetzt die schmale asphaltierte Landstraße 77.

Mit 8 %iger Steigung geht es jetzt hinauf und in das *Metelių-Landschaftsschutzgebiet*, das Sie bei km 41 erreichen. Rechts ein hübscher Blick auf den *Metelio-See*, der zwischen den Birken hindurchschimmert. Die Seenlandschaft ist hier besonders schön, der Ort Meteliai ist ganz von Seen umgeben.

Nach 52 km fahren Sie in den *Alytaus rajonas* hinein, nach 7 km direkt auf die große weiße Kirche von **Simnas** zu, die Vytauto-Straße entlang, weiter in Richtung Alytus rechts und der Hauptstraße folgen, dann kommt gleich links der Abzweig ins Žuvintos-Reservat. Falls Sie nach dem Ortsausgang Simnas in eine Seenlandschaft und in den Kreis Lazdijų rajonas und schließlich nach Krosna kommen, ist es zwar landschaftlich auch recht schön, aber falsch. Sie müssen der Asphaltstraße nach *Iglauka* folgen, fahren aber nicht rechts ins Dorf hinein, sondern bei km 89 ins **Žuvintos-Reservat** links, dann an der Holzstele rechts (Die dreiteilige litauische Straßenkarte stimmt hier nicht). Sie fahren durch *Aleknosis* und gelangen zum Parkplatz am *Museum des Žuvintos-Reservats*. Leider fehlen finanzielle Mittel, um das Museum, so wie früher, von 9 bis 18 Uhr zu betreiben; fragen Sie einen Einheimischen, und man wird Ihnen aufschließen, die kleine Ausstellung ist ganz interessant. Hier erfahren Sie mittels Karten und nachgebildeter Landschaften viel über das Vogelparadies Žuvintos und die Flora und Fauna der Umgebung. Von der 3. Etage haben Sie eine hübsche Aussicht auf den *Žuvintos-See*.

Früher kamen hier regelmäßig Schulklassen her, heute ist alles etwas ausgestorben, sehr schade. Der Museumsdirektor spricht Deutsch und Englisch und ist ein interessanter Gesprächspartner. Die Beschriftungen im Museum sind auch in Englisch und Lateinisch (neben Litauisch und Russisch). Der Eintritt ist frei, eine kleine Spende jedoch angebracht.

Nun verlassen wir das Žuvintos-Reservat und fahren in Richtung *Daugirdiai* (nicht Iglauka) und dann links nach *Balbieriškis*, wieder einmal ist die Strecke schlecht ausgeschildert und man braucht einen guten Orientierungssinn. Die Landschaft wird karg, nur belebt durch die kleinteiligen Felder der Bauern. Bei km 120 sind wir in **Balbieriškis**, an der Kreuzung ohne Schild links, an der Holzkirche und an bunten Holzhäuschen vorbei, gerade durch das Dorf hindurch und schließlich links Richtung Prienai: Hier nun der berühmte Nemunas-Blick – ein herrliches Flußtal.

Bei km 135 erreichen wir **Prienai**, das wir schon kennen (siehe Vorseiten). An der Kreuzung der Vytauto-Straße rechts und hinunter zur Nemunasschleife. Im Sommer können Sie hier Boote ausleihen. Folgen Sie dem Zeichen mit dem Bett, gelangen Sie zu einer alten Mühle, die direkt am Nemunas steht und heute als *Hotel-Restaurant* fungiert. Fahren wir weiter rechts über die Nemunasbrücke nach Birštonas.

### Im Kurort Birštonas

Bei km 140 kündet das riesige Ortsschild den Kurort bereits an. Dort können Sie parken und an die malerische Nemunasschleife laufen. Ein Spazierweg führt am Ufer entlang, das unweit des Ortes zum Steilufer wird. Bei dem *Bootshaus* können Sie das Transportmittel wechseln: eine Bootsfahrt auf dem Nemunas kostet für 1 Stunde 25 Lit, was sich trotz des unromantischen Motorbootes unbedingt lohnt. Sie können auch noch den Vytautas-Berg am Nemunas ersteigen und von oben die herrliche Aussicht genießen. Oben lag einst eine Ordensburg.

Auch Birštonas, *Bierstein,* ist eine Stadt im Wald mit Mineralquellen, die vor anderthalb Jahrhunderten entdeckt wurden. Zusammen mit den heilenden Eigenschaften der Moorbäder bilden sie die Grundlage der hiesigen balneologischen Therapien. Nach dem Ersten Weltkrieg wurde Birštonas zum bekanntesten Kurort in der unabhängigen litauischen Republik und war vor allem bei Memelländern, Ostpreußen und Letten beliebt. Die im Ort abgefüllten Mineralwasser »Birutė« und »Vytautas« sind gut für die Behandlung von Magen- und Darmkrankheiten was die Stadt, 40 km von Kaunas und 90 km von Vilnius entfernt verkehrstechnisch günstig gelegen, noch heute so besonders anziehend macht. Bei einem Spaziergang durch die Parkanlagen des Ortes können Sie viele Tafeln mit Hinweisen auf die Quellen finden.

Gehen Sie von der Kirche die Birutės gatvė zurück, rechts in die Nemunas gatvė, schließlich links in die Kęstučio gatvė so liegt vor Ihnen ein weitläufiges Waldspaziergebiet. Vor dem Friedhof links hinein (Fußweg) – hier kommen Sie zum *Hotel-Restaurant Kora.*

Südlich von Birštonas bietet sich noch ein Abstecher in das etwas 11 km entfernt gelegene **Punia** an. Die kleine Ortschaft am Zusammenfluß von Nemunas und Punelė liegt auf einem der größten Burgberge Litauens. Die *Burg Pilėnai* war im 14. Jahrhundert von Kreuzrittern schwer umkämpft. Vom Hügel phantastischer Blick auf den Nemunas und den Punia-Wald. Auf dem Weg zum Margis-Hügel kommen Sie an der Jakobskirche, *Šv. Apaštalo Jukūbo Bazňyčia,* von 1857 vorbei.

Fahren Sie über die A 4 zurück nach Kaunas, sollten Sie – falls noch nicht gesehen – dem Freilichtmuseum **Rumšiškės** einen Besuch abstatten (siehe Seite 290).

### Unterkunft und Restaurant
*Kora:* Man muß lange suchen, es liegt hinter dem Friedhof in der Ein- bzw. Mehrfamilienhaussiedlung, doch die komfortablen Zimmer lohnen es. Mit *Restaurant,* 12 – 24 Uhr geöffnet. 12 Zimmer. 4 Lux zu 160 Lit, DZ 70 Lit, DZ mit extra Zimmer 110 Lit, mit Frühstück. Vaižganto 13 a (links von der Kęstučio-Straße). Birštonas, ✆ 210/56209, Fax 56866 (privat außer Haus).

*Versme:* Hotelzimmervermietung in einem Sanatorium, medizinische Anwendungen möglich. 370 Betten. B. Struogos 25, 4490 Birštonas, ✆ 210/56385, 56864.

# VILNIUS & DIE AUKŠTAITIJA

GESCHICHTE & GEGENWART

NATUR & KULTUR

REISEPRAXIS

KLAIPĖDA

PALANGA & ŽEMAITIJA

KURISCHE NEHRUNG & NEMUNAS

KAUNAS & DER SÜDEN

VILNIUS & DIE AUKŠTAITIJA

# DIE HAUPTSTADT VILNIUS

*An fast jeder Straßenecke der litauischen Hauptstadt finden Sie eine Kirche, und so reich, wie sie an Kirchen ist, so reich ist sie an Historie. Vilnius – das »Jerusalem Osteuropas«. Eine Stadt mit viel Grün in der Umgebung: die Seenlandschaft von Trakai, die Neris, die Grünen Seen; Ausgangspunkt für Touren in die romantische Aukštaitija. In Vilnius wird die gesamte Geschichte Litauens lebendig.*

Eingebettet in das Tal der Neris, von Hügelketten und Wäldern umgeben, kann sich Vilnius an der herrlichen landschaftlichen Lage mit vielen Hauptstädten Europas messen. Der historische Stadtkern entstand am Zusammenfluß der Neris und der Vilnia. In der Nähe liegt das sowjetmoderne Stadtzentrum. An den Ufern der Neris finden wir die Wohngebiete Antakalnis, Žirmūnai, Lazdynai, auch den herrlichen Vingis-Park und die Industriegebiete Žemieji Paneriai und Naujeji Vilnia. Binnen kurzer Zeit wuchsen am Stadtrand die Neubaugebiete Karoliniškės, Viršliškės, Šeškinė, Baltupiai und Justiniškės. Vilnius zählt heute über 0,6 Millionen Einwohner.

Vilnius wurde mehrere Male überfallen, sah Kriege und Aufstände, aber immer wieder lebte es auf. Alle europäischen Architekturstile erreichten Vilnius, und im Laufe der Jahrzehnte vermischten sich Gotik, Renaissance, Barock und Klassizismus. Der Barock dominiert in dieser Stilmelange. Stilecht und einzigartig schön ist die *St. Peter und Paulskirche* mit ihren unzähligen Skulpturen, sowie die ebenfalls barocke *Dominikanerkirche*. Sie geben mit dem *Berg der drei Kreuze* und den Hügeln der Umgebung ein beeindruckendes Panorama ab. Genauso schön ist die Silhouette der *St. Annen-, Bernhardiner-, St. Michaelis-* und *St. Johanniskirche* mit ihrem gotisch-barocken Formen- und Linienspiel. Und als weiße Schönheit strahlt aus dem architektonischen Ensemble der Altstadt die klassizistische *Kathedrale* heraus. Und dann die vielen Torbögen, Innenhöfe, Gassen … Über allem thront der *Burgberg;* von ihm aus können Sie die ganze Stadt überblicken.

Vilnius ist mit 620.000 Einwohnern die größte litauische Stadt und Hauptstadt des Landes. Ihre Gründung geht auf das Jahr 1323 zurück, als sie erstmals in Briefen des Großfürsten Gediminas erwähnt wurde – er gilt auch als Gründer von Vilnius. Den Namen bekam Vilnius vom Flüßchen *Vilnia*, das in die große Neris mündet. Archäologische Funde beweisen, daß es an dieser Stelle bereits lange vor Gediminas, nämlich im 1. Jahrtausend vor Christus, eine Siedlung gab.

Neuere Forschungen lassen vermuten, daß diese erste Siedlung vielleicht sogar noch um ein paar Jahrtausende zurückdatiert werden kann. Geheimnisvoller als die Altertumsforschung klingt die Stadtgründungslegende: Sie berichtet, wie Gediminas einmal in den dichten Wäldern am Ufer der Neris jagte und – im Jagdfieber von der Dunkelheit überrascht – auf einem hohen Hügel am Zusammenfluß von Vilnia und Neris sein Nachtlager aufschlagen ließ. In jener Nacht hatte er einen Traum: Oben auf dem Berg stand ein eiserner Wolf und heulte so laut, daß es weithin zu hören war. Anderntags deutete der heidnische Opferpriester Lizdeika den Traum so: »Die Götter befehlen Dir, oh Großfürst Gediminas, hier eine Stadt zu bauen, die so fest sein soll wie Eisen und deren Ruhm durch die ganze Welt hallen wird«.

Holzbauten. Der Fluß Neris war ihre Lebensader. Im 14. Jahrhundert wurde Vilnius mehrmals von Kreuzrittern angegriffen, doch es gelang diesen nicht, in die Burg einzudringen. 1387 erhielt Vilnius das Magdeburger Stadtrecht, das den Handel förderte. Zahlreiche Handwerker schlossen sich in Zünften zusammen.

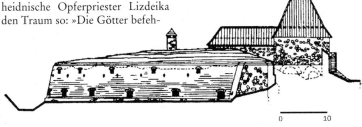

### Die Burg und die Stadt

Auf dem Hügel, der jetzt Gediminas Namen trägt, stand bereits im 11. – 13. Jahrhundert eine Holzburg. Um diese herum wuchs Vilnius rasch zu einer für jene Zeit großen Stadt aus

Im Jahre 1503 begann man, eine *Mauer* rund um Vilnius zu bauen, die zur Verteidigung gegen die tatarischen Horden dienen sollte. Die Bauarbeiten dauerten 20 Jahre und wurden 1522 beendet. Für den Bau der Verteidigungsmauer baten die Einwohner Vilnius Großfürst Alexander (1492 – 1506) um Befreiung von der Kriegspflicht. Der Großfürst stimmte zu, und die ganze Stadt wurde am Bau

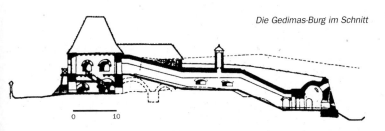

*Die Gedimas-Burg im Schnitt*

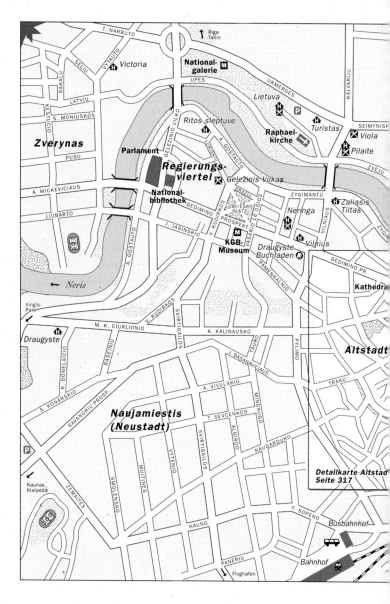

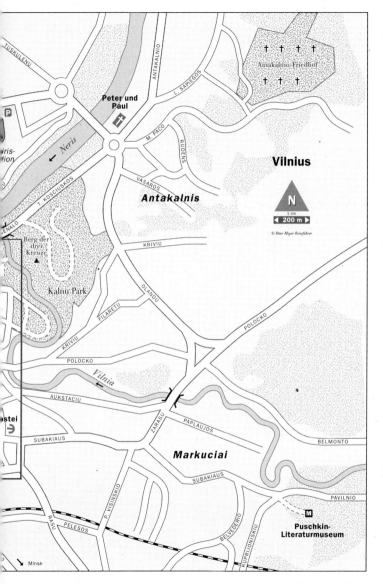

beteiligt. Die Mauer mit 9 Toren begann an der Unteren Burg und führte bis zum heute noch erhaltenen Medininkų- oder Aušros-Tor (Tor der Morgenröte). Sie war 2,4 km lang, bis zu 12 m hoch und bis zu 3 m dick.

Die Stadt umfaßte damals 85 Hektar. Auf diesem kleinen Raum entstand die Altstadt. Bereits im 15. Jahrhundert verfügte die Stadt über eine Abflußleitung und einige Straßen waren sogar gepflastert. 1536 wurde die erste Brücke über die Neris erbaut.

Im 16. Jahrhundert erreichte die Einwohnerzahl 30.000. 1525 wurden vom weißrussischen Buchdrucker P. Skorina in Vilnius die Bücher »Apostol« und »Kleines Reisebüchlein« gedruckt – es waren die ersten gedruckten Bücher in Litauen.

Im 16. Jahrhundert, nachdem keine Gefahr mehr vom Orden zu befürchten war, blühte Vilnius auf, aus der hölzernen wurde eine steinerne Stadt. Zünfte und Handel entwickelten sich lebhaft; Glasereien, Waffenschmieden und Münzämter wurden gegründet. Mitte des 16. Jahrhunderts war Vilnius eine bedeutende Stadt, die Handelsbeziehungen mit den Metropolen Europas unterhielt. Als ein Zentrum der Buchdruckerkunst spielte Vilnius im 16. Jahrhundert weit über Litauen hinaus eine wichtige Rolle. Die ersten russischen, weißrussischen und lettischen Bücher wurden in den Werkstätten Vilniusser Meister hergestellt.

Das wichtigste Ereignis für die kulturelle Entwicklung Vilnius war die Gründung der *Vilniusser Akademie* im Jahre 1579. Sie ist eine der ältesten Universitäten Europas. Die Druckerei der Universität gab in den 230 Jahren ihres Bestehens 3500 Titel heraus.

### Vilnius und die angrenzenden Nationen

Nach der Litauisch-Polnischen Union von 1569 verlegte Großfürst Sigismund August (1548–72) seine Residenz nach Vilnius, in die *Untere Burg*. So entstand der berühmteste Renaissancepalast in Litauen, der weithin für seine Bibliothek, das Palasttheater und die Kunstsammlung bekannt war. Nach dem Tod von Sigismund August verlor Vilnius an Bedeutung; erst mit der Angliederung Litauens ans Russische Reich 1795 wurde es wieder Gouvernementshauptstadt. Zwischenzeitlich wurde es wiederholt von Kriegen, Seuchen und Bränden heimgesucht.

Anfang des 19. Jahrhunderts war Vilnius die drittgrößte Stadt des russischen Reiches (nach Petersburg und Moskau), entwickelte sich dann jedoch sehr langsam und blieb hinter den anderen Städten weit zurück. Das wirtschaftliche Wachstum wurde erst mit der Eisenbahnlinie 1860 und der Gründung von Fabriken wieder beschleunigt.

Im Frühjahr 1831 kam es zum Aufstand gegen die russische Zarenregierung; dieser wurde aber niedergeschlagen und die Zarenregierung reagierte mit der Schließung der Vilniusser Universität, die das Zentrum des Aufstandes war. 1863, nach einer erneuten Rebellion und der Aufhebung der Leibeigenschaft in Rußland und Litauen, wurden die Aufständischen Z. Sierakauskas und K. Kalinauskas in

Vilnius auf dem Lukiškės-Platz hingerichtet, andere Aufständische nach Sibirien verbannt. Resultat war auch das Verbot des Schrifttums 1864.

Die nach dem Druckverbot für litauische Bücher einsetzende kulturelle Stagnation dauerte bis 1904. In dieser Zeit gab es nur im benachbarten Klein-Litauen, unter Einfluß der deutschen Reformation und Aufklärung, progressive Entwicklungen. Erst Anfang des 20. Jahrhunderts belebte sich das kulturelle Leben wieder, erste Zeitungen wurden herausgegeben, Bücher erschienen, Gesellschaften für Kunst und Wissenschaft entstanden.

Während des Ersten Weltkrieges war Vilnius von der kaiserlich deutschen Armee besetzt (1915–18) und ab Herbst 1920 zwei Jahrzehnte lang von polnischen Truppen (siehe Seite 23). Es war eine Zeit des vollkommenen wirtschaftlichen Stillstandes. Erst im Herbst 1939 wurde »Wilno« an Litauen zurückgegeben und erhielt erneut seine Hauptstadtrechte.

Während des Zweiten Weltkrieges wurde fast die Hälfte aller Gebäude und Industriebetriebe zerstört. Heute ist Vilnius wieder staatliches und kulturelles Zentrum des Landes, Sitz von Regierung und Parlament.

## Rundgang durch die Altstadt

Mit ihren 1244 Gebäuden – viele davon aus dem 16. Jahrhundert – ist sie eine der größten Altstädte Osteuropas. Viele Bauwerke sind wertvolle kunsthistorische und architektonische Denkmäler. Die Altstadt hat sich in fünf Jahrhunderten entwickelt. Hauptakzente der sehenswerten Altstadt sind der gotische Winkel, der Burgberg, die Universität, die vielen Gassen mit ihren denkmalgeschützten Häusern und Torbögen sowie die unzähligen Kirchen. Im Mittelalter wuchsen die Straßen unregelmäßig, Hauptstraßen waren die *Pilies* (Burgstraße) und *Didžioji* (Große Straße).

Beginnen wir unseren Rundgang am Gediminas-Platz, dem heutigen *Kathedralenplatz* mit der klassizistischen **Kathedrale** und dem Glockenturm als wichtigsten architektonischen Akzenten. Die erste Kathedrale *(Arkikatedra Bazilika)* wurde im 13. Jahrhundert unter Großfürst Mindaugas gebaut, die nächste von Großfürst

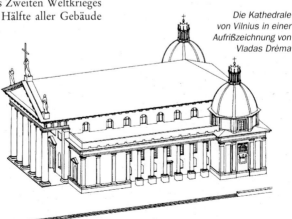

*Die Kathedrale von Vilnius in einer Aufrißzeichnung von Vladas Drėma*

Jogaila 1387–88, sie brannte 1419 ab. Eine neue baute Großfürst Vytautas, doch auch dieses gotische Gebäude brannte ab. 1784 begann man nach Entwürfen von L. Stuoka-Gucevičius, dem Architekten des Rathauses, ein neues klassizistisches Gebäude zu bauen, doch der bekannte Vilniusser Architekt konnte seine Arbeit nicht vollenden; sie wurde von M. Šulas fortgeführt. Der italienische Bildhauer T. Rigis fügte die Figuren an der Hauptfassade hinzu: Abraham und Moses. So blieb die dem Heiligen Stanislaw geweihte Kathedrale bis heute. Zu Sowjetzeiten war in ihr eine Gemäldegalerie untergebracht, 1989 wurde sie neu geweiht.

Der wuchtige, große **Glockenturm**, direkt vor der Kathedrale, ist eines der ältesten Bauwerke in Vilnius. Bereits im 13. Jahrhundert gab es hier einen Turm, wie alte Fundamente beweisen, wahrscheinlich gehörte er zur früheren Verteidigungsmauer. Der italienische Architekt Anusas baute auf diesen Turmfundamenten 1522 einen zweistöckigen, achteckigen und heute 57 m hohen Turm. Im 17. Jahrhundert wurde an ihm eine Uhr angebracht.

Die **Burgstraße** *(Pilies)* und die **Große Straße** (deren Verlängerung *Didžioji*) führten durch Bürgersiedlungen zur **Burg**. Die ältesten Schriftquellen erwähnen drei Vilniusser Burgen: die *Obere,* die *Untere* und die *Schiefe Burg*. Die Obere stand auf dem Burgberg zwischen den Flüssen Neris und Vilnelė. Die Reste sind bis heute erhalten geblieben. Von der Burg auf dem 48 m hohen Burgberg (142 m über dem Meeresspiegel) haben Sie ein phantastisches Stadtpanorama. Vom ehemaligen Schloß gibt es noch den 20 m hohen achteckigen Turm aus rotem Ziegel zu sehen, auf dem die litauische Fahne weht – so ist er zum Wahrzeichen von Vilnius geworden. Der Burgberg selbst ist ein natürlicher Hügel. Großfürst Gediminas baute auf ihm Anfang des 14. Jahrhunderts seine Holzburg; aus dieser Zeit gibt es noch einen Verteidigungsgraben, der durch den umliegenden *Park der Jugend* (früher Botanischer Garten) führt. Von 1365 bis 1402 sind die Kreuzritter achtmal bis zur Vilniusser Burg vorgedrungen, aber die Obere Burg konnten sie nie einnehmen.

Die Untere Burg zu Füßen des Burghügels nahm eine Fläche von 3 ha ein. Zusammen mit der Oberen Burg bildete sie ein Verteidigungssystem. Das gesamte Territorium war sehr dicht mit Wirtschafts- und Wohngebäuden bebaut. 1387 schenkte Großfürst Jogaila Kathedrale und Bischofshaus dem ersten Bischof Litauens. Ende des 14. Jahrhunderts stand hier die Backsteinkirche zu Ehren der Heiligen Anna, die Vytautas seiner Frau Ona geschenkt hatte. Das Untere Schloß wurde von den Großfürsten Sigismund I. und Sigismund August umgebaut und rekonstruiert. Während der russischen Invasion 1655–61 wurde dieses wunderschöne Gebäude zerstört, und erst in den letzten Jahren drang man zu den Fundamenten vor.

Die Schiefe Burg wird nur einmal, 1390, im Zusammenhang mit einem

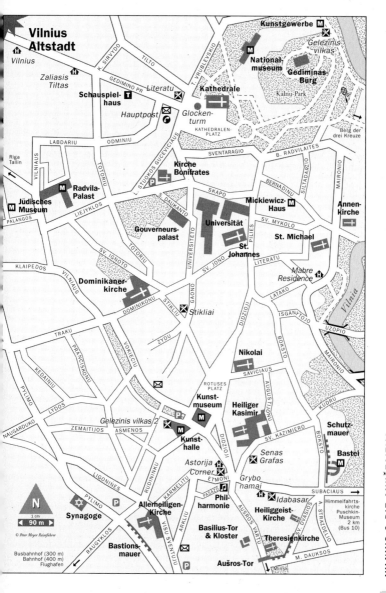

Kreuzritterangriff erwähnt. Es ist bekannt, daß sie abbrannte, wiederaufgebaut wurde und auf dem sogenannten schiefen Berg stand, dort, wo heute die drei weißen Kreuze stehen. Diese **Drei Kreuze,** *Trijų Kryžių kalnas,* sind ein beliebtes Postkartenmotiv. Der Entwurf stammt von dem Bildhauer Antanas Vivulskis (1877 – 1919). Heute schmücken die Worte »Die an Christus Glaubenden haben während der furchtbaren Kriege für Gottes Hilfe und Frieden gebetet. Die drei Kreuze wurden erstmals 1916 geweiht.« Sie stammen aus der Inschrift des ersten Denkmals, das 1950 zerstört, aber 1989 in weißem Beton erneuert wurde. Eine Legende berichtet, daß sieben Franziskanermönche im frühen 14. Jahrhundert durch das aufgebrachte heidnische Volk das Martyrium erlitten, vier von ihnen wurden in die Vilnia geworfen, drei band man ans Kreuz.

Der Drei-Kreuze-Berg ist einen eigenen Ausflug wert, den Stadtrundgang setzen wir mit einem Blick auf diesen Hügel fort, gehen den Burghügel hinunter, durch den Park der Jugend, entlang dem Flüßchen Vilnia nach Süden. Hier stoßen Sie auf den wunderschönen **Gotischen Winkel:** im Mittelpunkt die **St.-Annen-Kirche,** *Šv. Onos,* – sie gilt als schönstes Bauwerk der litauischen Gotik mit ihren schlanken, leichten Linien, spitzen, zierlichen Türmen und dem bezaubernden Spiel von Licht und Schatten in der komplizierten Ornamentik der Fassade. Die Kirche ist aus 33 verschiedenen Arten von Profilziegeln gebaut. Wie eine rote Flamme sticht sie aus der Altstadt als architektonisches Meisterwerk des 16. Jahrhunderts hervor. Eine erste Erwähnung findet sich in Dokumenten aus dem Jahre 1501. Zuerst stand an derselben Stelle eine Holzkirche, die 1567 abbrannte. In der Perfektion der gotischen Formen und feinen Stilelemente gleicht ihr keine andere gotische Ziegelkirche Osteuropas. Man sagt, sie »klingt« wie eine gotische Symphonie. Napoleon, der auf seinem Marsch nach Moskau 1812 in Vilnius einzog, war von ihr so beeindruckt, daß er sie auf den Händen nach Frankreich tragen wollte. Daneben ein *Glockenturm* vom Architekten A. Czagin, neugotisch, aus dem Jahr 1874; dahinter die gotische **Bernardinerkirche,** die Fürst Kasimir 1469 als Holzkirche bauen ließ, diese brannte später ab und wurde Ende das 15. Jahrhunderts wiederaufgebaut. 1469 lud Fürst Kasimir Franziskanermönche nach Vilnius ein, und ein **Kloster** wurde gebaut. Es wurde 1863 geschlossen. In der Sowjetzeit befand sich in ihm die Kunstakademie; zur Zeit wird es renoviert. Daneben steht das **Denkmal für Adam Mickiewicz** (1798 – 1855), einen Dichter der Romantik, der noch heute von vielen Litauern verehrt wird. Er schrieb in Polnisch, sah jedoch Litauen als sein Vaterland an und studierte an der Universität Vilnius. Er wurde 1823 wegen Zusammenarbeit mit den geheimen polnischen Studentenbünden verhaftet und im Jahr darauf zur Umsiedlung nach Zentralrußland verurteilt. Eine Ausstellung zu Leben und Werk des Dichters finden Sie im

Wohnhaus Pilies 11 (siehe nächste Seite).

Auf der anderen Straßenseite: die **Michaelskirche** (16 – 17. Jahrhundert) im Renaissance-Stil. Gegenüber der Michaelskirche zweigen zwei kleine Gassen ab: die *Michaelų* und *Bernardinų*, die zur Hauptstraße, der Burgstraße (Pilies) führen. Sie sind mit alten Wohngebäuden aus dem 17. – 18. Jahrhundert bebaut. Überall bieten sich neue Perspektiven, und an jedem Haus sind interessante Details zu entdecken. In dem Haus Pilies 11 arbeitete und lebte der bereits erwähnte Dichter A. Mickiewicz, dessen Denkmal wir schon sahen. In dem Haus befindet sich die Ausstellung zu seinem Leben.

Am Ende der Gassen gelangt man durch einen Torbogen zur **Pilies gatvė** (Burgstraße). Es ist die Hauptstraße in der Altstadt, die an der Burg, am Kathedralenplatz beginnt und dann in die Didžioji-Straße übergeht. Sie verband einst die Burg und den Rathausplatz, war Hauptgeschäftsstraße mit prunkvollen Bürgerhäusern und Kirchen. Spazieren Sie von der Burg über die Pilies und Didžioji-Straße hinauf zum Aušra-Tor (der Morgenröte) können Sie in der Geschichte Vilnius' »lesen«. Das Haus mit der schönen Fassade neben dem Hotel »Narutis« erinnert an den 16. Februar 1918: hier wurde die Akte über die Unabhängigkeit Litauens unterzeichnet. Über jedes Haus könnte man eine Geschichte erzählen. Beachtenswert sind in der Pilies 4 ein schönes zweistöckiges Haus im Renaissancestil, sowie die renovierten Häuser Nummer 12 und 14 mit x-förmigen Ziegeln.

### Die Universität und die Stadt

Ganz in der Nähe befindet sich die Universität, eine der ältesten Europas. 1570 wurde in Vilnius ein Jesuitenkolleg gegründet.

1579 wurde dieses in die Vilniusser Universitäts-Akademie umgewandelt, 1586 wurde ihr eine Druckerei angegliedert. Über zwei Jahrhunderte lang leiteten Jesuiten die Universität. Die Losung war »Alma mater academia et univeristis Vilneusis nonetatis Jesu«. Papst Grigalius XIII. bestätigt am 29. Oktober 1579 dieses Privileg.

Die Universität ist ein Ensemble aus neun Innenhöfen und prächtigen Sälen, in allen Baustilen von der Gotik bis zum Klassizismus. In einem der Säle ist die *Universitätsbibliothek* mit wertvoller Manuskriptensammlung untergebracht. An einem Torbogen steht das Denkmal für den litauischen Literaturklassiker Donelaitis. Zu erreichen über die Universiteto-Straße. Von der Pilies aus kommt man durch ein Tor (Jono 8) in den **P. Skaga-Hof** (1536 – 1612) der Universität – der größte und wohl schönste Innenhof der Vilniusser Altstadt. Ein Saal unter freiem Himmel. Eine Renaissance-Arkade umschließt von drei Seiten den Hof. Auf der vierten Seite schließen sich der *Glockenturm* und die prunkvolle Fassade der **St. Johanniskirche,** *Šv. Jonas,* an.

In den Gassen der Altstadt und den offenen Loggias mit Bogengängen, wie sie aus Italien bekannt sind, haben sich im Zuge der Restaurierungen etliche kleine Kunstgewerbeläden, Antiquariate und Antiquitätengeschäfte, Cafés und Restaurants angesiedelt. Besonders interessant sind die originalen litauischen Webereien in der *Žydų,* die sich hinter den bunt bemalten Fensterläden verbergen. Bekannt ist auch das *Stikliai-Restaurant* mit seinem Café und dem Weinkeller. Sie sind hier im alten **Jüdischen Viertel,** das sich um die Straßen *Žydų, Žemaičių, Rudininkų, Mėsinių, Mokyklos, Vežejis* und *Stiklių* herum befand. Das von Karäern und Juden bewohnte Viertel wurde lange »Schwarzstadt« genannt. Hier stehen noch viele der alten Mauern, Höfe, Arkaden, steile Treppen und Durchgänge – so wie im 17. und 18. Jahrhundert. Einige Häuser sind nur zwei Fenster breit. Hier befand sich während der deutschen Besatzungszeit auch das jüdische Ghetto.

Dort, wo die Stiklius auf die Pilies-Straße stößt und deren Fortsetzung, die Didžoji-Straße, einen dreieckigen Platz formt, steht das Rathaus. Es ist der ehemalige Marktplatz, heute Rathausplatz. Das Rathaus wurde im 15. Jahrhundert gebaut. Damals befand sich dort auch das Gefängnis und Archiv. 1799 wurde es von dem Architekt Laurynas Stuoka-Gucevičius im klassizistischen Stil neu gestaltet. Es steht an der Südseite, heute **Kunstmuseum.** Hier in der Straße auch eine der orthodoxen Kirchen von Vilnius: die **St. Nikolajus-Kirche,** ein Bauwerk des Architekten V. Ćagin von 1865. Dahinter südlich noch die **Piatniza Orthodoxe Kirche.** Hier soll 1705 der Großvater des Dichters A. Puschkin getauft worden sein.

*Die russisch-orthodoxe Piatniza-Kirche*

Über die Didžioji gelangen wir in eine Seitenstraße, die *Kazimiero.* Hier nun die erste Barockkirche Litauens, die **Kirche des Hl. Kasimir,** *Šv. Kazimiero,* von 1604 bis 1615. Ihr Grundriß bildet ein römisches Kreuz. Darüber erhebt sich die 40 m hohe Kuppel, die größte von Vilnius. Der Dachabschluß erinnert in Form einer Krone an die fürstliche Abstammung des Heiligen. In der Sowjetzeit fungierte die Kirche als »Museum des Atheismus«, seit 1988 finden hier wieder Gottesdienste statt.

Nun in die *Vokiečių gatvė* (Deutsche Straße), eine der ältesten in Vilnius. In der Vokiečių 2 befindet sich die **Kunsthalle,** ein moderner Palast aus dem Jahre 1967. Auf 2000 m² Fläche finden hier ständig wechselnde Ausstellungen in- und ausländischer Künstler statt. Die Vokiečių beginnt am Rathaus (Kunstmuseum) und führt bis zur Kreuzung der drei Straßen Vilniaus, Trakų und Dominikonų. In der Gediminas-Zeit wohnten hier deutsche Handelsleute, damals war sie ein Schmuckstück für die Stadt. Die Neubebauung hält keinem Vergleich stand.

Auf der linken Seite wieder das alte jüdische Viertel. In einer Gasse des jüdischen Viertels (Mikalojaus-Straße 4) befindet sich noch die gut erhaltene **Nikolaikirche,** *Šv. Mikalojaus,* die älteste Kirche von Vilnius, 1320 von deutschen Kaufleuten erbaut. Fast unbeschädigt steht sie hier als Zeuge von über 400 Jahren Stadtgeschichte. Im Inneren drei wertvolle Altare. In der *Žydų gatvė* (Judenstraße) befindet sich eine der letzten Synagogen der Stadt. Einige Gebäude der Judenstraße gehörten zum jüdischen Krankenhaus. Die große, schön restaurierte **Synagoge,** *Sinagoga,* aus dem Jahre 1894, eine von hundert Vorkriegssynagogen, ist etwas weiter abseits in der Pylimo 39 zu finden. Sie überstand die Besatzungszeit als Lager der Deutschen für Lazarettbedarf. Über ein Haus in der Žydų-Straße gibt es eine Legende: Es soll dort einen Zauberkeller geben. Nach dem unerwarteten Tod des Besitzers wollten viele Seelen das Haus unter sich aufteilen, da wurde der Rabbiner Elej eingeladen, um den Streit zu schlichten – einen Keller gab er der Seele, dieser wurde sofort zugemauert, der andere Teil blieb für die Menschen.

Nun kehren wir in die Didžioji-Straße zurück und gehen weiter nördlich zur **Philharmonie,** einem prunkvollen Gebäude aus dem Jahre 1902. Hier wurde 1906 die erste litauische Nationaloper »Birutė« von Mikas Petrauskas uraufgeführt. Kipras Patrauskas, einer der bekanntesten litauischen Tenöre, wirkte dabei mit. 1904 befand sich in diesem Haus der älteste Buchladen Litauens. Gegenüber der Philharmonie führt die Subačiaus gatvė in Richtung Osten. Folgt man ihr bis zur Bokšto gatvė und biegt dort nach links ein, vorbei am *Restaurant Idabasar,* gelangt man zur alten **Bastei.** Sie wurde zu Anfang des 17. Jahrhunderts gebaut und beherbergt das *Museum Artilerijos Bastijonas,* das Waffen und Kriegsgeräte zeigt. Geht man weiter hinauf, gelangt man in die Aušros vartų gatvė, wo sich in Nr. 3 der hübsche *Kunstsalon Arka* befindet, und, ebenfalls auf der rechten Seite, das prachtvolle spätbarocke **Tor des Basilius-Klosters** von 1761. Dessen fließende Formen stammen von der Hand des Architekten Johann Glaubitz. Hinter dem Basilius-Tor beginnt die Straße anzusteigen

*Die Kirche der hl. Theresa mit dem Tor der Morgenröte nach einem Gemälde von A. Palkinas, 1992*

ne wertvolle alte Ikone enthält. Sie ist das Werk eines unbekannten Meisters aus dem 16. Jahrhundert und befindet sich in der Kapelle des Tores. Das vergoldete Madonnen-Bild wurde von Karmelitermönchen für wundertätig erklärt. Heute ist es ein Pilgerziel für Tausende Gläubige. Das Interieur der Kapelle wurde 1820 im neoklassischen Stil erneuert.

und öffnet den Blick auf das *Aušros-Tor*, das an ihrem Ende steht. Die Straße ist von einigen gut erhaltenen Bürgerhäusern verschiedener Epochen gesäumt. Restauriert wurde hier unter anderem ein Backsteingebäude mit gotischem Unterbau aus dem 16. Jahrhundert und einem stufenförmigen Renaissance-Giebel mit bunten Verzierungen. Heute ist hier das »Medininkai«-Restaurant. Ein wenig weiter ragt die **Theresienkirche** heraus. Noch weiter im Hintergrund erblicken Sie die Kuppel der russisch-orthodoxen **Heiliggeist-Kirche** aus dem 17. Jahrhundert. Heute ist sie Sitz des Erzbischofs.

Den Endpunkt des Rundgangs am südlichen Rand der Altstadt bildet das **Aušros** (oder auch *Medininkų*) **vartai** aus dem 16. Jahrhundert. Das »Tor der Morgenröte« wurde nicht wie die anderen acht Tore abgerissen, da es ei-

## Die Neustadtviertel

Außer der Altstadt lohnt auch das neuere Zentrum von Vilnius einen Besuch, es erstreckt sich entlang dem **Gediminas-Prospekt,** der Achse vom Parlament zur Kathedrale. Er ist eine belebte Geschäftsstraße und Sitz vieler Banken, Versicherungen, Geschäfte und des Schauspielhauses, hier finden Sie Restaurants, Cafés, die Hauptpost sowie ein Denkmal für die litauische Schriftstellerin *Julija Žemaitė* (1845 – 1921). Der Prospekt tangiert den *Lukiškių-Platz* (früher Leninplatz), dahinter beginnt das Regierungsviertel mit verschiedenen Ministerien, der *Nationalbibliothek* und dem *Litauischen Parlament*.

Und noch etwas sollte bei Ihrem Vilnius-Besuch nicht fehlen: die **Peter und Paul-Kirche,** *Šv. Petro ir Povilo,* erbaut 1668 – 1675, eine Perle des Barock. Von außen wirkt sie relativ bescheiden, doch innen werden Sie von einer Vielzahl barocker Skulpturen, Gipsplastiken und Reliefornamente fast erschlagen. Über 2000 Skulpturen von Heiligen und mythologischen Figuren. Stifter der Kirche war Mykolas Kazimieras Pacas, gebaut wurde sie nach einem Entwurf des Krakauer Architekten Jan Zaor. Die Bauarbeiten wurden unter dem Italiener Frediani abgeschlossen. Die Kirche besticht durch ihre phantasievollen Stuckarbeiten, ihre monumentalen Malereien voller Ausdrucksreichtum sowie ihre Formvollendung und ist in der europäischen Baukunst bedeutend. Einst markierte diese Kirche den Stadtrand, heute beginnen hinter ihr die neueren Stadtviertel; sie liegt an der Neris, im Stadtbezirk Antakalnis, Antakalnio-Straße 1.

Die neueren Wohnbezirke sind überwiegend in Großplattenbauweise errichtet; sie tragen so klangvolle Namen wie *Ladzynai, Karoliniškės, Justiniškės* und liegen meist am rechten Ufer der Neris.

Vilnius ist von Gärten und großen Fichtenwäldern umgeben, die schöne Ausflugsziele bieten: *Valakampiai* mit Wald und Badestränden an der Neris zum Beispiel, die *Grünen Seen,* die Hügel von *Paneriai*. Die grüne Lunge in der Stadt selbst ist der **Vingis-Park,** ein weitläufiger Park an einer Neris-Schleife. Wunderbarer Fichtenwald, Freilichtbühne, Sängerfeste, Sommertheater und -konzerte. Er liegt im Westen der Stadt am Ende der Čiurlionis-Straße, hinter dem Draugyste-Hotel. Auch die Veranstaltungen des jährlichen Sommertheaters »LIFE« finden hier statt.

Vilnius wäre nicht denkbar ohne seine Gedenkstätten und Friedhöfe, die großen Bücher des Lebens. Einer der ältesten und schönsten Friedhöfe ist der *Rasų kapinės,* **Tau-Friedhof,** in der Ramioji-Straße im Osten der Altstadt. Gegründet wurde er 1769 in der Vorstadt *Rasu* vom Bürgermeister Bazilius Miller. Er ist der Friedhof der Berühmtheiten. So liegt hier zum Beispiel Čiurlionis, der litauische Maler und Komponist begraben, auch der Wissenschaftler Basanavičiaus und andere Persönlichkeiten. Ein neuerer Friedhof ist der **Antakalnio-Friedhof** im gleichnamigen östlichen Stadtteil, auf dem die im Unabhängigkeitskampf am 13. Januar 1991 Gefallenen beigesetzt wurden.

## Museen und Ausstellungen
### Museen zur Geschichte
**Nationalmuseum:** Kulturgeschichte Litauens vom späten Neolithikum bis 1940. Fünf Abteilungen für Archäologie, Ethnographie, Geschichte, Ikonographie und Numismatik. Den Kernbestand des Museums bildet die litauische Sammlung des Kunsthistorikers *Eustachijus Tiškevičius.* Das Museum wurde bereits 1855 eröffnet. Damals war es die einzige Institution, in der die Öffentlichkeit mit der Geschichte des Großfürstentums vertraut gemacht wurde. 1910 organisierte Dr. Jonas Basanavičiaus die historisch-volkskundliche Sammlung. Die heutige Ausstellung wurde 1968 zusammengestellt, ein Teil davon 1990-92 erneuert. Arsenalo 1, 2001 Vilnius,

✆ 629426, 627774, Fax 611023. Mi – So 11 – 17 Uhr, 1. Mai – 1. Oktober 11 – 18 Uhr. Eintritt 2 Lit.

**Schutzmauer-Bastei Vilnius,** *Bastėja:* Im 17. Jahrhundert zur Verteidigung gegen die Schweden und Russen gebaut. Waffenausstellung. Achten Sie auf das Echo. Bokšto 20 – 18, 2001 Vilnius, ✆ 612149. Mi – So 11 – 17 Uhr, 1. Mai – 1. Oktober 11 – 18 Uhr. Eintritt 2 Lit.

**Gediminas-Burg:** Modell der Burgen von Vilnius, Waffen, Materialien zur Burggeschichte. Herrliches Stadtpanorama. In der alten Burg, Arsenalo 5, 2001 Vilnius, ✆ 617453. Mi – So 11 – 17 Uhr, Mai – September 11 – 18 Uhr. Eintritt 2 Lit.

**Museum für Zeitgeschichte Litauens:** Ausstellung über das Litauen der Jahre 1940 – 1990. Okkupation 1940, Krieg, Besatzung, Verbannung, Widerstand, eingerichtet 1993. Studentų 8, 2600 Vilnius, ✆ 355164, 355182. Di – So 12 – 17 Uhr, März – September 12 – 18 Uhr. Eintritt 2 Lit.

**Jüdisches Museum,** *Žydų Muziejus:* Nachdem das erste Jüdische Museum von den Sowjets 1949 geschlossen wurde, kam es 1990 im »Jerusalem Osteuropas« zur Neueröffnung. Ausstellung zu jüdischem Spielzeug, zur Großen Synagoge, zum Gymnasium »Tarbut«, zum Thema Juden im Unabhängigkeitskampf Litauens, zum Massenmord an den Juden. Dokumentarisches Material. 5500 von einst 240.000 Juden leben noch in Litauen – einige Enthusiasten von ihnen kümmern sich mit geringsten finanziellen Mitteln um das Museum mit seinen Filialen. Pylimo 4, ✆ 613105. O-Bus 2, 5 bis Petro Cvirkos, Parkplatz in der Pamenkalnio. Mo – Fr 11 – 17 Uhr. Eintritt 2 Lit.

**Ständige Ausstellung zum Holocaust:** Pamenkalnio 12, 2201 Vilnius, ✆ 264590, 620730, Fax 267083.

**Filiale des Jüdischen Museum in Panerai,** dem Vorort von Vilnius, in welchem Zehntausender litauischer Juden ermordet wurden. ✆ 264590, 620730 (Rachel Kostanian spricht Englisch). Täglich 9 – 17 Uhr außer Sa/So, Freitags und vor Feiertagen bis 16 Uhr. Eintritt 2 Lit.

**Genozid-Gedächtnismuseum,** *Lietuvos Genocido Aukų Muziejus:* Im ehemaligen KGB-Gebäude. Zu besichtigen ist das frühere Gefängnis des KGB, die Höfe, Kleidung und Arbeitsgeräte litauischer Frauen im Exil. Englische Beschriftung. Erweiterung geplant, ein weiterer Ausstellungsteil soll dem Widerstand in der Sowjetzeit gewidmet werden. Nach Abschluß aller Renovierungsarbeiten ist eine umfangreiche Ausstellung über die Arbeit des sowjetischen Sicherheitsdienstes geplant. Filmmaterialien werden aufgearbeitet. Gegründet wurde das Museum im Oktober 1992. Das Museumsgebäude stammt aus dem Jahr 1899 und diente in der Zarenzeit als Gericht, auch in der polnischen Zeit befand sich hier das Gericht, 1941-44 dann der Sitz der deutschen Geheimpolizei. Hier wurden unter anderem die Vernichtungsaktionen gegen die Juden geplant. Aukų 2a, im Zentrum, am Gediminas-Prospekt, 2001 Vilnius, ✆ 622449. Reiseführer in Deutsch und Englisch sowie Führungen in Vorbereitung. Bus Nr. 2 bis Lukiškių-Platz, O-Bus 7 bis Turakalnis. Täglich außer Mo 10 – 16 Uhr. Eintritt frei.

### Kunst & Kunsthandwerk

**Soros-Zentrum für zeitgenössische Kunst:** Informations und Vermittlungszentrum für Künstler. In einem Computer ist alles über die Künstler des Landes gespeichert, man kann Ausstellungslisten, Dias, Werkbeschreibungen von über 300 litauischen Künstlern finden. Die Mitarbeiter sind aktive Kunstkritiker und Kuratoren. Das Zentrum selbst organisiert eine Jahresausstellung. Alle Dokumentationen auch in Englisch. Vilniaus 22, im Radvilu-Palast, dem Gebäude des Kunstmuseums. Altstadt, 2001 Vilnius, ✆ 222997, Fax 222888. Verkehrsverbindungen: O-Bus 2, 5 vom Bahnhof. Mo – Fr 9 – 17 Uhr. Eintritt frei.

**Kunsthalle,** *Vilniaus Šiulaikinio Meno Centras:* Das größte Kunstzentrum des Baltikums, das verschiedenste künstlerische Arbeiten mittels zahlreicher Medien darstellt. Etwa 30 litauische und internationale Ausstellungen pro Jahr, Trienalen junger baltischer Künstler, Franco-Baltische Video-Festivals. Konzerte, Kino- und Video-Vorstellungen, im Frühjahr Musikfestival junger Künstler. Vokiėių 2, Altstadt, hinterm Rathausplatz. 2024 Vilnius, ✆ 629891, Fax 623954. Alle Buslininen zur Altstadt, zum Beispiel O-Bus 2, 5, 7. Eintritt 2 Lit, ermäßigt 1 Lit.

**Kunstgewerbemuseum,** *Museum für angewandte Kunst:* Kunstgegenstände aus den Manufakturen der Adligen des Großfürstentums Litauen, Kacheln der Gotik und Renaissance; Stickereien, Möbel, Gobelins, Gegenstände aus Brüsseler Manufakturen, Edelmetallerzeugnisse des Barock; Möbel und Porzellan des Rokoko, Webarbeiten, Porzellan, Glas und Möbel des Klassizismus und Biedermeier; Bernsteinerzeugnisse, Studien der Kaunasser Kunstschule, Keramik, Metallplastiken, Kunsttextilien, Lederarbeiten aus der nationalen Schule und vieles andere von litauischen und westeuropäischen Meistern. Chronologische Ordnung der Exponate, bis zum 20. Jahrhundert. Im rekonstruierten alten Arsenal der Vilniusser Burg aus dem 13. Jahrhundert. Arsenalo 3, 2001 Vilnius, Verkehrsverbindung: O-Bus 2, 3, 4, 8, 12, 17. ✆ 628080, 620140. Geöffnet außer Mo 12 – 18 Uhr, Mai – September 11 – 17 Uhr. Eintritt 2 Lit, ermäßigt 1 Lit, mittwochs freier Eintritt.

**Kunstmuseum:** Litauische Kunst von 1907 – 1940. Arbeiten von Künstlern der Kaunasser Schule, die größten litauischen Maler und Bildhauer sind hier vertreten. Gute Akustik im großen Saal. Hintergrundmusik und Konzerte. Im alten Vilniusser Rathaus, ein monumentales klassizistisches Gebäude mitten in der Altstadt. Didžioji 31, 2001 Vilnius, ✆ 624856 und 628639. Verkehrsverbindung: O-Bus 2, 5, 7 bis Trakų. Täglich außer Mo: März – Oktober 12 – 18 Uhr, November bis Februar 12 – 17 Uhr. Eintritt 2 Lit.

*Lesen Sie bitte weiter auf Seite 327*

## Das Jerusalem Osteuropas

Seit dem 16. Jahrhundert gibt es in Vilnius eine Jüdische Gemeinde, zu Beginn des 20. Jahrhunderts machten die Juden gut 40 Prozent der Bevölkerung aus. Eine Vielzahl von hervorragenden Rabbinern, Künstlern, Gelehrten und Wissenschaftlern kam im Laufe der Jahrhunderte aus ihren Reihen und machte Vilnius zu einem bedeutenden Zentrum des Judentums. Es gab eine jüdische Bibliothek, ein jüdisches Theater, ein Forschungszentrum für Jiddisch, einen jüdischen Schriftstellerverband, jüdische Verlagshäuser und mehr als hundert Synagogen. Im Juni 1940 begannen die Nazis, alles auszulöschen. In den ersten Kriegsmonaten wurde die Hälfte aller Juden in Vernichtungslager deportiert, dennoch wurden die Tätigkeiten in den jüdischen Schulen und Krankenhäusern sowie die Arbeit des Theaters und Symphonischen Orchesters fortgesetzt. Nachdem die Nazis bereits mehr als 40.000 Juden in Paneriai bei Vilnius umgebracht hatten, organisierte sich der jüdische Widerstand. Doch dann wurde die Parole der »Endlösung der Judenfrage« ausgerufen, alle Ghettos wurden geräumt. 94 % der Juden kamen in den Todeslagern um, in Paneriai bei Vilnius wie in den KZs um Kaunas, in Maidanek, Treblinka, Auschwitz oder Dachau.

Hilde Shermann schildert in »Zwischen Tag und Dunkel« ihre

*Im Genozid-Gedächtnismuseum: eine der Gefängniszellen sowie ausgestellte Kleidung und persönliche Gegenstände litauischer Frauen*

Mädchenjahre im Ghetto im Baltikum, ein Augenzeugenbericht, der niemanden kalt lassen kann.

Von G. Smoliakovas »Die Nacht, die Jahre dauerte« gibt es jetzt auch eine deutsche Übersetzung; hier wird in ergreifender Weise das schreckliche Schicksal der Juden in Litauen erzählt. Die Filialen des Jüdischen Museums erinnern an die einst blühende Kultur, an das unendliche Leid der Juden im Baltikum. Bis heute wird von vielen Litauern die Kollaboration mit den Nazis geleugnet, bis heute wissen viele leider nichts über das Judentum und dessen Schicksal.

*Fortsetzung von Seite 325*

**Nationalgalerie:** 1991 eröffnet in einem riesigen Betonbau. Litauische Volkskunst aus dem 19. und 20. Jahrhundert aus allen ethnographischen Regionen: Aukštaitija, Žemaitija, Suvalkija, Dzūkija. Studentų 8, 2034 Vilnius, © 755164. Verkehrsverbindung: O-Bus 8, 9, Bus 2, 46 bis Moksleiviu rūmai, Aerouosto kasos. Täglich außer Mo: März – Oktober 12 – 18 Uhr, November – Februar 12 – 17 Uhr. Eintritt 2 Lit.

**Radvilu-Palast,** *Radvilų rūmai,* Filiale des Kunstmuseums: Der Palast des Jonušas Radvila war Mitte des 17. Jahrhunderts einer der schönsten in Vilnius, reich ausgestattet mit Arbeiten bekannter westeuropäischer Künstler. Sammlung hervorragender Werke westeuopäischer Malerei: von Cornelios Mahu über Marcello Venustis bis Juan Ricci und Bernardo Belotto. Vilniaus 22, 2002 Vilnius, © 220166, 221346. O – Bus 2, 3, 4, 5, 12 bis Jogailos. Täglich außer Mo: März – Oktober 12 – 18 Uhr, November – Februar 12 – 17 Uhr. Eintritt 2 Lit.

**Puschkin-Literaturmuseum,** *Puškino Muziejus:* In einem Holzhaus auf dem Markučiai-Gut – hier lebte der jüngste Sohn des großen Dichters A.S. Puschkin, *Grigorij Puschkin,* von 1899 – 1905. Authentische Möbel und Einrichtungsgegenstände der Puschkin-Familie, großer Ausstellungsteil zu Puschkin und Litauen sowie zur Freundschaft zwischen Puschkin und Mickiewicz. In Litauen kreuzten sich die Wege von Schriftstellern verschiedener Nationen, so ist ein Teil des Museums dem Letten J. Rainis sowie dem Ukrainer T. Schewtschenko und anderen gewidmet. Ein alter Park lädt zum Spazieren ein. Subačiaus 124, 2014 Vilnius, © 690080, 690415. Verkehrsverbindung: Bus 10, am Fuße eines grünen Hügels, an einer Vilnia-Schleife. Mo/Di Ruhetag, sonst 11 – 18 Uhr geöffnet. Eintritt 1,50 Lit, Kinder 80 Cent.

## Unterkunft

In allen genannten Hotels außer dem »Adelita« gibt es englisch- oder sogar deutschsprachiges Personal.

*Adelita:* Direkt am Flughafen, der modernisierte Teil des alten Skrydis-Hotels, ein litauisch-amerikanisches Joint-Venture. 25 DZ für 300 Lit und 4 EZ für 200 Lit, Luxus-Apartment für 2 Personen 360 Lit, jeweils mit

Frühstück. Rodūnes kelias 2, ℡ 262133, Fax 660865.

*Astorija:* Erstklassige Lage mitten in der Altstadt. Erbaut 1901, ein schickes Haus an der St. Kasimirkirche. 1994 begann die Renovierung – nach Abschluß (voraussichtlich Ende 1997) ist es sicher eine Perle in Vilnius. Didžioji 35, ℡ 224020, Fax 220097.

*Balatonas:* Eine weiße Villa im maurischen Stil in einem ruhigen grünen Vilniusser Wohnviertel jenseits der Neris. Das exklusive Viertel wird durch eine Fußgängerbrücke mit dem Zentrum verbunden, die in der Verlängerung auf den Gediminas-Prospekt führt. Sehr schön und komfortabel, aber überteuert. 13 Zimmer, 7 Lux, Amex, Visa, EC, Mastercard werden aktzeptiert. EZ 300 Lit, 75 US$; DZ 380 Lit, 95 US$, EZ-Lux, 400 Lit, 100 US$; DZ-Lux 480 Lit, 120 US$. Alle Preise inklusive Frühstück. Sauna (200 Lit). Garage bzw. Parkplatz für Gäste frei, sonst 80 Lit pro Stunde. Lativų 38, 2004 Vilnius, ℡ 722250, Fax 722134.

*Grybas House:* Ein außerordentlich hübsches, sehr kleines Stadthotel mit freundlicher Atmosphäre im schönsten Teil der Altstadt, fast immer ausgebucht. In einem ruhigen Hof, 7 Zimmer, Reservierung empfohlen. Visa, Mastercard. 440 Lit EZ, 560 Lit DZ, 640 Lit Apartment, alles mit Frühstück. Aušros Vartų 3, ℡ 619695, Fax 222416.

*Idabasar:* Das exklusivste und teuerste in Vilnius. Großzügige Apartments mit Kamin. Die Neueröffnungs-Überraschung von 1995, trotz Überteuerung fast immer belegt. Zentrale Lage mitten in der Altstadt, lärmgeschützte Fenster. In allen Apartments Wohn- und Schlafzimmer, Sat-TV, Minibar, Badezimmer mit beheiztem Fußboden, in 2 Apartments Küchen. Je nach Ausstattung kostet ein Apartment 400 – 600 Lit mit Frühstück im Restaurant »Idabasar«. 4 Apartments, Visa, Amex, EC, Mastercard werden akzeptiert. Subačiaus 1, ℡ & Fax: 627834.

*Draugyste:* Ruhig gelegen am größten Park von Vilnius, dem Vingis-Park. Gut bewacht. Konferenz- und Bietketträume, Restaurant. Hier spüren Sie noch etwas vom Flair der Sowjetzeit. Einfache Zimmer. Bewachter Parkplatz, Wechselstelle, Zeitungskiosk mit deutschen Zeitungen, Reisebüro mit Verkauf von Tickets aller Art im Haus. Panoramafahrstuhl mit Blick über die Stadt. 99 Zimmer, 20 Lux, 3 Apartments. Amex, Visa, EC, Mastercard und Diners werden akzeptiert. EZ 240 Lit, DZ 320 Lit, Lux-EZ 420 Lit, Lux-DZ 490 Lit, inklusive Frühstück. Sauna 200 Lit/Stunde. Čiurlionis 84, ℡ 236603, Fax 263101.

*Lietuva:* Den einstigen Glanz als bestes Hotel von Vilnius hat es lange verloren. Früher war es das traditionelle Ausländer (Intourist)-Hotel. Es ist das größte Hotel direkt an der Neris, das Hochhaus leuchtet überall heraus. Hier ist immer noch ein Zimmer frei, wenn andere Hotels wegen Messen oder ähnlichen Veranstaltungen bereits ausgebucht sind. Umfangreiche Serviceleistungen, Konferenzräume, Ärzte im Haus, Friseur, Wäscheservice, Sauna, Zeitungsverkauf,

Garage und Apotheke. Nähe Zentrum, verschiedene Bars und Restaurants im Haus. Schöner Blick über die Stadt vom Restaurant im 22. Stockwerk. 316 Zimmer, 18 Juniorsuiten, insgesamt 550 Betten. 106 – 480 Lit EZ; 191 – 600 Lit DZ; 500 – 680 Lit Lux, je nach Ausstattung. Ukmergės 20, ✆ 726090, 726092 (Reservierung), Fax 722130.

*Karolina:* Eines der besten Neuen, doch leider außerhalb gelegen. Moderne, komfortable Zimmer in einem Hotel aus dem Jahr 1993 in einem Neubauviertel am Stadtrand von Vilnius. Sauna, Tennisplätze (4 Außen-, 4 Hallenplätze) kostenfrei für Hotelgäste, kostenpflichtig für Besucher. Restaurant mit europäischer Küche. Verkehrsverbindung: O-Bus 16 bis »Kometa-Supermarkt«, Žaibo. Kleine Garage vorhanden, für Hotelgäste gratis, sonst 40 Lit pro Nacht, unbewachter Parkplatz. Für Autofahrer: Orientierungspunkt ist der Fernsehturm, dort ist das Hotel dann auch mit Zeichen am Straßenrand ausgeschildert. 104 Zimmer. 320 Lit EZ, 360 Lit DZ, 440 – 500 Lit Lux, 600 Lit 3-Bett-Apartment. Sausio 13-osios 2, ✆ 659212, 453939, Fax 269341.

*Litimpex:* Vermittlung von Bed & Breakfast. Deutsch- und englischsprachige Gastfamilien in der Altstadt. Auch Dolmetscher, Reiseführer (59 Lit pro Stunde), Auto- und Fahrradverleih (Fahrräder 20 Lit pro Tag). 60 Lit EZ, 100 Lit DZ. Mo – Fr 9 – 18 Uhr, Sa 9 – 16 Uhr. Büro in der Altstadt, Nähe Kathedrale, Verkehrsverbindung: O-Bus 2 bis »Gedimino« (40 Cent), dann an der Kathedrale vorbei in die Pilies laufen und die erste Straße links, das ist die Bernardinu; dann noch 100 m. Auch Vermietung von Wohnungen: 160 Lit für eine, 240 Lit für zwei Personen. Visa, Mastercard. Für Vilnius, Klaipėda, Kaunas, Palanga, Trakai. Bernardinų 7 – 2, ✆ 223850, Fax 223559.

*Mabre Residence Hotel:* Das romantischste und historisch wertvollste Hotel Litauens. Eine Perle mit sehr großzügigen, komfortabel und modern ausgestatteten Zimmern und Apartments. Gelegen im Herzen der Vilniusser Altstadt in einem alten Kloster, das früher orthodoxe Kloster gehörte noch immer der russischen Kirche. Die Exclusivität ist mehr als ihren Preis wert, für so (relativ) wenig Geld bekommen Sie nirgendwo sonst im Baltikum so gute Qualität geboten. Hier stimmt einfach alles: Komfort, zentrale Lage, Historie, gutes Essen, gastfreundliche, angenehme Atmosphäre, ausgezeichnetes Preis-Leistungs-Verhältnis. Ein litauisch-deutsches Gemeinschaftsunternehmen. Bewachter Parkplatz direkt im Hof, Sauna und Pool (1 Stunde 15 US$). 9 Luxussuiten, 12 DZ 430 – 450 Lit, 6 EZ 325 – 365 Lit. Rechtzeitige Reservierung empfohlen. Amex, EC, Mastercard, Visa, Diners werden akzeptiert. Ein exclusives Restaurant nebenan ist im Bau. Suite Kategorie I (mit Arbeits- und Gästezimmer inklusive Gästebad) 725 – 930 Lit, Suite Kategorie II (mehrere Räume) 445 – 510 Lit, Suite Kategorie III (ein großzügiger Raum mit Bad) 375 – 395 Lit. Frühstück 25 Lit extra. Maironio 13, ✆ 222087, 222195, Fax 222240.

*Pilaite:* In einem stattlichen Palast aus dem 18. Jahrhundert direkt an der Neris. Saubere, gut ausgestattete Zimmer. Nehmen Sie Nr. 9, und Sie haben einen schönen Blick auf die Neris-Schleife und einen Teil der Stadt bis hin zum Fernsehturm. Zentrale und doch ruhige Lage, Nähe Opern-

Rezeption des Hotels Karolina

haus. Frühstück inklusive, gibt es aufs Zimmer. 10 Zimmer, davon 4 Lux, die sich aber nur durch ein zusätzliches Zimmer unterscheiden, sonst völlig gleicher Komfort. Reservierung empfohlen. Pizzeria im Haus. 239 Lit EZ, 279 Lit DZ, 316 Lit Lux als Einzelperson, 356 Lit Lux zu zweit. Kalvariu 1, ✆ 752292, Fax 752269.

*Naujasis Vilnius:* Von außen ein grauer Kasten, doch innen sehr guter Service, die Renovierung der Zimmer in diesem schweizerisch-litauischen Joint Venture schreitet voran, soll 1998 abgeschlossen sein. Gutes Restaurant mit abendlicher Piano-Musik. An der Neris gelegen. Bewachter Parkplatz vor dem Haus. 85 Zimmer. 180 – 200 Lit EZ, 230 – 250 Lit DZ, renovierte Zimmer teurer. Inklusive Schwedisches Frühstücksbüffet. Alle Kreditkarten. Ukmergės 14, ✆ 721342, 726750. Fax 723161.

*Victoria:* Sie wohnen in modernsten Zimmern mit gemütlichen Rattanmöbeln, am Rande des Stadtzentrums. Schwedisches Management. Ein bewachter Parkplatz ist leider nicht vorhanden, die Garage kostet 30 Lit pro Nacht. Verkehrsanbindung: O-Bus 7 (vom Bahnhof) bis »Sėlių« und dann noch 7 min zu Fuß. Oder Autobus 2 (vom Flughafen) bis »Moksleivių rūmai« und 10 min zu Fuß, oder vom Zentrum: Bus 11 bis »Latvių«. 42 Zimmer. Visa, EC, Mastercard. Eigene Warmwasserversorgung. 168 – 248 Lit EZ, 238 – 298 Lit DZ, 368 – 388 Lit Suite. Saltoniškių 56, ✆ 724013, Fax 724320.

*Villon:* Top-Hotel außerhalb der Stadt, in grüner Umgebung mit Seen und Wäldern, Natur direkt am Haus. Ideal als Ausgangspunkt für Aukštaitija-Touren, wenn Sie Vilnius-nah wohnen wollen und zugleich Ausflüge in die Umgebung machen möchten. Sehr gutes Preis-Leistungs-Verhältnis. Man findet hier alles: Sauna, Pool, Solarium, freundlicher Service, umfangreiche Serviceleistungen, kostenfreier Shuttlebus zum Zentrum, Konferenzräume, Bars, ein exclusives Restaurant, Nachtclub; Reiten, Angeln, Bootfahren möglich. Modernste komfortable Zimmer in skandinavischem Design. Bewachter Parkplatz. Sehr gutes Sicherheitssystem. An der A 2, 19 km außerhalb der Stadt. 74 Zimmer. Alle Kreditkarten werden akzeptiert. 87 US$ EZ, 98 US$ DZ, 107 – 124 US$ Lux, 145 US$ Lux mit zwei Schlafzimmern, 160 – 200 US$

Apartment. Der Gegenwert in Lit wird auch akzeptiert. Die höheren Preise gelten vom 1. April – 15. Oktober. 15 % Wochenendrabatt. Postfach 2590, 2015 Vilnius, ℂ 505100, 651385, Fax 651385.

*Žaliasis Tiltas:* Zwei Filialen im Zentrum, eine direkt an der Neris, doch die ideale Lage und normal ausgestattete, saubere Zimmer sind auch alles, was die Häuser zu bieten haben – auf den ersten Blick preiswert in der teuren Hotellandschaft von Vilnius, doch der Zimmerpreis erhöht sich fast auf das Doppelte, wenn Sie Fernseher oder gar Telefon wünschen. 71 Zimmer und 5 Lux, EC, Mastercard, Amex, Diners. 60 – 250 Lit EZ, 120 – 320 Lit DZ, 360 – 400 Lit Lux. Frühstück inklusive. Vilniaus 2 – 15 (am Kreisel an der Neris), ℂ 615460, Gedimino pr. 12, ℂ 221716, Fax 221716.

*Neringa:* Gedimino 23, ℂ 610516, Fax 614160. 40 Zimmer. 280 Lit EZ, 360 Lit DZ, 460 Lit Lux. Inklusive Frühstück.

## Essen und Trinken

*Corner:* Vor der Renovierung gab es hier die besten Kaviar-Blynai und hervorragenden Obstsalat. Neueröffnung für 1997 geplant – ein Luxusrestaurant soll es werden. Im Hotel »Astorija«. Didžioji 35, ℂ 224041.

*Idabasar:* Exclusives Restaurant mit internationalem Interieur: antike Puppen, Palmen, weißes Gewölbe. Deutsche Speisekarte (litauisch-deutsches Gemeinschaftsunternehmen). In einem Architekturdenkmal aus dem 16. Jahrhundert, direkt in der Altstadt gegenüber der Philharmonie. Sehr gut, hier finden Sie auch deutschen Spargel, einen richtig frischen Salat oder Schweinesteak, doch übertreuert. Wählen Sie zum Beispiel den Salat »Idabasar«, eine Forelle »Müllerin Art« und Palatschinken mit Nußfüllung, dazu 200 g litauischen Sekt und einen Kaffee, so zahlen Sie pro Person etwa 90 Lit. Im Keller rustikale Bar (Bierrestaurant), wo Sie auch bayrische Haxe bekommen. Es werden auch litauische Spezialitäten geboten. Subačiaus 3, ℂ 628484, 628582, Fax 627834. Täglich 12 – 24 Uhr, 40 Plätze Restaurant, 70 Plätze Bar. O-Bus 2, 5, 7 bis »Aušros vartai«, dann zu Fuß. Visa, EC, Amex werden akzeptiert.

*Markus ir K°:* Der erste Versuch eines Steakhauses. Originell und gemütlich. Teuer, aber Steaks sind eben etwas ganz Besonderes in Litauen. Abwechslung bietet auch die gute Käseplatte (suriu asorti). Für einen Bananensalat, ein gutes Steak mit Folienkartoffeln und Mineralwasser bezahlen Sie zu zweit 110 Lit. Žydų 4a, Eingang von Antokolskogo 9, geöffnet 12 – 24 Uhr, etwa 60 Plätze. ℂ 623185.

*Olimpija:* Man versucht sich in chinesischer Küche, es ist auch sehr scharf – doch das ist alles, was an China erinnert. Für ein dreigängiges Menü zahlen Sie zu zweit 95 Lit. Englische Speisekarte. 12 – 22 Uhr, Sa/So 13 – 22 Uhr. Kein Ruhetag, im Sommer Garten. Vrublevskio-Straße, Nähe Kathedrale, ℂ 222384.

*Ponių Laimė* (Lady's Happiness): Elegantes Café, exlusives Restaurant. Abends Reservierung notwendig. Außer Mo/So täglich Live-Musik, Di

Jazz. Süßspeise und Capuccino für zwei Personen kosten Sie im Café um die 14 Lit. Gedimino 31, ✆ 625687, geöffnet 8.30 – 0.30 Uhr, Sa 11 – 0.30, So 13 – 0.30 Uhr, alle gängigen Kreditkarten außer Diners und Amex werden akzeptiert.

*Prie Parlamento:* Das etwas andere Restaurant am Parlament. Rustikaloriginell. Auch das gute einheimische Bier aus Utena bekommen Sie hier. Englisches Frühstück, englische Speisekarte. Für einen Gemüsesalat, eine Lasagne, Birne Helene sowie ein Utenos-Bier und heiße Schokolade zahlen Sie hier etwa 66 Lit für zwei Personen. Fast immer voll besetzt, obwohl es auf drei Stockwerken immerhin 180 Plätze gibt. Eine der beliebtesten Gaststätten. Fr und Sa Piano- und/oder Saxophon-Musik. Ein Joint Venture mit Neuseeland. Gedimino 46, ✆ 621606. Verkehrsverbindung: Bus 10, 17 bis »Likškių«-Platz, Mo – Fr 8 – 23 Uhr, Sa – So 10 – 23 Uhr. In der Kellerbar lautere Musik, im Erdgeschoß Café-Stil mit Pianomusik, die Bar im Obergeschoß ist in jagdgrün gehalten. Frequentiert von etwa 700 Leuten pro Tag. Ein voller Geschäftserfolg für den Neuseeländer Paul Gilbert.

*Šaltuona:* Große Salatauswahl, leckere kleine Snacks für zwischendurch. Sehr preiswert. Pizza 7 Lit, Obstsalat 2,20 Lit, Krabbensalat 3,80 Lit. Jakšto 9, Seitenstraße des Gedimino-Prospektes, ✆ 629749, 12 – 24 Uhr.

*Senas Grafas:* Das einzige Fonduerestaurant in Vilnius und wohl auch in Litauen. Ob Geflügel-, Käse- oder Schokoladen-Fondue, alle sind lecker. Dazu klassische Musik. Allerdings etwas übertreuert: eine Krevettenvorspeise, ein Geflügelfondue Burgund, ein Fondue mit italienischem Käse, dazu Weißwein zu zweit – und Ihr Geldbeutel ist um 160 Lit leichter. Šv. Kazimiero 3, ✆ & Fax 220493.

*Stikliai-Café:* Hübsch dekorierte Eisbecher, Pizza, leckere kleine Speisen. Originelle Ausstattung. Ein Stop auf dem Altstadtrundgang zu einem Snack mit Getränk kostet zu zweit nur 18 Lit. Lecker sind die Fruchtcocktails, doch nicht täglich im Angebot, achten Sie auf die Tafel an der Theke. Stiklių 18. 9 – 23 Uhr, Sa 12 – 22 Uhr, So 10 – 22 Uhr.

*Trys Draugai* (Drei Freunde): Ein schicker ungarischer Weinkeller, eine kleine Bar und oben ein Steakhaus, für jeden Geschmack etwas: rustikal oder elegant. Für ein gutes Steak mit Folienkartoffeln und Rotwein stehen für zwei Personen 140 Lit auf der Rechnung. Im Sommer Veranda. Pilies 25a, ✆ 222455, 12 – 24 Uhr.

*Naujasis Vilnius:* Im gleichnamigen Hotel. Die Einrichtung im alten sowjetischen Stil ist nicht sehr ansprechend, doch die Küche ist sehr gut. Auch leckere vegetarische Speisen. 75 Lit finden Sie auf der Rechnung, wenn Sie zu zweit einen »Pavasaris«-Salat, ein vegetarisches Hauptgericht und Eisbecher verzehren und dazu Orangensaft und Kaffee trinken. Visa, Amex, Diners, EC, MC. ✆ 733111, 733002. Geöffnet 7.30 – 23 Uhr.

*Viola:* Das Restaurant eines Armeniers an der Neris. Sehr gute Küche und freundlicher Service. Preiswert: ein dreigängiges Menü für zwei Personen 30 Lit. Spezialitäten: armenischer Käse, Dolmas (gefüllte Pfefferschoten bzw. Weinblätter), Kebab. Kalvarių 3. Nähe Pilaite-Hotel, ✆ 731083. 13 – 24 Uhr.

*Ritos sleptuve:* Ein altes Fahrrad in der Ecke, Besteck in den Beton des Fußbodens eingemauert, Verkehrsschilder an den Wänden auf dem Weg zum WC, gute Ribs, Long Island Ice Tea, Pizza … alles sehr amerikanisch, einer der originellsten und verrücktesten Plätze in Vilnius. Die Amerikanerin Rita Dapkutė hatte die Idee dazu. Sonntags Live-Musik. Kein Ruhetag. Auch Pizza-Heim-Service. Visa, MC, EC, Diners, Amex. Gostauto 8, Parkplatz vor dem Haus, Eingang von Mečetės. ✆ 626117, 7.30 – 2 Uhr, Fr/Sa 7.30 – 6 Uhr.

*Literatų Svetainė* (Das Literateneck): Ein Oldie, doch immer noch elegant und nun auch endlich ohne Eisenstäbe und dicke Gardinen. Direkt gegenüber der Kathedrale – ideale Lage. Englische Speisekarte. Sie bekommen hier die traditionellen Kotletas, Karbonadas, Kepsnys – wie in Litauen das Fleisch heißt. Für die gebotene Qualität preiswert. Gedimino 1, ✆ 612639, 12 – 23 Uhr.

*Stikliai:* Einige Meter vom vorgenannten Café entfernt wurden Kellergewölbe ausgebaut und hier das für lange Zeit beste Restaurant der Stadt eröffnet, später kam noch ein Bier- und Weinkeller hinzu. Im Weinkeller gibt es die wohl beste Auswahl an französischen und italienischen Weinen der Stadt. Auch Catering Service außer Haus. Die Bierbar ist ein Mix aus Britischem Pub und deutschem Bierkeller. Probieren Sie das bernsteinfarbene Biržai-Bier. Das Restaurant ist sehr elegant. Stiklų 7, 11 – 1 Uhr.

*Neringa:* Aus den 70er Jahren, alles finden Sie hier noch im alten sowjetischen Stil vor: poststalinistisches Dekor, ein Springbrunnen ohne Wasser, eine preiswerte Speisekarte, lange nicht alles, was auf der Karte steht, ist auch vorrätig. Gedimino 23, ✆ 614058; 8 – 23 Uhr, kein Ruhetag. Visa, Mastercard.

*Geltonoju Upe:* neues chinesisches Restaurant der gerade genannten »Stikliai«-Kette, Galvony 7, ✆ 222318, Fax 223870.

*Kavinė N:* Ein Eiscafé im Herzen der Altstadt mit dem besten Eis der Stadt. Schmackhafte Salate und kleine Snacks. Pilies 24. 10 – 22 Uhr.

*Geležinis Vilkas* (Der eiserne Wolf): Eine Bar, ein Café und ein Restaurant gehören dazu. Synthese aus modernem Interieur und Holzdekor. Englisch- und deutschsprechendes Personal, litauische und internationale Küche. Auch Nachtclub, Sauna, Pool, Bankettsaal und Pub gehören zu dem Etablissement. Lukiškių 3, ✆ 224751, 12 – 5 Uhr, alle gängigen Kreditkarten. Bus 2 oder O-Bus 7 bis »Lukiškių aikštė« zum Restaurant. Café in der Vokiečių 2 an der Kunsthalle.

## Am Abend

Aktuelle Programme in »Vilnius in your pocket« – dem aktuellen kleinen Reiseführer, den Sie vor Ort kaufen können.

*Opern- und Ballettheater:* Vienuolio 1, ℡ 620636, 620727. Fax 623503.
*Philharmonie:* Aušros Vartų 5, ℡ 626401.
*Leandra Jazz Klub:* Labarių 8, ℡ 221724. Mo – Fr 11 – 19, Sa 13 – 19 Uhr, Bar und Café.
*Ben's Night Club:* Im Villon Hotel. ℡ 505200, 505300. 22 – 4 Uhr außer So/Mo.

## Einkaufen

*Russische Galerie:* Kunstwerke russischer Maler und Bildhauer, wunderschöne Lackminiaturen, Spitzen, preiswerte schöne Patchwork-Arbeiten, russische Tücher … alles Originale aus den bekannten Künstlerdörfern bei Moskau. Wechselnde Ausstellungen. Bei Kauf werden alle notwendigen Zolldokumente und Fotos vorbereitet. Russisches Kulturzentrum, Bokšto 4, ℡ 223236, Fax 223236. Mo – Sa 11 – 18 Uhr, So geschlossen.

*Vilnius ir Dailė:* Kunstgalerie von Strays Juškus, die erste private, eröffnet 1990. Malerei und Grafiken, Schmuck und Bernstein, Leder- und Holzarbeiten. Zolldokumente werden vorbereitet. B. Radvilaitės 6, ℡ 226611. Mo – Fr 10 – 24.30 und 15.30 – 19 Uhr, Sa 10 – 17 Uhr. Visa.

*Arka-Galerija:* Gemälde, interessante Schmuckarbeiten. Im Hof mit Café und Terrasse. Bereits 115 Künstler stellten seit der Eröffnung 1990 ihre Arbeiten hier aus. In einem Gebäude mit Stilelementen vom 16. bis zum 19. Jahrhundert: gotische Konstruktionen, ein barockes Tor, eine klassizistische Frontseite. Auch Verkaufsausstellungen der Avantgarde, internationale Künstler, Kunstabende. Arka spiegelt die Trends der neuesten litauischen sowie internationalen Kunst wider. Es werden auch Künstler für Auftragsarbeiten vermittelt. Am Kreuzungspunkt von Pilies- und Aušros vartų-Straße, Nr. 71, Altstadt.

*Amber-Sagė:* Einer der exlusivsten und teuersten Bernsteinläden, im Herzen der Altstadt, Nähe Aušros-Tor. Wunderschöne Steine – wunderbar verarbeitet, für die, die sich Bernsteinschmuck etwas kosten lassen wollen. Aušros vartų 15 – 2, ℡ 617475, Fax 220748. Mo – Fr 10 – 13 und 14 – 19 Uhr, Sa 10 – 16 Uhr, So 10 – 15 Uhr. EC, Mastercard.

*Draugystė-Buchladen:* Größte Filiale der Vilniusser Zentralbuchhandlung. Umfangreiche Auswahl an fremdsprachigem und landeskundlichem Material. Gedimino 2.

*Amatų seklyčia:* In einem wunderschönen, wenngleich renovierungsbedürftigen Innenhof begrüßt Sie ein Skelett, doch dieses weist zum Antiquariat – links jedoch führen unregelmäßige Stufen in ein Kellergewölbe mit sehr hübschen kunstgewerblichen Sachen. Originelle Keramik, Bernstein, Schmuck aus Kieselsteinen – der schwierige Abstieg lohnt. Pilies 32, ℡ 618812. Täglich 10 – 19 Uhr.

*Sauluva:* Großes Kunstgewerbegeschäft mit umfangreichem Angebot. Bernsteine aller Größen und Farben, Leder, Keramik, Arbeiten aus Stroh und Holz; auch die typisch litauischen Verbos, die Wedel zum Osterfest, finden Sie hier sowie verschiedene handgefertigte Ostereier. Lassen

Sie sich vom Angebot im Eingangsbereich nicht abschrecken, im hinteren Raum ist das Kunstgewerbe. Auch ein Juwelier hat hier seinen Sitz. Pilies 22, ✆ 221696, Fax 221227. Täglich 10 – 19 Uhr.

*Dailė:* Großer Kunstladen, größer ist das Angebot an Gemälden litauischer Maler nur bei den Straßenverkäufern. Zolldokumente werden ausgestellt. Vokiečių 2, ✆ 619516, Mo – Fr 10 – 14, 15 – 19 Uhr, Sa 10 – 16 Uhr.

*Medalių Galerija:* Metallarbeiten, Medaillen und moderne Skulpturen – ständige Verkaufsausstellung litauischer Bildhauer. Šv. Jono 11, ✆ 224154, 11 – 18 Uhr außer So/Mo.

*Antikvariatas:* Antiquariat, Ausstellungsraum und Schmucklädchen. Im Antiquariat (linker Verkaufsraum) finden Sie alles von Porzellan über Grammophone bis zu Münzen, auch Gemälde und Möbelstücke. Stiklių 16, EC, Mastercard.

*Litauische Weberei:* Hinter den bunten Fensterläden in der Vilniusser Altstadt, Ecke Stikliai, sind litauische Webereien untergebracht, hier können Sie Weberinnen in Volkstracht zuschauen und deren Arbeiten kaufen. Nur sporadisch geöffnet – vielleicht haben Sie ja Glück, oder Sie rufen vorher an. Žydų 2 – 10, ✆ 625586.

*Kuparelis:* Großes Angebot an schmiedeeisernen Erzeugnissen und Leinen neben den üblichen Souvenirs. Didžioji-Straße. Täglich 10 – 18 Uhr.

*Straßenverkauf:* An der Pilies-Straße werden Sie vor allem im Sommer stets viele Händler finden, vor allem Maler, die ihre Kunstwerke feilbieten.

*Auf dem Kažiūkas-Jahrmarkt am 4. März*

*IKI:* Die größte Supermarktkette in Vilnius. Einkaufen fast wie daheim. Žirmūnų 68, 9 bis 21, So 9 bis 14 Uhr. Jasinkio 16, am Parlament: 9 – 22 Uhr. Antakalnio 44: 9 bis 22 Uhr, außer So. Mickevičiaus 26: 9 bis 21 Uhr, außer So.

*Blumenmarkt:* Rund um die Uhr die schönsten Arrangements: Basanavičiaus 42.

## Nützliches

**Apotheke:** Deutsche Apotheke, Didžioji 13, ✆ 224232, 9 – 19 Uhr außer So, Sa 10 – 18 Uhr.

**Zahnarzt:** *Dentalis* – private Klinik. Algirdo 8, ✆ 651232, 651296, 9 – 18 Uhr außer Sa und So. Siehe auch »Gesundheit«, Seite 116.

**Krankenhaus:** *Santariškes,* folgen Sie der Straße, die an der Neris-Brücke am Pilaite-Hotel beginnt, immer geradeaus bis ans Ende der Stadt, dort der große Komplex ist das Universitätskrankenhaus. Santariuškų 2, ✆ 779912.
**Zentralpost:** Gedimino 7, ✆ 616759. Mo – Fr 8 – 20 Uhr, Sa – So 11 – 19 Uhr. Vermittlung von Telefongesprächen ins Ausland: 8-194, 8-195 (englischsprechend). Vorwahl Vilnius: Aus dem Ausland: 370-2-..., Inland: 8-langer Ton-22-... Telefonieren ins Ausland: 8-langer Ton-10-Ländervorwahl-... Deutschland 49, Österreich 43, Schweiz 41. 5,80 Lit pro Minute.
**Telefon:** Öffentliche Telefone gebührenfrei. Infotelefon 222181. Telefonauskunft 09.
**Telegraph:** Vilniaus 33 – 2, ✆ 619950. Offen rund um die Uhr für Telefonate und Telegramme.
**Tennis:** Das Hotel »Karolina« verfügt über 4 Außenplätze, die auch vermietet werden, wenn Sie nicht im Hotel wohnen, außerdem 4 überdachte Plätze für Hotelgäste (ohne Gebühr).
**Flughafen:** 13 km außerhalb der Stadt. Bus Nr. 2. Information ✆ 630201, 635560.
**Bahnhof:** Stotis – Geležinkelio 16, ✆ 630088, 630086, Vorverkauf im Büro Šopeno 3, ✆ 623033 (ratsam zur Vermeidung langer Wartezeiten am Abfahrtstag an den Kassen). Telefonische Vorbestellung: ✆ 626956.
**Busbahnhof:** Sodų 22, ✆ 262482.
**Taxi:** *Staatliches Unternehmen* ✆ 228888, tagsüber 1 Lit/km. *Lena* ✆ 630307, *Kauno* 21-2.

**Autovermietung:** Über die meisten Hotels und am Flughafen.
*Hertz:* am Flughafen Vilnius, ✆ 260394, und T. Vaižganto 9, 1, ✆ 227025, Fax 226767, ab 28 US$ pro Tag zuzüglich Steuer und Kilometer, auch Transfers nach Riga, Tallinn.
*Avis:* Flughafen Vilnius, ✆ 291131; Ukmergės 14, Turistas-Hotel, ✆ 733226, Fax 353161, ab 37 US$ zuzüglich Steuer und Kilometer, baltikumweit.
**Maut:** Die Einfahrt per Auto in die Vilniusser Altstadt kostet 1 Lit, bei jeder Einfahrt zu zahlen.
**Parken:** In der Altstadt am besten auf dem großen Platz vor der Deutschen Apotheke, Pilies-Didžioji-Straße oder bewachter Großparkplatz am Lietuva-Hotel.
**Tanken:** Litofinn Lazdynai, Erfurto 41, ✆ 446910, mit Bistro und Shop, auch 95 und 98E. Litofinn Ukmergės-Autobahn, 11 km außerhalb, ✆ 534386, 95 und 98-Oktan-Benzin.
**Werkstatt:** *Eva-Auto,* vor allem VW und Audi. Jačionių 14, Service Mo – Sa 8 – 21 Uhr. ✆ 643419, 642669, 225606, Fax 642724.

## Ausflüge
### Zum Mittelpunkt Europas
Die geographische Mitte Europas ist in Litauen zu finden, doch erst nachdem der Eiserne Vorhang fiel und man Europas Ostgrenze wieder am Ural sieht. Die Linien Gibraltar–Ural und Nordkap–Kreta kreuzen sich in Litauen, nur wenige Kilometer von Vilnius entfernt und genau bei 25°19' östlicher Länge und 54°54' nördlicher Breite an dem kleinen See *Bernotai.*

## Schlösser und Grüne Seen

**Verkiai:** Schloß an der *Neris*. Großfürst Jogaila schenkte es 1387 dem Bischof von Vilnius. Bis zum 18. Jahrhundert Sommerresidenz des Bischofs. 1700 erster Palastbau durch Bischof Konstantin Bžostovski, später Sitz des Bischofs Jgnas Masalskis, in der zweiten Hälfte des 18. Jahrhunderts neuer Palastbau nach Entwürfen von Laurynas Stuoka-Gricevičius. Der prachtvolle Palast verfiel in den zwei Weltkriegen, seit 1960 laufende Rekonstruktion. Heute Kunstmuseum. 7 km vor den Toren von Vilnius am rechten Ufer der Neris, Ausfahrt Stadtteil Santariškes.

Im Süden hat Verkiai eine Verbindung mit der *Kirche der heiligen Dreifaltigkeit* (Fußweg). Der Spaziergang hinunter ans Ufer lohnt sich, schöne Flußlandschaft.

**Žaliasių Ezeras:** 7 km hinter Verkiai geht es links in diese wunderbare Naturlandschaft aus mehreren Seen. Ihr Wasser schimmert hellgrün, was von den vielen Wasserpflanzen herrührt. Die *Grünen Seen* sind Naturschutzgebiet und ein beliebtes Ausflugsziel der Einheimischen. Die Seen werden manchmal auch *Kreuzritterseen* genannt: eine Legende erzählt, daß auf den zugefrorenen Seen Kämpfe zwischen Litauern und Kreuzrittern stattfanden, das Eis brach jedoch unter den Füßen der Ortsunkundigen und die Ritter ertranken.

In dem Dorf **Paberže,** 27 km nördlich von Vilnius, ist eine interessante Kirche zu sehen. Sie ist zusammen-»geschmolzen« aus zwei alten Kirchen und beherbergt heute ein Museum zum Bauern-Aufstand von 1863.

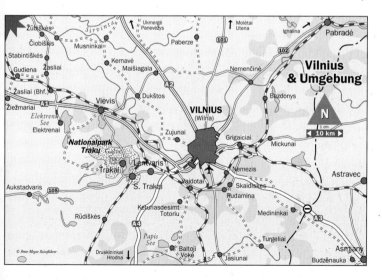

Läßt sich gut mit einer Fahrt in die Aukštaitija kombinieren.

### Trakai und seine Burg

Trakai, die ehemalige Hauptstadt des Großfürstentums Litauen, liegt 27 km westlich von Vilnius, ist wohl das beliebteste Ausflugsziel der Vilniusser und ein Muß für jeden Touristen. Die berühmte rote *Burg von Trakai* liegt romantisch im *Galvė-See*, ein einzigartiger Anblick! Auch im Winter – völlig eingeschneit – gibt sie ein phantastisches Bild ab. Die Burg bietet Geschichtsinteressierten Sehenswertes, die umliegenden Seen ziehen Segler an (Yachten stehen zur Ausleihe zur Verfügung), und von der Landschaft werden Naturfreunde begeistert sein – für jeden etwas. Die Seenplatte wurde 1960 zum Landschaftsschutzgebiet erklärt, der gesamte historische Stadtkern von Trakai steht unter Denkmalschutz.

Die Siedlung Trakai entstand unter Großfürst Gediminas neben Befestigungsanlagen auf dem Bražuolė-Burghügel. Die heutige Stadt entwickelte sich auf einer engen hügeligen Halbinsel, die vom *Galvė-*, *Totriškų-* und *Bernadiner(Luka)-*See umspült wird. Unweit befinden sich auch der *Akmena-* und der *Skaistis-*See … die gesamte Seenplatte um Trakai ist einzigartig. Trakai nimmt eine Fläche von 11 km² ein – die Hälfte davon sind Seen und Grünflächen! Im Galvė-See liegen über 20 Inseln, auf einer davon steht die legendäre gotische Burg.

Neben der Wasserburg sind in Trakai auch die typischen Holzhäuser der *Karaiten* interessant (Melnikaitė-Straße). Man erkennt sie an ihrer charakteristischen Giebelfront mit drei Fenstern. Trakai ist eine kleine »Kolonie« der Karaiten – Vertreter türkischer Stämme jüdischen Glaubens. Dieses Volk hat über Jahrhunderte in fremder Umgebung seinen eigenen Charakter, seine Sprache und Bräuche bewahrt. Die Karaiten wurden Ende des 14. Jahrhunderts von Großfürst Vytautas von der Krim nach Trakai

*Schloß Trakai aus der Vogelperspektive*

gebracht. Sie bewachten die Burg, bauten Gemüse an, betrieben Kleinhandwerke. Vom Fürsten erhielten sie viele Privilegien, zum Beispiel eine eigene Schule. Im *Historischen Museum* gibt es heute auch eine Ausstellung zur Ethnographie und Kultur der Karaiten.

Die Stadtgeschichte ist eng mit der **Burg** verbunden, die aus Kreuzritterzeiten stammt. Vermutlich stellten Halbinsel und Wasserburg ein zusammengehöriges Verteidigungssystem dar. Umgebende Hügel, sumpfige Niederungen und dichte Wälder erschweren dem Feind den Zugang. Die Burg nimmt fast die ganze 2 ha große Insel ein. Es wird angenommen, daß die erste Burg auf der Halbinsel Ende des 14. Jahrhunderts unter den Großfürsten Kęstutis und Vytautas erbaut wurde. Im 15. Jahrhundert war sie Sommerresidenz der Großfürsten Litauens, in der ausländische Gäste empfangen und Feierlichkeiten begangen wurden. Seit Mitte des 17. Jahrhunderts war die Trakaier Burg unbenutzt und verfiel. Dennoch sind authentische Burgmauern und einige Räume bis in unsere Tage erhalten geblieben. Ende des 19. Jahrhunderts begann die Erforschung der Burg, seit 1951 gibt es ein konsequentes Forschungs-, Konservierungs- und Restaurierungsprogramm.

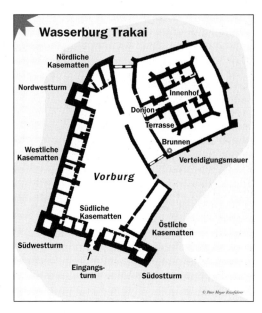

Inzwischen wurde die Burg aufwendig restauriert. Seit 1966 befindet sich in der Inselburg ein *Historisches Museum*. Es gibt mit seinen Exponaten zur Befreiungsbewegung der Litauer, archäologischen Funden, Fotos, Keramik- und Münzsammlungen ein aufschlußreiches Bild von der wechselvollen litauischen Geschichte. Im Sommer finden im Festsaal auch Konzerte statt, im Burghof werden Theaterstücke aufgeführt.

Der 33 Meter hohe Bergfried beherrscht das Ensemble der Inselburg. In dem 5stöckigen Gebäude befinden sich ein Raum für die Wache, Mechanismen für die Zugbrücke, das Eisengitter und eine Kapelle. Ein tiefer Graben (55 m lang, 11 m breit) mit 6 m hohen Mauern trennt die Hauptburg von der Vorburg. Im Erdgeschoß des Bergfrieds liegt die einzige Einfahrt in den Hof der Hauptburg, die mit einem aufwendigen Sicherheitssystem versehen ist: von der Außenseite eine Zugbrücke, dahinter ein Eisengitter und zudem ein Eichentor von der Hofseite. Durch das Tor im Bergfried gelangt man in den gepflasterten, 11 x 21 m messenden Burghof. Die Hauptburg besteht aus dreistöckigen Flügeln, deren Obergeschosse miteinander durch Holzgalerien verbunden sind. Fenster- und Türöffnungen haben Profilsteinrahmungen. Die Rinnen im Steinpflaster fingen das Regenwasser auf, das durch eine Öffnung in der östlichen Burgmauer in den See abfloß. Im ersten Geschoß des rechten Flügels der Hauptburg befindet sich der 21 x 9 m große Festsaal, mit bunt verglasten Fenstern und einem gotischen Sterngewölbe. Im Erdgeschoß des linken Flügels ist das Historische Museum untergebracht. In den Ecken des Vorburghofes stehen auf dem viereckigen Fundament kegelförmige Türme. Die ersten Stockwerke dieser Türme waren für Wirtschaftszwecke vorgesehen, in den übrigen wurden Kanonen und Geschosse untergebracht. Den trapezförmigen Hof der Vorburg umringt eine 8 m hohe Wehrmauer. Am östlichen Ufer des Galvė-Sees liegt ein jahrhundertealter 40 ha großer Park. Er wurde Ende des 19. Jahrhunderts nach dem Entwurf des französischen Landschaftsarchitekten E. Andret angelegt.

**Museen Burg Trakai:** Historische Ausstellung in allen Burgräumen. 10 – 18 Uhr außer Mo, ✆ 51286.

### Unterkunft & Essen in Trakai

**Camping:** Für eine komfortable Übernachtung wählen Sie besser das nahe Vilnius, Naturfreunde finden hier jedoch den einzigen wirklich gut ausgestatteten Campingplatz: *Kempingas slėnyje.* Ein internationaler, quirliger Campingplatz. 8 ha Gelände mit 4 ha Park, Stellflächen für Caravans, Zelte, Vermietung von Ferienbungalows. 50 m zum Badestrand, 2 km zum Yachthafen, 50 m zu einem Angelgewässer, Café. 33 km von Vilnius und eine Viertelstunde von Trakai entfernt. Im Sommer auch Folklorekonzerte. 1. April – 1. November geöffnet. Totoriškių kaimas, 4050 Trakai, ✆ 238/51387, Fax 51474.

Pro Nacht: Wohnmobil 8 Lit, DZ 55 Lit, Zelt 5 Lit.

Außerdem für Camper im Vilniusser Bereich von Interesse: *Rytų Kampingas:* An der A 3 Richtung Minsk. 4020 Rukainiai, Vilniaus rajonas, ✆ 651195, Fax 269293. Caravans 10 DM für 24 Stunden, Zelt und Auto 6 DM, Ferienapartment ab 20 DM für 2 Personen pro Nacht. Mit Sauna.

**Essen und Trinken:** *Kibininė,* in einem kleinen schwarzen Holzhaus unweit der Schloßbrücke, hier gibt's ausschließlich Kibininė, eine karäische Spezialität, und ein scharfes Kompott-Getränk. Karaimų 65, ✆ 52165, 11 – 19 Uhr.

# AUKŠTAITIJA LITAUEN – EIN REICH AUS SEEN UND WÄLDERN

*Fast die Hälfte aller 1211 litauischen Seen befinden sich in der östlichen Aukštaitija. In der Region zwischen Molėtai, Ignalina und Zarasai schimmern große und kleine Seen, so als ob ein Riese hier alle Mulden mit klarem Wasser gefüllt und das Land mit Flüssen und Bächen durchzogen hätte. Besonders schön kann man sie vom Ledakalnis, dem 155 m hohen »Eisberg« bei Ginučiai aus sehen: Grün, so weit das Auge reicht und dazwischen blaue Flecken – die Seen.*

Sie bedecken knapp 16 % des Gesamtgebietes. Der mit 725 ha größte und auch der mit den meisten Inseln ist der *Dringis-See*. Einzigartig ist auch der *Baluošas-See:* mitten auf seiner Insel überrascht uns noch ein weiterer kleiner See. Der tiefste See Litauens ist der *Tauragnas* mit 60,5 m. Südwestlich von Molėtai erstreckt sich eine bogenförmige Seenkette: Ežere-Ilgis-Puntas-Bebrusai-Kirneilis-Luokesos. Diese und die vielen kleinen namenlosen Seen sind durch Flüsse und Bäche verbunden, so daß es möglich wäre, alle nacheinander zu durchsegeln.

Mehr als dreißig Fischarten kommen in den Flüssen und Seen vor: Lachse, Maränen, Stinte, Hechte, Brassen, Plötzen, Schleien, Aale, Barsche, Zander …

Zu Recht wird die östliche Aukštaitija das Land der dunklen Wälder genannt. Hauptsächlich Nadelwälder erstrecken sich rund um die Seen, 80 % Kiefernwälder, 19 ha Eichenwälder. Einzelne Bäume sind über 200 Jahre alt, häufig findet man die sogenannten *Šilai* – die Haine mit jüngeren Baumbeständen. Die ältesten Baumbestände wachsen in den Reservaten und haben auch ihre alten Namen bewahrt: *Labanoro-, Minčios-, Vyžuonos-, Ažvinčių- Ginučių-, Linkmenų-* und *Gražutės*-Wald. Genaue Grenzen zwischen ihnen gibt es nicht. Die größten Waldgebiete sind *Ažvinčiai* mit 4603 ha, *Minčia* mit 2964 ha und *Paketuonė* mit 2768 ha.

195 Vogelarten brüten an den Seen oder in den Wäldern, reich ist die Fauna der Säugetiere. Elche, Hirsche, Wildschweine, Rehe, Marder, Füchse, Biber, Otter und Iltisse kommen hier vor. Auch Wisente verirren sich manchmal in diese Wälder, wertvolle Jagdbeute für viele Vereine und zunehmend auch Touristen. Je 46 Pflanzen- und Vogelarten stehen im »Roten Buch« Litauens.

776 Sporen- und Blütenpflanzen wurden gezählt, was mehr als die Hälfte aller litauischen Arten ausmacht, sowie 200 Arten Heilpflanzen, Flechten und Moose. Die Wälder locken viele Pilz- und Beerensammler an. Im Spätsommer und Herbst sieht man die Litauer mit großen Körben bewaffnet ausschwärmen. Blau-, Preisel- und Moosbeeren, Pfifferlinge, Stein- und Birkenpilze gibt es in Hülle und Fülle.

## Route I: Von Vilnius über Anykščiai nach Panevėžys

Verlassen Sie Vilnius in Richtung Ukmergė auf der A 2. Nachdem Sie ungefähr bei km 74 den Fluß *Šventoji* überquert haben, nehmen Sie die zweite Abfahrt nach Ukmergė, fahren aber Richtung Nordosten auf der A 226 (heute A 6) Richtung Utena. Bei km 79 (kurz vor Vidiškai) befindet sich rechts der Kiefernwald *Patizanų Parkas,* ein ehemaliges Gebiet der Partisanen. Bei km 84 nehmen Sie rechts den Abzweig nach Anykščiai (links vom Abzweig ist eine Kiesgrube und eine Windmühle). Von hier sind es bis Anykščiai noch 28 km. Rechterhand eröffnet sich die wunderbare Flußlandschaft der Šventoji und bei km 87,3 erreicht man schließlich das Schutzgebiet »Kopustelių Miško Draustinis Plotos« – ein 35 ha großer herrlicher Wald, in dem viele Wege zum Spaziergang locken. An diesem Wald verlassen Sie den Kreis *Ukmergės rajonas* und fahren in den Kreis *Anynkšoių rajonas.* Hier gibt es auch eine Bushaltestelle »Žemieji Svirnai«, von der man Verbindung nach Anykščiai (7, 15, 19 Uhr) und Rokiškis (17 Uhr) hat. Nach insgesamt 96 km von Vilnius aus erreichen Sie **Kavaraskas** – dominierend rechterhand die weiß-gelbe Barockkirche. Innen ist sie einfach ausgestattet, nicht überladen, schlicht sind auch die Gemälde zur Kreuzgeschichte. Weitere 1,7 km, dann fällt der Blick rechts wieder auf die Šventoji.

Bei km 111 erreichen Sie **Anykščiai**. Schon von weitem leuchtet die gewaltige rote Backsteinkirche. Auf der Tafel am Ortseingang können Sie sich über die Sehenswürdigkeiten orientieren. Sie gelangen ins Zentrum, indem Sie sich rechts halten und die Šventoji überqueren. Rechts hinter dem *Restaurant Puntukas* befindet sich ein Parkplatz.

Lohnend ist ein Spaziergang zum Fluß, die Stadt liegt etwas erhöht, von der Anhöhe eröffnet sich ein phantastischer Blick. Auf dem Weg zur Šventoji liegt linkerhand die Kirche und rechts das *Antanas-Vienuolis-Denkmal.*

Anykščiai ist für seinen riesigen **Puntukas-Findling** bekannt. Fahren Sie an der Kirche vorbei stadtauswärts, passieren Sie die letzten Häuser und das Ortsausgangsschild, bis Sie rechts den Friedhof sehen: fahren Sie hier links den Berg hoch, nach etwa 5 km zeigt rechts ein Schild zum berühmten Puntukas-Stein.

### *Praktisches in Anykščiai*
**Unterkunft:** *Šilelis:* Im Hain von Anykščiai. Einfaches Kur- und Erholungsheim. Möglichkeiten zum Spazierengehen und Fahrradfahren. 95 Zimmer, 1 Ferienhaus für Familie, Vilniaus 80. 4930 Anykščiai. ✆ 51178, 51672, Fax 51672.
**Essen & Trinken:** *Puntukas:* Rote Vorhänge, rote Sessel, alter Stil, etwas geschmacklos. Immerhin: im Foyer gibt's eine Toilette (20 Cent) die auch für Nicht-Gäste zugänglich ist. Mo – Fr 8 – 22 Uhr, zwischen 15 und 16 Uhr geschlossen, Sa, So 10 – 19 Uhr.
**Einkaufen:** *Daile:* Kunstgewerbelädchen am Parkplatz hinter dem Puntukas-Restaurant. Auf den ersten

Blick nichts Besonderes, aber der Besitzer Robertas Lina Breskai fertigt Holzschnitzereien auf Bestellung an. ✆ 8-251-53847, täglich außer So 10 – 19 Uhr.

## Museen
**Baranauskas-Literaturmuseum,** *Baranausko ir Vienuolio-Žukausko Memorialinis Muziejus*: Das Baranauskas-Museum besteht aus dem Bauernhaus des litauischen Dichters *Antanas Baranauskas* (1835 – 1902), 1826 ohne einen einzigen Nagel erbaut. Hier schrieb er sein bekanntes Poem »Hain von Anykščiai« (auch in Deutsch erschienen).

*Vienuolis-Žukauskas-Museum:* Ausstellung über das Leben des Klassikers der litauischen Literatur *Antanas Žukauskas,* Pseudonym Vienuolis (1882 – 1957). Von 1925 bis zu seinem Tode im Jahre 1957 lebte er hier; im Hof befindet sich sein Grab. A. Vienuolio 4 (beide Museen), 4930 Anykščiai, ✆ 51554, 52912. Täglich außer Mo/Di 9 – 18 Uhr. Eintritt 1 Lit.

**Biliunas-Museum:** Altes Bauernhaus – das Geburtshaus des litauischen Literaturklassikers *Biliunas* (1879 – 1907). Deutsche Übersetzung seiner Werke im Erzählband »Fische haben kein Gedächtnis«. Im Dorf *Niuronys*, 5 km von Anykščiai. ✆ 51722, Mi – So 9 – 18 Uhr. Eintritt 1 Lit.

**Pferdemuseum Niuronys,** *Arklio muziejus:* Alles rund ums Pferd. Auch Reiten möglich. Im Dörfchen Niuronys bei Anykščiai. Mi – So 9 – 18 Uhr. Eintritt 1 Lit.

Setzen wir nun unsere Tour in Richtung *Panevėžys* fort. Bei km 132 erreichen Sie **Troškunai,** wo die barocke Kirche von 1789 mit dem weißen Glockenturm ins Auge sticht: »Troškūnų bažnyčia viennuolynas ir varpinė«.

Weiter geht's nach **Raguvėlė,** einem kleinen Ort, in dem ein Gutshof aus dem 18./19. Jahrhundert dominiert, ein sehenswertes Architekturdenkmal, allerdings renovierungsbedürftig. Leider ist die schöne Anlage (Byv. Raguvėlės Dvaras ir parkas) mit weiträumigem Park, kleinem See, Gutsgebäuden und Hängebrücke am Fluß durch die Landstraße geteilt. Heute befindet sich im Hauptgebäude eine Schule.

Bei km 150 verlassen wir Raguvėlė, streifen vereinzelte Friedhöfe – die

Monströs: Baranauskas-Denkmal

ehemals dazugehörigen Dörfer existieren nicht mehr – und fahren entlang der schönen Flußlandschaft der *Nevėžys*, die wir dreimal überqueren.

Nach insgesamt 169 km sind wir in **Panevėžys**. Diese Großstadt ist für sich genommen auf den ersten Blick grau und gesichtslos. Neben einem für diese Gegend selten guten Hotel bietet Panevėžys zwei Adressen für Kunstinteressierte.

*Hotel Panevėžys:* Ein grauer Kasten mit unpersönlicher Atmosphäre, aber guten Zimmern und somit ein Anlaufpunkt, wenn Sie ein Quartier brauchen – lohnend, solange es noch keine gut ausgeschilderten Privathotels gibt. 40 EZ à 188 Lit, 50 DZ à 266 Lit, 14 Lux à 336 Lit inklusive Frühstück. EC/MC und Visa. Mit Restaurant. Laisvės al. 26 (im Zentrum, Nähe Galerija), 5300 Panėžys, ✆ 365428 (Direktion), 35117 (Rezeption), Fax 35117.

### Sehenswertes & Einkaufen

*Dailės Galerija:* Große Verkaufsausstellung von Gemälden zeitgenössischer Künstler. Hübsche Glaswaren. Respublikos 3, ✆ 63675, 23696, Eintritt 1 Lit.

*Skulpturen:* Der in der litauischen Kunstszene bedeutende Künstler Juozas Lebednykas lebt in Panevėžys. Allein sein Privathaus und die Werkstatt (kein Museum, aber kunstinteressierte Besucher sind stets willkommen) sind den Besuch wert. Für Verkaufsausstellungen (auch schon in Deutschland) und auf Bestellung fertigt er Bronzeskulpturen, Kupferstiche und Gemälde. Der Springbrunnen mit der Vogelskulptur und der Bronze-Christus an der Kirche in Panevėžys stammen von ihm. Auch in der vorab genannten Galerie, in der die (deutschsprechende) Frau des Künstlers arbeitet, können Sie mit etwas Glück Lebednykas' Werke finden. Seine Tochter malt ebenfalls, Hauptmotiv: Insekten und Vögel. Baranausko 46, 5300 Panevėžys, ✆ 254/21079.

### Abstecher Tour I

Auf dem Weg von Vilnius in Richtung Ukmergė lohnt sich für Geschichtsinteressierte der Abstecher nach *Kernavė*. Hier liegt eine archäologische und historische Fundgrube. 1279 erstmals erwähnt, Ausgrabungsarbeiten seit dem 19. Jahrhundert. Holz- und Steinkirche aus dem 19. Jahrhundert. Historischer Park um den Burgberg an der Neris.

**Archäologisches Museum Kernavė:** Museum und 200 ha großes Reservat mit archäologischen Denkmälern von der Steinzeit bis zum Mittelalter in herrliche Landschaft eingebettet (siehe auch »Kulturelle Regionen«, Seite 68). Verkehrsverbindung: über A 1 Vilnius-Kaunas, Abfahrt Vievis, dann Maišiagala-Kernavė, 35 km von A 1. Über A 2 Vilnius-Panavežys, Abfahrt Maišiagala, dann Dukštos-Kernavė, 29 km von A 2. 4115 Kernavė, Širvintų raj und Kerniaus 4. ✆ 32/47371, 47385. Eintritt 1 Lit, Kinder 80 Cent, Führungen durch Museum und Reservat 22 Lit (Englisch). Mi – So 10 – 17 Uhr (September – März bis 15 Uhr).

## Route II: Über Molėtai nach Ignalina und durch den Aukštaitija-Nationalpark

Verlassen Sie Vilnius auf der B 115 Richtung Ukmergė/Molėtai. Lassen Sie sich von den trostlosen Dörfern und der kargen Feldlandschaft, durch die Sie zunächst fahren, nicht abschrecken. Nach etwa 100 km erreichen Sie den Kreis *Molėtų rajonas* und die Landschaft wird abwechslungsreicher: dichte Wälder, zahlreiche Seen ...

Der 1387 erstmals urkundlich erwähnte Ort **Molėtai** wurde als großes Gut vom Fürsten Jogaila dem Bischof von Vilnius geschenkt. In dessen Besitz war es dann über viele Jahrhunderte. Interessanter als die 7000-Einwohner-Stadt ist jedoch das malerische Umland mit knapp 750 km² Wäldern, Seen, Mooren und Hügeln.

An dem Schild »Vilnius 70-Utena 37-Ignalia 62« bei km 109 biegen Sie rechts auf die B 39 (kleine asphaltierte Straße) ab. Nach insgesamt 118 km eröffnet sich Ihnen die malerische Szenerie um den *Siesartės-See*. Nach 128 km erreichen Sie **Inrukė**, ein stilles Dorf mit zwei bescheidenen Kirchen. Folgen Sie der asphaltierten Hauptstraße durchs Dorf, gelangen Sie zum *Vašnoko-* und zum *Gėlnoto-See*.

Wir nehmen aber den Abzweig direkt nach dem Ortseingang links und fahren in Richtung *Kertnoja* (8 km), durch ein herrliches Waldgebiet zum **Kertnoja-See**. Die Straße führt hier ganz nah am See entlang, ist allerdings etwas wellig. Am See findet man herrliche Ruhe, Vogelgezwitscher, klares Wasser, einen kleinen Sandstrand und eine Bootsanlegestelle. Das Dorf Kertnoja selbst ist trostlos. Die Straße wird zum schmalen Waldweg, gesäumt von Kiefern, Birken, Beerensträuchern, Wacholder, Ginster und blauen Leberblümchen. Etwas Abenteuerlust müssen Sie schon mitbringen!

Nach dem Dörfchen *Lakaja* gibt es bei km 150 einen Park- und Campingplatz. Nach weiteren 5,7 km erreichen Sie das verschlafene Dorf **Labonaras**. Halten Sie sich links, dann gelangen Sie zur braunen Holzkirche »Bažnyčia. Varpinė«, einem Architekturdenkmal des 18. Jahrhunderts mit Glockenturm. Im Waldgebiet um Labonaras leben besonders viele Auerhähne. 5 km entfernt liegt das *Kanio-Moor,* ein botanisches und zoologisches Schutzgebiet. Die *Labonaras-Trompete* ist übrigens ein seltenes Musikinstrument.

Wir verlassen Labonaras in Richtung Ignalina. Hier ist die Straße wieder gut, sie führt weiterhin durch herrliches Waldgebiet. Nach 166 km erreichen Sie den Nationalpark Aukštaitija »Nacionalinis Parkas Aukštaitija« – große Tafeln und ein Lageplan am Eingang künden davon.

Nach weiteren 5 km gelangen Sie nach **Kaltanėnai,** nach rechts zeigt ein Schild zu einem Bauernhof »Kaltenėnų Burus Dvaro Svirnas«. Sparen Sie sich die 200 Meter Weg zu dem angeblichen Architekturdenkmal des 19. Jahrhunderts, es gibt nichts Besonderes zu sehen, lediglich ein paar Holzbänke auf einer Wiese. Wir halten uns links, fahren ins Dorf, auf die rote Backsteinkirche zu und überqueren die kleine idyllische *Žeimena*.

Dann verlassen wir Kaltanėnai und biegen nach der Kirche rechts Richtung Ignalina ab. Bei km 179 erreichen Sie den Kreis *Ignalinos rajonas*. Schöne Wälder, doch trostlose Dörfer, nur hin und wieder durch vereinzelte, hübsche Häuschen aufgefrischt.

Sie streifen den Šakarvos-See und den gleichnamigen Wald und gelangen bei km 187 nach **Palūšė**, ein sehr nettes Dorf mit schönen Wanderwegen, einem wunderbaren Rastplatz am See sowie einer sehenswerten Holzkirche mit Glockenturm von 1750.

Nach weiteren 2,7 km sind Sie am **Gavio-See**. Wieder eröffnet sich ein toller Seeblick, am Seeufer gibt es einen Spazierweg, der bis nach **Ignalina** führt, das wir bei km 190 erreichen. Den gleichnamigen Atommeiler suchen Sie hier umsonst, er steht 100 km entfernt in Visaginas. Die relativ gesichtslose Stadt Ignalina durchfahren wir schnell – die Umgebung ist lohnenswerter! Wir verlassen Ignalina Richtung Ginučiai und kommen nach **Vaišniūnai** (km 214,6), einem hübschen alten Dorf am *Dingis-See*, an dem schöne Waldwege entlangführen. Kurz hinter dem Ort liegt links ein Campingplatz.

Entlang dem traumhaften *Juoskučio-See* mit herrlichen Angelplätzen erreichen Sie schließlich **Ginučiai** (km 220), ebenfalls malerisch am *Ūkujo-See* gelegen und zudem ein prähistorischer Burghügel.

Bei km 227,8 fahren Sie rechts Richtung *Kirdeikiai* und dort wieder rechts Richtung *Lamėstas*. Am *Lamėsto-See* nimmt die unasphaltierte Straße ihr Ende. Sie sind nun auf der B 51 Richtung Utena und können in Kuktiškės den Abzweig links Richtung Molėtai (26 km) nehmen, aber nur, wenn Sie noch Spaß am Gelände haben: die Straße ist wieder unasphaltiert und zudem liegen große Steine im Weg. So oder über Utena gelangen Sie wieder auf die Landstraße Molėtai–Vilnius. Nach insgesamt 350 km kehren Sie nach Vilnius zurück.

Bei Moletai: **Ethnokosmologisches Museum & Observatorium**, Zentrum für astroarchäologische Forschungen. Information zum Weltall. 40 m hoher Turm mit schöner Aussicht auf die östliche Aukštaitija. Zwei Teleskope. Pašto dežutė 24. Kulionių kaimas, Čiulėnų apyl., Molėtų raj., ✆ 230/45424, 45423.

### *Sehenswertes rund um und im Nationalpark Aukštaitija*

Zum Schutz der Landschaft der östlichen Aukštaitija wurde 1974 der Nationalpark gegründet. Er befindet sich auf den Territorien der Kreise *Utena, Ignalina, Molėtai* und umfaßt die Seen und Wälder um Ignalina genauso wie die Dörfer *Strazdai, Šuminai, Vaišnoriškė* und *Salos*, den Altwald *Minčiagirė* bei Utena sowie See und Fluß *Žemeina* (der längste des Parks mit 20 km Länge). Insgesamt 30.000 ha Parkfläche. Symbol des Parks ist die weiße Wasserlilie auf blauem See-Hintergrund.

Übrigens unterscheidet man die sogenannten **verstreuten Dörfer**, bei denen die Höfe in einzelnen Gruppen stehen – dazu gehören die vorab ge-

*Historisches Bauernhaus-Interieur im Heimatmuseum Zarasai*

nannten – und die **Straßendörfer.** Zu letzteren gehören *Meironys, Paluše, Gaveikėnai, Vaišniūnai, Ginučiai, Berniūnai, Ožkiniai* – diese haben ihr historisches Gesicht jedoch verändert. Viele alte Bauernhäuser stehen unter Denkmalschutz.

In der Aukštaitija stehen auch einige alte **Wassermühlen** unter Denkmalschutz, z.B. in *Minčia, Gaveikėnai, Kretuonėlė, Ginučiai, Stripeikiai*.

**Strazdai:** Museumsdorf an der Vaišniūnai-Straße. 1903 hatte es 34 Bewohner, seit Anfang des Jahrhunderts ist es nicht mehr gewachsen. Drei Wohnhäuser, zwei Scheunen sind aus dem 19. Jahrhundert erhalten.

**Salos II:** Ethnographisches Dorf an der Antalksnė-Straße. Aussehen von 1923 erhalten. Erstmals 1783 urkundlich erwähnt.

**Šuminai:** Museumsdorf mit einem aus dem 19. Jahrhundert erhaltenen Wohnhaus und vier Speichern aus der gleichen Zeit. Als *Pabaluošė* erstmals 1784 erwähnt. Damals standen im Zentrum des Dorfes Wohnhäuser und Speicher, weiter abseits Scheunen und Ställe, doch im 20. Jahrhundert veränderte sich der Dorfplan, im Zentrum entstand ein freier Platz.

**Vaišnoriškė:** Museumsdorf am *Buka-Fluß*. Hier soll es bereits 1756 ein Wirtshaus gegeben haben. Heute fünf Bauernhöfe. Authentisch wiederaufgebaut wurden zwei Wohnhäuser, Speicher, Ställe, eine Scheune und Badestube – so wie es Anfang des 20. Jahrhunderts aussah.

### Unterkünfte im Nationalpark

Bauernhöfe werden ausgebaut, zunehmend soll die private Zimmervermittlung entwickelt werden, doch noch ist das Angebot an Übernachtungen eher spärlich. Es gibt einige Hotels und Erholungsheime aus der Sowjetzeit, doch wenig Komfortables; moderne Hotels oder Pensionen entstehen langsam. Am besten haben es die Camper – doch respektieren Sie die Natur und ihre Schutzzonen! Auch ein Tagesausflug von Vilnius aus ermöglicht einen Einblick in die wundervolle Natur des Aukštaitija-Nationalparks.

In dieser stillen Region ist Selbstverpflegung angesagt. Romantische

Picknickplätze an den Seen und im Wald gibt es genug.

*Hotel Aukštaitija:* Für »Abenteuerlustige«, die in der Nähe des Atommeilers wohnen wollen. Saubere Zimmer. Mit einfachem Restaurant (auch für Nicht-Hotelgäste). Sonder(hoch)preise für Ausländer; insgesamt überteuert. 4761 **Visaginas**, Veteranų 9, Kreis Ignalina, ℂ 229/31346, 31959, 31397, Fax 31346. 130 Zimmer.

*Baltis:* Erholungsheim, Juni – September geöffnet. Im Dorf **Budriškiai** am Balčio-See, Kreis Molėtai. Auskunft in Kėdainiai. ℂ 57, 567660, 563660.

*Dauksys:* Neues, sehr hübsches Motel im Wald zwischen Molėtai und Utena. Apartmenthaus für 3 – 4 Familien. Zum Gelände gehört ein 31 ha großer See; Bootsausleihe, Reiten, Sauna. Organisation von Ausflügen. VP möglich. Gutes für Ihr Geld. **Motviškio** km, Suginčių apyl. (=Abzweig), Kreis Molėtai 4254. ℂ 230/46104. Vermittlung über Firma Valius, Witthold Zabarauskas (deutschsprechend). Taikos 84 – 12, 4910 Utena, ℂ 370-39, 74679.

*Ešerinis:* Erholungsheim mit Sauna, Pool, Organisation von Jagden, Fischfang, Wanderungen. Im Dorf **Poviliškis** am Ešerinio-See in 4122 Budriškiai, Mundūnu apyl., Molėtų raj., ℂ 230/45430, 45413, 45453.

*Gevaitis:* Noch äußerst einfach, doch die Privatisierung und Renovierung läuft. Vorerst nur Waschbecken im Zimmer, Dusche und WC auf Etage. Fragen Sie nach dem Lux mit Bad und allem notwendigen »Komfort« – es gibt nur eins im Hotel. Im Zentrum von **Ignalina**, am See. 4740 Ignalina. ℂ 229, 52345. 40 Zimmer.

## Praktische Informationen

**Informationszentrum des Nationalparks Aukštaitija:** Es gibt Lagepläne und Infozettel heraus, vermittelt Übernachtungen ab 5 Lit in einfachen Sommerhäusern bis hin zu komfortablen DZ mit Bad für 70 Lit. Bootsverleih (7 Lit, Tag), Reiseleiter (10 Lit, Std.), Sauna, Tischtennis. Verkauf von Einweggeschirr. Fragen Sie hier nach aktuellem Infomaterial, es gibt ständig etwas Neues. In Palūšė am Lūšių-See, 5 km von Ignalina. ℂ 229, 52891, 47430.

**Direktion des Nationalparks:** Vasario 16, Ignalina, ℂ & Fax 53135. Gibt Info-Material heraus.

**Angelscheine:** *Umweltschutz-Departement*, Juozapavičiaus 9, Vilnius, ℂ 22/358543.

*Umweltschutz-Inspektion*, Vilniaus 44, 4150 Molėtai, ℂ 230/51130.

**Jagd:** Organisation von Jagden, Vermittlung von Jagdhäusern, Autos über GAG Bartuva. Algirdo 37, 2000 Vilnius, ℂ 22/ 262314, 262316, Fax 661913.

Kommerzielle Jagden vermittelt auch das Jagdbüro des *Forstministeriums Uksna:* Ševčenkos 14 – 16 in 2600 Vilnius, ℂ 633411, Fax 633918, 633411. Ansprechpartner: Petras Kanapienis (Deutsch). »Uksna« arbeitet mit zahlreichen deutschen Jagdbüros zusammen. Betreuung vom/bis Grenzzollamt. Auch Organisation von Touren durch den Nationalpark, Bootsfahrten, Reiten, Wanderungen, Fischen. In Deutschland: Hubertus

Internationale Jagdreisen Dr. Ruisinger, Weyer-Jagdreisen, Dr. Lechner Profi-Jagdreisen, Diana Jagd- und Angelreisen, Stein und Partner-Jagdreisen.

*Jagdscheine:* Vilniaus 54, 4150 Molėtai, ☏ 230/51480.

**Wassertourismus:** *Beispielroute:* Virinta-See, Fluß Virinta, Šventoji, Neris, Nemunas, Baltisches Meer. *Segelroute:* Siesartis-Fluß bei Molėtai, stromaufwärts bis Siesartis-See, Kamuželis-See, Baltųjų-See, Juodųjų- und Lakajų-Seen, Žemeina- und Neris-Flüsse, Vilnius.

## Abstecher nach Utena

Bei beiden vorgeschlagenen Touren können Sie einen Abstecher in die Kreisstadt Utena machen, die am *Dauniškis-* und *Vyžuonėlis-See* liegt, beiderseits der 1836 angelegten Eisenbahn Warschau – St. Petersburg. 1261 erstmals erwähnt, als König Mindaugas den Schwertrittern einige litauische Länder überließ. Christi Himmelfahrts-Kirche aus dem 15. Jahrhundert. Außerdem ist Utena für das beste litauische Bier bekannt, das sich durchaus international messen kann. Halten Sie in litauischen Restaurants nach *Utenos gėrimai* (Getränke) und *Utenos alus* (Bier) Ausschau.

Eine Legende erzählt man zum *Burghügel Norkūnai,* der 5 km nördlich von Utena liegt. Hier soll einst die großartige Burg des Fürsten Utenis gestanden haben, dessen ständiger Begleiter ein gezähmter Bär war. Utenis hatte eine hübsche Frau, die er wegen ihrer Schönheit im Verlies der Burg hinter einem eisernen Tor vor fremden Blicken versteckte. Aber einmal wurde die Burg eingenommen, Fürstin und Fürst getötet, nur die Seele der wunderschönen Frau überlebte. Und jedes Jahr fährt sie mit einem von sechs Pferden gezogenen Wagen nach oben, aus dem Burgberg heraus über die Wiesen, und kaum hat man sie wahrgenommen, verschwindet sie wieder im Nebel.

**Heimatmuseum Utena,** *Utenos Kraštotyros Muziejus:* Gegründet 1929 im Gebäude der Grundschule, heute in einem Haus aus dem 19. Jahrhundert. Archäologische Funde, Tiere, historische und ethnographische Ausstellungsstücke aus den Regionen Utena und Molėtai, Anykščiai in vier Sälen. Utenio aikštė 1, Am Zentralplatz. 4910 Utena. ☏ 55393. Außer Mo und Di 11 – 19 Uhr. Eintritt frei.

**Alaušas-See:** Sagenumwobener Lieblingssee der Litauer nördlich von Utena. Angeln möglich, malerische Ufer, zwei Inseln, Bootsfahrten.

**Tauragnas-See:** 513 ha großer See 16 km südöstlich von Utena mit klarem Wasser. Seichte Ufergründe bieten Badegelegenheit. Sehr fischreich, daher beliebt bei Anglern.

**Heimatmuseum Tauragnai:** Filiale des Heimatmuseums Utena im Kulturhaus von Tauragnai. Ausstellung persönlicher Sachen von Schriftstellern der Region, Bilder ortsansässiger Künstler. Außer Mo und Di 11 – 18 Uhr.

**Imkereimuseum:** Das Imkergehöft beherbergt originelle Bienenstöcke und Imkereigeräte sowie

Holzskulpturen aus der Imkereigeschichte. Im Juli alle zwei Jahre Imkerfest. Im Dörfchen *Stripeikiai* am Tauragnas-See.

**Minčios-Wald:** Waldgebiet von etwa 3000 ha rund um den Tauragnas-See. Kiefern dominieren, aber auch Eichen, Linden, Tannen und nur 30 cm hohe Zwergbirken. Museale Dörfer. Fischreiher, Schwarzstörche, Auerhähne brüten hier. Fundgrube für Beerensammler und Pilzsucher.

**Bauernhof-Museum:** Privater, alter und liebevoll gepflegter Bauernhof in *Užpaliai* am Šventoji-Fluß. Gegründet von der Pferdepflegerin Viktorija Jovarienė, betrieben von ihr und ihren zwei Töchtern. Reiten möglich. Litauisches Brot, Honig und andere Speisen kann man probieren. Übernachtung möglich. 1 km von Užpaliai entfernt. Sehr nette Leute. Anmeldung über Viktorija Jovarienė, Barjorų Kaimas, Užpalių paštas, Kreis Utena 4926. ✆ 239/31363.

## Abstecher nach Zarasai

Der dünn besiedelte Kreis Zarasai schließt sich nördlich an den von Ignalina an. Große herrliche Seenplatte. Im 13. Jahrhundert Sitz der Volksstämme der *Sėliai*, deshalb auch *Sėlija* genannt. Ein Zehntel der Gesamtfläche des Kreises ist von Seen bedeckt, ein Drittel von Wäldern. Zahlreiche Burghügel und archäologische Denkmäler. Gleichnamige Kreisstadt, seit 1596 zum Bistum Vilnius gehörend, romantisch inmitten der Seenplatte gelegen; eine der sechs strahlenförmig vom Sėlių-Platz ausgehenden Straßen endet direkt am *Zaraso-See*. Die von den Litauern verehrte Stelmūė-Eiche steht an der Rokiškis-Chaussee.

**Heimatmuseum Zarasai:** Geschichte, Kultur, Religion von Anfang des 19. Jahrhunderts bis 1940, völkerkundliche Ausstellung, Volkskunst. Bukanto 20 – 1, 1. Etage der Kaufmännischen Schule. 4783 Zarasai, ✆ 270/52456, 52596. Mi – So 10 – 18 Uhr. Eintritt 1 Lit.

**Švento-See:** Der größte abflußlose See Litauens, botanisches Schutzgebiet südlich von Zarasai. *Gražute* heißt das größtes Landschaftsschutzgebiet im Kreis Zarasai mit weitem Wald und vielen Seen.

**Stelmuže:** Der Grenzort zu Lettland liegt 10 km nördlich von Zarasai. In der Kirche von 1650, mit schönem holzgeschnitztem Interieur befindet sich das *Volkskunstmuseum Stelmuže.* Die Filiale des Heimatmuseums Zarasai zeigt Skulpturen der litauischen Volkskunst. ✆ 270/52456, Mi – So 11 – 19 Uhr. Eintritt 1 Lit.

**Dusetos:** Städtchen am *Sartų-See,* westlich von Zarasai. Traditioneller Platz für die Pferderennen auf Eis im Winter. Großes Gestüt, Reiten, im Winter Pferdeschlittenfahrten möglich.

# ANHANG

GESCHICHTE & GEGENWART

NATUR & KULTUR

REISEPRAXIS

KLAIPĖDA

PALANGA & ŽEMAITIJA

KURISCHE NEHRUNG & NEMUNAS

KAUNAS & DER SÜDEN

VILNIUS & DIE AUKŠTAITIJA

**MITTEL-ENGLAND**
**Ein Kultur- und Landschaftsführer**
Das Geburtshaus von Shakespeare in Stratford-upon-Avon, typisch englische Dörfer, Architektur der Industriellen Revolution, bedeutende Kathedralen und Klöster, Landschaftsparks alter Adelssitze, die großen Zentren Birmingham, Nottingham and Coventry, die Flüsse Severn und Avon ... Wertvolle Informationen zu Essen und Trinken, Anreise und Unterkunft, Ausflügen und Aktivitäten. Alles »very british« von einem Kenner der Region für Peter Meyer Reiseführer erkundschaftet und mit englischem Humor niedergeschrieben.

352 Seiten, 50 Fotos, Stiche u. Zeichnungen, 20 Karten und Grundrisse, 4 farbige Klappenkarten,
**Peter Meyer Reiseführer**
ISBN 3-922057-80-2
SFr 35,80 • ÖS 269
DM 36,80

**FINNLAND**
**Praktischer Natur- und Kulturführer durch das Land der 1000 Seen**
Rasso Knoller hat viele Jahre als Journalist in Finnland gelebt und nimmt Sie mit auf eine Entdeckungsreise zu entlegenen Nationalparls, an Badestrände, zu beliebten Ausflugszielen und in die nordische Metropole Helsinki. Und er lädt Sie ein, die als zurückhaltend geltenden Finnen näher kennenzulernen.

304 Seiten, 123 Fotos und Zeichnungen, 51 Karten & Grundrisse, 4 farbige Klappenkarten
**Peter Meyer Reiseführer**
ISBN 3-922057-75-6
SFr 31,80 • ÖS 239
DM 32,80

**ISLAND**
**Praktisches Reisehandbuch für den erlebnisreichen Urlaub**
Hier war ein wirklicher Kenner am Werk: Der Autor hat in Island gearbeitet und isländische Literatur studiert. Jetzt führt er regelmäßig Reisegruppen und Journalisten über die Insel. Da bleibt kein Aspekt außen vor. Unzählige erprobte Ausgehtips, Wanderungen, Ausflüge und praktische Informationen verführen Sie zu einem erlebnisreichen Urlaub – und Sie werden mit viel Wissen über Land und Leute wieder nach Hause kommen!

464 Seiten, 94 Fotos und Zeichnungen, 48 Pläne & Grundrisse, 4 farbige Klappenkarten
**Peter Meyer Reiseführer**
ISBN 3-922057-74-8
SFr 38,80 • ÖS 291
DM 39,80

## Peter Meyer Reiseführer
**In jeder guten Buchhandlung – fragen Sie danach!**

# Register der Orte und Sehenswürdigkeiten

Städte, (freistehende) Sehenswürdigkeiten, Bauten
*Natur, Natursehenswürdigkeiten, Flüsse, Berge, Strände etc.*
Haupteinträge **fett**, P = Plan.
Alle deutschen Ortsnamen mit Verweis auf die litauische Schreibweise.

## A

*Akmena* 225
*Akmena-See* 338
Akmene 254
*Akmene sekluna* 259
Aleknosis 307
Aleksandravas 225
Aleksotas 289
Alytaus rajonas 307
Alytus 72, 128, **302**
Anykščiai 69, 342
Apuolė 70
Aquarium 243
Archäologisches Museum Kernavė 344
Ariogala 299
*Artosios* 64
*Ašmena-Hochebene* 55
Aukštaitija 54, 55, 66, 67, 341
Aukštaitija-Nationalpark 345
*Ažvinčiai* 63, 341

## B

Bajohren → Bajorai
*Balbieriškis* 73, 300, 307
*Balsiai* 253
*Baltijos jura* 52
*Baltische Meer* 52
*Baluošas-See* 341
Baranauskas-Literaturmuseum 343
Bartuva 224
Baubliai 70
*Bebrusai* 341
Berg der Kreuze 296
*Bernadiner(Luka)-See* 338
Bernotai 299
*Bernotai-See* 336
*Bernsteinküste* 52, **178**

Bernsteinmuseum 178, **200**
Beržoras 70
Bierstein → Birštonas
Birštonas 52, 307
Birutė 70
*Birutės kalnas* 192
Bitenen → Bitėnai
Bitėnai 264, **266**, 275
Bobrowski-Route 84, 264, 272
Buddelkehmen → Budelkriemis
Budriškiai 348
*Buka* 347
Bulvikio-Haken 240
Burg Pilėnai 308
Burg Trakai 339
Būtingė 39, 203

## C – D

*Čepkelių raistas* 56, 64
*Dabikinė* 223
*Danė* 136, 139, 146, 149, 226
Daubern → Dauberai
Dawillen → Dovilai
Delphinarium 243
Deutsch Grottingen → Kretingalė
Dittauen → Dituva
Dituva 262
Dotnuva 298
Drawöhnen → Dreverna
Dreverna 257
*Dringis-See* 63, 341
Druskininkai 52, 55, 74, 114, **302**, 306
*Drūskiai-See* 54
*Dubysa* 67, **298**
Düne bei Morskoje 233
*Dünen* 233, 235
Dumpen → Dumpiai
Durbė 12
Dusetos 350

*Dzukijos* 72
*Dzūkija* 28, 55, 66, 72, 302
*Dzūkija-Nationalpark* 304, 305
Džiugas 70

## E – F

Eiche von Stelmužė 68
Estland 94, 105
*Ežere* 341
Försterei → Giruliai
Freda 289
Freilicht- und Naturmuseum Smiltynė 243
Freilichtmuseum Rumšiškės 290

## G

Gaidellen → Gaideliai
Gailūnai 306
*Galvė-See* 338
*Gavio-See* 346
Gemäldegalerie 155, **159**
Genozid-Gedächtnismuseum 324, 326
*Gėlnoto-See* 345
Ginučiai 346
Girios Aidas 303
Giruliai 51, 172
*Gličio* 64
Gondinga 70
Grabscher Haken 239
*Gražutės* 341
Groß-Litauen 67
Grüne Seen 337
Grüner Berg 289
Gut Šilgaliai 264

## H

Haff, siehe Kurisches Haff
Hexenberg 238
Heydekrug → Šilutė
Hochland 67
Hohe Düne 233, **242**
Holzskulpturenmuseum 244

## I – J
Ignalina 39, 124, **346**, 348
*Ilgis* 341
Impiltis 70
Inrukė 345
Jovionys 306
Jüdisches Museum 324
Jugnaten → Juknaičiai
Juknaičiai **261**, 263
Juodkrantė **237**, 244, 245
*Juosapinės* 56
*Juoskučio-See* 346
Jurbarkas 267
*Jūra* 255

## K
*Kaiser-Wilhelm-Kanal* 257
Kaliningrad 94, 122, 264
Kalnalis 220
Kaltanėnai 345
*Kalva sekluna* 259
Kalvarija 213, 214
*Kamanos-Reservat* 223
*Kamanu* 56
Kampiškių 290
*Kanio-Moor* 345
Karkelbeck → Karklė
Karklė 174
Karlsberg → Rimkai
Kartena 225
*Katra-Fluß* 64
Kaunas 43, 84, 114, **278**, P. 280/281, 300
Kaunas-Altstadt 283, P. 286
Kaunas-Neustadt 287
*Kaunasser Meer* 290
Kavaraskas 342
Kawohlen → Kavoliai
Kernavė 66, 72, **344**
*Kertnoja-See* 345
Kintai 258
Kinten → Kintai
*Kintų girininkija* 258
*Kirneilis* 341
Klaipėda 24, 49, 83, 101, 114, **134**, P. 138, 253, 255, 262, 270
Klaipėda-Altstadt 139, P. 144
Klaipėda-Neustadt 149, P. 153
*Klein-Litauen* 67, 74, 88, 147
Kloster Pažaislis 291
Koadjuthen → Katyčiai
Königsberg → Kaliningrad
Kretinga 114, 207
*Kreuzritterseen* 337
Kryžkalnis 296
Kugeleit → Kugeliai
Kukoreiten → Kukorai
Kuliai 210
Kunsthalle 325
*Kurische Nehrung* 52, **228**
*Kurisches Haff* 52, 136, 251, 256
Kuršėnai 222
Kvistė 223
Kyržių kalnas 296

## L
Labonaras 345
*Lamėsto-See* 346
Lankupiai 258
Lankuppen → Lankupiai
Lateželis 304
Laugzargen → Lauksargiai
Laukuva 218
*Ledakalnis* 63
Lettland 94, 105
*Lietauka* 66
*Lietava* 66
Lietuvos Genocido Aukų Muziejus 324
Likenai 52
Limpėnai 274
Liškiava 72, 306
Löbardten → Lebartai
*Lokysta* 253
Lompöhnen → Limpėnai
*Lukšio-See* 70, 218
*Luokesos* 341
*Lūšnos* 64

## M
Macikai 251, **260**
Mädewald → Usėnai
Marcinkonys 305
Marvelė 289
*Masčio-See* 215
Matzicken → Macikai
Mažeikiai 215, 223
*Mažoji Lietuva* 67, 74, 88, 147
*Medininkai-Höhen* 55
*Medvėgalio kalnas* 218
*Medvėgalis* 54, 70, 206
Meeresmuseum 243
Meischlauken → Meišlaukiai
Mellnragen (Mellneraggen) → Melnragė
*Melno-See* 24
Melnragė 171
Memel → Klaipėda
Memel → Nemunas
Memelland 24, **252**
*Mergelių-Insel* 288
Merkinė 72, 305
*Merkys* 305
*Metelių-Landschaftsschutzgebiet* 307
Mikieten → Mikytai
Mikytai 264, 274
*Minčia* 341
*Minčios-Wald* 350
Minge → Minija
*Minija* 54, 224, 256, 260
Molėtai 345
Moncišķes 194
Mosėdis 219
Motviškio 348
Mukran 101
Museum Alkos und Freilichtmuseum 215
Museum des Waldes 303
Museum des Žuvintos-Reservats 307
Museum Dr. Jono Šliūpo Namas 184
Museum für Geschichte von Neringa 244
Museum für Schmiedehandwerk 157
Museum für Zeitgeschichte 324
Museum Klein-Litauens 135, **147**, 159
Musteika 305
*Mūša* 55

## N

Naglio kalnas 192
Nasrėnai 220
Nationalgalerie 327
Nationalmuseum 323
Nationalpark Žemaitija 206
Naturreservat Plokštai 212
Naturschutzgebiet Nemunasdelta 257, 259
Nemanskoje 123
Nemirseta 175
Nemunaitis 302
Nemunas 24, 136, 228, **251**, 262, 273, **300**, 305
Neris 54, 337
Nevėžis 54, 55, 67
Nida 114, **239**, 244, 246
Nidden → Nida
Nimmersatt → Nimerseta
Niuronys 343

## O – P

Ornithologischen Zentrums Ventė 64, **257**
Orvydų Sodyba 221
Paberžė 337
Pagramančio Girininkija 254
Pagramatis 254
Pagėgiai 264, 274
Paketuonė 341
Palanga 51, 104, 114, **178**, P. 184
Palūšė 64, 346
Panara 306
Panemunė 288
Paneriai 324
Panevėžys 49, 114, **344**
Papilės Draustinis-Schutzgebiet 222
Parnida 233
Parnidder Bucht 240
Patizanų Parkas 342
Pavyštytis 55
Perkasas 262
Perwalka **239**, 246
Perwelk → Perwalka
Piktupönen → Piktupėnai
Pilėnai → Punia

Piliakalnis 305
Pillkoppen → Morskoje
Plateliai 213, 217
Plateliai-See 70, **213**
Plicken → Plikiai
Plinkšių Draustinis 215
Plungė 114, **211**
Pogegen → Pogegiai
Polangen → Palanga
Polen 101
Polomper Berge 274
Poscherun → Požėrūnai
Poviliškis 348
Požėrūnai 254
Preil → Preila
Preila 239
Priekulė 256
Prienai 114, 300, 307
Prökuls → Priekulė
Provinz Preußen 24
Prussellen 274
Pszieszen, Pašyšai
Pubaklonis 306
Punia 72, 73, **307**
Puntas 341
Puntukas-Findling 69, 89, **342**
Puschkin-Literaturmuseum 327

## R

Radvilu-Palast 327
Raguvėlė 343
Raigardas-Tal 74, 304
Rambynas kalnas 75, 85, 265
Raseiniai 298
Ratnyčins-Schutzgebiet 304
Raudondvaris 269
Raudonė 268
Rąžė 183
Reservat Čepkeliai 64
Reservat Kamanai 64
Reservat Viešvilė 64
Reservat Žuvintas 56, 64
Rietavas 218
Riga 105
Rimkai 262
Rodūnia 66

Rombinusberg → Rambynas kalnas
Rucken → Rukai
Rügen 101
Rukai 263
Rumšiškės 290, 308
Rusnė 270
Ruß → Rusnė
Rytų-Žemaitija-Hügelland 298

## S

Sakuten (Michel-) → Sakučiai/Sakuteliai
Salanta 220
Salantai 220
Salos II 347
Samland 230
Sandkrug → Smiltynė
Sartai-See 108
Sartų-See 350
Saugen → Saugai
Saugos 263
Saul 11
Schakeningken → Sakininkai 274
Schillgallen → Šilgaliai
Schloß Gadinga 211
Schmalleningken → Smalininkai
Schmelz → Smeltė
Schwarzort → Juodkrantė
Seda 215
Seirijo-See 306
Senovis-Girininkija 304
Sereščivis 268
Siesartės-See 345
Siline 268
Simnas 307
Skaistis-See 338
Skulpturenpark 155, **159**
Skuodas 224
Skursnemunė 268
Slobodka → Vilijampolė
Smalininkai 64, 267
Smiltynė **237**, 243, 249
Soros-Zentrum 325
Sovetsk 122, 264, 272, 273
Stalgėnai 225
Stangė 305

Steinmuseum  219
Stelmuže  350
Stonischken → Stoniškai
Stoniškai  263
Strand  50, 109, 172, 173, 174, 186, 196, 202, 226, 233, 265
Strazdai  347
Stripeikiai  350
Sudargas  123
*Sudauen*  71
*Sūduva*  55, 66, 71
Süderspitze → Smiltynė
*Suvalkija*  66, 71
Szameitkehmen → Žemaitkiemis
Szugken → Žukai

## Š
Šatrija  70
Šauklių  220
Šerksnė  223
Šešupe  54, 55
Šiauliai  11, 43, 114, **296**
Šilale  253
Šilutė  114, **260**, 270
Šiluva  299
Šuminai  347
Švento-See  350
Šventoji  39, 54, **194**, 202
Šventoji  342
Švenčionys-Hochebene  55

## T
*Tal des Schweigens*  242
Tallinn  105
Tatnyčia  74
Tauerlauken → Tauralaukis
Tauragė  114, **253**, 254
Tauragės Girininkaliai  254
Tauragnai  349
Tauragnas  54, 63, 341, 349
Tauroggen → Tauragė
Telšiai  **215**, 218
Thomas-Mann-Haus  240, **244**
*Tiefland*  69
Tilsit → Sovetsk
Tolnungkehmen  273
Totriškų-See  338
Trakai  72, 73, **338**
Trakseden → Traksėdžiai
Troškunai  343

## U
Uhrenmuseum  159
Ukmergė  114, **342**
Uostadvaris  270
*Urbo kalnas*  242
Uszlöknen → Užlėkniai
Utena  349
Užpaliai  350
*Ūla*  305

## V
Vadakstis  223
Vaišniūnai  346
Vaišnoriškė  347
Varėna  49, 72, **303**, 306
Varniai  218
Vašnoko-See  345
Veiviržа  262
Veliuona  268
Venta  222f
Ventė  64, **259**, 257
Verkiai  337
Vezininkiai  267
Vėžaičiai  210
Viduklė  299
Viekšniai  223
Viešvilė  267
Vilijampolė  289
Vilkija  268
Vilkyškiai  263, 267, 273, 274
Vilnius  43, 49, 102, 104, 114, **310**, P. 312/313
Vilnius-Altstadt  315, P. 317
Vilnius-Neustadt  322
Visaginas  348
Vitte  149
*Vystyter-See*  55
Vytautasberg  289
*Vyžuonėlis-See*  349

## W – Y
Werden → Verdainė
Wilkieten → Vilkyškiai
Willkischken → Vilkyškiai
Windenburgische Ecke → Ventė
Wischwill → Viešvilė
Ylakiai  223

## Z – Ž
Zapyškis  269
Zarasai  68, **350**
Zeimai  306
Zudynių vieta  222
Žaliakalnis  289
Žaliasių Ezeras  337
Žarėnai  218
Žeimenio-See  63
Žemaičių Kalvarija  213
Žemaitija  54, 66, 69, **209**, 217
Žemaitija-Kunstmuseum  211
Žemaitkiemis  263
Žuvintas  56, 64, 72
Žuvintos-Reservat  306

IX. Fort  43, **289**

**PARIS**
**Praktischer Kulturreiseführer für Schwärmer und Kurzentschlossene**
In genußvollen Rundgängen führen der Pariser Pascal Varejka und der Paris-Enthusiast Jozef Petro durch die Seine-Metropole. Auf verträumten Seitenstraßen flanieren Sie mit den beiden über literarische Schauplätze des alten, romantischen Paris und geleiten sie durch den Trubel der modernen, pulsierenden Stadt: schließlich sind beide Autoren Insider der aktuellen Kulturszene. So können sie Ihnen handfeste und preiswerte Tips zum Ausgehen, Essen, Übernachten und Fortbewegen in der »Hauptstadt der Kunst« vermitteln.

**320 Seiten, 99 Abbildungen, 36 Pläne und Grundrisse, 4 Farbkarten, Metroplan**
**Peter Meyer Reiseführer**
ISBN 3-922057-54-3
SFr 29,80 • ÖS 218
**DM 29,80**

**BREMEN**
**Entdeckerhandbuch für Stadt und Umland**
Touristen, Gäste und Einheimische werden mit diesem Stadtführer »ihr« Bremen neu entdecken: Geschichte, Künstlerleben gestern, Kulturvielfalt heute, Rundgänge von klassisch bis alternativ, für Neulinge und für Kinder, quer durch die Stadt und an der Weser entlang. Ausflüge per Rad und Schiff ins Teufelsmoor, zum Künstlerdorf Worpswede und nach Bremerhaven. Cafés, Kneipen und Restaurants für alle Lebenslagen, Freizeit, Sport, Adressen, Shopping-Ideen, Unterkünfte und Verkehrshinweise. *Extra-Infos für Rollstuhlfahrer.*

**320 Seiten, 111 Abbildungen, 20 Pläne und Grundrisse, 4 Farbkarten. Beigelegter farbiger Stadt- und Verkehrslinienplan.**
**Peter Meyer Reiseführer**
ISBN 3-922057-04-7
SFr 29,80 • ÖS 218
**DM 29,80**

**PRAG und Westböhmen**
**Praktischer Kulturreiseführer in die Goldene Stadt**
Dieses Buch führt Sie durch das Gassengewirr links und rechts der Moldau zu den Perlen der Gotik und des Barock, aber auch mitten hinein in das pralle Kulturleben der Musik- und Theaterszene, zu eleganten Jugendstil-Cafés und in die urigen Kneipen der wiedererblühenden Hauptstadt der Bohème.
Und es führt Sie außerdem in die herrliche Umgebung und zu den schönsten Reisezielen in Westböhmen: Festung Karlstein, Pilsen, das Chodenland und die *Bäderstädte* Karlsbad, Franzensbad und Marienbad.

**320 Seiten, 93 Abbildungen, 20 Pläne und Grundrisse, 4 Farbkarten,**
**Peter Meyer Reiseführer**
ISBN 3-922057-53-5
SFr 29,80 • ÖS 218
**DM 29,80**

 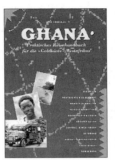 

**SENEGAL/GAMBIA**
**Praktischer Reiseführer**
**an die Westküste Afrikas**
Das rundum praktische Buch gibt einen fundierten Überblick über Land, Leute und Kultur der beiden westafrikanischen Länder. Es geht einfühlsam auf die Besonderheiten der jeweiligen Regionen und Völker ein, führt durch urwüchsige Nationalparks, karge Trockensavannen und zu paradiesischen Atlantikstränden – immer mit konkreten Adressen, Preisen und Tips. Es berichtet vom vorbildlichen senegalesischen Projekt des »integrierten sanften Tourismus« und von der lebendigen Musiktradition Gambias, sowie den Möglichkeiten, beides individuell kennenzulernen.

352 Seiten, 87 Fotos und Stiche, 36 Pläne, 4 farbige Klappenkarten.
**Peter Meyer Reiseführer**
ISBN 3-922057-09-8
SFr 35,80 • ÖS 269
**DM 36,80**

**GHANA**
**Praktisches Reisehandbuch**
**für die »Goldküste« Westafrikas**
Ein Ghanaer beschreibt mit viel Humor sein Heimatland. Für die Seele: Sonne, Atlantik und Palmenstrände wie aus dem Bilderbuch. Für die Augen: offene Savannen, imposante Bäume des Regenwaldes, Naturparks mit exotischen Tieren und versteckten Wasserfällen. Für den Tatendrang: Bootstouren auf Dschungelflüssen oder dem größten Stausee der Welt.
Und einen besseren Reiseführer zu Ghana werden Sie schwerlich finden: dieser ist der einzige!

408 Seiten, 107 Fotos und Zeichnungen, 21 Karten, 4 farbige Klappenkarten.
**Peter Meyer Reiseführer**
ISBN 3-922057-10-1
SFr 38,80 • ÖS 291
**DM 39,80**

*Alle Peter Meyer Reiseführer sind auf 100% Recyclingpapier gedruckt – **für umweltbewußten Urlaub von Anfang an!***

**OMAN**
**Praktischer Reiseführer**
**an die Ostküste Arabiens**
Die vom arabischen Kulturkreis begeisterte Autorin berichtet nach jahrelanger Reiseerfahrung über das Land an der »Weihrauchküste«. Sie paart dabei professionelle Kenntnis mit viel Einfühlungsvermögen. Im ersten praktischen Reiseführer zu dem Sultanat am Indischen Ozean, das sich dem »sanften Tourismus« verschrieben hat, bietet sie umfassende Informationen zu Landeskunde, Geschichte, Kultur und Religion, zu Reisevorbereitung, Anreise, allen Unterkünften, zu Essen & Trinken, Verkehrsmitteln, Aktivitäten und viele einmalige Tips für Individual- und Pauschalreisende.

312 Seiten, 114 Abbildungen, 32 Karten und Grundrisse, 4 farbige Klappenkarten.
**Peter Meyer Reiseführer**
ISBN 3-922057-12-8
SFr 38,80 • ÖS 291
**DM 39,80**

**ARUBA, BONAIRE, CURAÇAO**
**Natur und Kultur in der niederländischen Karibik entdecken**
Aus jeder Zeile des flüssig geschriebenen Buch spricht profunde Orts- und Sachkenntnis ... Tips und reisepraktische Informationen in Hülle und Fülle. Durchweg wurden alle wissenswerten Angaben en detail von der Öffnungszeit, der Telefonnummer bis zum Preis recherchiert. Inselkarten, Stadtpläne und solche mit Tauchplätzen oder Stränden vereinfachen die Orientierung.
(Aus einer Besprechung der Frankfurter Allgemeinen Zeitung)
Von den gleichen Autoren: *Venezuela* und *Costa Rica*.

312 Seiten, 185 Fotos, Stiche und Zeichnungen, 23 Karten und Grundrisse, 4 farbige Klappenkarten,
**Peter Meyer Reiseführer**
ISBN 3-922057-28-4
SFr 33,80 • ÖS 254
**DM 34,80**

**USA – DER NORDWESTEN**
**Praktischer Kultur- und Naturführer zwischen Seattle und Yellowstone-Nationalpark**
Endlich der spezielle Reiseführer für den gesamten Nordwesten der USA: Die Bundesstaaten Washington, Oregon und Idaho mit dem Technologie- und Kulturzentrum Seattle und dem Touristenmagneten Yellowstone. Aber auch Orte, Rundfahrten und Wanderungen (mit vielen Karten) zu den unbekannteren Nationalparks beschreibt der in der »last frontier« ausgebildete Journalist Richard Haimann detailliert, informativ – immer mit einem Seitenblick fürs Liebenswerte, Ungewöhnliche und historisch Interessante.

480 Seiten, 159 Fotos & Zeichnungen, 41 Karten und Grundrisse, 4 farbige Pläne
**Peter Meyer Reiseführer**
ISBN 3-922057-71-3
SFr 35,80 • ÖS 269
**DM 36,80**

**KORSIKA**
**Reisehandbuch für Bade- und Aktivurlaub**
Während über zwanzigjähriger Korsika-Erfahrung erkundete der Autor die schönsten Flecken der Insel und präsentiert sie Ihnen gespickt mit aktuellen Fakten und neuesten Preisen: Beurteilung aller Campingplätze, Informationen für Radler, Taucher, Surfer, Wanderer ..., Tips zum Relaxen, Sehenswürdigkeiten im Detail. – Das praktische Handbuch für Reisen mit Auto, Motorrad, Wohnmobil, Fahrrad oder Rucksack. Es zeigt, wie Sie das »Gebirge im Meer« behutsam entdecken und einen preiswerten, aktiven und individuellen Urlaub erleben können.

464 Seiten, 145 Fotos, Zeichn. & Stiche, 36 Pläne & Grundrisse, 4 farbige Klappenkarten
**Peter Meyer Reiseführer**
ISBN 3-922057-18-7
SFr 35,80 • ÖS 269
**DM 36,80**

**Peter Meyer Reiseführer**

... gibt es zu:
Andalusien, Aruba – Bonaire – Curaçao, Barcelona, Bremen, Die Buchhändlerschule, Costa Rica, El Hierro, Fahrrad-Reisen, Finnland, Fuerteventura, Galicien, Ghana, Island, Kanadas Südwesten, Korsika, La Gomera, Lanzarote, La Palma, Litauen, Mexikos Norden, Mexikos Süden, Mittel-England, Oman, Paris, Prag und Westböhmen, Rheinland-Pfalz mit Kindern, Sardinien, Senegal – Gambia, Teneriffa, USA – der Nordwesten, Venezuela mit Isla Margarita

... und demnächst:
Madeira!

**Fadengebundene Klappenbroschur mit Farbkarten, Griffmarken mit Randschlagworten.**

**Engagierter Kulturführer und reisepraktischer Ratgeber – alles in einem!**

**Zuverlässig recherchierte Texte und Karten.**

**Gedruckt auf 100% Recyclingpapier: Für umweltbewußten Urlaub von Anfang an.**

**Anständiges Preis-Leistungs-Verhältnis.**

## Gesamtprospekt anfordern:
Peter Meyer Reiseführer • Schopenhauerstraße 11 • 60316 Frankfurt am Main